KB120264

魯迅
「아Q정전」
번역연구

廣東省普通高校人文社會科學重點研究基地，多語種中華文化譯介研 究中心研究成果

魯迅

「아Q정전」 번역연구

서화 지음

學古房

| 要約 |

「아Q정전」은 노신의 대표적 작품이다. 이 책에서는 1970년대로부터 2010년대 번역본 중에서 35종의 번역본을 연구대상으로 선정하여 시대별 특징, 번역상에 나타난 문제들을 사례별로 연구하였다.

1970년대부터 2010년대까지 시간 축에 따라 번역본들을 살펴보면 각 시대의 독특한 특징들이 읽혀진다. 전체적으로 볼 때 1970년대는 번안풍의 번역이 발견된 시대였고, 1980년대는 명사와 문인들이 번역에 적극 임한 시대였다. 1990년대는 상업 번역이 주를 이루었고, 번역자보다는 출판사가 주도권을 행사하던 시기였다. 2000년대는 전문적으로 현대문학을 연구하는 학자, 교수들이 번역에 직접 임한 시대였고, 2010년대는 현대문학 혹은 노신연구 전문가들이 번역에 적극 임한 시대였다. 이상과 같이 각 시대별 특징을 구체적으로 살펴보았지만 이러한 특징이 절대적인 것은 아니다. 부분적으로 서로 겹치는 부분이 있기 때문이다. 그럼에도 전체적으로 일정한 시대적 특징과 발전의 궤적이 발견된다는 점은 분명해 보인다.

본론에서는 문화적 오역, 인용구의 오역, 문맥 파악의 부족으로 인한 오역, 누락으로 인한 오역, 불완전번역과 과잉번역 등 측면에서 「아Q정전」의 원문에 대응되는 35종의 번역문을 비교, 정리하여 문제점들을 살펴보았다.

3장에서는 중국과 한국의 문화적 차이로 인해 나타난 오역의 경우를 살펴보았다. 주로 두 나라의 역사적, 지역적, 언어적, 풍속적 차이에 대한 이해의 부족으로 인해 문화적 차이를 제대로 반영하지 못한 경우가 많다.

4장에서는 따옴표를 사용한 관용어나 출전이 있는 단어 혹은 문장을 옮기면서 나타난 오역, 누락, 불완전번역 등의 경우를 고찰해 보았다. 「아Q정전」에서 노신은 작품에 인용부호를 많이 사용하여 그 의미를 중층화하고 풍자의 분위기를 전달하고자 하였다. 때문에 인용부호가 있는 단어나 문장의 번역은 특히 신중해야 할 필요가 있다. 번역자들이 이 점을 가볍게 처리하여 적절한 뜻 전달을 하지 못한 경우가 많이 있음을 살펴보았다.

5장에서는 문맥 파악을 잘못하여 나타난 오역, 단어의 의미를 잘못 이해하여 나타난 오역, 문법적 구조를 잘못 파악하여 나타난 오역, 소홀함에서 비롯된 오역 등의 경우를 살펴보았다. 노신의 문장은 전고를 인용한 비틀기식 풍자, 어려운 문장구조, 낯선 단어의 빈용 등으로 번역하기가 쉽지 않다. 이로 인한 오역이 곳곳에서 많이 발견된 점을 고찰해 보았다.

6장에서는 반드시 번역되어야 하는 인용부호, 단어, 문장이 누락되어 오역이 일어나는 경우, 누락으로 인해 의미 전달에 실패한 경우 등을 살펴보았다.

7장에서는 원문에 없는 문장이나 단어를 추가하여 지나치게 의역한 과잉번역의 경우, 또는 원래 단어의 의미를 일부분만 옮긴 불완전번역의 경우 등을 살펴보았다.

| 目次 |

I. 서론

1 선행연구

「아Q정전」은 노신의 문학세계를 가장 잘 보여주는 대표작으로서 한국에서도 일찍부터 작품에 대한 번역과 연구가 활발히 진행되었다. 한국에서 지금까지 노신에 관한 석·박사 논문과 학술지 논문은 총 100편을 상회한다. 그중에서 「魯迅文學思想硏究」, 「魯迅前期文學硏究」, 「번역과 문학정전(正典)의 시대적 수용: 『아큐정전(阿Q正傳)』 한역본(韓譯本) 곁텍스트(paratext) 분석을 중심으로」, 「『阿Q正傳』 연구」, 「阿Q正傳의 人物을 통해 본 魯迅의 文學世界」 등[1)] 30여 편의 석·박사 논문

---

1) 이지영, 『번역과 문학정전(正典)의 시대적 수용: 『아큐정전(阿Q正傳)』 한역본(韓譯本)곁텍스트(paratext)분석을 중심으로』, 韓國外國語大學校通飜譯大學院박사논문, 2019/ 한원석, 『阿Q典型硏究』, 檀國大學校大學院박사논문, 2000/ 이미진, 『문학을 활용한 무용작품 창작 메커니즘 연구: 「피의 결혼」과 「아Q정전」 중심으로』, 한양대학교대학원박사논문, 2019/ 김승강, 『노신 소설 속의 폭력으로서의 시선: 「狂人日記」와 「阿Q正傳」을 중심으로』, 경상대학교박사논문, 2005/ 곽수경, 『魯迅小說與電影』, 북경사범대학박사논문(해외), 1997/ 김인혜, 『루쉰의 목판화운동: 예술과 정치의 양극에서』, 서울대학교대학원박사논문, 2012/ 엄영욱, 『魯迅文學思想硏究』, 전남대학교대학원박사논문, 1993/ 유중하, 『魯迅前期文學硏究』, 延世大學校박사논문, 1993/ 신홍철, 『初期魯迅의 近代的思想硏究』, 韓國外國語大學校박사논문,

들이 발표되었다. 시대별로 살펴보면 1990년대에는 7편, 2000년대에는 11편, 2010년대에는 11편 정도의 논문이 있다. 그중에서 노신의 「아Q정전」에 관한 논문은 16편 정도로 절반을 차지한다. 내용별로 살펴보면 인물 분석, 문화 분석, 비교 분석, 작품 분석, 수사법 분석, 번역서 분석 등 거의 모든 측면을 포괄하고 있는 것으로 파악된다.

한편 노신에 관한 학술지 논문은 현재까지 「노신과 곽말약의 비극

2002/ 이윤희, 『1920년대 중국 향토문학 연구』, 서울대학교대학원박사논문, 2013/ 유림, 『루쉰(魯迅)과 나쓰메 소세키(夏目漱石)의 시대비판: 『아큐정전(阿Q正傳)』과 『나는 고양이로소이다(吾輩は猫である)』를 중심으로』, 忠南大學校大學院석사논문, 2009/ 박희숙, 『아큐정전연구』, 울산대학교교육대학원석사논문, 2007/ 최강희, 『『阿Q正傳』 연구』, 경기대학교교육대학원석사논문, 2004/ 왕단단, 『루쉰의 「아Q정전」 연구』, 부산대학교대학원석사논문, 2017/ 주약산, 『루쉰과 김사량 소설의 인물 비교 연구: 「阿Q正傳」과 「유치장에서 만난 사나이」를 중심으로』, 부산대학교대학원석사논문, 2014/ 엄태인, 『阿Q正傳의 人物을 통해 본 魯迅의 文學世界』, 東國大學校教育大學院석사논문, 1998/ 주승화, 『「양반전」과 「아Q정전」의 풍자에 대한 비교 연구』, 한양대학교대학원석사논문, 2019/ 홍성자, 『魯迅의 『阿Q正傳』 硏究』, 동아대학교교육대학원석사논문, 2005/ 임소라, 『魯迅의 『阿Q正傳』 硏究』, 大佛大學校大學院석사논문, 2002/ 송빛나, 『「阿Q正傳」의 리얼리즘 연구』, 경희대학교석사논문, 2014/ 조선주, 『『阿Q正傳』의 비극성 연구: '부조리 문학'적 시각에서』, 한국외국어대학교대학원석사논문, 1998/ 주운남, 『루쉰과 채만식의 단편소설에 나타난 풍자성 비교 연구』, 전남대학교대학원석사논문, 2014/ 김계환, 『前期 魯迅의 근대성 연구』, 성균관대학교대학원석사논문, 2007/ 이슬이, 『루쉰(魯迅) 『彷徨』 번역서의 시대별 다시쓰기 연구』, 이화여자대학교통역번역대학원석사논문, 2019/ 왕충성, 『루쉰 『광인일기』의 중한번역 양상』, 영남대학교대학원석사논문, 2018/ 성정민, 『魯迅의 『납함』, 『彷徨』에 나타난 諷刺性 硏究』, 숙명여자대학교대학원석사논문, 2000/ 박길장, 『魯迅의 「吶喊」 硏究』, 韓國外國語大學校석사논문, 1980/ 박정은, 『魯迅作品에 나타난 形式化修辭法分析: 『吶喊』과 『野草』를 중심으로』, 성균관대학교석사논문, 2005

문화 비교 연구」, 「브레히트의 시각으로 魯迅읽기—「아큐정전」과 「억척어멈과 그의 자식들」을 중심으로」 등 60여 편이 발표되었는데 그중 노신의 「아Q정전」에 관한 논문이 10여 편[2])이 된다. 학술지 논문을 시대별로 살펴보면 1980년대 4편, 1990년대 9편, 2000년대 29편, 2010년대 23편인데, 발표된 논문의 수량을 보더라도 한국 학계에서 노신에 대한 연구가 2000년대부터 활발히 이루어졌다는 것을 알 수 있다.

이상과 같이 노신에 관한 석·박사 논문과 학술지 논문을 살펴보았다. 노신에 관한 연구가 여러 가지 방면으로 깊이 있게 진행되었지만 노신 번역작품에 관한 논문은 찾아보기 힘들다. 그중 韩木和[3])는 노신 작품 『광인일기』의 번역본 5종을 대상으로 오류를 분석하였고, 백은희[4])는 「아Q정전」의 번역본 5종을 선택하여 오역에 대해 비교, 분석하였지만

---

2) 양명모·유소홍, 「「광문자전」과 「아큐정전」의 주인공 인물형상화 비교 연구」, 『한국엔터테인먼트산업학회논문지』, 2016/ 李旭淵, 「시대와 정전—루쉰의 「아큐정전」의 경우」, 『中國現代文學』, 2006/ 김언하, 「아큐의 성격체계를 논함」, 『중국학』, 1993/ 김경석, 「브레히트의 시각으로 魯迅읽기—「아큐정전」과 「억척어멈과 그의 자식들」을 중심으로」, 『中國文學硏究』, 2012/ 노영돈, 「크리스토프 하인의 『아큐정전』 연구」, 『독일어문학』, 2004/ 이욱연, 「시대와 정전—루쉰의 "아큐정전"의 경우」, 『中國現代文學』, 2006/ 조관희, 「중국의 현대소설: 아큐정전(阿Q正傳), 1920년대 중국인 전형을 묘사」, 『CHINDIA Plus』, 2012/ 김남이, 「결속성의 등가에 기반한 루쉰의 『아큐정전』 번역 평가」, 『통번역교육연구』, 2009/ 지부일, 「중국현대문학의 대가 노신, 그의 고향이자 『아큐정전』의 배경 소흥」, 『황해문화』, 1996/ 주약산, 「루쉰과 김사량 소설의 인물 비교 연구—「阿Q正傳」과 「유치장에서 만난 사나이」를 중심으로—」, 『문창어문논집』, 2013

3) 韩木和, 《汉韩翻译中的误译类型分析—以《狂人日记》为例》, 对外经济贸易大学, 2010

4) 백은희, 「중한 번역에 나타나는 오역의 유형 분석」, 한국중국학회 중국학보 47권, 2003

모두 번역사례만 연구하였다. 그 외 중한 번역본에 대한 논문이 많지만 노신 번역작품을 대상으로 한 논문은 찾을 수 없다.

하지만 「아Q정전」에 대한 번역은 활발하여 여타 작가의 작품과 달리 수십 종의 번역서가 출간되었다. 1960년부터 지금까지 번역 출판된 번역서 중에서 중복, 혹은 재판본을 구분 없이 합하면 거의 90여 종에 달한다. 본 연구에서는 중복된 판본 등을 제외하고 이문희(1978), 이가원(1980), 김하중(1981), 성원경(1983), 허세욱(1983), 김정화(1985), 장기근·이석호(1988), 김욱(1988), 이가원(1989), 이민수(1990), 권순만(1990), 이철준(1991), 김진욱(1992), 윤화중(1994), 정노영(1994), 전형준(1996), 조성하(2000), 안영신(2001), 노신문학회(2003), 김범수(2003), 정석원(2004), 장수철(2006), 윤수천(2007), 우인호(2007), 박운석(2008), 김시준(2008), 최은정(2009), 루쉰전집번역위원회(2010), 김태성(2011), 이욱연(2011), 신여준(2011), 엄영욱(2012), 북트랜스(2015), 조관희(2018), 문현선(2018) 등[5] 35종을 고찰의 대상으로 삼았다.

---

5) 이문희, 『阿Q正傳』, 金星出版社, 1978/ 이가원, 『阿Q正传』, 成文印刷所, 1980/ 김하중, 『世界文学大全集』23, 金星出版社, 1981/ 성원경, 『아큐정전』, 마당문고, 1983/ 허세욱, 『아큐정전』, ㈜종합출판범우, 1983/ 김정화, 『노신선집』1, 일월서각, 1985/ 김욱, 『阿Q正傳』, 豊林出版社, 1988/ 장기근·이석호, 『세계문학대전집』25, ㈜태성제책사, 1988/ 이가원, 『우리 시대의 세계문학』20 아Q정전 외, 주식회사계몽사, 1989/ 이민수, 『아Q정전』, 혜원출판사, 1990/ 권순만, 『아Q정전·광인일기』, 일신서적, 1990/ 이철준, 『노신선집』(1), 여강출판사, 1991/ 김진욱, 『아Q정전』, 글방문고, 1992/ 윤화중, 『아Q정전』, 학원사, 1994/ 정노영, 『아큐정전』, 홍신문화사, 1994/ 전형준, 『아Q정전』, ㈜창비, 1996/ 조성하, 『아Q정전』, ㈜창비, 2000/ 안영신, 『아Q정전』, 청목, 2001/ 노신문학회, 『노신선집』Ⅰ, 여강출판사, 2003/ 김범수, 『아큐정전』, 문학창조사, 2003/ 정석원, 『아Q정전·광인일기』, ㈜문예출판사, 2004/ 장수철, 『아Q정전』, 서해문집, 2006/ 윤수천, 『아큐정전』, ㈜지경사, 2007/

입수된 번역본의 전체적인 번역 상황을 개관해 보면 1970년대 1종, 1980년대 8종, 1990년대 7종, 2000년대 11종, 2010년대 8종이 출간되었다.

번역자를 중심으로 살펴보면 초기의 번역은 문인이나 비전공자인 학자들에 의해 이루어진 것이 많고, 뒤로 갈수록 노신 전공자나 현대문학 전공자들에 의한 번역이 주류를 점하고 있는 것으로 보인다. 예를 들어 1978년의 이문희(1978)는 유명한 소설가였고, 1988년의 김욱은 시인이자 신문사 편집위원으로서 모두 문인의 범주에 속한다. 한편 1980년의 이가원, 1981년의 김하중, 1983년의 성원경, 1988년의 장기근·이석호, 1989년의 이가원 등은 한문학자이거나 고전문학 전공자였다. 유일하게 1983년의 허세욱이 현대문학 전공자였으나 구체적으로 노신을 연구한 학자는 아니었다.

1980년대에 출간된 번역상황을 보면 일본의 번역을 중역하거나 참고한 경우가 많은 것으로 파악된다. 특히 한무희의 경우, 竹內好의 역주본을 그대로 번역하였다. 중국의 문헌들은 고전과 현대를 막론하고 일본어 번역본을 재번역하여 출간하던 당시의 상황이 읽혀진다.

1990년대에 들어서서도 전문번역가들의 번역본이 나오기는 하였으나 고전번역을 위주로 연구하고 있는 번역가들이 대부분이었다. 1990년대에는 1990년 이민수, 권순만, 1991년 이철준, 1992년 김진욱, 1994년

우인호, 『아Q정전』, ㈜신원문화사, 2007/ 박운석, 『루쉰소설집』 아Q정전 외, 영남대학교출판부, 2008/ 김시준, 『루쉰소설전집』, ㈜을유문화사, 2008/ 최은정, 『아Q정전』, 계명대학교출판부, 2009/ 루쉰전집번역위원회, 『루쉰전집』 제2권 외침, 방황, ㈜그린비출판사, 2010/ 김태성, 『아Q정전』, 주식회사열린책들, 2011/ 이욱연, 『아Q정전』, ㈜문학동네, 2011/ 신여준, 『아큐정전』, 글누림, 2011/ 엄영욱, 『중국현대중단편소설선』, 전남대학교출판부, 2012/ 북트랜스, 『아Q정전』, ㈜더난콘텐츠그룹, 2015/ 조관희, 『아큐정전』, 마리북스, 2018/ 문현선, 『아Q정전』, 반니, 2018

윤화중, 정노영, 1996년 전형준 등의 번역본이 나왔다. 그중 이민수(1990)는 한문학자로서 『삼국유사』, 『명심보감』, 『격몽요결』, 『징비록』, 『천자문』, 『동의수세보원』, 『연려실기술』, 『양반전』, 『당의통략』, 『연암선집』, 『효경』, 『주역』 등의 역서를 냈다. 이민수는 전문번역가이기는 하였으나 고전번역이 주를 차지하였다.

흥미로운 것은 1991년의 이철준의 번역본이 여강출판사에서 출간되었다는 점이다. 한·중 수교가 1992년이었다는 점을 감안할 때 양국 간의 문화적 개방과 교류가 미리 이루어졌다는 점, 중국과의 직접 교류를 통한 번역의 가능성에 대한 탐색이 이루어졌다는 것을 확인할 수 있다. 한편 1994년에 번역본을 낸 윤화중은 전북대학교 중문학과 교수로서 『현대중국어문법』, 『중국문언문법』 등[6] 역서를 냈지만 모두 현대중국어문법에 관한 역서들로서 현대문학과는 좀 거리가 있다고 볼 수 있다.

이 시기 주목할 것은 1996년 전형준의 번역이다. 전형준은 초기 중국현대문학 연구계를 대표하는 학자로서 그의 번역은 본격적인 현대문학 전공자의 번역 출발이 되는 셈이다. 그의 학술 저서로는 『현대중국문학의 이해』, 『현대 중국의 리얼리즘 이론』, 『무협소설의 문화적 의미』, 『동아시아적 시각으로 보는 중국문학』 등이 있고, 문학평론집으로 『지성과 실천』, 『문학의 빈곤』, 『변하는 것과 변하지 않는 것』 등이 있으며, 번역서로는 『아Q정전(루쉰 소설선)』, 『변신인형(왕멍 장편소설)』 등이 있다. 한국 문단에 중국 현대문학을 널리 알리는 역할을 한 학자이다.

그럼에도 1990년대에는 여전히 전문번역가든, 학자든 모두 현대문학

---

6) 유월화 저, 윤화중 역, 『현대중국어문법』, 대한교과서주식회사, 1987/ 양백준 저, 윤화중 역, 『중국문언문법』, 청년사, 1989

을 전공으로 하는 사람이 적었으며, 특히 노신을 전문적으로 연구하는 연구자는 보이지 않는다.

2000년대에는 무려 11개의 번역본이 있는데 구체적으로 살펴보면 2000년 조성하, 2001년 안영신, 2003년 노신문학회와 김범수, 2004년 정석원, 2006년 장수철, 2007년 윤수천과 우인호, 2008년 박운석과 김시준, 2009년 최은정 등의 번역본이 연속 출판되었다. 이는 이 시기 중국 현대문학의 대표자인 노신이 한국에서 받은 관심이 얼마나 많았는지를 알 수 있다.

그중 조성하(2000)는 한양대학교 중어중문학과를 졸업하고 전문번역가로 활동하였다. 하지만 특별히 현대문학이나 노신문학을 연구한 전문가는 아니다. 또 정석원(2004)은 한양대학교 중국학부 교수이기는 하였지만 중국 근대사상과 관련된 연구들, 예를 들어 「丁卯胡亂時反淸思想의 展開와 그 原因」, 「梁啓超淸代學術概論闡釋」 등[7]의 연구를 수행하였다. 한편 윤수천(2007)은 아동문학가로서 「아Q정전」 번역서에 그림을 넣어 번역함으로써 아동들이 쉽게 접근할 수 있도록 하였다는 점이 눈길을 끈다.

2000년대에는 전문적으로 노신을 연구하는 노신문학회가 탄생하였다. 노신문학회(2003)에서 번역한 역서 『노신선집』1, 『노신선집』2, 『노신선집』3, 『노신선집』4는 당시 노신문학에 대한 전면적인 번역서로서 한국 문학계에 노신을 전면적으로 알리는 중요한 계기가 되었다. 노신문학회뿐만 아니라 우인호(2007), 박운석(2008), 김시준(2008), 최은정(2009) 등도 중국 현대문학 연구자들이었다고 할 수 있다. 특히 박운석

7) 정석원, 『丁卯胡亂時反淸思想의 展開와 그 原因』, 중국어문학논집, 1993/ 정석원, 『梁啓超淸代學術概論闡釋』, 중국어문학논집, 2002

은 노신에 대한 연구가 깊었는데, 『중국 신문학상의 노신과 호적 비교 연구』, 『노신의 계몽현실주의』 등[8] 여러 편의 논문을 발표하였다. 한편 이 시기 장수철(2006) 등 조선족 전문번역가의 작품이 출판되었다는 점도 주목할 필요가 있다. 장수철은 중국 연변인민출판사의 지사장, 연변인민출판사 한국 지사의 지사장이다. 한국에 중국 출판사 지사가 세워졌다는 것은 2000년대에 들어서면서 중국과 한국의 문화교류가 더 활발히 이루어졌다는 사실을 말해준다.

전체적으로 2000년대는 전 시대와는 달리 전문적으로 중국 현대문학을 연구하는 연구자, 노신문학 연구모임, 노신 전문가들이 번역에 직접 나선 시대였다.

2010년대 8종의 번역본을 살펴보면 2010년 루쉰전집번역위원회, 2011년 김태성, 이욱연, 신여준, 2012년 엄영욱, 2015년 북트랜스, 2018년 조관희, 문현선 등이 있다. 루쉰전집번역위원회는 공상철, 김영문, 김하림, 박자영, 서광덕, 유세종, 이보경, 이주노, 조관희, 천진, 한병곤, 홍석표 등 12명의 노신 전문가들로 구성되었으며 『루쉰전집』(전권 20권)을 번역, 출판하였다.

이 시기 이욱연(2011), 엄영욱(2012), 조관희(2018) 등은 노신 전문 연구자들로서 노신에 관한 논문을 다수 발표한 것으로 파악된다. 엄영욱은 「노신의 생사관—『납함(吶喊)』과 『방황(彷徨)』을 중심으로—」, 「노신과 기독교」, 「노신과 곽말약의 비극문학 비교 연구」, 「노신의 문학사상 연구」, 「노신과 종교문화—불교, 도교, 기독교 문화를 중심으로—」, 「魯迅和傳統文化—以文化魯迅的當代價値爲中心」 등[9] 많은 논문들을

---

8) 박운석, 『중국 신문학상의 노신과 호적 비교 연구』, 중국어문학, 1997/ 박운석, 『노신의 계몽현실주의』, 문예미학, 1999

발표하였으며, 이욱연은 「「狂人日記」 해석의 몇 가지 문제: '狂人'의 상징을 중심으로」, 「魯迅의 소설 창작과 기억의 서사: 「故響」의 경우」, 「현지 문화: 중국, 루쉰 작품으로 읽어 보는 중국의 체면 문화」, 「루쉰의 「애도(傷逝)」와 기억과 망각의 서사」, 「시대와 정전—루쉰의 "아큐정전"의 경우」, 「『아Q정전』 속 등급질서와 아Q의 혁명」, 「루쉰, 혹은 문학과 혁명」 등[10] 많은 논문을 발표하였다. 이와 같이 2010년대에 출간된 노신 번역서들은 거의 대부분 현대문학 연구자나 전문번역가, 특히 노신 연구자들이 적극 참여하였음을 확인할 수 있다.

이상과 같이 시대별 특징을 간략히 개관해 보았다. 아래에는 각 번역가와 번역 작품이 갖는 시대적 특징에 대해 구체적으로 살펴보고자 한다. 먼저 기존의 연구성과[11]를 참조하여 「아Q정전」이 수록된 번역서를 전체적으로 정리하면 다음과 같다.

---

9) 엄영욱, 「노신의 생사관—『납함(吶喊)』과 『방황(彷徨)』을 중심으로—」, 『中國學報』, 2010/ 엄영욱, 「노신과 기독교」, 『中國人文科學』, 2014/ 엄영욱, 「노신과 곽말약의 비극문학 비교 연구」, 『中國人文科學』, 1996/ 엄영욱, 「노신의 문학사상 연구」, 『中國人文科學』, 1991/ 엄영욱, 「노신과 종교문화—불교, 도교, 기독교 문화를 중심으로—」, 『中國人文科學』, 2003/ 엄영욱, 「魯迅和傳統文化—以文化魯迅的當代價値爲中心」, 『中國現代文學』, 2002

10) 李旭淵, 「「狂人日記」 해석의 몇 가지 문제: '狂人'의 상징을 중심으로」, 『中國現代文學』, 1996/ 李旭淵, 「魯迅의 소설 창작과 기억의 서사: 「故響」의 경우」, 『中國現代文學』, 1997/ 이욱연, 「루쉰 작품으로 읽어 보는 중국의 체면 문화」, 『CHINDIA Plus』, 2008/ 이욱연, 「루쉰의 「애도(傷逝)」와 기억과 망각의 서사」, 『中國語文學誌』, 2015/ 이욱연, 「시대와 정전—루쉰의 "아큐정전"의 경우」, 『中國現代文學』, 2006/ 이욱연, 「『아Q정전』 속 등급질서와 아Q의 혁명」, 『中國現代文學』, 2018/ 이욱연, 「루쉰, 혹은 문학과 혁명」, 『문학과지성사』, 2003

11) 이슬이, 『루쉰(魯迅)『彷徨』 번역서의 시대별 다시쓰기 연구』, 이화여자대학교통역번역대학원석사논문, 2019

NO	발행년도	제목	출판사	번역자
1	1963	(魯迅小說選集)阿Q正傳	정연사	이가원
2	1963	阿Q正傳: 魯迅小說選集	정연사	이가원[12)]
3	1970	阿Q正傳 外, 生活의 智慧	동화출판사	김광주
4	1971	阿Q正傳, 狂人日記, 生活의 智慧	동화출판공사	김광주
5	1972	阿Q正傳 外	동화출판공사	김광주[13)]
6	1973	阿Q正傳, 狂人日記, 生活의 智慧	동화출판공사	김광주[14)]
7	1975	阿Q正傳	삼중당	성원경
8	1975	阿Q正傳 外	명문당	이가원[15)]
9	1977	阿Q正傳	동서문화사	이가원
10	1977	阿Q正傳	범조사	장기근
11	1977	아큐정전	신아사	하옥정
12	1978	阿Q正傳	범우사	허세욱
13	1978	阿Q正傳	金星出版社	이문희
14	1979	阿Q正傳, 모란꽃	고려출판사	문태구
15	1979	阿Q正傳 [外], 모란꽃 [外]	고려출판사	문태구[16)]
16	1980	阿Q正传	成文印刷所	이가원
17	1981	世界文学大全集 23	金星出版社	김하중
18	1983	아큐정전, 광인일기, 방황	주우	강계철·윤화중
19	1983	아큐정전	마당문고사	성원경[17)]
20	1983	阿Q正傳, 狂人日記	학원출판공사	이가원
21	1983	아큐정전 주니어세계문학 11	금성출판사	이문희
22	1983	아큐정전	㈜종합출판범우	허세욱
23	1984	아큐정전 우주세계문학 69	학원사	강계철
24	1985	아Q정전	금성출판사	이문희
25	1985	아Q정전 外	학원사	윤화중·강계철[18)]

NO	발행년도	제목	출판사	번역자
26	1985	노신문집	일월서각	한무희
27	1985	노신선집 1	일월서각	김정화
28	1986	阿Q正傳	양우당	김영주
29	1986	아Q정전	글방문고	김진욱
30	1986	아Q정전, 광인일기 外	범한출판사	김석준
31	1986	阿Q正傳	금성출판사	이문희[19)]
32	1987	아큐정전 한권의 책 45	학원사	윤화중
33	1988	아Q정전, 봇짱, 나생문, 25시	동서문화사	이가원
34	1988	阿Q正傳	豊林出版社	김욱
35	1988	아Q정전 외	계몽사	이가원
36	1988	세계문학대전집 25	㈜태성제책사	장기근·이석호
37	1989	우리 시대의 세계문학 20, 아Q정전 외	주식회사 계몽사	이가원
38	1990	阿Q正傳, 駱駝祥子 外	금성출판사	김하중
39	1990	아Q정전, 욱달부 걸작 모음	교육문화사	장기근·이석호
40	1990	아Q정전	혜원출판사	이민수
41	1990	아Q정전·광인일기	일신서적	권순만
42	1991	아Q정전, 광인일기 外 48편	혜원출판사	이민수
43	1991	루쉰선집 1	여강출판사	이철준
44	1992	아큐정전, 광인일기, 타이베이사람들, 반하류 사회	중앙출판사	허세욱
45	1992	아Q정전, 광인일기 外	한국도서출판중앙회	김석준[20)]
46	1992	아Q정전	글방문고	김진욱
47	1993	아Q정전	청목사	안영신
48	1994	아큐(Q)정전	홍신문화사	정노영

NO	발행년도	제목	출판사	번역자
49	1994	아Q정전	학원사	윤화중
50	1995	아Q정전	학문사	김준배
51	1995	아Q정전, 광인일기	일신서적출판사	권순만
52	1996	아Q정전	창작과비평사	전형준
53	1996	루쉰(魯迅)소설전집, 아Q정전 외	서울대학교출판부	김시준
54	1997	아Q정전, 광인일기	혜원출판사	이민수[21]
55	1999	아큐정전	교학사	정구창
56	2000	아Q정전	소담출판사	조성하
57	2000	아큐정전	홍신문화사	정노영
58	2001	아Q정전	청목사	안영신[22]
59	2001	아Q정전	한국뉴턴	김진욱[23]
60	2001	아큐정전	계림닷컴	우리기획
61	2002	아큐정전, 고독자	삼성교육개발원	김태석
62	2002	아Q정전	뉴턴코리아	김진욱[24]
63	2002	아큐정전 외	대일출판사	박정환
64	2003	아큐정전	홍신문화사	정노영[25]
65	2003	노신선집 I	여강출판사	노신문학회
66	2003	아큐정전	문학창조사	김범수
67	2004	아큐정전	계수나무	홍석표
68	2004	아큐정전	계수나무	와이
69	2004	아Q정전, 광인일기	㈜문예출판사	정석원
70	2006	아Q정전: 루쉰소설선	창비	전형준
71	2006	아큐정전, 고독자	삼성비엔씨	이진숙
72	2006	아Q정전: 루쉰, 낡은 것을 향해 창을 던지다	서해문집	장수철

NO	발행년도	제목	출판사	번역자
73	2007	아큐정전	㈜지경사	윤수천
74	2007	아Q정전	㈜신원문화사	우인호
75	2008	루쉰소설집: 아Q정전 外	영남대학교출판부	박운석
76	2008	아Q정전, 아침 꽃을 저녁에 줍다	동서문화사	이가원[26]
77	2008	루쉰소설전집	을유문화사	김시준[27]
78	2008	루쉰소설집 아Q정전 외	영남대학교출판부	박운석
79	2009	(빛나는 자주 정신)루쉰의 소설	명문당	장기근
80	2009	아Q정전	계명대학교출판부	최은정
81	2009	아Q정전 외	교원	이성희
82	2010	루쉰전집 제2권	㈜그린비출판사	루쉰전집번역위원회
83	2011	아Q정전: 루쉰중단편집	열린책들	김태성
84	2011	아Q정전, 참인간세우기, 루쉰소설선집	글누림출판사	신여준
85	2011	아Q정전	㈜문학동네	이욱연
86	2012	중국현대중단편소설선	전남대학교출판부	엄영욱
87	2013	아Q정전	푸른숲	김택규
88	2015	아Q정전	㈜더난콘텐츠그룹	북트랜스
89	2016	아Q정전	범우	허세욱
90	2016	아Q정전, 아침 꽃을 저녁에 줍다	동서문화사	이가원[28]
91	2018	아큐정전: 루쉰의 소설	마리북스	조관희
92	2018	아Q정전	반니	문현선

표를 통해서도 알 수 있듯이 노신 소설의 번역출판은 중복, 혹은 재판

본을 합치면 60년대 2종, 70년대 13종, 80년대 22종, 90년대 18종, 2000

12) 이가원(1963)은 1963년에 『(魯迅小說選集)阿Q正傳』의 제목으로 번역서를 낸 바 있는데 대조 결과 같은 번역서로 판단된다.

13) 김광주(1971)는 1970년에 『阿Q正傳 外, 生活의 智慧』의 제목으로, 1971년에 『阿Q正傳, 狂人日記, 生活의 智慧』의 제목으로 번역서를 낸 바 있는데 대조 결과 번역 텍스트가 윤문되었다.

14) 김광주(1972)는 1970년에 『阿Q正傳 外, 生活의 智慧』의 제목으로, 1971년에 『阿Q正傳, 狂人日記, 生活의 智慧』의 제목으로 번역서를 낸 바 있는데 대조 결과 같은 번역서로 판단된다.

15) 이가원(1975)은 1963년에 『(魯迅小說選集)阿Q正傳』의 제목으로 낸 번역서와 같은 것으로 판단된다.

16) 문태구(1979)는 1979년에 『阿Q正傳, 모란꽃』의 제목으로 번역서를 낸 바 있는데 대조 결과 같은 번역서로 판단된다.

17) 성원경(1983)은 1975년에 『阿Q正傳』의 제목으로 번역서를 낸 바 있는데 대조 결과 같은 번역서가 윤문되었다.

18) 강계철·윤화중(1985)은 1983년에 『아큐정전, 광인 일기, 방황』의 제목으로 번역서를 낸 바 있는데 대조 결과 같은 번역서로 판단된다.

19) 이문희(1986)는 1985년에 『아Q정전』의 제목으로 번역서를 낸 바 있는데 대조 결과 같은 번역서로 판단된다.

20) 김석준(1992)은 1986년에 『아Q정전, 광인일기 外』의 제목으로 번역서를 낸 바 있는데 대조 결과 같은 번역서로 판단된다.

21) 이민수(1997)는 1991년에 『아Q정전, 광인일기』 外 48편의 제목으로 번역서를 낸 바 있는데 대조 결과 번역서가 윤문되었다.

22) 안영신(2001)은 1993년에 『아Q정전』의 제목으로 번역서를 낸 바 있는데 대조 결과 같은 번역서로 판단된다.

23) 김진욱(2001)은 1986년에 『아Q정전』의 제목으로 번역서를 낸 바 있는데 대조 결과 번역서가 윤문되었다.

24) 김진욱(2002)은 2001년에 『아Q정전』의 제목으로 번역서를 낸 바 있는데 대조 결과 같은 번역서로 판단된다.

25) 정노영(2003)은 1994년에 『아큐(Q)정전』의 제목으로, 2000년에 『아큐정전』의 제목으로 번역서를 낸 바 있는데 대조 결과 같은 번역서로 판단된다.

26) 이가원(2008)은 1983년에 『阿Q正傳, 狂人日記』의 제목으로 번역서를 낸 바 있는데 대조 결과 번역서가 윤문되었다.

년대 26종, 2010년에는 11종으로 총 92종으로 집계된다. 노신문학의 번역은 1946년 소설가 김광주 등에 의해 시작된다. 당시는 한중수교가 이루어지지 않은 때였으므로 김광주 등의 번역은 대부분 일본어 번역본을 중역한 것으로 파악된다. 또한 초기 번역에는 「아Q정전」이 수록된 『납함』보다는 『방황』의 작품이 더 주목을 받았던 것으로 보인다.

2 시대적 특징 개관

다음으로는 전체 시대에 대한 개관을 통해 각 시대별로 나타나는 구체적 특징을 살펴보기로 한다.

「아Q정전」의 번역본을 살펴보면 인명과 지명, 관용어의 사용, 주석방식 등에서 모두 시대적 특징을 보아낼 수 있다.

우선 인명, 지명에 관한 다음의 표를 살펴보기로 하자.

No	번역자	발행년도	인명	지명
1	이문희	1978	아Q, 자오바이옌, 천두슈(陳獨秀), 董卓동탁, 貌蟬조선	웨이좡, 후베이(湖北)
2	이가원	1980	阿Q, 짜오빠이옌, 츤뚜슈(陳獨秀), 동탁董卓, 초선貌蟬	웨이쯔왕, 호북(湖北)
3	김하중	1981	阿Q, 자오빠이옌(趙白眼조백안), 천뚜슈(陳獨秀진독수), 董卓(동탁), 貌蟬(초선)	웨이좡, 후뻬이(湖北호북)
4	성원경	1983	阿Q, 조백안, 진독수(陳獨秀), 동탁(董卓),	웨이쯔왕, 호북

27) 김시준(2008)은 1996년에 『루쉰(魯迅)소설전집, 아Q정전 외』의 제목으로 번역서를 낸 바 있는데 대조 결과 번역서가 윤문되었다.

28) 이가원(2016)은 2008년에 『아Q정전, 아침 꽃을 저녁에 줍다』의 제목으로 번역서를 낸 바 있는데 대조 결과 같은 번역서로 판단된다.

No	번역자	발행년도	인명	지명
			초선(貌蟬)	(湖北)
5	허세욱	1988	아큐, 조백안, 진독수(陳獨秀), 동탁(董卓), 초선貂蟬	미장, 호북(胡北)
6	김정화	1985	阿Q, 조백안, 진독수(陳獨秀), 董卓, 貌蟬	웨이쯔왕, 호북(湖北)
7	김욱	1988	아큐우, 자오빠이엔(趙白眼), 챈토슈(陳獨秀), 동탁(董卓), 초선(貌蟬)	웨이초왕, 호북(湖北)
8	장기근 · 이석호	1988	阿Q, 조백안(趙白眼), 진독수(陳獨秀), 동탁(董卓), 초선(貌蟬)	미장, 호북(湖北)
9	이가원	1989	아Q, 조백안, 진독수(陳獨秀), 동탁(董卓), 초선(貌蟬)	미장, 호북(湖北)
10	이민수	1990	아Q, 조백안(趙白眼), 진독수(陳獨秀), 동탁(董卓), 초선(貌蟬)	미장, 호북(湖北)
11	권순만	1990	아Q, 조백안, 진독수(陳獨秀), 동탁(董卓), 초선(貌蟬)	미장, 호북(湖北)
12	이철준	1991	아Q, 조백안, 진독수, 동탁, 초선	미장, 호북성
13	김진욱	1992	아Q, 조백안, 진독수(陳獨秀), 동탁(董卓), 초선(貌蟬)	미장, 호북성
14	윤화중	1994	아큐, 자오빠이앤, 천뚜슈(陳獨秀), 동탁(董卓), 초선(貌蟬)	웨이쫭, 후뻬이(湖北)
15	정노영	1994	아Q, 조백안, 진독수(陳獨秀), 동탁(董卓), 초선(貌蟬)	미장, 호북(湖北)
16	전형준	1996	아Q, 짜오바이엔, 천뚜슈(陳獨秀), 동탁(董卓), 초선(貌蟬)	웨이주앙, 호북(湖北)
17	조성하	2000	아Q, 조백안, 천뚜슈(陳獨秀), 동탁(董卓), 초선(貌蟬)	미장, 호북(湖北)
18	안영신	2001	아Q, 조백안, 진독수(陳獨秀), 동탁, 초선	미장, 호북(湖北)
19	노신문학회	2003	아Q,조백안(趙白眼), 진독수(陳獨秀), 동탁(董卓), 초선(貌蟬)	미장, 호북성(湖北省)
20	김범수	2003	아Q, 조백안, 천두슈, 동탁, 초선	미장, 호북
21	정석원	2004	아Q, 짜오빠이엔(趙白眼), 쳔뚜쇼우(陳獨秀), 똥쭈오(董卓), 따오찬(貌蟬)	웨이쫭, 후뻬이(湖北)
22	우인호	2005	아Q, 조백안, 진독수(陳獨秀), 동탁, 초선	미장, 호북성湖北省

No	번역자	발행년도	인명	지명
23	장수철	2006	아Q, 자오바이엔, 천두슈陳獨秀, 동탁董卓, 초선貌蟬	웨이주앙, 후베이湖北
24	윤수천	2007	아큐, 조백안, 진독수(천두슈), 동탁, 초선	미장, 호북(후베이)
25	박운석	2008	아Q, 짜오빠이엔, 천뚜슈陳獨秀, 동탁董卓, 초선貌蟬	웨이짱, 후베이
26	김시준	2008	아큐, 자오바이엔, 천두슈(陳獨秀), 동탁(董卓), 초선(貌蟬)	미장, 후베이(湖北)
27	최은정	2009	아Q, 짜오바이엔, 천두슈(陳獨秀), 동탁, 초선	웨이주앙,후베이(湖北)
28	루쉰전집번역위원회	2010	아Q, 자오바이엔, 천두슈陳獨秀, 동탁董卓, 초선貌蟬	웨이좡, 후베이湖北
29	김태성	2011	아Q, 자오바이엔, 천두슈, 동탁, 초선	웨이장, 후베이(湖北)
30	이욱연	2011	아Q, 자오바이엔, 천두슈(陳獨秀), 동탁, 초선	웨이장, 후베이
31	신여준	2011	아Q, 자오바이엔, 천두슈(陳獨秀), 동탁(董卓), 초선(貌蟬)	웨이좡, 후베이(湖北:호북)
32	엄영욱	2012	아Q, 자오빠이이앤, 천뚜시우(陳獨秀), 똥주오(董卓), 따오찬(貌蟬)	웨이좡, 후뻬이(湖北)성
33	북트랜스	2015	아Q, 자오바이엔, 천두슈(陳獨秀), 동탁(董卓), 초선(貌蟬)	웨이좡, 후베이(湖北)
34	조관희	2018	아큐, 자오바이엔, 천두슈(陳獨秀), 둥줘(董卓), 댜오찬(貌蟬)	웨이좡, 후베이,
35	문현선	2018	아Q, 자오바이엔, 천두슈, 동탁, 초선	웨이장, 후베이,

전체적인 번역상황을 보면 중국어 음독(천두슈, 후베이), 한국어 음독(진독수, 호북), 양자의 혼용(웨이쯔왕, 호북湖北) 등이 확인되었다. 위의 표를 비교 분석해보면 다음과 같다.

시대별로 살펴보면, 1970년대에는 총 1종의 번역본이 중국어 음독으로 번역되었고, 1980년대에 총 8종의 번역본에서 3개가 중국어 음독,

5개가 한국어 음독으로 옮겨졌다. 1990년대에 총 7종의 번역본 중에서 2개가 중국어 음독으로, 5개가 한국어 음독으로 옮겨졌고, 2000년대에 총 11종의 번역본에서 중국어 음독은 5개, 한국어 음독은 6개이다. 2010년대에는 총 8종의 번역본이 모두 중국어 음독으로 번역되었다.

그러니까 70년대에는 중국어 발음대로 표기되다가 80년대, 90년대, 2000년대에는 중국어 음독, 한국어 음독이 같이 병용되었으며, 2010년대에 들어서면서 완전히 중국어 음독으로만 번역되었다. 구체적으로 한국어 발음표기를 원칙으로 한 번역으로는 1983년 성원경, 허세욱, 1985년 김정화, 1988년 장기근·이석호, 1989년 이가원, 1990년 이민수, 권순만, 1991년 이철준, 1992년 김진욱, 1994년 정노영, 2000년 조성하, 2001년 안영신, 2003년 노신문학회, 김범수, 2007년 윤수천, 우인호 등이 있고, 현대중국어 발음표기를 원칙으로 한 번역으로는 2004년 정석원, 2012년 엄영욱, 2018년 조관희 등이 있다. 한편 현대 인명은 중국어 발음으로, 고전 인명은 한국어 발음으로 표기한 번역으로 1978년 이문희, 1980년 이가원, 1981년 김하중, 1988년 김욱, 1994년 윤화중, 1996년 전형준 등이 있다.

대체적으로 한국어 발음표기 → 현대중국어 발음표기의 변화 추세가 발견된다. 분명한 것은 많은 이들이 '赵白眼'은 '자오바이옌' 등과 같이 현대중국어 발음으로 옮기고, '董卓' 등 고전 시대의 인물은 '동탁'과 같이 한국어로 옮기고 있다는 점이다. 그러니까 현대의 인명과 지명은 현대중국어로, 전통적 인명과 지명은 한국어 발음으로 옮긴다는 원칙을 실천하고 있는 것이다. 대체적으로 중국과의 교류가 활발해지면서 중국의 인명이나 지명을 어떻게 옮길 것인지는 한국 번역학계의 오래된 숙제가 되어왔다. 그럼에도 대부분의 번역에서 인명, 지명 표기는 기본적으로 현재의 국립국어원 규정[29]과 궤를 같이하고 있다. 다시 말해 인명의 중국어 발음표기는 1911 신해혁명 이후는 현대중국어 발음으로, 이전은 한국어 발음으로 표기하자는 공동의 인식이 있었던 것으로 보인다.

다음으로 출전이 분명한 관용적 문장의 번역에서 시대적 차이가 발견된다. 예를 들어 『三国志·吴志·吕蒙传』의 '士别三日, 便当刮目相待'이라는 표현이 인용되는데[30] 이 관용어에 대한 번역문을 다음의 표로 정리해보면 시대별 특징이 발견된다.

	번역자	발행년도	士別三日, 便當刮目相待[31]
1	이문희	1978	'사람이란 어떻게 변할는지 알 수 없는 것이다. 어떤 사람과 헤어져 사흘 지난 다음에 다시 만났을 때는 그가 그 동안에 어떻게 변했는지를 주의해서 살펴보지 않으면 안 된다.'[32]
2	이가원	1980	「사별삼일(士別三日)이면 변당괄목상대(便當刮目相待)」[33]
3	김하중	1981	『선비는 사흘 만에 만나도 刮目相待(괄목상대)해야 하느니라.』[34]
4	성원경	1983	「선비란 사흘만 못 만나면 괄목刮目하여 기다려야 한다.」[35]
5	허세욱	1983	"선비란 사흘만 떨어져 있어도 다시 크게 눈을 뜨고 보아야 한다."[36]
6	김정화	1985	"선비는 사흘만 못 만났어도 마땅히 괄목상대해야 한다(士別三日, 便當刮目相待)."[37]

29) 국립국어원 외래어표기법의 규정에 의하면 동양의 인명과 지명 표기(제2절)시 '중국 인명은 과거인과 현대인을 구분하여 과거인은 종전의 한자음대로 표기하고, 현대인은 원칙적으로 중국어 표기법에 따라 표기하되, 필요한 경우 한자를 병기한다(제1항)'는 원칙을 세우고 있다. 이에 비해 중국의 지명은 '현재 쓰이지 않는 것은 우리 한자음대로 하고, 현재 지명과 동일한 것은 중국어 표기법에 따라 표기하되, 필요한 경우 한자를 병기한다(제2항)는 원칙을 세우고 있다. 국립국어원, '외래어표기법' http://korn orms.korean.go.kr/regltn/regltnView.do?regltn_code=0003#a505

30) 『鲁迅全集』(第一卷), 人民文学出版社, 1991年, 508쪽

	번역자	발행 년도	士別三日, 便當刮目相待[31]
7	김욱	1988	"선비는 사흘만 못 만났어도 괄목상대해야 한다(士別三日, 便當刮目相待).」[38]
8	장기근·이석호	1988	「선비는 사흘만 헤어져도 괄목상대해야 한다(士別三日, 便當刮目相待).」[39]
9	이가원	1989	"선비란 사흘만 떨어져 있어도 다시 크게 눈을 뜨고 보아야 한다."[40]
10	이민수	1990	"선비란 사흘만 떨어져 있어도 다시 크게 눈을 뜨고 보아야 한다."[41]
11	권순만	1990	옛날 사람은 선비는 헤어진 지 3일이 지나면 마땅히 상대방이 눈을 비비고 쳐다볼 정도로 변해 있어야 한다고 말했다.[42]
12	이철준	1991	『선비는 사흘만 헤여졌다 만나면 새로운 눈으로 대할지어다.』[43]
13	김진욱	1992	「선비란 사흘만 못 만나면 괄목하여 기다려야 한다.」[44]
14	윤화중	1994	'선비란 사흘만 떨어져 있어도 다시 눈을 크게 뜨고 보아야 한다(士別三日, 便當刮目相待).'[45]
15	정노영	1994	"선비란 사흘만 떨어져 있어도 다시 크게 눈을 뜨고 보아야 한다."[46]
16	전형준	1996	"선비는 사흘만 못 만났어도 마땅히 괄목상대해야 한다(士別三日, 便當刮目相待)."[47]
17	조성하	2000	"선비란 사흘만 떨어져 있어도 다시 크게 눈을 뜨고 보아야 한다."[48]
18	안영신	2001	"선비란 사흘만 떨어져 있어도 다시 크게 눈을 뜨고 보아야 한다."[49]
19	노신문학회	2003	『선비는 사흘만 헤어졌다 만나면 새로운 눈으로 대할지어다.』[50]
20	김범수	2003	「선비란 사흘만 못 만나면 괄목하여 기다려야 한다.」[51]
21	정석원	2004	'선비는 사흘만 못 봐도 괄목상대해야 한다.'[52]
22	장수철	2006	"선비는 헤어진 지 사흘이면 마땅히 새로운 눈으로 대할지니라."[53]
23	윤수천	2007	"선비란 사흘만 떨어져 있어도 다시 크게 눈을 뜨고 보아야 한다."[54]
24	우인호	2007	"선비란 사흘만 떨어져 있어도 다시 크게 눈을 뜨고 보아야 한다."[55]
25	박운석	2008	'선비란 헤어져 사흘이면 괄목상대해야 한다.'[56]

	번역자	발행년도	士別三日, 便當刮目相待[31]
26	김시준	2008	"선비란 사흘만 떨어져 있어도 다시 눈을 비비고 보아야 한다."[57]
27	최은정	2009	'선비란 사흘만 못 만나도 괄목상대해야 한다.'[58]
28	루쉰전집번역위원회	2010	"선비는 사흘만 떨어져 있어도 괄목상대한다."[59]
29	김태성	2011	「선비란 사흘만 떨어져 있어도 다시 눈을 비비고 보아야 한다.」[60]
30	이욱연	2011	"선비는 사흘만 안 보여도 괄목상대해야 한다."[61]
31	신여준	2011	'선비가 헤어진 지 사흘이면 응당 괄목상대해야 한다(士別三日, 便刮目相對).'[62]
32	엄영욱	2012	'선비란 사흘만 못 봐도 마땅히 괄목상대해야 한다.'[63]
33	북트랜스	2015	"선비는 사흘만 보지 못해도 괄목상대해야 한다."[64]
34	조관희	2018	"선비는 사흘만 떨어져 있어도 괄목상대한다."[65]
35	문현선	2018	'선비는 사흘만 못 봐도 눈을 비비며 다시 봐야 한다.'[66]

31) 『鲁迅全集』(第一卷), 人民文学出版社, 1991, 508쪽
32) 이문희, 『阿Q正傳』, 金星出版社, 1978, 62쪽, 이하 이문희(1978), 000쪽
33) 이가원, 『阿Q正传』, 成文印刷所, 1980, 61쪽, 이하 이가원(1980), 000쪽
34) 김하중, 『世界文学大全集』23, 金星出版社, 1981, 81쪽, 이하 김하중(1981), 000쪽
35) 성원경, 『아큐정전』, 마당문고, 1983, 42쪽, 이하 성원경(1983), 000쪽
36) 허세욱, 『아큐정전』, ㈜종합출판범우, 1983, 95쪽, 이하 허세욱(1983), 000쪽
37) 김정화, 『노신선집』1, 일월서각, 1985, 91쪽, 이하 김정화(1985), 000쪽
38) 김욱, 『阿Q正傳』, 豊林出版社, 1988, 91쪽, 이하 김욱(1988), 000쪽
39) 장기근·이석호, 『세계문학대전집』25, ㈜태성제책사, 1988, 94쪽, 이하 장기근·이석호(1988), 000쪽
40) 이가원, 『우리 시대의 세계문학』20 아Q정전 외, 주식회사계몽사, 1989, 24쪽, 이하 이가원(1989), 000쪽
41) 이민수, 『아Q정전』, 혜원출판사, 1990, 104-105쪽, 이하 이민수(1990), 000쪽
42) 권순만, 『아Q정전·광인일기』, 일신서적, 1990, 85쪽, 이하 권순만(1990), 000쪽
43) 이철준, 『노신선집』(1), 여강출판사, 1991, 120쪽, 이하 이철준(1991), 000쪽
44) 김진욱, 『아Q정전』, 글방문고, 1992, 42쪽, 이하 김진욱(1992), 000쪽

45) 윤화중, 『아Q정전』, 학원사, 1994, 46-47쪽, 이하 윤화중(1994), 000쪽
46) 정노영, 『아큐정전』, 홍신문화사, 1994, 45쪽, 이하 정노영(1994), 000쪽
47) 전형준, 『아Q정전』, ㈜창비, 1996, 96쪽, 이하 전형준(1996), 000쪽
48) 조성하, 『아Q정전』, ㈜창비, 2000, 43쪽, 이하 조성하(2000), 000쪽
49) 안영신, 『아Q정전』, 청목, 2001, 129쪽, 이하 안영신(2001), 000쪽
50) 노신문학회, 『노신선집』Ⅰ, 여강출판사, 2003, 131쪽, 이하 노신문학회(2003), 000쪽
51) 김범수, 『아큐정전』, 문학창조사, 2003, 47쪽, 이하 김범수(2003), 000쪽
52) 정석원, 『아Q정전·광인일기』, ㈜문예출판사, 2004, 44쪽, 이하 정석원(2004), 000쪽
53) 장수철, 『아Q정전』, 서해문집, 2006, 53쪽, 이하 장수철(2006), 000쪽
54) 윤수천, 『아큐정전』, ㈜지경사, 2007, 67쪽, 이하 윤수천(2007), 000쪽
55) 우인호, 『아Q정전』, ㈜신원문화사, 2007, 78쪽, 이하 우인호, 000쪽
56) 박운석, 『루쉰소설집』 아Q정전 외, 영남대학교출판부, 2008, 114쪽, 이하 박운석(2008), 000쪽
57) 김시준, 『루쉰소설전집』, ㈜을유문화사, 2008, 149쪽, 이하 김시준(2008), 000쪽
58) 최은정, 『아Q정전』, 계명대학교출판부, 2009, 84쪽, 이하 최은정(2009), 000쪽
59) 루쉰전집번역위원회, 『루쉰전집』 제2권 외침, 방황, ㈜그린비출판사, 2010, 133쪽, 이하 루쉰전집번역위원회(2010), 000쪽
60) 김태성, 『아Q정전』, 주식회사열린책들, 2011, 136쪽, 이하 김태성(2011), 000쪽
61) 이욱연, 『아Q정전』, ㈜문학동네, 2011, 66쪽, 이하 이욱연(2011), 000쪽
62) 신여준, 『아큐정전』, 글누림, 2011, 162쪽, 이하 신여준(2011), 000쪽
63) 엄영욱, 『중국현대중단편소설선』, 전남대학교출판부, 2012, 41쪽, 이하 엄영욱(2012), 000쪽
64) 북트랜스, 『아Q정전』, ㈜더난콘텐츠그룹, 2015, 57쪽, 이하 북트랜스(2015), 000쪽
65) 조관희, 『아큐정전』, 마리북스, 2018, 99쪽, 이하 조관희(2018), 000쪽
66) 문현선, 『아Q정전』, 반니, 2018, 66쪽, 이하 문현선(2018), 000쪽

노신은 출전이 있는 문장이나 관용어를 사용하면서 원래 출전의 뜻을 그대로 가져온 것이 아니라 풍자의 의미를 함께 담는 글쓰기 전략을 구사하였다. 그러므로 출전이 있는 문장, 관용어의 번역에 주의를 기울일 필요가 있다. 위의 출전이 있는 문장을 번역하면서 대체로 '사별삼일(士别三日)이면 변당괄목상대(便当刮目相待)'와 같이 '한자발음+한자병기'로 처리한 경우, '선비는 사흘만 못 만났어도 마땅히 괄목상대해야 한다(士别三日, 便当刮目相待)'와 같이 '의미번역+한자발음+한자병기'로 처리한 경우, '선비는 사흘만 못 만났어도 마땅히 괄목상대해야 한다'와 같이 '의미번역+한자발음'으로 처리한 경우, '선비는 사흘만 못 봐도 눈을 비비며 다시 봐야 한다'와 같이 '한국어 의미번역'으로 처리한 경우 등 4가지로 나누어 볼 수 있다. 위의 표를 비교, 분석해 보면 다음과 같다.

시대별로 살펴보면, 1970년대에는 총 1개의 번역본이 '한국어 의미번역'이고, 1980년대에는 총 8개 번역본에서 1개가 '한국어 발음+한자병기'의 형식으로, 5개가 '의미번역+한자발음+한자병기'의 형식으로, 2개가 '한국어 의미번역'이다. 1990년대에는 7개 번역본에서 1개가 '의미번역+한자발음+한자병기'로 되었고 1개가 '의미번역+한자발음'으로 되었으며 나머지 5개는 모두 '한국어 의미번역'으로 처리되었다. 2000년대에 총 11개 번역본에서 '의미번역+한자발음'으로 번역된 것이 4개, '한국어 의미번역'이 7개를 차지한다. 그리고 2010년대에는 총 8개 번역본 중에 '의미번역+한자발음+한자병기'의 형식이 1개, '의미번역+한자발음' 형식이 5개, '한국어 의미번역'이 2개이다.

전체적으로 출전이 있는 관용적 문장을 한문 그대로 가져온 경우와 완전한 한국어로 번역한 경우가 대비된다. 구체적으로 1970년대에는 총 1개의 번역 텍스트가 번안투로 옮겨졌고, 1980년대에는 한자를 병기한 중국어 직역이 위주였고, 1990년대에는 대부분이 한국어 의미로 번역되었으며, 2000년대부터는 완전히 한자병기가 없이 한글로 표기하거나 완전한 한국어로 옮기는 것이 주류를 점하게 된다.

1970년대와 1980년대의 독자층은 이러한 출전이 있는 한자 관용어에 익숙하였기 때문에 한문 문장을 그대로 가져오는 번역 형식이 주류를 차지하지만 1990년대를 경계로 2000년대에 들어서게 되면서 관용어의 직접적인 한자표현을 독자층이 수용할 수 없게 되었다는 뜻이기도 하다. 대부분의 경우, 이러한 시대별 특징은 여타 한자 관용어의 번역에도 일관되게 나타나고 있는 것으로 파악된다.

한편 주석방식에 있어서도 시대별 특징이 두드러지게 나타난다. 노신의 작품은 원전에 철저한 주석작업이 이루어져 있고, 또 작가의 의도나 맥락을 설명해야 하는 부분이 많아 번역자들은 주석의 방식을 통해 이를 해결하고자 하였다. 번역가별, 시대별로 그 전체적인 상황을 정리해 보면 다음과 같다.

No	번역자	발행년도	주석방식
1	이문희	1978	협주(두 줄로 되었음)
2	이가원	1980	협주
3	김하중	1981	협주(두 줄로 되었음)
4	성원경	1983	협주
5	허세욱	1983	협주(두 줄로 되었음)
6	김정화	1985	미주
7	김욱	1988	협주
8	장기근·이석호	1988	협주
9	이가원	1989	미주
10	이민수	1990	협주
11	권순만	1990	협주(두 줄로 되었음)
12	이철준	1991	미주
13	김진욱	1992	각주

No	번역자	발행년도	주석방식
14	윤화중	1994	협주
15	정노영	1994	협주
16	전형준	1996	협주
17	조성하	2000	주석 없음
18	안영신	2001	협주
19	노신문학회	2003	각주
20	김범수	2003	주석 없음
21	정석원	2004	미주
22	장수철	2006	협주
23	윤수천	2007	협주
24	우인호	2007	주석 없음
25	박운석	2008	각주
26	김시준	2008	주석 없음
27	최은정	2009	주석 없음
28	루쉰전집번역위원회	2010	미주
29	김태성	2011	각주
30	이욱연	2011	각주
31	신여준	2011	협주
32	엄영욱	2012	각주
33	북트랜스	2015	협주
34	조관희	2018	미주
35	문현선	2018	협주

번역 텍스트 분석 결과를 보면 협주, 미주, 각주, 주석이 없는 등 4가지로 나누어 볼 수 있다. 위의 표를 시대별로 살펴보면, 1970년대에는 총 1개의 번역본 중 협주가 1개이며, 1980년대에는 총 8개 번역본 중 협주가 6개, 미주가 2개 있다. 1990년대에는 총 7개 번역본 중 협주가 5개, 각주가 1개, 미주가 1개 있으며, 2000년대에는 총 11개의 번역본 중 협주가 3개, 미주가 1개, 각주가 2개, 주석 없는 번역이 5개 있다. 2010년대에는 총 8개의 번역본 중 협주가 3개, 미주가 2개, 각주가 3개이다.

우선 협주의 경우 초기부터 현재까지 균일하게 나타난다. 협주를 많이 쓴 이유는 이것이 소설작품이므로 가독성을 높이고 정보 전달을 효율적으로 하기 위한 조치로 이해된다. 미주는 읽는 중에 뒷부분의 해당 페이지를 펼쳐보는 불편함 때문에 정보의 전달이 용이하지 않은 방식으로 편집 조건이 까다로운 시기에 즐겨 사용했다. 다만 이것이 2010년대까지 지속적으로 나타나는 것은 그 원 텍스트인 『노신전집』이 미주의 방식을 취하고 있기 때문인 것으로 보인다. 각주가 점점 많아진 것은 글쓰기와 편집작업이 컴퓨터로 이루어지게 된 시대의 특징을 반영하고 있다고 이해된다. 컴퓨터 글쓰기의 경우 각주로 인해 달라지는 페이지를 걱정할 필요가 없기 때문이다. 허세욱의 번역본을 보더라도 1983년 번역은 협주의 방식으로 출간되었다가 2018년 새로 출판하면서 각주의 방식을 취하고 있다. 역시 편집작업이 컴퓨터로 이루어지게 된 시대적 특징의 반영이라 할 수 있다.

특이한 것은 정확한 정보의 전달과 심도 있는 해설이 필요한 노신의 작품을 번역하는 데 있어서 꼭 필요한 주석작업을 하지 않은 경우가 2000년대 들어 다수 발견된다는 점이다. 이것은 중국 문학작품의 번역에 대한 수요가 급증하면서 출판시장의 요구에 빠르게 부응하기 위한 태도의 반영으로 이해된다. 시장의 요구에 부응하기 위해 번역의 질을 희생하는 경우가 없지 않았다는 말이다. 예를 들어 김범수(2003)의 경우, 성원경(1983)의 과거 번역을 그대로 가져오면서도 원래의 번역서에 있던 주석과 한자를 모두 생략하였는데 이것이 바로 그러한 출판계의 상황을 반영하고 있다고 생각된다.

이가원의 경우, 이가원(1980)과 이가원(1989) 등 동일한 번역자로 이름을 내세웠지만, 그 내용이 많이 다르고, 성원경(1983), 김진욱(1992), 김범수(2003) 등의 번역은 번역가는 서로 다르지만 번역문의 내용이 완전히 같은 경우가 있다.

이에 비해 앞선 번역을 분명하게 참고한 경우도 보이는데 특히 노신문학회와 이철준의 번역에서 그러한 내용이 발견된다. 이철준의 번역은 1991년에 이루어졌고, 노신문학회의 번역이 2003년에 이루어졌으므로 그 선후 관계는 분명하다. 노신문학회의 번역은 학계의 역량을 대표하는 학자들이 번역에 참여한 첫 번째의 경우인데 이들 역시 기존의 번역서를 적극 참고하였던 것으로 보인다. 먼저 다음의 구체적 번역 예를 보자.

(1)

원　문: 古人云, "士別三日便当刮目相待"[67]

번역문(이철준): 옛사람도 『선비는 사흘만 헤여졌다 만나면 새로운 눈으로 대할지어다.』라고 말한바 있다.[68]

번역문(노신문학회): 옛사람도 "선비는 사흘만 헤어졌다 만나면 새로운 눈으로 대할지어다."라고 말한바 있다.[69]

원문은 성안에 갔다가 새 겹옷에 많은 돈까지 갖추고 돌아온 아Q가 예전의 아Q와 완전히 달라졌다는 것을 표현할 때 사용한 중국어 관용어이다. 여기에서 '士別三日便当刮目相待'에 대한 이철준(1991)의 번역과 노신문학회(2003)의 번역이 동일하다. 사실 '刮目相待'는 '눈을 비비고 대한다'로 번역되는 것이 일반적인데 노신문학회(2003)는 '새로운 눈으로 대한다'는 이철준(1991)의 번역을 적극 채용한 것으로 보인다.

---

67) 『鲁迅全集』(第一卷), 人民文学出版社, 1991, 508쪽

68) 이철준(1991), 120쪽

69) 노신문학회(2003), 131쪽

노신문학회가 이철준의 번역을 적극 채용했다는 증거는 다음과 같은 오역을 그대로 가져왔다는 점을 통해서도 확인된다.

(2)

원 문: 油煎大头鱼, 未庄都加上半寸长的葱叶, 城里却加上切细的葱丝.[70]

번역문(이철준): 그리고 미장에서는 **도미**를 기름에 지진 다음 파잎을 길죽길죽 썰어 넣는데, 성시에서는 파대가리를 가늘게 썰어넣었다.[71]

번역문(노신문학회): 또한 미장에서는 **도미**를 기름에 지진 다음 파 잎을 길쭉하게 썰어 넣는데, 성에서는 파 대가리를 가늘게 썰어 넣었다.[72]

원문의 '大头鱼'는 '대구'로서 기름에 지진 대구요리는 중국인들이 일상적으로 먹는 음식이라 할 수 있다. 하지만 이철준은 이것을 '도미'로 오역하였고, 다시 노신문학회에서는 이것을 채용하여 오역의 전철을 밟고 있다. 위의 예문들은 노신문학회가 이철준의 번역문을 참고한 예문들이다. 약간의 문제점이 발견되기는 하지만 전체적 번역에 있어서는 이철준의 번역을 참고한 것이지 베낀 것은 아니라는 점이 확인된다. 이들이 번역과정에서 참고한 번역본의 역자 이철준은 조선족으로서 중국문학의 조선어번역에 일정한 권위를 확보하고 있는 대표적 번역가로서 그 번역 또한 기본적으로 원문의 뜻을 충실하게 전달하는 데 성공하

70) 『鲁迅全集』(第一卷), 人民文学出版社, 1991, 491쪽
71) 이철준(1991), 96쪽
72) 노신문학회(2003), 106쪽

고 있다.

이상으로 노신의 「아Q정전」 번역의 시대적 특징을 개관해 보았다. 1970년대로부터 2010년대까지 10년을 단위로 하여 시대별로 인명, 지명, 관용어, 주석 등 방면의 특징들에 대해 살펴보았다. 우선, 인명, 지명에서는 전체적으로 중국어 음독(천두슈, 후베이 등), 한국어 음독(진독수, 호북 등), 양자의 혼용 세 가지 경우가 나타났다. 그 대체적인 흐름을 살펴보자면, 1970년대에는 중국어 발음대로 표기되다가, 1980년대, 1990년대, 2000년대에는 중국어 음독, 한국어 음독이 같이 병용되었고, 2010년대에 들어서면서 완전히 중국어 음독으로만 번역되었다는 점을 확인할 수 있다. 즉 대체적으로 한국어 발음표기 → 중국어 발음표기의 변화 추세가 발견되는 것이다. 이와 관련하여 대부분 번역가들이 중국어 발음표기는 1911 신해혁명 이후는 현대중국어 발음으로, 이전은 한국어 발음으로 표기하자는 무언의 약속이 있었던 것으로 보인다.

다음으로 출전이 있는 문장이나 관용어의 번역을 통해 시대적 특징을 개관해 보았다. 이 경우 대체로 '한자발음+한자병기'로 처리한 경우, '의미번역+한자발음+한자병기'로 처리한 경우, '의미번역+한자발음'으로 처리한 경우, '한국어 의미번역'으로 처리한 경우 등 4가지로 나누어 볼 수 있다. 구체적으로 1970년대에는 번안투로 옮겨졌고, 1980년대에는 한자를 병기한 중국어 직역이 위주였다. 1990년대에는 주로 한국어 의미로 번역되었으며, 2000년대, 2010년대부터는 중국어 관용어를 한자 병기 없이 한글로 표기하거나 완전한 한국어로 번역하는 방식이 주류를 점하게 된다. 이는 1970년대, 1980년대의 독자층은 이러한 출전이 있는 한자 관용어에 익숙하였기 때문에 한문 문장을 그대로 가져오는 형식의 번역을 할 수 있었다. 그렇지만 1990년대를 경계로 2000년대에 들어서면서 관용어의 직접적인 한자표현을 독자층이 수용하지 않게 된 상황이 번역에 반영되었다는 뜻이기도 하다. 대부분의 경우, 이러한 시대별 특징은 여타 한자 관용어의 번역에도 일관되게 나타나고 있는 것으로 파악된다.

주석방식에서도 시대별 특징이 두드러지게 나타난다. 협주의 경우 시대와 상관없이 줄곧 사용되었으며 미주는 독서의 불편함으로 인해 정보의 전달이 용이하지 않은 방식인데 편집 환경이 까다로운 시기에 즐겨 사용했다. 각주의 사용은 점점 많아지는 추세인데 글쓰기와 편집 작업이 컴퓨터로 이루어지게 된 시대의 특징을 반영하고 있다. 특이한 것은 정확한 정보의 전달과 심도 있는 해설이 필요한 노신의 작품을 번역하면서 꼭 필요한 주석작업을 하지 않은 경우가 2000년대 들어 다수 발견되었다는 점이다. 이것은 중국 문학작품의 번역에 대한 수요가 급증하면서 출판시장의 요구에 빠르게 부응하기 위한 태도의 반영으로 이해된다.

II. 번역의 시대별 특징

1 번안의 시대—1970년대 이문희 번역을 중심으로

박진영이 지적한 바와 같이 20세가 초반 소설의 모형을 탐색하던 시기 한국의 문단에는 일종의 번안 소설이 하나의 모형으로 창안되거나 교체되거나, 폐기되는 현상이 일어났다.[1] 이러한 시대적 경험을 70년대 말에 「아Q정전」의 번역에 적용한 작가가 있었는데 그가 바로 이문희이다. 이문희는 노신의 작품을 번역하면서 원문의 뜻보다 한국어의 미려함과 독자들의 이해도를 높이는 일을 더 중시하였다. 그리하여 원문의 뜻과 전혀 다른 새로운 문장과 상황들을 표현한 번안작품이 나타나게 되었다. 주로 원문에 없는 말을 추가하거나 원문과 완전히 다른 문장을 구성하는 방식을 취하고 있다. 먼저 원문에 없는 말을 추가한 다음의

---

1) 「한국의 번역 및 번안 소설의 역사는 근대적인 소설 모형의 탐색을 두고 벌인 복잡다단한 분의 역정이다. 근대소설의 모형이란 단일하지 않으며 고정된 것도 아니다. 20세기 초반 한국 근대소설사의 도정 위에서는 제각기 다른 번역 및 번안 소설의 모형이 창안되거나 교체, 폐기되는가 하면 서로 협력하거나 치열한 경합을 벌이기도 했다. 번역 및 번안 소설은 당대의 복합적인 문학사적 조건과 내부적, 외부적 역량을 바탕으로 모색된 시대적 선택이자 역사적 효과이기 때문이다.」 박진영, 『번역과 번안의 시대』, 소명출판, 2011, 508쪽

예문을 보자.

(3)

원　문: 人人都愿意知道现钱和新夹袄的阿Q的中兴史.[2)]

번역문: 사람들은 **벌레 같은 꼴을 하고 다니던** 아Q가 어찌하여 그처럼 많은 돈을 벌었고, 또한 새 옷을 걸치고 나타났는지 그 까닭을 몹시 궁금해했다.[3)]

이철준(1991)은 이 문장을 '사람들은 저마다 아Q가 다시 흥하여 돈을 벌고 새 겹저고리를 입게 된 사정을 알고싶어하였다'[4)]로 번역했다. 현금과 새 옷을 입은 아Q의 출세에 대한 주변 사람들의 반응에 대한 묘사이다. 여기에 이문희(1978)는 밑줄 친 부분과 같이 원문에 전혀 없는 '벌레 같은 꼴을 하고 다니던'이라는 수식어를 덧붙였다. 아Q의 출세를 더욱 극적으로 보여주기 위해 수식어를 추가한 것이다.

다음으로 원문과 완전히 다른 문장을 구성한 경우를 들 수 있다.

(4)

원　문: 这可难解, 穿凿起来说, 或者因为阿Q说是赵太爷的本家, 虽然挨了打, 大家也还怕有些真, 总不如尊敬一些稳当.[5)]

번역문: 이건 약간 까다로운 문제라 할 수 있다. 아Q가 얻어 맞은건 아Q가

---

2) 『鲁迅全集』(第一卷), 人民文学出版社, 1991, 508쪽

3) 이문희(1978), 64쪽

4) 이철준(1991), 121쪽

5) 『鲁迅全集』(第一卷), 人民文学出版社, 1991, 494쪽

자오 대감의 친척이라고 거짓말을 지껄여 댔기 때문인데, 아Q가 그렇게 말한 이유에는 다소라도 어떤 근거가 있기 때문이 아닐까 하고 사람들은 지레 짐작을 했던 것이다. **만일 아Q가 정작 자오 대감의 친척이라면 그 훌륭하신 자오 대감의 친척을 놀려먹다니 이는 큰일 날 일인 것이다. 그래서 잘은 알 수 없으되 일단 존경해 두면 나중에 친척이라는 사실이 밝혀지더라도 자오 대감 뵙기가 무난해지리라고 생각했기 때문이었을 것이다.**[6]

이철준(1991)은 이 문장을 '잘 따져본다면 아마 아Q가 조령감과 한집안이라고 했기 때문에 비록 얻어맞기는 하였으나 사람들은 그게 혹시 정말이면 어쩌랴 해서 차라리 좀 존경해주는 것이 랑패 없으리라고 여겨서 그런다 할까'[7]로 옮겼다. 아Q가 자오 나리에게 얻어맞은 뒤 사람들이 아Q를 조심스럽게 대하는 장면이다. 여기에서 이문희(1978)는 밑줄 친 부분과 같이 원문에 전혀 없는 문장을 추가하였다. 사실 앞부분도 그 뜻만 전하는 정도에 그치고 있으므로 전체 문장을 새로 구성했다고 보아도 무리가 없다. 이문희는 이 문장을 통해 사람들이 아Q를 존경하는 이유를 자세하게 설명하고자 한다. 사람들의 심리적 상황을 한두 문장으로 표현하기 어렵다고 생각하여 부연설명을 더한 것이다.

다음의 번역도 설명식 문장이 추가된 경우이다.

(5)

원 문: 他听得外面很热闹, 阿Q生平本来最爱看热闹, 便即寻声走出去了.[8]

---

6) 이문희(1978), 29쪽

7) 이철준(1991), 101쪽

번역문: **이때 어쩐 일인지** 바깥이 떠들썩해졌다. 阿Q는 원래 싸움 구경 같은 것을 밥 먹기보다 좋아한다. **벌써 근질근질해져서 못 견딜 지경이다.** 그는 **하던 일을 내팽개치고** 소란이 벌어진 곳을 향해 **뛰쳐나갔다.**[9)]

바깥이 떠들썩해진 상황을 설명하기 위해 '이때 어쩐 일인지'를 추가하였고, 시끄러움을 좋아한다는 문장을 '싸움 구경같은 것을 좋아한다'로 바꾸었으며, 좋아한다는 뜻을 강조하기 위해 '밥 먹기보다'를 추가하였고, 시끄러운 소리를 찾아 나가는 상황을 형상적으로 묘사하기 위해 '하던 일을 내팽개치고 ~ 뛰쳐나갔다'로 설명식 문장을 추가하였다. 이문희(1978)가 노신의 문장을 기둥으로 하여 수시로 설명과 강조로 한국어식 살을 붙여 번안행위를 하였음을 확인할 수 있다. 이러한 번안식 번역은 필연적으로 오역을 수반하곤 한다. 다음은 한두 개의 단어를 잘못 처리하여 전혀 다른 뜻이 되는 경우이다.

(6)[10)]

원 문: **油煎大头鱼，未庄都加上半寸长的葱叶，城里却加上切细的葱丝.**[11)]

번역문: 또한 阿(아)Q가 **살고 있는** 웨이주앙에서는 **도미튀김을 할 때** 파를 **五등분 程度(정도)**로 잘라서 넣지만 城內(성내)에서는 송송 썬 파를 넣는다.[12)]

---

8) 『鲁迅全集』(第一卷), 人民文学出版社, 1991, 502쪽
9) 이문희(1978), 45쪽
10) 인용문(2)와 동일함
11) 『鲁迅全集』(第一卷), 人民文学出版社, 1991, 491쪽
12) 이문희(1978), 19쪽

웨이좡을 설명하기 위해 밑줄 친 부분과 같이 '아Q가 살고 있는'이라는 문장을 추가한 것은 이문희(1978)가 자주 취하는 설명을 위한 추가에 해당한다. 그런데 '油煎大头鱼'를 '도미튀김'이라 한 것과 '半寸长'을 '五등분 정도로 잘라서'로 옮긴 것은 오역에 가깝다. 기름으로 지지는 것[油煎]과 튀기는 것[炸]은 다른 요리법이며, '1.5센티가량[半寸]'을 '五등분'으로 번역할 수는 없다. 이철준(1991)은 이것을 '파잎을 길쭉하게 썰어 넣는' 것으로 번역하였다. '송송 썬 파'와 대조가 되도록 하기 위한 것으로 적절한 의역을 한 것으로 이해된다. 어떤 경우라 해도 '5등분'이라는 번역이 될 수는 없다. 또 다른 오역의 경우를 보자.

(7)

원 문: "哈哈哈!" 阿Q十分得意的笑. "哈哈哈!" 酒店里的人也九分得意的笑.[13]

번역문: "핫하하하……." 아Q는 **배를 잡고 흡족하게** 웃었다. "헛허허허……." 술집에서 노닥거리는 건달패거리도 아Q와 마찬가지로 **신바람이 나서** 웃어댔다.[14]

밑줄 친 '배를 잡고'는 흡족하게 웃는 모습을 형상화하기 위해 추가이고, '酒店里的人'을 '술집에서 노닥거리던 건달패거리'로 번역한 것 역시 술집에 있던 사람들을 구체적 형상으로 드러내기 위한 글쓰기 전략에 해당한다. 그러나 술집에 있는 사람이라 해서 모두 건달패거리라 할 수 없다. 그런 점에서 원문의 뜻을 손상시키는 오역이 일어났다고

---

13) 『鲁迅全集』(第一卷), 人民文学出版社, 1991, 498쪽

14) 이문희(1978), 36쪽

볼 수 있다. 나아가 다음과 같이 원문에 있는 말을 생략하는 경우도 가끔 발견된다.

(8)

원 문: **不久也仿佛是自己打了别个一般—虽然还有些热剌剌, —心满意足的得胜的躺下了.**[15)]

번역문: 그러자 어찌된 까닭인지 자기가 지금 때려 준 것은 자기의 얼굴이 아니라 다른 사람의 얼굴이라는 느낌이 들기도 하는 것이었다. 아Q는 그만 흡족해져서 자기의 승리에 도취되어 벌렁 드러누었다.[16)]

아Q가 놀음판에서 처음으로 돈을 따기는 했지만 원인 모르게 일어난 싸움으로 돈이 모두 날아가고 남에게 뺨까지 맞은 뒤 정신승리법으로 자신을 안위하고 잠이 드는 장면이다. 여기에서 이문희(1978)는 밑줄을 친 부분 '虽然还有些热剌剌'을 생략하고 번역하지 않았다. 아직까지 뺨이 화끈거린다는 것은 아Q가 스스로를 때려 느끼게 된 생생한 느낌이다. 자기 손으로 자신의 뺨을 때려놓고 그 분명하게 느껴지는 아픔을 타인에게 투사하는 왜곡된 정신세계를 표현하는 데 있어서 밑줄 친 부분은 중요한 의미를 갖는다. 이것을 생략함으로써 이문희의 문장은 입체성을 갖는 노신의 문장을 평면화시키고 있다. 다음의 번역도 하나의 단어를 빠뜨림으로 인해 문장의 입체성을 손상시킨 경우이다.

---

15) 『鲁迅全集』(第一卷), 人民文学出版社, 1991, 494쪽

16) 이문희(1978), 26쪽

(9)

원 문: 阿Q正喝了两碗黄酒，便手舞足蹈的说[17)]

번역문: 이때 阿Q는 술을 두어 잔 들이켜고 있었는데 이 소식을 듣고는 뛸 듯이 기뻐했다.[18)]

'喝了两碗黄酒'를 밑줄 친 부분과 같이 '술을 두어 잔 들이켜고 있었는데'로 번역하였다. 아Q가 마신 술은 황주로써 그것은 아Q의 서민 신분을 드러내는 장치이다. 작가는 황주를 먹는 상황을 통해 그가 자오 나리와 한 집안 사람일 수 없다는 것을 암시한다. 그러나 이문희(1978)는 이것을 그냥 술 두어 잔으로 옮겨 이러한 작가의 뜻을 전달하지 못하고 있다. 나아가 원문에 의하면 아Q는 술을 마신 뒤에 이 말을 하였는데 이문희는 밑줄 친 부분과 같이 현재진행형인 '술을 두어 잔 들이켜고 있었는데'로 옮겼다. 술을 마시고 난 뒤 술기운에 허세를 떠는 상황을 전달하지 못하고 있는 것이다. 그런 점에서 이문희는 중국어의 어감을 효과적으로 파악하거나 전달하지 못하고 있다. 다음의 경우는 그가 중국어의 어감에 얼마나 둔감한지를 보여주는 예가 된다.

(10)

원 문: 因为他讳说"癞"以及一切近于"赖"的音，后来推而广之，"光"也讳，"亮"也讳，再后来，连"灯""烛"都讳了.[19)]

번역문: 그 證據(증거)로 阿(아)Q는 「벗어졌다」든지, 「대머리」 따위의 낱말들

---

17) 『鲁迅全集』(第一卷)，人民文学出版社，1991，488쪽

18) 이문희(1978)，12쪽

19) 『鲁迅全集』(第一卷)，人民文学出版社，1991，491쪽

> 을 모두 싫어했다. 싫어하다보니 싫은 낱말이 점점 많아져서 「**번쩍거린다**」**든지**, 「**밝다**」**든지** 하는 말도 못마땅하였다. 심지어는 「**램프**」**나** 「**촛불**」 같은 말도 사람들이 自己(자기)앞에서 지껄이는 것을 容納(용납)하지 않게 되었다.[20]

나두창을 뜻하는 '癞'는 중국어로 '赖'와 쌍성첩운의 관계에 있다. 그래서 아Q는 나두창을 연상시키는 '赖'계열의 단어들을 싫어하게 되었다는 것이다. 여기에서 흥미로운 것은 '讳'의 문화적 의미이다. 중국에서 제왕들이나 성인들의 이름에 쓰인 글자를 직접 쓰지 못하도록 규정된 避讳法을 뜻하며 천민인 아Q가 귀족의 문화를 내면화하고 있는 상황은 하나의 풍자가 된다. 이문희(1978)는 이러한 중국어의 어감을 드러내지 못하고 '「벗어졌다」든지, 「대머리」 따위의 낱말들을 모두 싫어했다'로 평면적으로 번역하고 있다.

2 명사·문인 번역의 시대—1980년대 번역의 특징

1980년대의 이가원(1980), 김하중(1981), 성원경(1983), 허세욱(1983), 김정화(1985), 장기근·이석호(1988), 김욱(1988), 이가원(1989) 등 8종의 번역본을 살펴보면 이 시기 주된 특징은 앞에서 말한 바와 같이 주로 일본어 번역본을 중역한 것, 인명, 지명은 중국어 음독을 위주로 한 것, 관용어 번역에서 한자를 병기한 중국어 위주의 직역을 한 것, 주석은 주로 협주, 미주로 한 것 등이 있다. 이 시기 또 하나의 큰 특징으

---

20) 이문희(1978), 20쪽

로 명사의 이름으로 다른 번역자가 번역을 한 정황이 발견된 것이다. 이에 대해 구체적으로 살펴보기로 하자.

먼저 이가원의 이름으로 출간된 2종의 번역본에 대해 언급할 필요가 있다. 이가원(1980)과 이가원(1989)의 경우, 동일한 역자의 번역이지만 다른 부분이 비교적 많다. 먼저 다음의 구체적 번역의 예를 보자.

(11)

원 문: 而这神情和先前的防他来"嚓"的时候又不同, 颇混着"敬而远之"的分子了.[21]

번역문(1980): 이 눈치는 이전에 「**찰삭**」 **맞을가 조심하던 때**와는 달리 이번에는 「공경해서 멀리한다」는 분자(分子)가 자못 섞여 있었다.[22]

번역문(1989): 예전에 **찰싹 맞을까 조심하던 때**와는 다르게 이번에는 경원하는 눈치가 퍽 많이 섞여 있었다.[23]

위의 예를 보면 우선 '찰싹 맞을까 조심하던 때'로 번역된 '嚓'는 아Q가 혁명가들이 목을 잘릴 때 나던 소리를 흉내 내던 소리이다. 그러니까 이것은 때리는 소리가 아니라 목을 자를 때의 소리로서 장수철(2006)은 이것을 '이러한 기색은 그가 지난번에 목을 자르는 시늉을 할 때 피한 것'[24]로 번역하였다. '嚓'라는 의성어를 의태어로 번역한 것이 특이하기는 하지만 어쨌든 이것은 목을 자르는 시늉을 할 때 낸 소리이다. 그러므

---

21) 『鲁迅全集』(第一卷), 人民文学出版社, 1991, 511쪽

22) 이가원(1980), 68쪽

23) 이가원(1989), 27-28쪽

24) 장수철(2006), 60쪽

로 이가원의 두 번역은 기본적으로 오역에 해당한다. 더구나 1980년 번역에서는 '"敬而远之"的分子'를 '「공경해서 멀리한다」는 분자(分子)가 자못 섞여 있었다'로 옮겼다. 전체적 문맥을 전혀 파악하지 못하고 있는 것이다. 이것을 1989년 번역에서는 '경원하는 눈치가 퍽 많이 섞여 있었다'로 옮겼는데, 1980년 이가원의 이름을 한 '누군가'의 번역을 수정했을 가능성이 높다. 그럼에도 1989년의 번역에도 역시 한문의 대가인 이가원의 흔적이 발견되지 않는다. 노신은 '敬而远之'라는 『논어』의 문구를 인용하면서 사람들이 아Q에 대해 갖고 있는 모순적 태도, 혹시 자신들의 운명에 영향을 미칠 어떤 배경을 갖고 있는지 모르므로 존경하는 태도로 대하면서도 그를 가까이하지 않는 상황을 전달하고자 하였다. 그런데 1989년 번역은 이것을 단순히 '경원한다'로 처리하여 작가가 담고자 한 중층적 의미를 전달하지 못하고 있다. 그런 의미에서 1989년의 번역 역시 이가원의 번역이 아니라고 추측해 볼 수 있다. 다음을 보자.

(12)

원 문: **"阿……Q哥, 像我们这样穷朋友是不要紧的……" 赵白眼惴惴的说, 似乎想探革命党的口风.**[25]

번역문(1980): 「阿……Q형, **우리 같은 가난뱅이끼리는 상관 없겠지…**」 짜오빠이옌은 마치 혁명당의 말투인가를 탐지하려는 듯이 무서워하면서 말했다.[26]

번역문(1989): "아……Q군, **우리 같은 가난뱅이 동지는 상관없겠지……**" 조백

25) 『鲁迅全集』(第一卷), 人民文学出版社, 1991, 514쪽

26) 이가원(1980), 71쪽

안은 마치 혁명당의 말투를 흉내 내듯이 조심조심 말했다.[27]

이가원의 번역이 아닐뿐더러 수정 번역을 했다 해도 같은 사람이 수정 번역한 것은 아니라는 점을 알 수 있다. 1980년 번역에서는 '像我们这样穷朋友是不要紧的'를 '우리 같은 가난뱅이끼리는 상관없겠지'로 오역하였고, 1989년 번역에서는 '似乎想探革命党的口风'의 '探'을 '흉내 내듯'이라고 오역하였다. 한 사람이 번역했다면 바르게 번역한 부분을 다시 오역하지는 않을 것이기 때문이다. 무엇보다 이가원의 학문적 수준에 비추어볼 때 이 두 작품 모두 이가원의 번역이라고 보기 어렵다. 어쩌면 저명한 학자이자 문화계의 명사였던 그의 이름을 빌린 출판사의 기획번역이었을 가능성이 높다. 다음의 경우를 통해 이 번역과정에서 일본어 번역본을 적극 참고하였다는 점을 확인할 수 있다.

(13)

원 문: 这是"咸与维新"的时候了, 所以他们便谈得很投机, 立刻成了情投意合的同志, 也相约去革命.[28]

번역문(1980): **바야흐로 어유신(御維新)의 때였**으므로 그들은 이야기가 매우 장단이 맞아 금방 의기상통하는 동지가 되어 혁명으로 매진할 것을 상약했다.

번역문(1989): **바야흐로 "모두 함께 새로워지는(咸與維新)"때였**으므로 그들은 이야기가 매우 장단이 맞아 금방 의기 상통하는 동지가 되어 혁명으로 매진할 것을 다짐했다.

---

27) 이가원(1989), 30쪽

28) 『鲁迅全集』(第一卷), 人民文学出版社, 1991, 512쪽

1980년 번역에서는 '咸与维新'을 '어유신(御維新)'으로 번역하였는데, 여기에서 '御'는 일본어의 접두어로서 보통 '御維新'이라고 말하면 '명치유신'을 가리킨다. 일본 웹상의 『日中中日辞典』[29]에서는 '御維新'의 중국어번역이 '明治维新'임을 분명히 하고 있다. 1980년 번역자는 일본어의 접두어까지 가져오는 이중 오역을 범한 것이다. 이에 비해 1989년 번역에서는 '咸与维新'을 '모두 함께 새로워지는(咸與維新)'으로 옮겼다. 이 문장의 출전인 『尚书·胤征』의 해당구절에 대해 차상원은 '모두 새로워지도록 해준다'[30]로 번역했다. 그 새롭게 하는 유신의 대상이 旧染污俗이기 때문에 '새로워지도록 한다'로 옮긴 것이다. 그런데 1989년의 번역에서는 이러한 원전의 문맥을 고려하지 않고 단순히 '모두 함께 새로워지는'으로 옮겼으므로 오역에 가까운 번역이다. 그런 점에서 이 두 번역 모두 명사였던 이가원의 이름을 빌린 번역이라는 것을 확정할 수 있다.

다음으로 번역문은 같지만 번역자의 이름을 달리하여 나타나는 경우도 발견된다. 80년대에서 90년대, 2000년대까지 해당되는 일이기는 하지만 이것을 80년대에 묶어서 논술해보자면 성원경(1983), 김진욱(1992), 김범수(2003)의 번역본이 그 예에 해당한다. 세 사람의 번역문이 완전히 동일하다. 여기에서 성원경(1983)은 건국대학교 중문과 교수로서 『채근담』, 『근사록』의 번역서를 내는 등 활발한 학문 활동이 있었던 학자였고, 김진욱(1992)과 김범수(2003)는 직업번역가였다. 시대적으로나 그 활동으로나 성원경(1983)의 번역을 이들이 그대로 가져다 출판한

29) Weblio辞書, https://cjjc.weblio.jp/content/%E5%BE%A1%E7%B6%AD%E6%96% B0

30) 차상원, 『서경』, 명문당, 1984, 107쪽

것으로 보아도 무리가 없다. 다음의 한 예로 그것을 확인하기에 충분할 것이다. 동탁은 초선이 직접 살해한 것이 아니라 呂布의 손에 살해되었다는 장면에 대해 묘사하고 있는 문장에 대한 번역을 보자.

(14)

원 문: 秦……虽然史无明文, 我们也假定他因为女人, 大约未必十分错; **而董卓可是的确给貂蝉害死了.**[31)]

번역문(성원경): 진(秦)은…… 역사에는 명백히 기록돼 있지 않으나 우리는 그것 역시 여자 때문이라고 가정해도 거의 틀림이 없을 것 같다. **그리고 동탁(董卓)은 확실히 초선(貌蝉)에게 살해된 것이다.**[32)]

번역문(김진욱): 진(秦)은…… 역사에는 명백히 기록돼 있지 않으나 우리는 그것 역시 여자 때문이라고 가정해도 거의 틀림이 없을 것 같다. **그리고 동탁(董卓)은 확실히 초선(貂蝉)에게 살해된 것이다.**[33)]

번역문(김범수): 진나라는…… 역사에는 명백히 기록돼 있지 않으나 우리는 그것 역시 여자 때문이라고 가정해도 거의 틀림이 없을 것 같다. **그리고 동탁은 확실히 초선에게 살해된 것이다.**[34)]

여기에서 '给貂蝉害死'는 초선 때문에 죽었다고 번역되어야 하는 문장이다. 그런데 위의 글에서는 초선에게 살해되었다고 번역되어 있다. 문장으로 보거나 역사적 사실로 보거나 모두 오역에 해당한다. 이런

---

31) 『鲁迅全集』(第一卷), 人民文学出版社, 1991, 499쪽
32) 성원경(1983), 27쪽
33) 김진욱(1992), 28쪽
34) 김범수(2003), 31쪽

오역을 세 번역이 모두 위와 같이 반복하고 있다. 앞의 번역을 베끼지 않았다면 이런 번역문이 나올 수는 없다.

이를 분명하게 확인하기 위해 다시 예문을 더 보기로 하자. 아Q가 자오쓰천의 옆으로 다가가 무슨 일이 있는지 물어보려고 할 때 자오 나리의 아들인 '赵大爷'가 달려드는 장면이 있다.

(15)

원 문: **他想打听, 走近赵司晨的身边. 这时他猛然间看见赵大爷向他奔来.**[35)]

번역문(성원경): 그는 물어보려고 조사신 옆으로 걸어갔다. 바로 이 때 그는 별안간 **조 영감**이 그에게 달려오는 것을 보았다.[36)]

번역문(김진욱): 그는 물어보려고 조사신 옆으로 걸어갔다. 바로 이 때 그는 별안간 **조 영감**이 그에게 달려오는 것을 보았다.[37)]

번역문(김범수): 그는 물어보려고 조사신 옆으로 걸어갔다. 바로 이 때 그는 별안간 **조 영감**이 그에게 달려오는 것을 보았다.[38)]

예문에서 '赵太爷'는 자오 수재의 아버지로서 봉건지배계층을 대표하는 인물이다. 그런데 여기에서 '大'와 '太'는 글자 모양이 비슷하여 원문을 얼핏 보면 '赵太爷'라고도 이해할 수 있다. 때문에 '이때 조 영감의 맏아들이 자신에게 달려오는 것이 문득 눈에 띄었다'로 번역을 해야 한다. 3개의 번역문에서 오역을 반복하고 있으므로 최초의 번역을 그대

35) 『鲁迅全集』(第一卷), 人民文学出版社, 1991, 502쪽

36) 성원경(1983), 31쪽

37) 김진욱(1992), 33쪽

38) 김범수(2003), 35-36쪽

로 가져다 썼다는 증거가 된다. 심지어 김범수(2003)는 위 동탁 관련의 문장에서 한자와 주석을 모두 삭제하였는데 조판의 편의성을 감안한 조치로 보인다. 그는 원문의 뜻을 전달하는 데 관심이 없이 상업적 마인드로 출판에 임했음을 짐작할 수 있다.

그 밖에 1981년 번역본을 낸 김하중(1981)은 출판사를 경영한 출판인이었으며, 1983년 허세욱은 외국어대학 교수이자 저명한 문인이었고, 1988년의 장기근은 성심대학교 교수였다. 특히 1988년 김욱은 영문서적에 대한 다수의 번역을 낸 전문번역가이자 언론인, 문인이었는데 그의 「아Q정전」 번역은 영어번역본의 중역인 것으로 보인다. 그것은 인명의 번역에서 특히 잘 나타난다. 그는 작품 속의 인명을 아퀘(阿贵), 아퀘(阿桂), 아후(阿富), 챈토슈(陈独秀), 차오나리(赵太爷), 아찌이(阿七), 아빠아(阿八), 찌킨(七斤), 쓰오찌사오(鄒七嫂) 등으로 옮겼는데 이는 그가 영어 번역본을 텍스트로 하여 이중번역을 하였다는 증거가 된다. 영어권에서 고집스럽게 쓰고 있는 웨이드자일스 시스템에 의한 발음표기를 다시 한국어로 옮긴 흔적이 뚜렷하기 때문이다. 다음의 정리된 표를 보자.

김욱의 인명표기	한어병음자모	웨이드자일스
아퀘(阿贵), 아퀘(阿桂)	a gui	a kuei
아후(阿富)	a fu	a fu
챈토슈(陈独秀)	chen du xiu	ch'en tu hsiu
차오(赵)	zhao	chao
아찌이(阿七)	a qi	a ch'i
아빠아(阿八)	a ba	a pa
찌킨(七斤)	qi jin	ch'i chin
쓰오찌사오(鄒七嫂)	zou qi sao	tsou ch'i sao

위 표에서 볼 수 있듯이 '아퀴'(阿贵, 阿桂)를 '퀴'로 옮긴 것은 '贵'의 'gui'(한어병음)를 웨이드자일스시스템의 'Kuei'로 표기하고 다시 한국어로 옮겼기 때문이고, '아찌이'(阿七)를 '찌이'로 옮긴 것은 '七'의 'qi'(한어병음)를 웨이드자일스시스템의 'ch'i'로 표기한 것을 다시 한국어로 옮겼기 때문이다. 또 '차오(赵)'에 대응되는 웨이드자일스시스템은 'chao'로서 한국어로 옮기면 '차오'가 되며 '챈토슈(陈独秀)'에 대응되는 웨이드자일스시스템은 'ch'en tu hsiu'로서 한국어로 옮기면 '챈토슈'이다. 그리고 '찌킨(七斤)'에 대응되는 웨이드자일스시스템은 'ch'i chin'로서 한국어로 옮기면 '찌킨'이며, '쓰오찌사오(鄒七嫂)'에 대응되는 웨이드자일스시스템은 'tsou ch'i sao'로서 한국어로 옮기면 '쓰오찌사오'이다.

한 가지 흥미로운 것은 그가 최영애—김용옥이 제안한 씨케이시스템을 참고한 흔적이 있다는 점이다. '아후'(阿富)의 표기가 그렇다. '阿富'의 '富'는 웨이드자일스에서도 'fu'로 표기된다. 그런데 김욱(1988)은 이것을 '아푸'가 아니라 '아후'로 표기하였는데 이는 씨케이시스템의 표기방안[39]을 채용한 흔적으로 보인다.

이상 살펴본 바와 같이 「아Q정전」과 관련하여 1980년대 번역의 특징을 들자면 명사번역의 시대, 문인번역의 시대였다고 할 수 있다. 한국의 80년대는 신춘문예, 문예지 등을 통한 문인등단의 시대였고, 이들이 글쓰기의 권력을 독점하던 시대였다. 그래서 명사들과 문인들이 그 이름을 내걸고 하청번역을 한 흔적이 뚜렷하게 발견되는 것이다.

---

39) 김용옥은 1985년 씨케이시스템으로 명명된 중국어표기시스템을 제안하는데 여기에서 그는 중국어의 순치음 'F'를 'ㅍ'으로 옮겨서는 안 되며 'ㅎ'으로 옮겨야 한다는 독특한 주장을 한다. 'F'가 'ㅍ'보다는 'ㅎ'에 가깝다는 것이 그 이유였다. 김용옥, 『東洋學 어떻게 할 것인가』, 민음사, 1985, 259쪽 참조.

3 상업 번역의 시대—1990년대 번역의 특징

1990년대에 이민수(1990), 권순만(1990), 이철준(1991), 김진욱(1992), 윤화중(1994), 정노영(1994), 전형준(1996) 등 7종의 번역본을 살펴보면 다음과 같은 특징이 있다. 번역가든 학자든 모두 현대문학을 전공으로 하는 사람이 적었으며, 특히 노신을 전문적으로 연구하는 연구자가 없다. 인명, 지명 표기에서 1980년대의 중국어 음독 위주의 표기에서 1990년대에는 한국어 음독으로 표기된 것이 더 많아졌으며, 주석 표기에서 협주의 방식이 주를 차지하였다. 1980년대의 번역이 문단이나 학계를 대표하는 명사들에 의해 이루어진 경향이 있다면 이 시기 번역가들은 당대 독서계의 명사였던 이민수(1990)와 중문학자이자 문인이었던 윤화중(1994), 전형준(1996)을 제외하고 대부분 직업적으로 번역에 종사하던 사람들로서 상업적 목적에 의한 기획 출판의 일원으로 참여한 것으로 판단된다. 그 각각의 예를 개관함으로써 시대별 특징을 파악해보기로 하자.

이민수(1990)는 고전번역의 대가로서 명사 번역의 시대였던 80년대적 특징을 그대로 갖고 있다. 그는 한문학의 대가로서 세종대왕기념사업회 국역위원, 독립운동사 편찬위원회 집필위원, 민족문화추진회 번역위원 등으로 활동하면서 『명심보감』, 『격몽요결』, 『천자문』 등 동몽학습서와 『삼국유사』, 『징비록』, 『연려실기술』, 『연암선집』 등 국학명저, 『효경』, 『부모은중경』, 『목련경』, 『오륜행실도』 등 유교와 불교의 윤리도덕서 등을 번역하였다. 또한 『사서삼경입문』, 『논어해설』, 『양명학이란 무엇인가』, 『학계선생약전』, 『윤봉길의사약전』과 같은 저서를 내기도 하였다. 한마디로 그는 당시의 독서문화를 이끌던 명사이자 재야학자였다. 그는 전반적으로 한자어를 많이 사용하였으며 인명, 지명, 한자어 뒤에 괄호로 한자를 병기하고는 있지만 지금 독자들이 이해할 수 없는 것도 많다. 다음의 예를 보도록 하자.

(16)

원 문: 我所聊以自慰的, 是还有一个"阿"字非常正确, 绝无附会假借的缺点, 颇可以就正于通人.[40]

번역문: 내가 애오라지 자위하는 바는 아(阿)자 하나만은 지극히 정확하여 절대로 **부회(附會)**나 **가차(假借)**의 결점이 없으므로 어떤 대가에게 질정(叱正)을 구해도 떳떳하다는 점이다.[41]

이 밖에 권순만(1990), 김진욱(1992), 정노영(1994) 등은 직업번역가였다. 이들은 이민수(1990)와 같은 전문번역가와 구분되어 논의될 필요가 있다. 이들이 1890년대 출판사의 상업적 목적에 부응하여 출판에 임했다는 점에 주목할 필요가 있기 때문이다. 실제로 이들은 노신의 원문을 직접 번역한 것이 아니라 주로 일본어 번역본을 중역하는 방식을 취하거나 아예 김진욱(1992)과 같이 앞 시대의 번역[42]을 그대로 가져다 쓰고 있다. 그 예로 아래의 예문을 보도록 하자.

(17)

원 문: 从人丛里, 便发出豺狼的嗥叫一般的声音来.[43]

40) 『鲁迅全集』(第一卷), 人民文学出版社, 1991, 489쪽

41) 이민수(1990), 84쪽

42) 성원경(1983)

43) 『鲁迅全集』(第一卷), 人民文学出版社, 1991, 526쪽

번역문(성원경): 인파 속에서 이리[狼]가 울부짖는 것 같은 소리가 들렸다.[44]
번역문(김진욱): 인파 속에서 이리[狼]가 울부짖는 것 같은 소리가 들렸다.[45]

우리는 이를 통해 이 시대의 번역이 출판사를 중심으로 기획되고 출판되었다는 사실을 확인하게 된다. 번역자보다는 출판사가 주도권을 행사하던 시기였다는 뜻이다. 권순만(1990)은 일본어 텍스트에 기초하여 번역 활동을 하던 직업번역가로 이해되는데 그는 「아Q정전」 외에 다수의 일본 대중문학 작품번역을 남기고 있으며 이를 통해 그의 번역이 출판사의 상업적 목적에 따른 것이었음을 알 수 있다. 권순만(1990)의 번역문을 살펴보자.

(18)

원 문: 蓬头散发的像一个刘海仙[46]
번역문: 그 흐트러진 머리 모습은 마치 유해선(劉海仙)(오대의 도사 유해섬(劉海蟾). 그 화상은 당시 민간에 유포되고 있었다.)과 같았다.[47]

정노영(1994)은 「아Q정전」 외에 단테의 『신곡』과 같은 전혀 다른 언어권의 작품도 번역 출판하고 있다. 『신곡』을 포함하여 그의 번역은 일본어본을 중역한 것[48]으로 보이며 「아Q정전」의 경우, '咸与维新'을

44) 성원경(1983), 70쪽
45) 김진욱(1992), 71쪽
46) 『鲁迅全集』(第一卷), 人民文学出版社, 1991, 519쪽
47) 권순만(1990), 100쪽

'어유신(御維新)'으로 번역하는 등 일본어 중역임이 분명하게 드러나 있다.

(19)[49]

원　문: 这是"咸与维新"的时候了，所以他们便谈得很投机，立刻成了情投意合的同志，也相约去革命。[50]

번역문: 바야흐로 '어유신(御維新)'의 때였으므로 그들은 의기투합하여 동지가 되었다. 그리고 함께 혁명으로 매진할 것을 서약했다.[51]

1990년대 상업 번역의 특징을 가장 단적으로 드러내는 것이 이철준 번역의 영인출판이다. 원래 이철준의 번역은 1987년 중국 북경민족출판사에서 간행된 한글본 『로신선집』을 여강출판사에서 영인출판한 『노신선집』(1~4)에 수록되어 있다. 원래 북경민족출판사의 선집은 이철준, 박정일, 계용신, 최덕은 등이 번역진으로 출간된 것이다. 여강출판사에서는 '녀자', '조 령감', '리유', '리행'과 같은 조선족 언어표현까지 바꾸지 않고 그대로 이를 복제하여 출판하였다. 아래의 번역문에서 그 예를 보면 다음과 같다.

---

48) 한형곤은 단테의 『신곡』 번역현황을 고찰하면서 정노영(1994)의 번역본 역시 고찰의 대상으로 삼고 있는데 그에 의하면 많은 번역본 중 단테의 이탈리아어 원본에서 옮긴 것은 임명방, 허인, 한형곤의 번역뿐이라고 단언하고 있다. 한형곤, 「고전번역비평—최고번역본을 찾아서(57) 단테의 『신곡』」, 『교수신문』, 2006.12.26., http://www.kyosu.net

49) 인용문(13)과 동일함

50) 『鲁迅全集』(第一卷), 人民文学出版社, 1991, 516쪽

51) 정노영(1994), 58쪽

(20)

원 문: 阿Q不独是姓名籍贯有些渺茫, 连他先前的“行状”也渺茫.[52]

번역문: 아Q는 성명과 출생지가 분명하지 않을뿐만아니라 그의 《래력》도 분명하지 않았다.[53]

영인출판이란 원본을 그대로 복사하여 출판하는 것으로서 여강출판사는 주로 자료집, 사료, 문헌, 북한서적[54], 사전류 등의 복제출판을 주된 사업내용으로 삼는 출판사로 유명하다. 이들은 중국이나 북한 등 사회주의권의 한국어출판물을 복제출판하는 일을 하나의 사업 항목으로 삼고 있음을 알 수 있다. 1990년대 출판계를 지배한 상업주의의 일단을 확인할 수 있는 전형적 예에 해당한다.

한편 전형준(1996)의 번역은 명사번역시대(1980) → 상업번역시대(1990) → 학자번역시대(2000)의 중간적 특징을 그대로 갖춘 예에 해당한다. 그는 중문학자로서 드물게 당시의 문학계의 한 주류를 형성하고 있던 『문학과 지성』의 편집위원이었고 저명한 문학평론가였다. 이 점에 있어서 그는 명사번역시대의 특징을 이어받고 있다. 다른 한편 그는 중국 현대문학 전공자로서 『현대중국문학의 이해』, 『현대 중국의 리얼리즘 이론』, 『무협소설의 문화적 의미』, 『동아시아적 시각으로 보는 중국문학』 등의 저술을 통해 중국 현대문학을 역사적 측면, 문학이론적 측면, 문화적 측면, 지역적 측면에서 의미를 고찰하는 작업을 진행한 대표적 학자이기도 하다. 그의 번역문을 보면 상세한 협주로 독자들의

52) 『鲁迅全集』(第一卷), 人民文学出版社, 1991, 490쪽

53) 이철준(1991), 94쪽

54) 북한사회과학원 고전연구소 역, 『대동수경』, 2001.08.01

이해도를 높이려고 하였다.

(21)

원 문: 这足见我不是一个“立言”的人.[55)]

번역문: 내가 ‘입언’(立言: 자기 나름의 이론적 주장을 펼친 글이라는 뜻으로 사실을 기록한 글인 ‘기사紀事’와 함께 중국 고대 산문의 두 종류임—역주)을 할 만한 사람이 아님을 이것으로 충분히 알 수 있다.[56)]

(22)

원 문: 那知道第二天, 地保便叫阿Q到赵太爷家里去.[57)]

번역문: 그러나 뜻밖에도 다음날 지보(地保: 청나라 말의 지방자치제 경찰. 향신을 위해 일하며 평민들에게는 세도를 부렸고 건달 출신들이 많았는데 부재지주를 위한 소작료 징수를 담당하기도 했다—역주)가 아Q를 짜오 노어른 댁으로 데리고 갔다.[58)]

윤화중(1994)은 문법학자로서 『현대중국어문법』, 『중국문언문법』 등[59)]의 역서를 내고 있는데 언어학자답게 꼼꼼한 번역과 상세한 협주가 눈에 띈다.

---

55) 『鲁迅全集』(第一卷), 人民文学出版社, 1991, 487쪽

56) 전형준(1996), 62쪽

57) 『鲁迅全集』(第一卷), 人民文学出版社, 1991, 488쪽

58) 전형준(1996), 64쪽

59) 유월화 저, 윤화중 역, 『현대중국어문법』, 대한교과서주식회사, 1987/ 양백준 저, 윤화중 역, 『중국문언문법』, 청년사, 1989

(23)

원 문: 即使与古人所撰《书法正传》的"正传"字面上很相混, 也顾不得了.[60]

번역문: 비록 옛사람이 편찬한 《서법정전(書法正傳)》(청조[淸朝]의 평우[馮武]가 서법[書法]에 관하여 쓴 책으로 전기[傳記] 의미의 정전이 아님. 이 책에서의 정전은 '정확하게 전해 줌'이라는 뜻—주)의 정전과 혼동은 되겠지만, 거기까지 마음을 쓸 수는 없다.[61]

이상 살펴본 바와 같이 「아Q정전」과 관련하여 1990년대 번역의 특징을 들자면 상업 번역의 시대였다고 할 수 있다. 한국의 90년대는 출판사에서 주도권을 쥐고 영리를 하였으며 그에 따라 많은 전문번역가들이 빠른 번역에 임하였다. 그래서 전문번역가들의 번역 작품이 많았으며, 상업을 위한 번역이 뚜렷한 것이다. 하지만 이러한 출판계의 요구는 중국과의 수교 이후 중국에 대한 관심이 증대된 역사적 사실과도 관련되어 있다. 따라서 상업번역의 시대인 동시에 노신문학 대중화 시대라고 불러도 될 시대이다.

4 교수 번역의 시대—2000년대 번역의 특징

2000년대에는 조성하(2000)), 안영신(2001), 노신문학회(2003), 김범수(2003), 정석원(2004), 장수철(2006), 윤수천(2007), 우인호(2007), 박운석(2008), 김시준(2008), 최은정(2009) 등 11종의 번역본이 출간됨으

---

60) 『鲁迅全集』(第一卷), 人民文学出版社, 1991, 488쪽

61) 윤화중(1994), 17쪽

로써 한국 문단에서 노신에 대한 열풍이 더 높아졌다는 것을 엿볼 수 있다. 이 시기 주된 특징은 앞에서 말했듯이 전문적으로 현대문학 학자들이 번역에 직접 임한 시대였다. 그럼에도 우리는 우선 90년대의 주된 특징이던 상업 번역의 여파가 남아 있다는 점도 인정해야 한다. 예컨대 조성하(2000), 안영신(2001), 김범수(2003) 등은 출판사와 긴밀히 연결되어 활동을 하던 번역가들이었다. 그들의 번역출판이 대부분 2000년대 초반에 이루어졌다는 점, 출판사의 기획으로 직업번역가에 의해 이루어졌다는 점, 중국어 원전을 직접 번역하지 않고 일본어 번역본이나 영어본을 저본으로 한 경우가 많다는 점 등에 있어서 1990년대와 특징을 공유한다. 예를 들어 2000년대 초반의 번역가 중 조성하(2000)는 한양대 중문과 출신으로 중국어본을 저본으로 하고 있지만 안영신(2001)은 '咸与维新'을 '御维新'으로 번역한 부분 등을 통해 일본어본을 저본으로 한 것이 분명하게 확인된다. 그 밖에도 문맥이 통하지 않는 번역문이 속출하고 있다. 상업 출판의 기획에 맞추다 보면 필연적으로 부실한 번역이 나올 수밖에 없는 것이다. 김범수(2003)는 80년대 성원경(1983)의 번역을 그대로 가져다 출판한 데다가 한자와 주석을 모두 빼버리는 등, 상업 출판의 부정적 모습을 뚜렷하게 드러내는 역서를 내고 있다. 그런 점에서 이들의 번역은 90년대의 특징과 동일 선상에서 이해할 필요가 있다.

2000년대의 주된 특징은 중국 현대문학의 연구자들이나 교수들에 의한 번역이 주류를 점하고 있다는 점이다. 그 중 가장 먼저 언급해야 할 것이 노신문학회(2003)의 번역이다. 노신문학회(2003)는 중국 현대문학, 그중에서도 노신전공자들의 모임으로서 이들이 참여하여 작품을 선정하고 번역을 진행하였다. 그러나 그 번역이 문학회의 실질적인 연구와 토론을 통한 번역이 아니라는 점, 1990년대와 마찬가지로 여전히 출판사의 기획과 요청[62]에 따라 충분한 시간적 여유를 갖지 않고 번역을 진행하였다는 점 등에 있어서 가능성과 한계성을 함께 갖고 있는 결과물이라 하겠다. 이들의 번역은 한자병기가 상대적으로 적은데 그것은 한글 전용세대의 독자층을 고려한 것으로서 2000년대 번역의 주된 특징이기도 하다. 또한 상세한 각주를 통해 문장의 이해를 돕고자 하는 노력을 기울이고 있는데 이 역시 전문학자들이 번역에 참여하면서 나타나는 특징이라 할 수 있다.

2000년대의 진정한 특징은 정석원(2004), 우인호(2007), 박운석(2008), 김시준(2008), 최은정(2009) 등 교수들의 번역에서 찾아진다. 이들 중 중국근대문학(정석원), 현대중국어(우인호) 등을 전공한 학자 외에 박운석(2008), 김시준(2008)은 모두 중국 현대문학을 대표하는 전공자들이다. 이들은 연구와 교육의 현장에서 노신을 포함한 중국 현대문학의 세계를 탐구하고 교육해온 학자들로서 이들의 번역은 상대적으로 심도 있는 고민의 결과물이었던 것으로 보인다. 특히 박운석(2008)의 번역(2008)은 섬세한 각주 작업을 진행하여 원전보다 더 많은 56개의 각주를 달았다. 그는 번역작품이 소설임을 감안하여 가독성을 높이기 위해 본문에는 가능하면 한자를 쓰지 않았다. 대신 각주에 한자를 많이 사용하여 정보의 정확성을 높이고자 하고 있다. 가독성과 학술성을 함께 갖추고자 한 시도로 보인다. 다음 예문에서 박운석(2008) 번역의 특징이 잘 드러난다.

---

62) 역자서문에서 역자대표는 자신들의 번역이 '제대로 된 노신전집을 만들어 보자는 뜻깊은 제의를 받았을 때 실은 무척 고민스러웠다. 그 방대한 작품들 가운데 어떤 작품을 택할 것이며 작가의 의도를 얼마나 잘 옮겨놓을 수 있을지 의문스러웠기 때문'이었다고 번역출판의 계기에 대해 소개하고 있다. 『노신선집』(제1권), 여강출판사, 2003년, 1

(24)

원 문: 赵太太还怕他因为春天的条件不敢来, 而赵太爷以为不足虑, 因为这是“我”去叫他的.[63)]

번역문: 짜오 마나님은 또 그가 봄철에 정한 **조건** 때문에 감히 오지 못하는 건가 하고 걱정하고, 짜오 대감은 이번에는 ‘내’가 그를 부르러 보냈으니 걱정할 것 없다고 생각했다.

각 주: 제4장에서 아Q는 지보地保의 중재로 짜오趙 씨 댁과 5개의 서약을 했는데, 그 제3조에서 ‘아Q는 금후 짜오趙 씨 댁의 문지방을 넘어서지 말것’이라 한 조건을 두고 한 말이다[64)]

이에 비해 김시준(2008)은 주석작업을 전혀 하지 않았다. 다만 필요한 경우 한자를 병기하여 정확한 정보가 전달될 수 있도록 최소한의 조치를 하고 있다. 한국 최초로 『중국현대문학사』 등 다수의 학술서를 집필한 그가 번역의 과정에서 주석작업을 하지 않은 것은 아마도 그가 번역서도 원전에 귀속되는 일 없이 독립적인 독서물로 기능할 수 있어야 한다는 완전번역의 이론을 갖고 있었기 때문으로 이해된다. 실제로 그는 『리가장의 변천』, 『샤오얼헤이의 결혼』 등을 번역하면서도 주석작업을 거의 하지 않았다. 김시준(2008)의 번역특징이 잘 드러나는 다음과 같은 예문을 보자.

(25)

원 문: 然而谣言很旺盛, 说举人老爷虽然似乎没有亲到, 却有一封长信, 和赵家排了“转折亲”.[65)]

---

63) 『鲁迅全集』(第一卷), 人民文学出版社, 1991, 510쪽

64) 박운석(2008), 119쪽

번역문: 그러나 유언비어는 매우 왕성했다. 소문인즉, 거인 나으리가 직접 온 것 같지는 않으나 장문의 편지를 써서 보냈는데, 자오 씨 댁과는 먼 친척이 된다고 늘어놓았으며…[66]

박운석(2008)과 김시준(2008)의 번역 차이는 출판사의 차이로 인한 것일 수도 있다. 박운석(2008)의 번역서는 영남대학교출판사에서 출판된 것이고, 김시준(2008)의 번역은 을유문화사에서 출판된 것이다. 대학교출판사는 가독성보다 학문성을 높이 평가하는 편이고, 대형출판사는 아무래도 독자의 입장을 고려하여 가독성을 중시하는 편일 수밖에 없다. 한편 최은정(2009)은 한중번역과 중국 현대문학을 전공하는 학자로서 학문적 고민이 담겨있는 번역을 하고 있다고 이해된다. 다만 구체적 번역을 보면 '而立'를 단순히 '서른'으로 번역하거나[67] 한글 문장의 수사에 힘을 쓰다가 맥락을 놓치는 경우[68] 등이 종종 발견되기도 한다. 그것은 풍자적 의도를 깔기 위해 고전의 문장을 자주 인용한 노신의 의도에 대한 이해의 부족에서 비롯되는 것으로 보인다.

연변인민출판사의 부사장이자 전문번역가인 장수철(2006)의 번역서 출판은 이철준(1991)의 경우와 비교되는 부분이 있다. 북경민족출판사에서 간행된 이철준의 번역서는 영인복제의 방식으로 상업적으로 유통

---

65) 『鲁迅全集』(第一卷), 人民文学出版社, 1991, 512쪽

66) 김시준(2008), 157쪽

67) 최은정(2009), 73쪽

68) 예를 들어 '因为从来不朽之笔, 需传不朽之人, 于是人以文传, 文以人传'을 '이것만 봐도 내가 '후세에 모범이 될 만한 훌륭한 말을 하는' 사람이 아님을 알 수 있겠다'는 식으로 번역하여 저자의 의도를 바로 전달하지 못했을 뿐만 아니라 오역에 가까운 실수를 범하기도 한다. 최은정, 『아큐정전』, 계명대학교출판부, 2009년, 55쪽 참조.

되는 길을 걸었다. 번역자에게 어떤 지적 소유권에 대한 보상이 있었는지는 정확히 알려져 있지 않지만 복사형식으로 출판되었다는 점에 있어서 그것이 정상적 번역으로 인정받지 못하였다는 것은 분명해 보인다. 이에 비해 장수철의 번역서는 도서출판 서해문집에서 정식 출판되었을 뿐만 아니라 번역가 장수철이 연변인민출판사를 대표하여 2002년 한국에 지사를 차리고 공식적으로 판권을 행사하였다는 점 등[69]에 있어서 번역의 교류에 하나의 모델이 될 만한 일에 해당한다. 장수철의 번역은 한자병기를 최소화하고 문단을 짧게 끊어 가독성을 높였으며, 필요한 경우 짧은 협주를 추가하였고 무엇보다도 번역문 옆에 짧은 문장을 추가하여 해당 페이지의 중심내용을 돋보이게 하는 등 독자를 배려한 흔적이 역력하다. 이렇게 독자의 입장을 고려한 장수철의 번역특징 중 아Q가 샤오디와 싸우는 장면을 묘사한 페이지 옆에 붙여놓은 요약문을 보기로 하자.

> 삶의 가능성이 모두 차단된 아Q는 마침내 가난뱅이에 말라깽이인 샤오디가 자신의 밥그릇을 가로챈 것을 알고 잔뜩 독이 올라 그의 머리채를 휘어잡았다. 이 용과 호랑이의 싸움은 반 시간이 넘도록 일진일퇴하며 승부가 나지 않았다. 루쉰은 봉건적 억압과 착취에 시달리는 같은 민중이면서 현실을 직시하지 못하고 서로 이전투구하는 행태를 둘의 싸움을 통해 풍자했다.[70]

---

69) 그는 연변인민출판사 한국지사장을 맡아 한국과 중국의 상호 저작권협상, 공동출판, 시장개척, 투자유치 등 다방면의 합작사업을 추진하며 한중 출판교류에 뚜렷한 역할을 하고 있다. 「사람들, 장수철 연변인민출판사 한국지사장」, 『연합뉴스』(2011.06.14.), https://news.naver.com/main/read.nhn?mode=LSD&mid=sec&sid1=103&oid=001&aid=0005111355

70) 장수철(2006), 48쪽

작품의 요약인 동시에 맥락에 대한 이해를 돕고 있어 일반독자들이 작품을 읽고 보다 심화된 이해를 할 수 있도록 하고 있다. 전의 번역작품을 통틀어 유사한 예를 찾기 어려운 독특하면서도 효과 있는 편집방식이라 생각된다.

5 노신전문가 번역의 시대—2010년대 번역의 특징

2010년대의 루쉰전집번역위원회(2010), 김태성(2011), 이욱연(2011), 신여준(2011), 엄영욱(2012), 북트랜스(2015), 조관희(2018), 문현선(2018) 등 8종의 번역본을 살펴보면 이 시기 주된 특징은 바로 현대문학 연구자나 전문번역가, 노신전문가들이 번역에 적극 임하였다는 사실이다. 그중에서 이욱연(2011), 엄영욱(2012), 조관희(2018) 등은 노신을 전문적으로 연구하는 전문가들이다. 무엇보다도 루쉰전집번역위원회(2010)가 전체 노신 연구자들의 역량을 총결집하여 『루쉰전집』(전권 20권)을 번역했다는 점이야말로 이 시기의 모든 특징을 개괄하기에 충분하다.

2007년 8월에 결성된 노신전집번역위원회는 이보경(강원대학교), 공상철(숭실대학교), 김영문(충주대학교), 김하림(조선대학교), 박자영(협성대학교), 서광덕(건국대학교), 유세종(한신대학교), 이주노(전남대학교), 조관희(상명대학교), 천진. 한병곤(순천대학교), 홍석표(이화여자대학교) 등 12명의 연구자가 참가하여 11년이란 긴 시간을 거쳐 『루쉰전집』(전권 20권)을 발간했다. 전집은 200자 원고지로 5만2,000매 분량, 20권 총 쪽수로는 1만3,144쪽에 이르는 방대한 결과물의 집적이었다. 이들이 명실상부한 노신 전문가들로 번역진을 구성하였다는 점, 노신작품의 독회를 운영하였다는 점, 번역이론을 함께 공부하고 상호 간의 토론이 진행되고 그것이 11년 간 81차례의 월례모임을 가질 정도로 지속성을 갖추었다는 점, 졸속번역을 지양했다는 점, 이미 출간된 개별 번역서와 일본의 번역결과를 충분히 참고하고 반영하였다는 점 등에 있어서 기존의 번역과 질적인 차이를 갖는다. 그들이 『루쉰전집』의 번역을 꿈꾸면서 출발했던 초기의 활동을 정리한 다음의 글을 보자.

> 이러구러 여러 해가 흘러 세기말에 이르러 그 꿈을 포기하지 않던 이들이 '루쉰 읽기 모임'을 만들어 루쉰의 글을 다시 읽기 시작했다. 루쉰의 글을 번역하여 발표하면서 루쉰의 글 특유의 결을 어떻게 살릴 것인지 함께 고민하면서, 짬짬이 번역과 관련된 이론서를 훑어보기도 했다. 루쉰의 글에 쓰인 용어 하나를 가지고 갑론을박 시비를 가리노라면 어느덧 지루하기 짝이 없는 이 작업에 넌더리를 치기도 했다. 서너 해가 흐른 뒤에 출판된 「일폐어플레이는 아직 이르다」(케이시, 2003)는 바로 이 고투의 산물이었다. 이들은 좀 더 시간을 가져야 하겠노라며 꿈을 잠시 접기로 하였다.[71)]

이러한 예비작업과 시행착오를 거친 뒤 이들은 2007년경 다시 역량을 모아 매월 정기모임을 갖고, 윤독을 하며, 번역의 원칙을 만들고, 용어를 조율하는 등 구체적인 성과를 쌓아나간 끝에 2010년 3권 출간을 시작으로 2018년 마지막 20권을 완간하는 개가를 이루었다. 이들의 번역은 북경인민출판사에서 간행된 『魯迅全集』(1981년, 2005년)을 참조하여

---

71) 이주노, 「루쉰의 세계에 어떻게 입문할까」, 『월간중앙』(201605호), 2016. 04.17

번역하되, 국내외 연구성과를 두루 참조하여 미주를 작성하였다고 밝히고 있다. 또한 서명과 논문, 기사 등 문장부호를 통일하였으며, 인명과 지명 및 작품명은 국립국어원 외래어표기법에 근거하여 표기하였다. 특히 한자문화권에 속하며 문화를 공유하던 역사적 상황을 고려하여 현대인과 과거인을 구분하는 표기법을 쓴다는 원칙도 분명하게 제시하였다. 이와 관련하여 이들은 번역본 전집의 '일러두기'에서 다음과 같이 말하고 있다.

> 외국의 인명이나 지명, 작품명은 국립국어원에서 펴낸 '외래어표기법'에 근거해 표기했다. 단, 중국의 인명은 신해혁명(1911년) 때 생존 여부를 기준으로 현대인과 과거인으로 구분하여 현대인은 중국어음으로, 과거인은 한자음으로 표기했으며, 중국의 지명은 구분을 두지 않고 중국어음으로 표기하는 것을 원칙으로 했다.[72)]

이들이 수립한 기준은 중국 문학작품을 번역한 역사적 경험을 총괄한 것이라 해도 문제가 없다. 이러한 성과에도 불구하고 「아Q정전」을 중심으로 볼 때, 이 전집의 번역에는 상당한 한계가 드러나 있다. 우선 미주와 관련해서 지적되어야 할 점이 있다. 이들은 '일러두기'에서 '각 글 말미에 있는 주석은 기존의 국내외 연구성과를 두루 참고하여 옮긴이가 작성한 것'[73)]이라고 밝히고 있다. 그러나 「아Q정전」의 경우 미주는 5개에 불과하며 국내외 연구성과를 두루 참고하여 작성한 것이 아니라 원본의 미주를 부분 번역한 것이다. 원래 원본의 미주는 모두 53개로,

---

72) 루쉰전집번역위원회, 『루쉰전집』1, 「일러두기」, 2010
73) 루쉰전집번역위원회, 『루쉰전집』1, 「일러두기」, 2010

고어, 관용어 등에 대해 모두 상세한 설명을 하고 있다. 이것을 모두 생략하고 단지 5개의 미주만을 부분 번역했다는 점에서 '일러두기'와 일치하지 않는 부분이라 할 수 있다. 그 결과 작가의 의도를 제대로 전달하지 못하는 번역문들이 속출하게 된다. 다음의 경우를 보자.

(26)

원　문: **秀才听了这"庭训", 非常之以为然, 便即刻撤消了驱逐阿Q的提议.**[74]

번역문: 수재는 **'가친의 유훈'**을 듣고는 과연 그렇겠다고 생각하여 아Q를 축출하자는 제의를 즉각 철회했다.[75]

이 문장에 나오는 '庭训'에 대해 원전에서는 다음과 같이 설명하고 있다.

> "庭訓"은 『논어 · 계씨』에 보이는 말이다. 공자가 일찍이 혼자 서 있는데 鯉[공자의 아들]가 예의를 차리는 잔걸음으로 정원을 지나갔다. 그때 공자는 그에게 『시경』과 『서경』을 배우라고 하였다. 이후 부친의 교훈을 '庭訓', 혹은 '뜰을 지나다 받은 교훈'이라 불렀다.[76]

---

74) 『鲁迅全集』(第一卷), 人民文学出版社, 1991, 511쪽

75) 루쉰전집번역위원회(2010), 138쪽

76) "庭训": 『论语 · 季氏』载: 孔丘"尝独立, 鲤(按: 即孔丘的儿子)趋而过庭", 孔丘要他学"诗", 学"礼". 后来就常有人称父亲的教训为"庭训"或"过庭之训". 『鲁迅全集』(第一卷), 人民文学出版社, 1991, 531쪽

그러니까 '庭訓'은 '부친의 유훈'이 아니라 '부친의 직접 가르침'으로 번역되어야 한다. 원전의 미주를 참고하지 않아 일어난 오역이라 할 수 있다. 나아가 노신의 문장이 늘 그렇듯 따옴표(" ")로 출전을 표시한 단어나 문장은 표층과 심층의 두 의미층을 구성하는데 미주를 생략함으로써 저자의 의도를 효과적으로 전달하지 못하게 된 것도 문제가 된다. 박운석(2008)이 이미 원전의 35개를 번역한데 이어 스스로 21개의 각주를 더했던 전례가 있음을 감안한다면 노신에 대한 열정과 연구성과를 총괄한다는 번역 취지가 무색한 감이 있다. 박운석(2008)의 다음 경우를 보자.

(27)

원 문: **也如孔庙里的太牢一般, 虽然与猪羊一样, 同是畜生, 但既经圣人下箸, 先儒们便不敢妄动了.**[77]

번역문: 그렇지 않다면 공자묘孔子廟에 바친 제물처럼, 돼지나 양 같은 짐승이지만 성인聖人이 먼저 수저를 댄 이상 **선유先儒들이** 감히 함부로 건드리지 못하는 것과 같은 것이다.[78]

박운석(2008)은 원문의 '先儒'를 '선유先儒'로 옮기면서 '선배 유학자들이며 공자 숭배자들, 물론 조소적嘲笑的으로 한 말이다'[79]라는 각주를 붙였다. 이를 통해 노신의 풍자와 조소의 의도를 전달하고 있다.

미주를 번역하지 않는다는 원칙이었다면 모르겠지만 국내외 연구성

---

77) 『鲁迅全集』(第一卷), 人民文学出版社, 1991, 494-495쪽

78) 박운석(2008), 90쪽

79) 박운석(2008), 90쪽

과를 두루 참조하여 미주를 작성한다는 원칙을 수립하였음에도 불구하고 원래 전집의 53개 미주 중 5개만 부분적으로 번역하고, 번역되지 않은 미주의 경우도 본문 번역시 참조하거나 적용한 흔적이 뚜렷하게 나타나 있지 않다. 비록 노신 연구자들이 모여 정기모임을 가지면서 번역의 원칙과 결과를 상호점검한다는 방침을 세우기는 했지만 여전히 역량의 결집이 쉽지 않았다는 한계를 노정하고 있는 것이다. 물론 『루쉰전집』에 실린 「아Q정전」에 대한 이러한 지적이 과한 것일 수도 있다. 이것은 이들의 번역이 노신문학의 정확하고도 학술적인 옮김을 지향한다고 밝히고 있기 때문에 가능한 번역이다.

이에 비해 2011년에 번역본을 출간한 이욱연[80]의 경우, 그는 어디까지나 문학세계의 전달이라는 목표를 세운다. 그는 한국을 대표하는 노신 연구자의 한 사람으로서 기존의 번역성과를 참고하거나 작가의 의도를 정확히 전달하기 위한 자세한 주석 등이 기대되는데 이와 관련된 학문적 고려가 크게 발견되지 않는다. 그 번역 목적이 다른 데 있었기 때문이다. 실제로 번역가는 그 후기에서 다음과 같이 자기 번역의 의도를 밝히고 있다.

> 『아Q정전』은 그동안 국내에 수없이 번역되었지만 이 번역본은 두 가지 점에서 기존 번역본과 다르다. 첫째는 루신 소설의 삽화로 가장 유명한 자오옌녠의 삽화가 들어가 작품의 이해를 돕고 있다는 점이고, 둘째는 정확하면서도 쉽고 편하게 읽히도록 가독성에 특히 주의를 기울였다는 점이다. 아마도 독자들은 다른 어떤 번역본보다 수월하게 이 작품을 감상할 수 있을 것이

---

80) 이욱연, 『아Q정전』, ㈜문학동네, 2011

다.[81]

여기에서 번역자가 말하는 자오옌녠은 중국의 저명한 판화가인 赵延年으로서 판화모음집 「아Q정전」으로 유명하다. 번역자는 그의 판화작품을 삽화로 써서 판화를 제창했던 노신의 정신을 그림으로 전달하고자 하였다. 또한 쉽게 편하게 읽히도록 가독성에 주의를 기울였음을 밝히고 있는데 이로 인해 전문가의 특기인 학문적 정확성을 희생한 부분이 없지 않다. 예를 들어 원전의 '若敖之鬼馁而'을 '후손이 없는 귀신은 밥도 굶게 되느니라'[82]로 번역하였는데, 원문의 若敖는 楚나라를 지배하던 집안이었는데 그 아들인 越椒의 생김새와 성품에 대하여 그 백부였던 子文이 자기 집안에 멸족될 것임을 예언했다는 『左传』의 구절을 가져온 것이다. 그러므로 정확하게 번역하자면 '약오 씨(若敖氏)의 귀신들이 제사를 받지 못하게 되리라' 쯤이 될 것이다. 이것을 이욱연(2011)은 '후손이 없는 귀신'으로 의역한 것이다. 그가 밝힌 것처럼 독자들에게 이런저런 복잡한 정보를 제시하지 않고 그것이 뜻하는 바를 바로 전달할 수 있도록 문장을 구성하여 가독성을 높이고자 한 조치에 해당한다. 그럼에도 아쉬움은 남는다. 비록 의역을 통해 가독성을 높이고자 했다 해도 각주를 통해 원문의 정확한 뜻을 설명할 필요는 있기 때문이다. 원문을 쉽게 전달하겠다는 이러한 의도는 결국 군데군데 아쉬운 번역문을 내놓기도 한다. 다음의 경우를 보자.

---

81) 루쉰전집번역위원회(2010), 126쪽

82) 이욱연(2011), 41쪽

(28)

원 문: 他写了一封"黄伞格"的信, 托假洋鬼子带上城, 而且托他给自己绍介绍介, 去进自由党.[83)]

번역문: 그는 **'노란 우산 형식(黄伞格)'**※으로 편지를 한 통 써서 가짜 양놈더러 성에 들어가는 길에 가져가 달라고 했고 자기도 쯔여유당(自由党)에 들어갈 수 있도록 주선해 달라고 간청했다.

※ 각주: 옛 문인들이 쓰던 가장 격식을 차린 편지 형식.[84)]

여기에서 '노란 우산 형식(黄伞格)'이라고 번역된 '黄伞格'은 옛 서신의 형식을 맞추어 쓰다 보면 그 모양이 우산과 같은 형태를 띠게 되기 때문에 붙여진 이름이다. 그런데 이욱연(2011)은 그냥 단순히 '옛날의 서식'이라는 설명으로 대신하고 있다. 번역자가 이것을 생략한 것은 이것을 몰라서가 아니라 번역의 의도가 가독성의 최대화에 있었기 때문이다. 어떤 경우라 해도 '信, 達, 雅'의 3요소 중 '信'과 '達' 사이에는 항상 충돌이 일어나게 마련이기 때문일 것이다. 더 좋게 해석하자면 「아Q정전」에 대해 그동안 이루어진 충분한 정보량이 있었기 때문에 독자를 고려한 쉬운 번역을 시도한 것이라 이해해볼 수도 있다.

2012년에 번역본을 출간한 엄영욱도 한국을 대표하는 노신 연구자 중의 한 사람으로서 기본적으로 독자를 고려하고 있다는 점에서 이욱연(2011)의 지향과 궤를 같이한다. 그는 중국문화에 익숙하지 않은 독자들을 위해 고유명사에 대해 각주의 방식으로 설명을 덧붙이고 있다. 다음의 경우를 보자.

---

83) 『鲁迅全集』(第一卷), 人民文学出版社, 1991, 518쪽

84) 신여준(2011), 186쪽

(29)

원 문: 举人老爷主张第一要追赃，把总主张第一要示众.[85)]

번역문: 대장은 먼저 **조리돌림을 해야 한다**고 주장하였다.

각 주: 형벌의 일종. 육체적 체벌은 없지만 해당 죄인의 죄상을 아주 노골적으로 드러내서 죄인으로 하여금 수치심을 극대화시키기 위해 고의로 망신을 주는 행위. 주로 벌거벗기거나 범법 내용을 적은 팻말을 목에 걸고 손, 발을 포박한 상태에서 길거리로 이리저리 끌고 다니면서 망신을 준다.[86)]

원전에 제시된 주석들을 번역하지 않으면서 '示众' 같은 단어에 각주를 단 것은 독자들의 중국문화에 대한 이해를 돕기 위한 조치로 보인다. 말하자면 그 역시 노신에 대한 학문적 축적에 바탕하여 가독성이 높은 번역을 지향하였다고 할 수 있다. 실제로 그는 가능하면 한자를 병기하지 않았는데 이 또한 가독성을 높이기 위한 조치로 이해된다. 우리를 이욱연(2011)과 엄영욱(2012)의 경우를 통해 같은 전문가 번역이라 해도 번역의 의도에 의해 가독성과 정확성 중 어느 한쪽이 중시되고 다른 한쪽이 희생될 수밖에 없다는 번역의 특징을 확인하게 된다.

조관희(2018) 역시 한국을 대표하는 노신 전문가의 한 사람[87)]으로서 『루쉰선집』 제11권의 번역에 참여한 학자이기도 하다. 그의 「아Q정전」 번역을 보면 그 개인적 번역원칙에 있어서 『루쉰선집』 번역위원회와 관점이 달랐던 것 같다. 특히 인명과 관련된 다음과 같은 일러두기가 있다.

---

85) 『鲁迅全集』(第一卷), 人民文学出版社, 1991, 524쪽

86) 엄영욱(2012), 65쪽

87) 조관희, 『아큐정전』, 마리북스, 2018

이 책에 나오는 중국의 인명과 지명은 고대나 현대를 불문하고 모두 원음으로 표기했다. 아울러 중국어의 한글 표기는 문화체육부 고시 제1995—8호 '외래어표기법'에 의거하되, 여기에 부가되어 있는 표기 세칙은 적용하지 않았다.[88)]

중국어의 한글 표기는 앞으로도 개인적 편차가 있을 것으로 보이고 한동안 통일되기 어려울 것으로 보인다. 조관희(2018)의 번역은 원전의 따옴표를 대부분 생략하고 옮기지 않았다는 점, 한자병기가 적다는 점, 번역에 있어서 누락한 단어들이 많이 발견된다는 점 등의 특징을 갖는다. 다음의 경우를 보자.

(30)

원　문: 闲人这才心满意足的得胜的走了.[89)]

번역문: 그러고 나서야 건달들은 만족한 듯 가버렸다.[90)]

'승리하여', '승리감에 젖어' 등에 해당하는 원문의 '得胜的'를 누락하고 번역하지 않았다. 그것이 '만족한 듯'이라는 말에 포함되어 옮겨졌다고 생각했기 때문으로 보인다. 그러나 다음과 같이 누락한 경우도 있다.

(31)

원　문: 王胡似乎不是君子, 并不理会, 一连给他碰了五下, 又用力

---

88) 조관희,「일러두기」,『아큐정전』, 마리북스, 2018

89)『鲁迅全集』(第一卷), 人民文学出版社, 1991, 492쪽

90) 조관희(2018), 72쪽

的一推.[91)]

번역문: 그러나 왕털보는 아랑곳하지 않고 연이어 다섯 차례나 짓찧더니 힘껏 밀쳤다.[92)]

'似乎不是君子'를 번역하지 않았는데 누락이고 오역이다. 혹 이것이 바로 앞에 '군자는 입으로 말하지 손을 쓰지 않는다[君子动口不动手]'고 한 아Q의 말이 있으므로 생략해도 무방하다고 생각했을 수도 있다. 전체적으로 조관희(2018)는 노신전문가인 동시에 전문번역가로서 한국의 독자들에게 작품이 어떻게 수용될 수 있을지를 고민하였던 것으로 보인다. 그런 점에서 한국 노신연구의 총결집본인『루쉰전집』번역진의 한 사람인 조관희(2018)와 개인번역자 조관희(2018)의 번역태도가 달랐음을 확인할 수 있다. 전집번역에서는 학자의 입장으로, 단행본은 번역출판자의 입장으로 임했기 때문이라 생각된다.

각 시대를 개관하면서 번안의 시대(1970), 명사·문인 번역의 시대(1980), 상업 번역의 시대(1990), 교수 번역의 시대(2000), 노신전문가 번역의 시대(2010)로 그 시대적 주된 특징을 드러내는 용어를 사용하였지만 그렇다고 그 시대의 번역이 모두 그렇다는 뜻은 아니다. 사실을 말하자면 각 시대는 이상에서 말하는 특징들을 공유한다. 특히 직업번역가의 번역은 전 시대에 고루 나타나는 현상이기도 하다. 2010년대 역시 김태성(2011), 신여준(2011), 북트랜스(2015)(집체번역자) 등 직업번역가들의 번역이 출간되었다. 김태성(2011)은 50여 권의 중국어권 번역서를 낸 전문번역가로서 독서시장을 겨냥한 책들을 주로 번역하고

91)『鲁迅全集』(第一卷), 人民文学出版社, 1991, 521쪽

92) 조관희(2018), 79쪽

있다. 또한 일부 영어권 도서를 번역하기도 하는 등 직업번역가로서의 특징을 가지고 있다. 그의 「아Q정전」 번역은 번역문에 한자병기를 될수록 적게 하고 꼭 필요한 경우 각주에 출처를 밝히는 방식으로 가독성을 높이고자 노력하고 있다.

'북트랜스'는 2010년대 한국 번역출판계에 나타난 몇몇 번역공동체의 하나로서 직접 번역한 것은 공동체의 일원인 김태성(2011)이다. 다만 '열린책들'에서 김태성의 이름으로 번역된 2011년의 번역본과 더난출판사에서 북트랜스[개인저자: 김태성]의 이름으로 번역된 2015년의 번역본이 전체 문장에 있어서 상당한 차이를 보이고 있다는 점이 눈길을 끈다. 이것은 번역공동체의 지향 때문인 것으로 보인다. 번역공동체는 1차 번역된 초벌을 함께 읽으며 윤문하고 수정하는 작업을 거치고 있다고 얘기된다.[93] 그러니까 번역은 중국어 전문가인 김태성이 했지만 공동체의 이름으로 윤문과 수정을 거치는 동안 문장이 많이 달라질 수밖에 없는 것이다. 그것이 북트랜스의 결성 취지이기도 하다.[94] 북트랜스

---

93) 2010 년대 번역계의 한 특징으로 번역공동체의 출현을 말하는 경우가 많다. 협업번역그룹, 북트랜스, 사이에, 창, 바른 번역, 인트랜스, 엔터스 코리아 등이 그 대표적 번역공동체에 해당한다. 「'골방'서 혼자 번역하던 이들이 뭉쳤다... '번역 공동체' 활기」, 『경향신문』, 2013.05.10. http://news.khan.co.kr/kh_news/khan_art_view.html? artid=201305102128395

94) '북트랜스'는 새로운 형태의 번역회사다. 출판사 편집자 출신인 추지영 씨가 꾸린 이곳은 번역자와 윤문자, 교정자가 함께 참여하는 형태로 운영된다. 보통 번역만 해서 출판사에 넘기면 편집자들이 오류를 바로잡고 윤문을 한 뒤 교정자가 맞춤법에 따라 문장을 수정하는데 이 절차를 모두 마쳐 완전 원고 상태로 출판사에 넘기는 것이다. "번역자마다 차이는 있지만 번역문장 그대로 책을 내기는 어렵지요. 편집자가 윤문을 하다 보면 그 과정에서 오류가 생기기도 하고요. 요즘 독자들의 수준이 높아서 오류가 많은 번역은 용납되지 않습니다. 저희는 상호 검토를 통해 오류를 최대한 줄이면서 정확

(2015)의 번역은 한자 병기를 줄여 가독성을 높이는 한편, 설명이 필요한 부분에 협주를 상세하게 달아 독자들이 쉽게 이해하도록 하고 있다. 예를 들면 '후회한들 무엇하랴. 술에 취해 정(鄭, 송나라 1대 황제 조광윤의 부하 정자명(鄭字明)을 가리킨다. —옮긴이)의 목을 베었구나'[95]와 같이 원문에 없는 협주를 붙여 노신이 표현하려는 뜻을 정확하게 전달하였다.

신여준(2011)은 「아Q정전」 외에 별도의 번역작품이 발견되지 않는다. 「현대 동아시아 문학의 이해」[96]에 번역자로 이름을 올리기는 하였지만 책 자체가 다양한 저자들의 작품을 뽑아 번역한 것이고, 분업 번역한 11인 번역자의 한 사람일 뿐만 아니라, 이 책에서 번역한 것도 「아Q정전」이다. 또한 신여준의 번역은 전문번역가의 번역으로 보기에 문제가 많아 보인다. 우선 인명이나 지명을 표기하는데 아구이(阿桂: 아계), 아구이(阿贵: 아귀), 아푸(阿富: 아부) 등과 같이 가독성이나 정확성의 어느 쪽에도 도움이 되지 않는 방식을 취하였다.

이상으로 노신의 「아Q정전」 번역의 시대별 특징을 살펴보았다. 전체적으로 개관하자면 노신에 대한 이해의 심도가 깊어지고 그에 따라 번역의 정확성이 높아지는 길을 걸어왔다고 할 수 있겠지만 그 구체적

하고 아름다운 번역을 하려는 것입니다." 「'골방'서 혼자 번역하던 이들이 뭉쳤다...'번역 공동체' 활기」, 『경향신문』, 2013.05.10. http://news.khan.co.kr/kh_news/khan_art_vie w.html?artid=201305102128395

95) 북트랜스(2015), 71쪽

96) 『현대 동아시아 문학의 이해』, 엮은이: 김재용, 신민영; 지은이: 나쓰메 소세키, 심수경, 홋타 요시에, 메도루마 슌, 루쉰, 샤오훙, 쥐에칭, 모옌, 룽잉종, 장원환, 뤄허뤄, 천잉쩐, 카렌 손버, 구도 요시미, 하마다 하야오, 니시카와 미쓰루, 앙쿠이, 류슈친; 옮긴이: 황요찬, 심정명, 곽형덕, 손지연, 신여준, 김태성, 김창호, 김관웅, 송승석, 최말순, 신민영

상황은 보다 복잡하다. 이에 구체적으로 각 번역자의 번역특징을 고찰하는 방식을 통해 시대적 특징을 짚어보는 방식을 취하였다.

우선 1970년대의 번역에 나타난 번안 현상에 대해 다루어 보았다. 이문희(1978)가 번역한 「아Q정전」이 바로 그 예이다. 이문희(1978)는 작품을 번역하면서 원문의 뜻보다 한국어의 미려함과 독자들의 이해도를 높이는 일을 더 중시하였다. 주로 원문에 없는 말을 추가하거나 원문과 완전히 다른 문장을 구성하는 방식을 취하고 있다.

1980년대에는 이가원(1980), 김하중(1981), 성원경(1983), 허세욱(1983), 김정화(1985), 장기근·이석호(1988), 김욱(1988), 이가원(1989) 등 8종의 번역본을 살펴보았다. 이 시기는 명사들이 번역에 많이 참여하는 시기라 할 수 있다. 또 명사의 이름으로 다른 번역자가 번역을 하는 하청번역의 상황도 발견된다. 예를 들면 이가원의 이름으로 출간된 이가원(1989), 이가원(1980)의 2종 번역본은 윤문되었다고 보기에는 차이가 큰 번역으로 이루어져 있다. 이가원이 어떤 이유로 「아Q정전」의 번역출판에 참여하게 되었는지는 분명치 않지만 그의 이름으로 출간된 이 번역이 시대를 대표하는 한문학자의 손에서 나온 것이 아님에는 분명해 보인다.

이 시대의 또 다른 중요한 특징은 번역자들이 중국어 원본을 번역한 것이 아니라 일본어 번역본을 중역하였다는 사실이다. 이것은 특히 '咸與維新'을 '어유신(御維新)'으로 번역한 경우 등을 통해 쉽게 확인된다. 여기에서 '御'는 일본어의 접두어로서 보통 '御維新'이라고 말하면 '명치유신'을 가리킨다. 일본어 번역본을 중역하였으므로 이런 오역이 일어날 수 있는 것이다. 「아Q정전」과 관련하여 1980년대 번역의 특징을 들자면 명사 번역의 시대, 문인 번역의 시대였다고 할 수 있다. 한국의 80년대는 신춘문예, 문예지 등을 통한 등단의 관문을 거쳐야 문필활동에 종사할 수 있는 시대였고, 이렇게 관문을 통과하여 자격을 얻은 이들이 글쓰기의 권력을 독점하던 시대였다. 그래서 명사들과 문인들이 그 이름을 내걸고 하청번역을 하던 현상도 나타나게 된 것으로 이해된다.

1990년대에는 이민수(1990), 권순만(1990), 이철준(1991), 김진욱(1992), 윤화중(1994), 정노영(1994), 전형준(1996) 등 7종의 번역본을 살펴보았다. 1980년대의 번역이 문단과 학계를 대표하는 명사들에 의해 이루어진 경향이 있다면 이 시기는 명사였던 이민수(1990)나 중문학자이자 문인이었던 윤화중(1994), 전형준(1996)을 제외하고 대부분 직업적으로 번역에 종사하던 사람들에 의해 번역이 이루어졌다. 특히 그들은 상업적 목적에 의한 기획 출판의 일원으로 참여한 것으로 판단된다. 목적이 상업적 영리추구에 있었으므로 표절과 복제가 자주 발견되는데, 예컨대 김진욱(1992)은 스스로 번역을 하지 않고 앞 시대의 번역[97]을 그대로 가져다 쓰고 있다. 이러한 상황을 통해 이 시대의 번역이 번역자보다는 출판사가 주도권을 행사하던 시기였다는 뜻이다.

상업 번역의 특징을 드러내는 또 다른 예로 이철준(1991) 번역의 출판을 들 수 있다. 여강출판사에서 1987년 중국 북경민족출판사에서 간행된 한글본 『로신선집』을 영인출판한 『노신선집』(1~4)이 있다. 이들은 직접 출판 대신 복사의 방식을 통해 손쉽게 영리를 추구하였던 것으로 보인다. 이는 1990년대 출판계를 지배한 상업주의의 일단을 확인할 수 있는 전형적 예에 해당한다. 이상과 같이 1990년대 번역의 특징을 들자면 상업 번역의 시대였다고 할 수 있다. 한국의 90년대는 출판사들에서 주도권을 쥐고 영리를 하였으며 그에 따라 많은 전문번역가들이 출판사의 요구에 따라 번역에 임하였다.

---

97) 성원경(1983)

2000년대에는 조성하(2000), 안영신(2001), 노신문학회(2003), 김범수(2003), 정석원(2004), 장수철(2006), 윤수천(2007), 우인호(2007), 박운석(2008), 김시준(2008), 최은정(2009) 등 11종의 번역본을 살펴보았다. 2000년대는 한국 문단에서 노신에 대한 열풍이 높아진 시대였는데 전문적으로 현대문학을 연구하는 학자들이나 교수들이 번역에 직접 임한 시대였다. 그 중 노신문학회(2003)는 중국 현대문학, 그중에서도 노신전공자들이 참여하여 작품을 선정하고 번역을 진행하였다. 그러나 그 번역이 문학회의 실질적인 연구와 토론을 통한 번역이 아니라는 점, 1990년대와 마찬가지로 여전히 출판사의 기획과 요청에 따라[98] 충분한 시간적 여유를 갖지 않고 번역을 진행하였다는 점 등에 있어서 가능성과 한계성을 함께 갖고 있는 결과물이라 하겠다.

2000년대에는 또 정석원(2004), 우인호(2007), 박운석(2008), 김시준(2008), 최은정(2009) 등 교수들의 번역본을 살펴보았다. 이들은 모두 중국 현대문학을 대표하는 전공자들이자 연구와 교육의 현장에서 노신을 포함한 중국 현대문학의 세계를 탐구하고 교육해온 학자들로서 이들의 번역은 상대적으로 심도 있는 고민의 결과를 담고 있다. 2000년대는 이런 점을 감안하여 교수 번역의 시대로 그 특징을 규정하였다.

2010년대에는 루쉰전집번역위원회(2010), 김태성(2011), 이욱연(2011), 신여준(2011), 엄영욱(2012), 북트랜스(2015), 조관희(2018), 문현선(2018) 등 8종의 번역본을 살펴보았다. 이 시기 주된 특징은 현대문

98) 역자서문에서 역자 대표는 자신들의 번역이 '제대로 된 노신전집을 만들어 보자는 뜻깊은 제의를 받았을 때 실은 무척 고민스러웠다. 그 방대한 작품들 가운데 어떤 작품을 택할 것이며 작가의 의도를 얼마나 잘 옮겨놓을 수 있을지 의문스러웠기 때문이었다'고 번역출판의 계기에 대해 소개하고 있다. 『노신선집』(제1권), 여강출판사, 2003년, 1쪽

학 연구자나 전문번역가, 노신 연구 전문가들이 번역에 적극 임하였다는 사실이다. 그중에서 이욱연(2011), 엄영욱(2012), 조관희(2018) 등은 노신을 전문적으로 연구하는 전문가들이다. 특히 루쉰전집번역위원회(2010)가 전체 노신 연구자들의 역량을 총결집하여 『루쉰전집』(전권 20권)을 번역했다는 점이야말로 이 시기의 특징을 규정짓기에 충분하다. 2007년 8월부터 12명의 연구자가 11년이란 긴 시간을 거쳐 『루쉰전집』(전권 20권)을 발간했다. 이들은 전집의 번역이 완료되기까지 11년간 무려 81차례의 월례모임을 가졌다. 또 이미 출간된 개별 번역서와 일본의 번역결과를 충분히 참고하고 반영하였다는 점 등에 있어서 기존의 번역과 질적인 차이를 갖는다고 생각된다.

이상과 같이 전체적 번역의 추세와 특징을 개관하고 다시 각 시대별 특징을 구체적으로 살펴보았지만 이러한 특징 규정이 절대적인 것은 아니다. 명사와 문인의 번역이 1980년대의 주된 특징으로 지목되기는 하지만 이후 각 시대별로 명사와 문인의 번역이 전혀 없는 것은 아니다. 마찬가지로 1990년대를 상업 번역의 시대로 특징지었지만 모든 번역은 상업적 영리 목적을 배제해본 적이 없다. 그러므로 이 특징 역시 각 시대에 부분적으로 나타난다고 보아야 한다. 마찬가지로 2000년대를 교수 번역의 시대, 2010년대를 노신전문가 번역의 시대로 특징지었지만 이전의 시대에 교수나 노신전문가의 번역이 전혀 발견되지 않는다는 뜻은 아니다.

그럼에도 전체적으로 「아Q정전」의 번역에는 일정한 시대적 환경의 반영흔적과 발전의 궤적이 발견된다.

III. 문화적 오역

한국문화와 중국문화는 예로부터 동일한 문화권에 속해 있었기 때문에 많은 유사점을 가지고 있다. 하지만 역사적, 지역적, 언어적 차이로 인해 여전히 자기 나름대로 독특한 문화적, 민족적 특징을 소유하고 있다. 구체적으로 인지 시각적 차이, 역사적 차이, 지역문화적 차이, 풍속문화 차이 등이다. 이런 문화적 차이로 인해 중국어를 한국어로, 한국어를 중국어로 옮기려면 두 가지 언어에 모두 숙달해야 할 뿐만 아니라 두 민족의 문화에도 깊은 이해가 있어야 한다. 다시 말하면 진정한 의미에서의 이중 언어인, 이중 문화인이라야 번역에서 문화 의미상 같은 가치를 실현할 수 있다.[1] 따라서 역자는 원문의 배경과 문화를 파악하여 목표 언어에서 수용될 수 있는 부분으로 번역과정을 고려하여야 한다. 이와 관련하여 이재호는 다음과 같이 말하고 있다.

> 문화라면 서양문화, 동양문화, 그리스문화, 영국문화, 미국문화 등 광범위한 것을 의미할 수도 있지만, 단어 혹은 구(句)도 문화의 원자(原子) 혹은 분자(分子)로 볼 수 있다. 문화 사이의

1) 이용해, 『중한 번역 이론과 기교』, 서울 국학자료원, 2002, 330-336쪽에서 요약 인용

커뮤니케이션에는 자연히 번역이 개입하게 되고, 번역을 하려면 번역 대상인 문화에 대한 깊은 이해가 없이는 오역(誤譯 mistranslation)을 낳게 마련이다. 2003년 봄, 한국 비교문학회에서 발표한 김효중 교수의 글 번역과 문화를 보면 "최근 세계 최고의 번역 수준을 지닌 독일의 번역학자들도 고전 번역본에서 많은 오역이 발견됨에 따라 고전을 다시 번역해야 한다고 주장하고 있다"는 말이 있고, 이 글의 주에 괴테 같은 사람도『벤베누토 켈리니의 전기』의 번역에서 1,0000개의 오역을 범했다고 한다.[2]

아래에서는 한국과 중국의 문화의 차이를 제대로 인식하지 못하여 나타난 오역 사례를 분석해보고자 한다. 아래 문장은 악기 '锣'에 대한 번역에서 나타난 문화적 차이점이다.

(32)

那是赵太爷的儿子进了秀才的时候, 锣声镗镗的报到村里来.[3]

자오 나리의 아들이 수재시험에 합격했을 때 마을에 그 소식을 알리는 떠들썩한 거리행진 장면에 대한 묘사이다. 이 과거 합격을 축하하는 거리행진 장면에서 '锣声镗镗'의 '锣'를 옮기면서 많은 차이가 나타났다. '锣'는 사전적으로 '징, 꽹과리, 바라'를 뜻한다. 그래서 이문희(1978), 김하중(1981), 김진욱(1992), 루쉰전집번역위원회(2010), 조관희(2018), 박운석(2008), 정노영(1994), 김정화(1985), 김태성(2011), 전형준(1996), 조성하(2000) 북트랜스(2015) 등은 '징'[4]으로 번역하였고, 엄영욱(2012),

---

2) 이재호,『문화의 오역』, 동인도서출판, 2005, 13쪽에서 요약 인용

3)『鲁迅全集』(第一卷), 人民文学出版社, 1991, 488쪽

이욱연(2011), 노신문학회(2003), 이철준(1991), 장기근·이석호(1988), 정석원(2004), 장수철(2006), 허세욱(1983), 윤화중(1994) 등은 '꽹과리'[5]로 옮겼으며 김시준(2008), 우인호(2007), 이가원(1989), 이가원(1980), 이민수(1990), 안영신(2001) 등은 '바라'[6]로 옮겼다.

사전적 의미를 고려했을 때 어떤 번역도 잘못이 있다고 말할 수는 없을 것 같다. 그럼에도 이 세 가지 번역이 공존하는 상황은 바람직하지 못하다. 작가는 분명히 '锣'를 가지고 어떤 특정한 악기를 가리키고자 했을 것이기 때문이다. 그렇다면 이 소설에서 세 가지 악기 중 '锣'가 가리키는 것은 무엇일까?

---

4) 이문희(1978), 12쪽, 김하중(1981), 64쪽, 성원경(1983), 6쪽, 김정화(1985), 72쪽, 권순만(1990), 56-57쪽, 김진욱(1992), 8쪽, 정노영(1994), 13쪽, 전형준(1996), 64쪽, 조성하(2000), 11쪽, 김범수(2003), 8쪽, 박운석(2008), 76쪽, 최은정(2009), 56쪽, 루쉰전집번역위원회(2010), 107쪽, 김태성(2011), 103쪽, 신여준(2011), 117쪽, 북트랜스(2015), 12쪽, 조관희(2018), 65쪽, 문현선(2018), 29쪽

5) 허세욱(1983), 24쪽, 장기근·이석호(1988), 73쪽, 이철준(1991), 91쪽, 윤화중(1994), 17쪽, 노신문학회(2003), 102쪽, 정석원(2004), 10쪽, 장수철(2006), 22쪽, 이욱연(2011), 10쪽, 엄영욱(2012), 13쪽

6) 이가원(1989), 4쪽, 이민수(1990), 82쪽, 안영신(2001), 101-102쪽, 우인호(2007), 43쪽, 김시준(2008), 116쪽

현재의 자료를 가지고 보자면 징일 가능성이 가장 높다. 그래서 번역의 실제 사례에서도 징으로 옮긴 번역문이 가장 많다. 물론 악기의 크기가 작다면 '꽹과리'로 번역될 수도 있다. '꽹과리'로 번역된 문장이 드물지 않게 나타나는 것도 이 때문이다. 또한 악단의 규모가 크다면 '바라'도 포함될 수 있다. 그래서 드물지만 '바라'로 옮긴 번역문도 발견된다. 어쩌면 이 세 가지 악기가 모두 거리행진에 동원되었을 수도 있다. 그러나 중국의 문화적 전통을 묘사하는 그림 자료를 보면 '징'이 행렬을 인도하는 주된 악기임을 확인할 수 있다. 그러므로 '징'으로 번역하는 것이 가장 합당해 보인다. '징'으로 번역한다면 '镗镗'이 전달하는 다양한 의성어 중 '쟁쟁', '탕탕', '쾅쾅' 정도가 선택될 수 있을 것이다.

다음은 양사 '碗'에 대한 번역에서 나타난 문화적 차이이다.

(33)[7]

阿Q正喝了两碗黄酒，便手舞足蹈的说…[8]

자오 나리 아들이 수재 시험에 합격했을 때 아Q가 스스로 자신도 성이 조 씨라면서 기분이 좋아서 황주를 마시는 장면이다. 아Q는 날품팔이로 일을 하여 겨우 생계를 유지하는 사회의 비천한 인물이다. 때문에 술도 제일 싼 황주밖에 마시지 못한다. 원문에서 '两碗黄酒'는 아Q의 빈천한 신분을 가리키는 키워드에 해당한다. 황주는 서민의 술로서 문화적으로 보자면 한국의 '막걸리'와 같은 차원에 있다. 우리가 막걸리를

7) 인용문(9)와 동일함

8) 『鲁迅全集』(第一卷), 人民文学出版社, 1991, 488쪽

마신다고 할 때 막걸리 '한 사발'과 막걸리 '한 잔'은 같은 뜻이기는 하지만 전달하는 분위기가 달라진다. 그 중 '한 사발'은 거칠고 빈천한 느낌을 전달하는 데 효과적이다. 따라서 '两碗黄酒'를 '황주 두어 사발'로 번역할 때 아Q의 처지를 잘 전달할 수 있을 것으로 보인다.

하지만 번역의 실제 사례를 보면 대부분 '두어 잔'이라고 번역하고 있다. 틀린 번역은 아니지만 '두어 사발'과 같이 그 거칠고 빈천한 분위기를 전달하기에는 미흡한 것 같다. 이 점을 고려하여 이욱연(2011), 박운석(2008), 노신문학회(2003), 이철준(1991), 장기근·이석호(1988), 정석원(2004), 신여준(2011), 문현선(2018) 등은 '두어 사발'[9]로 옮기고

---

9) 「마침 황주(黃酒)를 두 사발이나 마셨던 아큐가 손발을 저으며 춤을 추면서……」 장기근·이석호(1988), 73쪽/ 「때마침 황주를 둬 사발 마시고 난 아Q는 신명이 나서 이것은 자기한테도 아주 영광스러운 일이라고 떠들어댔다.」 이철준(1991), 91쪽/ 「아Q는 마침 황주 두 사발을 마시고 이내 손발을 덩실거리며……」 박운석(2008), 76쪽/ 「마침 황주 두 사발을 마신 아Q가 덩실덩실 춤을 추면서……」 이욱연(2011), 10쪽/ 「아Q는 막 황주 두 사발을 마시고 덩실덩실 춤을 추며 이건 그에게도 아주 영광스러운 일이라고 하였다.」 신여준(2011), 117쪽/ 「황주 두어 사발을 마신 아Q가 기뻐서 덩실거리며, 자신에게도 영광스러운 일이라고 말했다.」 문현선(2018), 29쪽

있다. 노신문학회(2003)의 번역을 예로 들어보자.

> 마침 **황주를 두어 사발** 마시고 난 아Q는 신명이 나서 이것은 자기한테도 아주 영광스러운 일이라고 떠들어댔다.10)

이에 비해 허세욱(1983)은 '두 대접'11)이라고 번역했다. 황주를 담는 그릇이 입이 커서 대접으로 번역할 수도 있으므로 틀린 번역은 아니지만 어찌되었든 '사발'이라는 어휘만큼 효과적인 것은 없어 보인다.

하지만 대부분의 번역문에서는 양사 '~잔'으로 옮겼다. 아래의 루쉰전집번역위원회의 예문을 보기로 하자.

> 마침 **황주 두어 잔**을 걸친 아Q는 뛸 듯이 기뻐하며 그 자신에게도 영광이라고 했다.12)

그 외에도 권순만(1990), 안영신(2001), 최은정(2009), 김시준(2008), 북트랜스(2015), 정노영(1994), 이가원(1989), 이가원(1980), 이민수(1990), 우인호(2007), 김하중(1981), 엄영욱(2012), 조관희(2018), 김정화(1985), 성원경(1983), 김진욱(1992), 김범수(2003), 이문희(1978), 윤화중(1994), 전형준(1996), 조성하(2000), 장수철(2006) 등에서도 마찬가지로 '~잔'13)으로 옮겼다. 이는 중국어의 '杯'에 대응하는 양사이다.

---

10) 노신문학회(2003), 102쪽

11) 「아큐는 마침 황주(黃酒)를 두 대접째 들이켜고 있었다. 그는 곧 춤을 덩실덩실 추면서 하는 말이, 이것은 그에게도 영광스러운 일이라는 것이었다.」 허세욱(1983), 24쪽

12) 루쉰번역위원회, 107-108쪽

13) 「마침 황주 두어 잔을 들이켜고 있던 아Q는 몹시 좋아 날뛰면서 이것은

이에 비해 '碗'은 일정한 크기를 갖는 그릇을 지칭하는 명사로서 완전히 양사화된 단어가 아니다. 이런 점에서도 단순한 양사인 '잔'으로 옮기는 것보다는 명사로서의 의미가 분명히 표현되는 '사발'로 번역하는 것이 적당할 것으로 생각된다.

그 자신에게도 퍽 영광이라고 했다.」 이가원(1980), 24쪽, 이가원(1989), 4쪽, 이민수(1990), 82쪽, 정노영(1994), 13쪽/「아Q는 마침 술을 두 잔 마신 참이었는데 덩실거리면서 말했다.」 권순만(1990), 57쪽/「마침 황주(黃酒) 두어 잔을 마시고 있던 아Q는 몹시 좋아 날뛰면서 이것은 그 자신에게도 퍽 영광이라고 했다.」 안영신(2001), 102쪽/「아Q는 마침 황주를 두어 잔 들이키고 있었다. 그는 뛸 듯이 기뻐하면서 이것은 그에게도 아주 영광이라고 했다.」 최은정(2009), 56쪽/「아큐는 마침 황주를 두어 잔 들이켜고는 몹시 좋아 춤을 추면서 말했다.」 김시준(2008), 116쪽/「마침 황주(黃酒)를 두어 잔 들이켠 아Q가 별안간 덩실덩실 춤을 추면서 자신에게도 매우 자랑스러운 일이라고 말했다.」 북트랜스(2015), 12쪽/「마침 황주(黃酒) 두어 잔을 마시고 있던 아Q는 몹시 좋아 날뛰면서 자신에게도 퍽 영광스러운 일이라고 했다.」 우인호(2007), 4쪽/「마침 黃酒를 두어 잔 마시고 있던 阿Q는 춤을 덩실덩실 추며 말했다.」 김하중(1981), 6쪽/「때마침 황주를 두어 잔 마신 아Q는 신바람이 나서 기뻐 날뛰며…」 엄영욱(2012), 13쪽/「아큐는 황주를 두어 잔 걸치고는 손짓 발짓을 하며…」 조관희(2018), 65쪽/「마침 黃酒를 두어 잔 걸친 阿Q는 뛸 듯이 기뻐하였다.」 김정화(1985), 72쪽/「아Q는 마침 황주를 두어 잔 들이켜고 있었는데 별안간 덩실덩실 춤을 추면서 이것은 그 자신에게도 매우 자랑스런 일이라고 말했다.」 성원경(1983), 6쪽, 김진욱(1992), 8쪽, 김범수(2003), 9쪽/「이때 阿Q는 술을 두어 잔 들이켜고 있었는데 이 소식을 듣고는 뛸 듯이 기뻐했다.」 이문희(1978), 12쪽/「아큐는 마침 황주(黃酒)를 두어 잔 들이켜고 있었다. 그는 춤을 덩실덩실 추면서 이것은 그 자신에게도 영광이라고 했다.」 윤화중(1994), 17쪽/「아Q는 황주(黃酒)를 두 잔 마시고 덩실덩실 춤을 추며, 이것은 자기에게도 영광스러운 일이라고 말했다.」 전형준(1996), 64쪽/「마침 황주 두어 잔을 들이켜고 있던 아Q는 몹시 좋아 날뛰면서 이것은 그 자신에게도 퍽 영광이라고 했다.」 조성하(2000), 11쪽/「때마침 황주를 두어 잔 마신 아Q가 신바람이 나서 날뛰며 이는 자기에게도 아주 영광스러운 일이라고 떠들었다.」 장수철(2006), 22쪽

다음은 옛날 돈 이름인 '铜钱', '角洋', '大洋'에 대한 여러 가지 부동한 번역 양상이다.

(34)

他赢而又赢，铜钱变成角洋，角洋变成大洋，大洋又成了叠.[14)]

아Q가 도박판에서 어쩌다가 한 번 돈을 딴 적이 있었는데 그가 딴 돈이 얼마나 많은지를 형상적으로 그린 구절이다. 이 문장의 '铜钱, 角洋, 大洋'에 대한 처리로 인해 번역에 다양한 차이가 나타나고 있다. 중국은 전통적으로 동전과 은전을 사용했는데 소설에서는 이것을 '铜钱, 角洋'으로 지칭했다. 1914년 은본위제를 채택하면서 '角洋, 七钱二分'의 가치를 갖는 '大洋'을 발행했다. 대체적으로 '10铜钱'이 '1角洋', '10角洋'이 '1大洋'인 관계에 있다. 물론 '铜钱, 角洋, 大洋'은 화폐의 종류이지 화폐의 단위는 아니다. 그래서 조관희(2018), 김하중(1981), 이욱연(2011) 등은 '동전', '은전', '큰 은전' 등[15)]으로 의역을 하였다. 조관희(2018)의 번역을 예로 들어보자.

> 그는 따고 또 땄다. **동전이 은전이 되고, 작은 은전은 큰 은전이 되어 수북이 더미를 이루었다.**[16)]

---

14) 『鲁迅全集』(第一卷), 人民文学出版社, 1991, 488쪽

15) 「그는 자꾸만 땄다. 동전이 은전이 되고 작은 은전이 큰 은전이 되었다. 큰 은전이 쌓이고 쌓였다.」 김하중(1981), 69쪽/「그는 돈을 따고 또 따서, 동전이 작은 은화로 변하더니 다시 큰 은화로 변하고, 그 큰 은화가 다시 돈더미를 이루었다.」 이욱연(2011), 25쪽

16) 조관희(2018), 74쪽

이런 방식의 번역은 전체적 의미를 이해하는 데 도움이 되는 방식이다. 이에 비해 박운석(2008), 엄영욱(2012), 노신문학회(2003), 이철준(1991) 등은 '동전', '10전짜리 은화', '1원짜리 은화'[17]로 번역하여 화폐의 가치를 구체적으로 제시하고 있다. 노신문학회(2003), 이철준(1991)의 번역을 보면 다음과 같다.

> 아Q는 따고 또 따서 **동전이 작은 은전으로 변하고, 작은 은전이 일원짜리 은전으로 변하더니 일원짜리 은전이 또 더미를 이루었다.**[18]

아래 정노영(1994)의 번역문을 보면 돈의 가치에 대한 구체적인 이해가 가능하도록 고려한 번역에 속한다.

> 그는 이기고 또 이겼다. **동전은 소은화(10전짜리)로 바뀌고 소은화는 대은화(1원짜리)로 바뀌어 대은화가 산더미처럼 쌓였다.**[19]

위 번역문으로부터 알 수 있듯이 정노영(1994)은 조관희(2018) 등의 번역과 박운석(2008) 등의 번역을 합하여 '소은화(10전짜리)', '대은화(1원짜리)'로 번역하고 있다. 두 번역의 장점을 취해 괄호 안에 설명을 더하고 있다는 점에서 깊은 고려를 한 결과로 이해된다. 이가원(1989), 이민수(1990), 이가원(1980), 김정화(1985) 등[20]은 정노영(1994) 등과

---

17) 「그는 돈을 따고 또 따서 동전이 10전짜리 은화로 바뀌고 10전짜리 은화가 1원짜리 은화로 바뀌어 은화가 첩첩이 쌓였다.」 박운석(2008), 87쪽/ 「아Q는 따고 또 땄다. 동전이 작은 은전으로 변하고 작은 은전이 일원짜리 은화로 변하고 일원짜리 은화는 또 더미를 이루었다.」 엄영욱(2012), 20쪽

18) 노신문학회(2003), 110쪽, 이철준(1991), 99쪽

19) 정노영(1994), 22쪽

같은 방식을 취하여 괄호 안에 한자와 해석을 병기하여 돈의 가치를 설명하였다. 특이한 것은 '角洋, 大洋'이라는 단어를 그대로 한글로 옮겼다는 점이다. 화폐 단위가 아닌 '角洋, 大洋'을 직접 썼기 때문에 다시 이것을 설명하는 '~짜리 은전'이라는 설명을 붙일 필요가 생겼다. 그런 점에서 '소은화', '대은화'에 비해 효과적이지 못한 번역으로 이해된다. 김태성(2011)도 이와 유사하게 '角洋', '大洋'을 화폐 단위로 이해하여 '쟈오양', '따양'[21]으로 발음을 옮기고 그 뜻을 각주로 처리했다. 불필요한 설명들을 부가해야 한다는 점에서 역시 효과적이지 못한 번역에 해당한다.

다음은 중국 화폐 단위 '文'에 대한 부동한 번역의 경우이다.

(35)

谢了地保二百文酒钱.[22]

아Q가 성이 자오 씨라고 했다가 자오 나리한테 혼나고, 또 자오 나리 집을 나서서는 지보한테 돈 200문까지 상납하는 장면이다.

---

20) 「그는 이기고 또 이겼다. 동전은 소은화(小銀貨, 10전짜리—역주)로 바뀌고 소은화는 대은화(大銀貨, 1원짜리—역주)로 바뀌어 자꾸만 쌓였다.」 이가원(1989), 10쪽, 이민수(1990), 88쪽/ 「그는 이기고 또 이겼다. 동화(銅貨)는 소은화(小銀貨=10錢짜리)로 바뀌고 소은화는 대은화(大銀貨=1원짜리)로 바뀌어 대은화가 쌓였다.」 이가원(1980), 33-34쪽/ 「그는 계속 땄다. 동전이 작은 은전으로 바뀌고, 小銀貨가 大銀貨로 바뀌어 큰 은전이 산더미를 이루었다.」 김정화(1985), 77쪽

21) 「그는 따고 또 땄다. 동전이 쟈오양이 되고 쟈오양이 따양이 되었다. 어느새 따양이 한 무더기나 쌓였다.」 김태성(2011), 112쪽

22) 『鲁迅全集』(第一卷), 人民文学出版社, 1991, 488쪽

여기에서 '二百文'의 '文'은 청나라 시대 동전의 단위로서 그림 자료에 나타난 바와 같이 '10文, 20文' 등의 동전이 발행 유통되었다. '文'이 화폐의 단위이므로 현대의 '元'처럼 직접 옮겨야 한다. 그래서 이욱연(2011), 조관희(2018), 북트랜스(2015), 박운석(2008), 이가원(1980), 김하중(1981), 성원경(1983), 김범수(2003), 최은정(2009), 신여준(2011), 문현선(2018), 김진욱(1992) 등 대부분의 번역가들은 이것을 '이백문'[23]으로 옮겼다.

이에 비해 2백 냥(엄영욱), 이백푼(김정화, 권순만), 200닢(김시준), 2백잎(이철준) 등[24]의 번역은 '이백문'의 화폐가 갖는 가치에 대한 인상적인 의미만 전달하게 되므로 바람직한 번역이라 볼 수 없다. 특이한 것은 우인호(2007), 정노영(1994), 이민수(1990), 안영신(2001) 등의 '두 냥'[25]이다. '이백문'이 '은화 두 냥'에 해당한다는 의미를 전달하고자

---

23) 이백문: 이욱연(2011), 12쪽, 조관희(2018), 66쪽, 북트랜스(2015), 13쪽, 박운석(2008), 78쪽, 이가원(1989), 4쪽, 장기근·이석호(1988), 73쪽, 이가원(1980), 25쪽, 김하중(1981), 64쪽, 성원경(1983), 7쪽, 김범수(2003), 10쪽, 최은정(2009), 57쪽, 신여준(2011), 118쪽, 문현선(2018), 30쪽, 김진욱(1992), 9쪽

24) 엄영욱(2012), 13쪽, 김정화(1985), 72쪽, 김시준(2008), 117쪽, 이철준(1991), 92쪽

한 것으로 보이는데, '냥'이나 '문'이나 한국의 돈을 세는 단위가 아니라는 점에서 굳이 환산해서 번역할 필요가 없는 것이다.

또 김태성(2011)의 '2백 원[文]'[26]이라는 번역은 보다 복잡한 고민의 끝에 나온 것으로 보인다. 김태성은 '文'이 화폐의 단위라는 것을 분명히 드러내기 위해 그것의 중국어 발음인 '원'으로 옮긴 것으로 보인다. 현재 인민폐를 '위안[元]'으로 표기하는 것과 같은 방식이다. 그런데 인민폐 표현의 방식에 따라 '文'을 '원'이라고 발음으로 옮겼을 때 한국의 독자들이 그것을 화폐의 기본단위인 '원'으로 이해하게 될 것이라는 점을 고려하지 않을 수 없다. 이런 여러 측면을 고려할 때 청나라의 화폐 단위였던 '文'을 한문 발음에 따라 '문'으로 옮기는 것이 가장 효과적인 선택이라고 생각된다.

다음은 중국과 한국에서 항렬에 대한 표현법의 차이를 보아낼 수 있는 경우이다.

(36)

因为他和赵太爷原来是本家，细细排起来他还比秀才长三辈呢.

아Q가 스스로 자신은 성이 자오 씨이며 자오 수재보다도 증조할아버지뻘이 된다고 떠벌이고 다니는 장면이다. 아Q는 자기와 자오 나리의 댁이 한 집안이라는 점, 더 나아가 자오 수재보다 세 항렬이나 높다는 점을 가지고 자신의 남다름을 과시하고자 한다. 여기에서 주목할 것은

---

25) 우인호(2007), 44쪽, 정노영(1994), 14쪽, 이민수(1990), 83쪽
26) 김태성(2011), 104쪽

'세 항렬이 높다[长三辈]'는 표현이다.

중국과 동일한 항렬 제도를 갖고 있는 한국에서는 이 경우 '아버지뻘, 할아버지뻘, 증조할아버지뻘'의 관계라고 표현한다. 여기에서 '~뻘'은 바로 한문의 '~辈'를 발음 그대로 옮긴 것이다. 직접 대응하는 단어를 갖고 있다는 뜻이다. 그럼에도 한국어는 숫자로 항렬의 차이를 직접 드러내기보다 친족명칭을 통한 구체적 표현을 선호한다. 그래서 노신문학회(2003)는 '증조할아버지뻘'로 번역을 했다. 노신문학회(2003)의 번역문을 보면 다음과 같다.

> 자기와 조 영감은 본래 한집안인데 꼼꼼히 항렬을 따져보면 자기는 그 생원의 **증조부뻘이 된다는** 것이었다.[27]

이욱연(2011), 북트랜스(2015), 엄영욱(2012), 이철준(1991), 김진욱(1992), 장수철(2006), 성원경(1983), 김범수(2003), 권순만(1990), 최은정(2009) 등도 모두 '증조할아버지뻘'[28]로 번역을 했다. 다만 이욱연(2011), 북트랜스(2015)는 '长三辈'를 '세 항렬 윗길이어서 증조할아버지뻘 된다'로 중복하여 번역하였다. 번역문은 아래와 같다.

> 자기가 자오 나리와 원래 한집안이고 자세히 항렬을 따지면 장원급제한 생원보다 **세 항렬 윗길이어서 증조할아버지뻘 된다는** 것이었다.[29]

---

27) 노신문학회(2003), 102쪽

28) 엄영욱(2012), 13쪽, 이철준(1991), 91쪽, 김진욱(1992), 8쪽, 장수철(2006), 22쪽, 성원경(1983), 6쪽, 김범수(2003), 9쪽, 권순만(1990), 57쪽, 최은정(2009), 56-57쪽

29) 이욱연(2011), 10쪽, 북트랜스(2015), 12쪽,

본래 번역은 원문의 단어를 놓치지 않으면서 독자들에게 가장 친근한 방식으로 뜻을 전달하는 데 중점을 둔다. 이욱연(2011)의 경우 '长三辈'를 두 번 번역함으로써 원문의 단어를 놓치지 않는 한편, 한국 독자들에게 친근하게 의미를 전달하는 효과를 거두고자 하였다. 과거 당현장은 불경을 번역할 때 반야지혜와 같이 범어(반야)와 한어(지혜)를 중복번역하는 '梵漢双唱'의 방법을 구사한 바 있는데 바로 이러한 효과를 지향한 것이었다. 이욱연의 번역은 그런 점까지 고심하여 번역한 결과라 하겠다. 이에 비해 박운석(2008)은 다음과 같은 번역문을 제시하고 있다.

> 왜냐하면 그와 짜오 대감은 본래 한집안이며 자세히 항렬을 따져보면 그가 수재보다 **3대나 위가 된다고** 말하였다.[30]

이는 비교를 강조하기 위한 번역에 속한다. 안영신(2001), 우인호(2007), 이가원(1980), 조관희(2018), 윤화중(1994), 허세욱(1983) 등도 모두 같은 차원에서 '세 항렬이나 위'[31]로 직역한 번역문을 제시하고 있다.

중국어의 문장이 '比秀才长三辈'라고 비교문으로 되어 있어 '수재에 비해(比) 세 항렬이나 위', 혹은 '3대나 위'라는 비교를 강조하는 번역문이 많이 나타나게 된 것으로 보인다. 문제가 전혀 없는 번역이지만 한국어의 언어 환경을 고려할 때 아Q와 같은 인물이 과연 '세 항렬이 위'라는 식의 표현을 할 수 있을지에 대해 생각해 볼 필요가 있다.

다음은 걸상 이름인 '长凳'과 '条凳'을 번역할 때 나타난 부동한 번역

---

30) 박운석(2008), 76-77쪽

31) 우인호(2007), 43쪽, 이가원(1980), 24쪽, 조관희(2018), 65쪽, 윤화중(1994), 17쪽, 허세욱(1983), 24쪽

문을 보기로 하자.

(37)

譬如用三尺三寸宽的木板做成的凳子，未庄人叫"长凳"，他也叫"长凳"，城里人却叫"条凳".[32)]

아Q가 웨이좡과 성안 사람들이 세 치 길이, 세 치 너비의 걸상을 부르는 이름이 달라서 성안 사람들을 아주 업신여기는 장면이다. 긴 걸상을 부르는 이름이 지역에 따라 '长凳'과 '条凳'으로 다르며, 아Q는 웨이좡의 이름이 옳다고 생각했다는 내용이다. 문제의 핵심은 이것을 뜻으로 번역할 것인지 음으로 그대로 번역할 것인지에 있다. 한국 독자의 입장으로부터 고려했을 때 뜻으로 번역하는 것이 이름의 차이를 더 알맞게 표현하므로 더 친절한 번역이 될 수 있다. 다만 동일한 의미를 갖는 '长凳'이나 '条凳'을 어떻게 차별적으로 옮길지 하는 고민이 있을 수 있다. 대체적으로 '长凳'은 '긴(长)걸상', '条凳'은 '쪽(条)걸상' 정도로 옮기는 방안이 제시될 수 있을 것이다. 예를 들어 엄영욱(2012)은 다음과 같이 옮겼다.

> 예를 들면 석자 길이, 세치 넓이의 널로 만든 걸상을 웨이좡에서는 **'긴걸상'**이라하고 자기도 '긴걸상'이라고 부르는데 성안 사람들은 그것을 **'쪽걸상'**이라고 한다.[33)]

---

32) 『鲁迅全集』(第一卷), 人民文学出版社, 1991, 491쪽

33) 엄영욱(2012), 7쪽

또 장수철(2006), 전형준(1996) 등도 예문과 마찬가지로 '긴걸상' vs '쪽걸상'[34]으로 옮겼고 이철준(1991)은 '긴걸상' vs '가는 걸상'[35]으로 차별화하였다. 비슷한 관점에서 조관희(2018)는 '긴 의자' vs '가는 의자'[36]로 옮겼다. 이 경우 걸상과 의자는 함께 쓸 수 있는 것이기는 하지만 여럿이 걸터앉는 것을 걸상, 혼자 앉는 것을 의자로 표현하는 한국어의 습관에 위배되어 오해될 소지가 다분하다. 한편 김시준(2008), 문현선(2018) 등의 경우를 보면 다음과 같다.

> 예컨대, 길이 석자, 폭 세치의 널빤지로 만든 걸상을 미장에서는 **'긴걸상'**이라고 부르며, 그도 '긴걸상'이라고 부르는데 성안의 사람들은 **'긴 의자'**라고 부르고 있었다.[37]

---

34) 「예를 들면 석 자 길이 세 치 너비의 널로 만든 걸상을 웨이주앙에서는 '긴 걸상'이라고 하고 자신도 그렇게 부르건만 성안 사람들은 '쪽걸상'이라 부르는 것에 대해 아Q는 잘못된 것이며 우습기 짝이 없는 일이라 여겼다.」 장수철(2006), 27쪽/「예를 들면, 길이 석 자 너비 세 치의 널빤지로 만든 의자를 웨이주앙에서는 '긴 걸상(長凳)'이라고 불렀고 자기도 '긴 걸상'이라고 부르는데 성내 사람들은 '쪽걸상(條凳)'이라고 불렀다.」 전형준(1996), 69쪽

35) 「그는 석자 길이에 세치 너비의 널로 만든 걸상을 《긴걸상》이라고 하였고 아Q 자신도 《긴걸상》이라고 하였는데 성시 사람들은 그것을 《가는 걸상》이라고 하였다.」 이철준(1991), 96쪽

36) 「석자 길이에 세치 너비로 만든 나무 의자를 웨이좡에서는 '긴의자'라고 부르고 아Q도 '긴의자'라고 불렀다. 그런데 성안 사람들은 '가는의자'로 부른다는 거였다.」 이욱연(2011), 19쪽, 노신문학회(2003), 107쪽, 조관희(2018), 70쪽

37) 김시준(2008), 121쪽/「예를 들어 석 자 길이에 세 치 너비의 목판으로 만든 의자를 웨이좡사람들은 '긴 걸상'이라고 부르는데 성안 사람들은 '긴 의자'라고 불렀다.」 문현선(2018), 34쪽

예문에서 알 수 있듯이 두 단어의 의미를 차별화하여 번역하겠다는 원칙을 세운 점에 있어서는 위의 번역과 같지만 '긴 걸상' vs '긴 의자'로 번역하였다. '长凳=긴걸상', '条凳=긴 의자'로 옮긴 것이다. 그러나 원래 단어의 차이는 '길다'는 것을 강조하는 '长'과 '좁다'는 의미를 강조하는 '条' 사이에서 발생하는 것이다. 단어의 차이를 드러내기 위해 같은 '凳'을 하나는 걸상으로, 다른 하나는 의자로 바꾸는 것은 적절하지 않다는 뜻이다.

김태성(2011)은 '장의자' vs '긴의자'38)로 옮겼는데 '장'과 '긴'이 의미상 구분되는 것이 아니므로 역시 적절치 못한 번역으로 판단된다. 나아가 이것을 의자로 옮긴 것은 위 조관희(2018)의 경우처럼 '걸상'과 '의자'를 다르게 쓰는 한국어의 습관에 위배되는 점도 있다.

여기에서 더 중요한 것은 이 두 단어를 음역하는 번역문이 다수 발견된다는 사실이다. 예컨대 이가원(1980), 김하중(1981), 박운석(2008)의 번역문을 보기로 하자.

> 예를 들어 3자 길이에 3치 폭 널판으로 만든 걸상을 웨이좡에서 **'창떵長凳'**이라고 부르고 그도 역시 '창떵'이라고 부르는데 성안 사람들은 **'탸오떵條凳'**이라고 부르는 것이 그의 생각에는 잘못된 것이고 우스운 것이었다.39)

루쉰전집번역위원회(2010), 정석원(2004) 등은 '창떵長凳' vs '탸오떵

---

38) 「예컨대 길이 석자, 폭 세치의 널빤지로 만든 의자를 웨이좡에서는 〈장의자〉라고 부르고 자신도 그렇게 부르는데 비해 성내 사람들은 〈긴의자〉라고 불렀다.」 김태성(2011), 108쪽

39) 박운석(2008), 83쪽, 이가원(1980), 29쪽, 김하중(1981), 66쪽

條凳'[40]으로 옮겼고, 최은정(2009)은 '창덩(長凳)' vs '티아오덩(條凳)'[41]으로 옮겼다. 박운석(2008) 등은 중국어에 근접한 발음으로 표기하려고 노력한 것 같고, 최은정(2009)은 국립국어원의 외국어표기방안을 따른 것으로 보인다.

또 걸상 이름을 한국어 발음으로 옮긴 번역문도 많이 보인다. 윤수천(2007)의 번역문을 예로 들어보자.

> 한 예로 길이 석 자, 폭 세 치의 널빤지로 만든 걸상을 미장에서는 **'장등'**이라 불렀으며 그도 그렇게 부르고 있었으나, 성안 사람들은 **'조등'**이라고 불렀다.[42]

그 외에도 정노영(1994), 이가원(1989), 이민수(1990), 장기근·이석호(1988), 우인호(2007), 성원경(1983), 김진욱(1992), 윤화중(1994), 권순만(1990), 허세욱(1983), 김범수(2003), 안영신(2001), 조성하(2000) 등도 한국어 발음대로 '장등(長凳)' vs '조등(條凳)'[43]으로 옮겼으며, 김정

---

40) 「가령 길이 석 자, 두께 세 치 판자로 만든 걸상을 웨이좡에선 '창덩'長凳이라 부르는데 그도 '창덩'이라 불렀다. 그런데 이걸 성안 사람들은 '탸오덩'條凳이라 불렀다.」 루쉰전집번역위원회(2010), 111쪽/ 「이를테면 세 자 길이에 세 치 되는 넓이의 나무로 만든 긴 의자를 웨이짱 사람들은 창뜽(長凳)이라고 불렀다. 아Q 역시 그렇게 불렀지만 성내 사람들은 '탸오뜽(條凳)'이라고 하지 않는가.」 정석원(2004), 15쪽

41) 「길이 석 자, 너비 세 치의 나무판으로 만든 걸상을 웨이주앙에서는 '창덩(長凳)'이라고 불렀고, 그도 '창덩'이라고 불렀는데, 성안 사람들은 '티아오덩(條凳)'이라고 불렀다.」 최은정(2009), 61쪽

42) 윤수천(2007), 22쪽

43) 「가령 길이 석자, 폭 세치의 널빤지로 만든 걸상을 미장에서는 '장등(長凳)'이라고 부르며 그도 '장등'이라 불렀는데, 성안 사람들은 그것을 '조등(條凳)'이라고 부른다.」 정노영(1994), 18 쪽, 이가원(1989), 8 쪽, 이민수(1990),

화(1985)는 중국어를 그대로 노출시켜 '長凳' vs '條凳'[44]으로 옮겼다. 김정화(1985)는 국한문 혼용시기의 습관을 고치지 않은 것이므로 어떻게든 재번역이 이루어져야 할 것으로 보인다. 정노영(1994) 등의 번역 역시 두 단어가 갖는 뉘앙스의 차이를 전달하지 못한다는 점에서 문제가 있다.

'长凳', '条凳'과 '未庄'은 차이가 있다. 고유명사인 '未庄'은 웨이좡, 미장 등으로 옮기는 것이 원칙이다. 그러나 '长凳', '条凳'은 보통명사이고 더구나 한국에도 그와 동일하거나 비슷한 앉는 도구들이 있다. 뜻을 옮기면 한국의 독자들이 비슷한 이미지를 떠올릴 수 있다는 것이다. 그러므로 이것을 중국어 발음으로 옮기는 것은 반드시 지적해야 할 문제가 된다.

다음은 길거리에서 중국의 하층민들이 벌인 도박판의 이름인 '押牌宝'에 대한 번역 양상이다.

86쪽, 장기근·이석호(1988), 76쪽, 우인호(2007), 48쪽, 성원경(1983), 14쪽, 김진욱(1992), 14쪽, 윤화중(1994), 22쪽, 권순만(1990), 6쪽, 허세욱(1983), 37쪽/「가령 세치 폭에 길이가 석 자쯤 되는 널판으로 만든 걸상을 미장에서는 〈장등〉이라 부르고 그 자신도 〈장등〉이라 하는데, 성안 사람들은 그것을 〈조등〉이라 부른다.」 김범수(2003), 15쪽/「가령 길이 석 자, 폭 세 치의 널빤지로 만든 걸상을 미장에서는 '장등(長凳)'이라고 부르며, 그도 또한 '장등'이라고 불렀으나, 성안 사람들은 '조등(條凳)'이라고 불렀다.」 안영신(2001), 106쪽/「예를 들어 길이 석 자, 폭 세 치의 널빤지로 만든 걸상을 미장에서는 '장등'이라고 부르며 아Q 역시 '장등'이라 불렀는데, 성안 사람들은 그것을 '조등'이라고 부른다.」 조성하(2000), 16쪽

44) 「가령 길이 석자, 두께 세치의 판자로 만든 걸상을 미장에서는 '長凳'이라 하였고 그 역시 '장등'이라 불렀으나, 성안 사람들은 '條凳'이라 부르고 있었다.」 김정화(1985), 75쪽

(38)

假使有钱, 他便去押牌宝, 一推人蹲在地面上, 阿Q即汗流满面的夹在这中间, 声音他最响.[45]

아Q가 길거리 도박판에서 사람들 속에 끼여 소리를 지르며 도박을 하는 장면을 아주 생동하게 묘사하였다. 아Q는 주거지도 일정하지 않고, 하는 일도 일정하지 않아 거의 노숙자에 가까운 삶을 살고 있다. 그 삶이 안정적이지 않으므로 약간의 돈이라도 생기면 그것을 바로 소비해 버리는 하층민들의 특징을 그대로 갖고 있다. 그래서 돈이 생기면 바로 길거리의 도박판인 '야파이바오(押牌宝)'를 찾아간다. 그러므로 '야파이바오(押牌宝)'는 정식 도박장이 아니라는 점, 전문 노름꾼들이 아니라 약간의 푼돈이 생긴 하층민들이 혹시나 하고 돈을 걸어보는 장터 같은 노름판이라는 점 등을 살릴 수 있는 번역이라야 한다.

전체 번역문을 살펴보면 직접 '도박'이라고 번역을 한 사례들이 제일 많은데, 김시준(2008), 우인호(2007), 정노영(1994), 이민수(1990), 김정화(1985), 이가원(1980), 김하중(1981), 김욱(1988), 권순만(1990), 최은정(2009), 이가원(1989), 성원경(1983), 김진욱(1992), 윤수천(2007), 김범수(2003), 안영신(2001), 조성하(2000) 등 많은 번역가들은 직접 '도박'[46]이라고 옮겼다. 그중 김욱(1988)의 번역을 예로 들어보자.

---

45) 『鲁迅全集』(第一卷), 人民文学出版社, 1991, 492쪽

46) 「가령 돈이 있으면 그는 도박을 하러 간다. 한 무리의 사람들이 땅바닥에 쪼그리고 앉아 있다. 아큐는 온 얼굴에 땀을 뻘뻘 흘리며 그 가운데 끼어 앉아 있는데 떠드는 소리 중에서 그의 목소리가 가장 컸다.」 김시준(2008), 124쪽, 우인호(2007), 51쪽, 정노영(1994), 21쪽, 이민수(1990), 88쪽, 김정화(1985), 77쪽, 이가원(1980), 32쪽, 김하중(1981), 68쪽/ 「그는 돈이 있으면 도박을 하러 갔다. 한 덩어리의 사람들이 땅바닥에 쭈그리고 있는 속으로

만일 돈이 있으면, 그는 도박을 하러 나선다. 한 덩어리의 인간이 땅바닥에 모여앉아 있고, 아큐우는 땀을 뻘뻘 흘리며 그 사이로 비집고 들어간다. 그런데 거기의 목소리는 그의 것이 가장 높은 것이다.[47]

'도박'은 틀린 번역은 아니지만 그렇다고 바람직한 번역도 아니다. 또 조관희(2018), 박운석(2008), 신여준(2011), 루쉰전집번역위원회(2010), 허세욱(1983), 문현선(2018) 등은 모두 '노름판'[48]으로 옮겼다.

아Q는 얼굴이 땀투성이가 되어서 끼어들었는데 그의 목소리가 가장 잘 들렸다.」 권순만(1990), 63쪽/「만약 돈이 있으면 그는 바로 도박을 하러 갔다. 한 무리의 사람들이 땅바닥에 쭈그리고 앉아 있는데, 아Q는 얼굴에 온통 땀을 뻘뻘 흘리면서 그 속으로 끼어들었다. 목소리는 그가 제일 컸다.」 최은정(2009), 63쪽/「만약 돈이 있으면 그는 도박〔押牌寶〕을 하러 갔다. 한 무리의 사람들이 땅바닥에 웅크리고 있었는데, 아Q도 얼굴이 온통 땀에 젖어가지고는 그 속에 끼여들었다. 목소리는 그가 가장 높았다.」 이가원(1989), 9-10쪽/「만약 돈이 있으면 그는 도박〔押牌寶〕을 하러 갔다. 한 무더기의 사람들이 땅 위에 쭈크리고 앉아 있는데 아Q는 얼굴이 온통 땀투성이가 되여 그 속에 끼어 있고, 그의 목소리가 가장 높다.」 성원경(1983), 17쪽, 김진욱(1992), 17쪽/「만일 돈이 있으면 아큐는 도박을 하러 갔다. 한 무리의 사람들이 땅바닥에 주저앉아 있는 가운데, 아큐도 얼굴이 온통 땀범벅이 되어 그 속에 끼어 있었다. 그럴 때면 아큐의 목소리가 가장 높았다.」 윤수천(2007), 27쪽/「만약 돈이 있으면 그는 도박을 하러 간다. 한 무더기의 사람들이 땅 위에 쭈그리고 앉아 있는데 아Q는 얼굴이 온통 땀투성이가 되어 그 속에 끼어 있고, 그의 목소리가 가장 높다.」 김범수(2003), 18쪽/「어쩌다가 돈이 생기면 그는 도박을 하러 갔다. 한 무리의 사람들이 땅 위에 주저앉아 있는 사이로 아Q도 얼굴이 땀에 흠뻑 젖어 가지고는 그 속에 끼어 있다. 그의 목소리가 제일 크게 울렸다」 안영신(2001), 108쪽/「만약 돈이 약간이라도 남아 있었다면 그는 도박을 하러 갔을 것이다. 한 무리의 사람들이 땅 위에 주저앉아 있고 아Q도 얼굴이 온통 땀에 흠뻑 젖은 채로 그 속에 끼어 있다. 그의 목소리는 그 가운데 가장 높다.」 조성하(2000), 19쪽

47) 김욱(1988), 19쪽

루쉰전집번역위원회(2010)의 경우를 예로 들어보자.

> 혹여 돈이라도 생기면 **노름판으로 달려갔다.** 아Q는 땀을 뻘뻘 흘리며, 땅바닥에 종종거리고 있는 무리 가운데로 끼어들었다, 목소리로 따지면 그가 제일 높았다.[49]

윤화중(1994), 허세욱(1983) 등은 '투전판'[50]으로 옮겼는데 '노름판', '투전판'의 경우도 '도박'의 경우와 마찬가지로 바람직한 번역이 아니다. '노름', '투전'이라고 하면 그 종류가 많기 때문에 그것을 구분하지 않았다는 점이 문제이고, 또 그것이 하층민들이 푼돈으로 참여하는 길거리 도박이라는 점을 드러내지 못하는 점 역시 문제가 된다.

가장 문제가 되는 번역은 '押牌宝'를 '야바위 노름'이라고 옮긴 번역이다. 이욱연(2011), 북트랜스(2015)의 경우를 보면 다음과 같다.

---

48) 「돈이 생기면 곧바로 노름판으로 달려간다. 사람들이 땅바닥에 쭈그리고 있는 가운데 아큐는 땀을 뻘뻘 흘리며 중간에 끼어들었다. 목소리는 그가 제일 컸다.」 조관희(2018), 73쪽, 박운석(2008), 86쪽/ 「만약 돈이 좀 있을라치면 노름판으로 달려갔다. 사람들이 쭈그려 앉아 있는 틈새로 아Q는 얼굴에 땀범벅을 하고 끼어들었다. 목소리는 그가 가장 우렁찼다.」 신여준(2011), 128쪽/ 「돈이 생기면 아Q는 노름판으로 달려갔다. 바닥에 쪼그려 앉은 사람들 사이로 땀을 뻘뻘 흘리며 비집고 들어가 소리 높여 외쳤다.」 문현선(2018), 38쪽

49) 루쉰전집번역위원회(2010), 114쪽

50) 「어쩌다가 돈이 생기면 그는 투전판에 갔다. 한 무리의 사람들이 땅에 쭈그리고 앉아 있는 사이로 아큐는 얼굴이 온통 땀투성이가 되어 가지고는 그 속에 끼여들었다. 그의 목소리가 제일 크게 울렸다.」 윤화중(1994), 24쪽/ 「그는 어쩌다가 돈이 생기면 투전판에 갔다. 사람들이 한 무더기 땅에 웅크리고 앉아 있는 사이로 땀투성이의 얼굴을 들이밀었다. 그의 목소리가 제일 크게 울렸다.」 허세욱(1983), 43쪽

돈이 생기면 야바위 노름을 하러 가서는 얼굴이 온통 땀투성이가 된 채 사람들 틈에 끼어 땅바닥에 쪼그려 앉아 있었다. 그의 목소리가 가장 쨍쨍했다.51)

엄영욱(2012), 장수철(2006), 전형준(1996) 등도 발음의 유사성에 착안하여 이것을 '야바위'52)로 옮겼는데 '押牌宝'와 '야바위'는 완전히 다른 놀이이다. '야바위'는 교묘한 속임수로 남을 속이는 노름을 가리킨다. 여기에 활용되는 방식과 기구도 트럼프, 화투 등으로 아주 다양하다. 따라서 '야바위'는 속임수 노름이라는 뜻으로 수용된다. 이에 비해 '押牌宝'는 운에 돈을 거는 노름이기는 하지만 속임수 노름은 아니다. 그러므로 '야바위'는 곤란하다.

그러면 이것을 어떻게 번역하면 제일 좋을까? 이것이 한국에 없는 종류의 놀음이므로 중국어(한자)로 표기하고 주석을 다는 방식이 가장 바람직하다고 생각한다. '押牌宝'를 중국어 발음으로 직접 옮겨 '야바오(押宝)', 혹은 '야파이바오(押牌宝)'로 음역을 하면 합당할 것이다. 이를 통해 독자들은 중국에 '야바오'라는 도박이 있음을 알 수 있으며 그 구체적 이름까지 알게 된다.

---

51) 이욱연(2011), 24쪽, 북트랜스(2015), 23쪽

52) 「돈이 생기면 그는 '야바위' 노름판으로 간다. 사람들이 땅바닥에 쭈그리고 앉아 있는 틈에서 아Q는 땀을 뻘뻘 흘리며 곧잘 소리를 지르는데 그의 목소리가 제일 컸다.」 엄영욱(2012), 19쪽/「만일 돈이 있으면 야바위 노름판으로 갔다. 땅바닥에 쭈그리고 몰려 있는 사람들 틈에 끼어 아Q는 땀을 뻘뻘 흘리며 곧잘 소리를 질렀는데, 그의 목소리가 제일 컸다.」 장수철(2006), 30쪽/「돈이 생기면 그는 야바위 노름을 하러 갔다. 한 무리의 사람들이 땅바닥에 쭈그리고 앉아 있는데, 아Q는 얼굴에 땀을 뻘뻘 흘리며 그 속으로 끼어들었다. 목소리는 그가 제일 컸다.」 전형준(1996), 72쪽

그런데 김태성(2011)은 '압패보'[53]와 같이 한국어 발음으로 번역하였다. 이와 관련하여 중국의 놀음인 마작을 생각해 볼 필요가 있다. '麻将'은 한국말로 그대로 '마작'이다. 왜냐하면 '마작'은 한국에도 널리 알려져 있고 한국어에 들어와 있으므로 '마쵀', 혹은 '마쟝'이라 할 필요가 없기 때문이다. 그러므로 그냥 한국어 발음으로 '마작'이라 해도 사람들이 쉽게 이해할 수 있다. 그렇지만 '야파이바오(押牌宝)'는 중국에만 있고 한국에는 없는 것이다. 그러므로 그 이름을 중국식으로 옮길 필요가 있다. 노신문학회(2003), 이철준(1991) 등은 이 점을 고려하여 아래와 같이 옮겼다.

> 만일 돈이 있으면 그는 **'야보'를 하러 간다**. 아Q는 땅바닥에 모여 앉아 있는 사람들 틈에 끼어들어 땀을 뻘뻘 흘리면서 곧잘 소리를 질렀는데 그의 목소리가 제일 쨍쨍했다.[54]

예문에서 '야보'라고 번역함으로써 중국어 발음을 살리려는 노력을 하였다. 하지만 '押'은 중국어 발음으로 '야'로 옮기고, '宝'는 한국어 발음으로 '보'로 옮겼다는 점에서 잘못된 번역에 해당한다.

다음은 '太牢'에 대한 부동한 번역사례를 살펴보기로 하자.

---

53) 「어쩌다 돈이 생기면 압패보를 하러 갔다. 사람들 한 무리가 땅바닥에 쪼그리고 앉았고 아Q도 얼굴 가득 땀을 뻘뻘 흘리면서 그 가운데 끼어 앉아 있었다. 목소리는 그가 가장 컸다.」 김태성(2011), 111쪽

54) 이철준(1991), 98쪽, 노신문학회(2003), 109쪽

(39)[55]

也如孔庙里的太牢一般，虽然与猪羊一样，同是畜生，但既经圣人下箸，先儒们便不敢妄动了.[56]

자오 나리가 아Q의 따귀를 때린 후, 주위 사람들이 아Q를 함부로 대하지 못하는 이유에 대한 설명이다. 옛날에 공자의 제사에 쓰인 큰 희생물인 황소는 비록 돼지나 양과 같은 동물이기는 하지만 성인이 흠향했던 것이므로 제관들도 함부로 다루지 못하였다. 작가는 자오 나리에게 따귀를 맞는 아Q를 공자의 제사에 쓰인 황소에 비유하고 있다. 여기에서 '太牢'에 대한 설은 크게 두 가지로 나뉜다. 큰 제사에 소, 돼지와 양 이렇게 3가지 희생을 갖추어 올리는데 이것을 '太牢'로 부른다는 설이 그 하나이고, 제물로 바쳐진 얼룩이 없는 순색의 소를 '太牢'라 한다는 설이 다른 하나이다. 『노신전집』에서는 독자들의 혼동을 막기 위해 각주를 통해 그것이 수소를 가리키는 것임을 분명히 하였다.

> 고대 제사를 올리는 법규에 의하면 원래는 소, 양, 돼지를 일컫는데, 후에 점차적으로 소만 가리키게 되었다.[57]

조관희(2018)는 이 각주를 참고하여 다음과 같이 번역하였다.

> 그렇지 않으면 공자의 사당에 바친 소는 돼지나 양과 똑같이 축생

---

55) 인용문(27)과 동일함

56) 『鲁迅全集』(第一卷)，人民文学出版社，1991，494쪽

57) 太牢: 按古代祭礼, 原指牛, 羊, 豕牲, 但后来单称牛为太牢, 『鲁迅全集』(第一卷)，人民文学出版社，1991，529쪽

에 지나지 않을지라도 성인이 젓가락질을 한 것이니 선유들도 함부로 하지 못하는 것이다.[58]

우인호(2007), 이가원(1989), 이민수(1990), 이가원(1980), 이욱연(2011), 북트랜스(2015), 박운석(2008), 김하중(1981), 김시준(2008), 김태성(2011), 김정화(1985), 성원경(1983), 김진욱(1992), 김욱(1988), 루쉰전집번역위원회(2010), 윤수천(2007), 장수철(2006), 정석원(2004), 김범수(2003), 안영신(2001), 전형준(1996), 윤화중(1994), 권순만(1990) 등은 모두 '太牢'를 돼지나 양과 구별되는 '소'[59]로 번역하여 원문의

58) 조관희(2018), 77

59) 「그렇지 않으면 공자묘(孔子廟)에 바친 황소처럼, 돼지나 양과 같은 짐승이면서도 성인(聖人)이 젓가락을 댔기 때문에 선유(先儒, 공자 숭배자들을 조소하는 말)들이 감히 건드리지 못하는 것과 같은 이치였다.」 우인호(2007), 55쪽, 이가원(1989), 12쪽, 이민수(1990), 90쪽, 이가원(1980), 36쪽/ 「그렇지 않다면 공자사당에 바치는 제물의 이치와 같다고 할 것이다. 제물이라고 해도 어차피 돼지나 양 같은 가축이지만 일단 성인께서 젓가락을 댄 이상 선비라도 감히 함부로 다루지 못하는 이치 말이다.」 이욱연(2011), 29쪽, 북트랜스(2015), 27-28쪽, 박운석(2008), 90쪽/ 「그렇지 않으면 공자묘의 太牢처럼(天子나 성인을 받드는 제사에 올리는 소) 돼지나 양 따위와 똑같은 짐승이면서도 성인이 젓가락을 댔대서 儒生들도 감히 망동치 못한다는 것과 같은 관계인지도 모른다.」 김하중(1981), 70쪽/ 「그렇지 않으면 공자의 사당에 바친 소는 돼지나 양과 똑같이 축생에 지나지 않을지라도 성인이 젓가락질을 한 것이니 선유들도 함부로 하지 못하는 것이다.」 조관희(2018), 77쪽, 김시준(2008), 127쪽, 김태성(2011), 115쪽, 김정화(1985), 79쪽/ 「그렇지 않다면 공자묘(孔子廟)에 제물로 올린 소(太牢) 같은 것으로 돼지나 양 같은 짐승임에는 틀림없지만 성인(聖人)이 젓가락을 댄 것이라 하여 선유(先儒)들도 함부로 손을 대지 못하는 것과 같은 일이다.」 성원경(1983), 20쪽, 김진욱(1992), 20쪽/ 「아니면 공자묘(孔子廟)에 바쳐진 소와 마찬가지로 돼지나 양 같은 짐승인데도 불구하고 성인(공자)이 젓가락을 댄 것인 이상, 제자인 유생(儒生)들도 망동은 할 수 없다는, 그런 관계였는지도 모른다.」

뜻을 바르게 전달하고 있다.

이에 비해 정노영(1994)은 소와 돼지와 양을 하나의 범주로 묶어 번역하고 있다.

김욱(1988), 22쪽/「공자사당에 제물로 바친 소는 돼지나 염소 같은 축생에 지나지 않지만 성인이 젓가락질을 한 것이니 유자儒者들도 감히 함부로 건드릴 수가 없지.」루쉰전집번역위원회(2010), 116쪽/「이것은 공자의 묘에 산 제물로 바쳐진 황소가 아무리 하찮은 짐승일지라도 성인이 젓가락을 댔기 때문에 공자를 따르는 무리들도 감히 건드리지 못하는 것과 같은 이치였다.」윤수천(2007), 32쪽/「그렇지 않으면 공자묘에 제물로 바친 소처럼 비록 돼지나 양 같은 짐승이지만 성인께서 젓가락을 대었으니 선비들이 함부로 하지 못하는 것과 같은 이치일 것이다.」장수철(2006), 33쪽/「이는 마치 콩쯔(孔子)묘(廟)의 태뢰(太牢)와 같은 이치다. 소는 돼지나 양과 같은 가축이지만 일단 성인께서 젓가락을 대었다는 이유만으로 선유(先儒)들은 경거망동하지 못했던 것이다.」정석원(2004), 22쪽/「그렇지 않다면 공자묘에 제물로 올린 소 같은 것으로, 돼지나 양 같은 짐승임에는 틀림없지만 성인이 젓가락을 댄 것이라 하여 선유들도 함부로 손을 대지 못하는 것과 같은 일이다.」김범수(2003), 22쪽/「그렇지 않으면, 공자묘(孔子廟)에 바친 황소처럼, 돼지나 양과 같은 짐승이면서도 성인(聖人)이 젓가락을 댔기 때문에 선유(先儒, 공자 숭배자들을 조소하며 쓴 말)들도 감히 건드리지 못하는 것과 같은 이치였다.」안영신(2001), 111쪽/「그렇지 않으면, 공자묘(孔子廟)에서 제물로 바친 소와도 같이, 비록 돼지나 양과 똑같은 짐승이지만 성인(聖人)께서 젓가락을 대신 것이므로 선유(先儒)들이 함부로 손을 대지 못하는 것과 같은 이치일 것이다.」전형준(1996), 75쪽/「그렇지 않으면 공자묘(孔子廟)의 제물(황소. 고대의 제사 때는 황소, 돼지, 양을 가리켰으나 이후 황소만을 말함—주)처럼 돼지나 양이 짐승이긴 해도 성인(聖人. 공자를 가리킴—주)이 먼지 젓가락을 댔으므로 선유(先儒. 공자의 숭배자들을 조소하며 쓴 말—주)들도 감히 함부로 다루지 못하는 것과 같은 짓일지도 모른다.」윤화중(1994), 28쪽/「그렇지 않다면, 공자묘(孔子廟)에 산 제물로 바쳐진 소가 아무리 하찮은 짐승일지라도 제자인 유자(儒者)들이 함부로 다룰 수가 없는 것과 마찬가지 경우인지도 모른다.」권순만(1990), 66쪽

> 그렇지 않으면 공자묘에 바친 **소나 돼지, 양 같은 짐승**이면서 성인이 젓가락을 댔기 때문에 선유(先儒)들도 감히 건드리지 못하는 것과 같은 이치였다.[60]

또 장기근·이석호(1988), 엄영욱(2012), 노신문학회(2003), 이철준(1991) 등[61]의 경우를 보면 다음과 같다.

> 그렇지 않으면 다 같은 짐승이라도 공자묘에 제물로 바친 **돼지나 양은** 성인께서 감응하신 것이므로 선비들도 함부로 범하지 못하는 경우와 마찬가지일 것이다.

위의 두 예문은 모두 원문의 의미와 완전히 거리가 먼 오역에 속한다. 문현선(2018), 허세욱(1983), 신여준(2011), 조성하(2000) 등[62] 번역문

---

60) 정노영(1994), 24쪽

61) 「그렇지 않으면 공자묘에 바친 소나 돼지, 양 같은 짐승이면서 성인이 젓가락을 댔기 때문에 선유(先儒)들도 감히 건드리지 못하는 것과 같은 이치였다.」 정노영(1994), 24쪽/「그게 아니라도 즉 공자묘(孔子廟)에 올린 제물같이 비록 돼지나 양일지라도 일단 성인이 수저를 댄 것이라 선유(先儒)들도 감히 망동하지 못하는 격이라 하겠다.」 장기근·이석호(1988), 80쪽/「그렇지 않으면, 공자묘에서 제물로 잡아 놓은 돼지나 양은 다 같은 짐승이지만 성인께서 젓가락을 대신 것이라 선비네들이 함부로 손대지 못하는 것과 같은 이치일 것이다.」 엄영욱(2012), 22쪽/「그렇지 않으면 다 같은 짐승이라도 공자묘에 제물로 바친 돼지나 양은 성인께서 감응하신 것이므로 선비들도 함부로 범하지 못하는 경우와 마찬가지일 것이다.」 노신문학회(2003), 112쪽, 이철준(1991), 101쪽

62) 「아니면 공자묘에 바쳐진 돼지나 양 같은 제물에 비유할 수 있다. 가축일지라도 성인의 젓가락을 거치면 선비들이 함부로 대하지 않는 것처럼 말이다.」 문현선(2018), 42쪽/「그렇지 않으면, 공자묘(孔子廟)의 제물처럼, 돼지나 양이 짐승이기는 해도 성인(聖人)이 먼저 젓가락을 댔으므로 선유(先儒)

에서도 마찬가지로 원문의 뜻을 잘못 이해하고 있다. 공자묘에 바친 제물은 돼지나 양인 것이 아니라 단지 소[太牢]인 것이다. 때문에 위의 번역은 원문의 뜻을 완전히 벗어난 오역에 해당한다. 이런 원문의 문장이 오역이 일어날 정도로 복잡한 것도 아닌데 어떻게 이러한 번역이 나오게 된 것일까? 이러한 번역문을 내놓은 번역자들은 '太牢'가 소·양·돼지의 3가지 희생물을 갖춘 제사를 뜻한다는 정보만 접했을 가능성이 높다. 그리하여 자신들이 알고 있는 정보에 근거하여 원문을 자의적으로 번역한 것으로 보인다.

다음은 '吴妈'에 대한 호칭을 오역한 사례들이다.

(40)

吴妈愣了一息, 突然发抖, 大叫着往外跑.[63)]

아Q가 우 어멈한테 같이 자자고 말을 했을 때 우 어멈의 격한 반응을 생동하게 묘사한 장면이다. 여기에서 '吴妈'는 한 사람의 이름이 아니라 가족 관계 속의 호칭에 상당하다. 때문에 한국어로 옮길 때는 호칭을 한국어에 기본적으로 통하는 가족 관계로 환치하여야 한다. '吴'는 사람

들도 감히 함부로 다루지 못하는 것과 같은 것일지도 모른다.」 허세욱(1983), 51쪽/「아니면 공자묘(孔子廟)에 바쳐진 제물과 같은 경우가 아닌지 모르겠다. 그것이 비록 보통 돼지나 양처럼 똑같은 짐승이지만 성인께서 수저를 대시고 난 다음에는 선유(先儒)들도 함부로 손을 대지 못하게 되는 것이다.」 신여준(2011), 132쪽/「이것은 공자의 묘에 바친 소나 돼지, 양 같은 짐승을 성인의 젓가락이 닿은 것이라 하여 선유(先儒)님들도 감히 건드리지 못하는 것과 같은 이치였다.」 조성하(2000), 22쪽

63) 『鲁迅全集』(第一卷), 人民文学出版社, 1991, 501쪽

의 성씨이므로 '오', 혹은 '우'로 옮겨야 하고 '妈'는 가족 관계의 호칭에 따라 '어멈', '아줌마', '아주머니' 등으로 번역되어야 한다. 이런 점을 고려하여 김시준(2008)은 아래와 같이 옮겼다.

> **우 어멈**은 질겁하고 갑자기 벌벌 떨면서 큰소리를 지르며 밖으로 뛰어나갔다.[64)]

그 외에도 김태성(2011), 엄영욱(2012), 이욱연(2011), 북트랜스(2015), 문현선(2018), 루쉰전집번역위원회(2010), 최은정(2009), 장수철(2006), 윤화중(1994) 등도 '우 어멈', '우 씨 어멈' 등[65)]으로 옮겼고, 노신문학회(2003), 이철준(1991), 김범수(2003), 조성하(2000), 김진욱(1992), 성원경(1983) 등은 '오 어멈'[66)]으로 번역하였으며, 이가원

---

64) 김시준(2008), 137쪽

65) 「우 씨 어멈은 기겁을 하고는 갑자기 몸을 부들부들 떨더니 큰 소리를 지르며 밖으로 뛰쳐나갔다.」 김태성(2011), 125쪽/ 「우 어멈이 깜짝 놀라 갑자기 벌벌 떨기 시작했고 소리를 지르며 밖으로 뛰어나갔다.」 이욱연(2011), 47쪽 / 「우 어멈은 소스라치게 놀라 입을 딱 벌리고 있다가 갑자기 덜덜 떨더니 고함을 지르며 밖으로 뛰어나갔다.」 엄영욱(2012), 31쪽/ 「우 어멈은 외마디 소리를 지르더니 몸을 덜덜 떨기 시작했다.」 북트랜스(2015), 42쪽/ 「우 씨 어멈이 잠깐 멍하니 있다가 갑자기 부들부들 떨더니 비명을 내지르며 밖으로 뛰쳐나갔다.」 문현선(2018), 53쪽/ 「"으악!" 숨을 죽이고 있던 우 어멈이 갑자기 벌벌 떨면서 밖으로 뛰쳐나갔다.」 루쉰전집번역위원회(2010), 124쪽 / 「우 씨 어멈은 잠깐 얼이 빠졌다가 갑자기 덜덜 떨더니 큰소리를 지르면서 밖으로 뛰쳐나갔다.」 최은정(2009), 74쪽/ 「우 어멈은 소스라치게 놀라며 입을 딱 벌렸다. 갑자기 그녀는 바들바들 떨더니 고함을 지르며 밖으로 뛰어나갔다.」 장수철(2006), 42쪽/ 「우씨 아줌마는 질겁을 하고 갑자기 몸을 떨더니 큰 소리를 지르면서 밖으로 뛰쳐나갔다.」 윤화중(1994), 36쪽

66) 「오 어멈은 소스라치게 놀라서 입을 딱 벌리고 있다가 갑자기 바들바들 떨더니 이렇게 고함을 지르며 밖으로 뛰어나갔다.」 노신문학회(2003), 121쪽/

(1989), 장기근 · 이석호(1988), 박운석(2008) 등은 '오 씨 아주머니', '오 아줌마', '우 아줌마' 등[67]으로 옮겼다. 모두 원문의 뜻을 잘 표현하였다고 할 수 있다.

그런데 '吴妈'를 '우마', 혹은 '오마'로 번역한 경우가 있다. 예컨대 이가원(1980), 이문희(1978), 김하중(1981), 정석원(2004), 전형준(1996), 김욱(1988) 등은 '우마'[68]로 옮겼다. 김욱(1988)의 경우를 예로 들어보자.

우마는 숨을 죽이고 멍하니 있더니 갑자기 떨기 시작하며 큰소

「《어마나!》 오 어멈은 소스라치게 놀라서 입을 딱 벌리고 있다가 갑자기 바들바들 떨더니 고함을 지르며 밖으로 뛰어나갔다.」 이철준(1991), 110쪽/「오 씨 아줌마는 잠시 넋을 잃고 있다가 별안간 떨기 시작했다. 그리고 큰소리를 지르면서 밖으로 뛰쳐나갔다.」 김범수(2003), 34쪽, 김진욱(1992), 31쪽, 성원경(1983), 30쪽/「별안간 오 씨 아줌마는 질겁을 하고 덜덜 떨기 시작하더니 큰소리를 지르며 밖으로 뛰어나갔다.」 조성하(2000), 32쪽

67) 「"에그머니나!" 오 씨 아주머니는 질겁을 하고 갑자기 떨기 시작하더니 큰소리를 지르면서 밖으로 뛰어나갔다.」 이가원(1989), 17쪽/「오 아줌마는 한바탕 놀라 질겁을 하고 벌떡 몸을 일으키면서 큰소리를 지르고 밖으로 뛰어나갔다.」 장기근 · 이석호(1988), 86쪽/「"어머나!" 우 아줌마는 한동안 어리둥절하였다가 갑자기 몸을 떨며 큰소리를 지르면서 밖으로 뛰어나갔다.」 박운석(2008), 102쪽

68) 「우―마아는 질겁을 하고 갑자기 떨기 시작하더니 큰소리를 지르며 밖으로 뛰어 나갔다.」 이가원(1980), 48쪽/「우마는 너무도 놀란 나머지 멍하니 앉아 있다가 갑자기 부들부들 떨며 벌떡 일어서서 밖으로 달려 나가며 고함을 질렀다.」 이문희(1978), 44쪽/「어머나!」 숨을 죽이고 있던 우마는 갑자기 벌벌 떨고 크게 부르짖으며 밖으로 뛰어나갔다.」 김하중(1981), 75/「우마는 외마디 소리와 함께 몸을 떨더니 고래고래 소리를 지르면서 밖으로 뛰쳐나갔다.」 정석원(2004), 32쪽/「우마는 잠깐 얼떨떨해하더니 갑자기 부르르 떨고 큰소리를 지르며 밖으로 뛰어나갔는데…」 전형준(1996), 85쪽

리로 외치고는 밖으로 달려갔다.[69]

또 '오마'로 옮긴 번역문도 있는데 이민수(1990)의 번역을 보면 아래와 같다.

오마는 질겁을 하고 갑자기 떨기 시작하더니 소리를 지르면서 밖으로 뛰어 나갔다.[70]

정노영(1994), 우인호(2007), 김정화(1985), 허세욱(1983), 윤수천(2007), 권순만(1990), 안영신(2001) 등도 '오마'[71]로 옮겼다.

이런 번역은 '阿姨 → 아이', '大叔 → 대숙, 따쑤', '李叔 → 리쑤', '黃姨 → 황이'라고 번역을 하는 것과 같은 이치이다. 엄연히 사람 호칭에 대응하는 번역이 따로 있는데 이렇게 번역하면 이런 호칭들은 모두 사람 이름이 되어 버린다. 또한 그가 남의 집에서 식모처럼 일을 하고 있는 사람이라는 원문의 뜻도 사라져 버리게 된다. 그런 점에서 위의

69) 김욱(1988), 31쪽

70) 이민수(1990), 97쪽

71) 「오마는 질겁을 하고 갑자기 떨기 시작하더니 큰소리를 지르며 밖으로 뛰어 나갔다.」 정노영(1994), 33쪽/「오마는 질겁을 하며 떨기 시작하더니, 큰 소리를 지르면서 밖으로 뛰어나갔다.」 우인호(2007), 66쪽/「"아이구머니!" 숨을 죽이고 있던 오마가 갑자기 벌벌 떨더니 큰 소리를 지르며 밖으로 뛰어 나갔다.」 김정화(1985), 85쪽/「오마는 질겁하더니, 급기야는 떨기 시작했다. 그러더니 고함치면서 밖으로 뛰쳐나갔다.」 허세욱(1983), 73쪽/「오마는 갑자기 부들부들 떨기 시작하더니 외마디 소리를 지르면서 밖으로 뛰쳐나갔다.」 윤수천(2007), 49쪽/「오마는 잠깐 멍해져 있다가 갑자기 부들부들 떨기 시작하고 큰소리로 외치면서 밖으로 뛰어나갔다.」 권순만(1990), 75쪽/「오마는 질겁을 하고 몸을 떨더니 큰 소리를 지르면서 밖으로 뛰쳐나갔다.」 안영신(2001), 120쪽

번역은 중국의 언어습관을 제대로 반영하지 못한 번역에 해당한다.

다음은 단어 '鞋底'에 대한 번역에서 문화의 차이로 나타난 오역의 경우이다.

(41)

有破夹袄, 又除了送人做鞋底之外, 决定卖不出钱.[72)]

아Q가 돈이 없어서 누더기 겹옷을 팔려고 했지만 너무 헤져서 팔아도 돈이 안 되었다. 신발창이나 겨우 할 수 있는 정도였다. 고무 재질의 신발 밑창이 나오기 전에 서민들은 자투리 옷감이나 떨어져서 더 이상 옷감이 될 수 없는 천들을 모아 겹겹이 붙여 그것을 신발 바닥으로 삼아 천 신발(布鞋)를 만들었다. 위의 문장은 겹옷의 헤진 정도가 더 이상 옷으로 인정받기 어려워 신발 바닥으로밖에 쓰일 수 없다는 의미를 전달한다. 그러므로 '鞋底'은 '신발 바닥', 혹은 '신창', '신발 밑창' 등으로 번역될 수 있다. 이 중에서 '신창'은 신의 바닥에 대는 고무나 가죽을 뜻하기도 하지만, 신의 안 바닥에 까는 얇은 물건이라는 뜻도 갖고 있으므로 후자의 의미로 전달되지 않도록 주의를 기울일 필요가 있다. 이러한 점을 고려하여 우인호(2007), 안영신(2001) 등은 '신발창'으로 옮겼다.

> 누더기 겹옷도 있기는 하나 남에게 주어 **신발창**이나 하라고 하면 모를까 팔아서 돈이 될 것은 못 되었다.[73)]

---

72) 『鲁迅全集』(第一卷), 人民文学出版社, 1991, 505쪽

73) 우인호(2007), 74쪽, 안영신(2001), 126쪽

예문에서 우인호(2007)는 '신발창'으로 정확하게 옮겼다. 또 이철준(1991), 박운석(2008), 이문희(1978), 이가원(1980), 김정화(1985), 이가원(1989), 이민수(1990), 우인호(2007), 장수철(2006) 등은 '신창'[74]으로, 장기근·이석호(1988), 노신문학회(2003), 엄영욱(2012), 이욱연(2011), 정노영(1994), 조성하(2000), 윤수천(2007), 신여준(2011), 허세욱(1983), 문현선(2018) 등은 '신 밑창' 등[75]으로 번역하였다. 기본적으로

---

74) 「너덜너덜한 겹저고리가 있기는 하지만 남에게 거저 주어서 신창이나 누비게 하면 했지 팔아서 돈이 될 수는 절대 없었다.」 이철준(1991), 117쪽/ 「떨어진 겹옷이 있으나 남에게 주어 신창이나 만들게 하지 팔아서 돈이 될 만한 것은 결코 아니었다.」 박운석(2008), 110쪽/ 「그것 말고는 다 떨어진 겹저고리가 남아 있지만 이 따위 누더기는 사갈 사람이 없으리라. 신창이나 받으라고 거저 주면 가져가겠지만.」 이문희(1978), 55쪽/ 「누더기 겹옷도 있기는 하나 남에게 주어 신창이나 하면 모를까 팔아서 돈이 될 것도 못 된다.」 이가원(1980), 56쪽/ 「누더기 겹옷도 있었지만 베신 창이나 하면 모를까 팔아봤자 돈이 되지도 못할 것이었다.」 김정화(1985), 89쪽/ 「누더기 겹옷도 있기는 하나 남에게 주어 신창이나 하라고 하면 모를까 팔 것이 못 되었다.」 이가원(1989), 22쪽/ 「누더기 겹옷도 있기는 하나 남에게 주어 신창이나 하라고 하면 모를까 팔아서 돈이 될 것도 못 된다.」 이민수(1990), 102쪽/ 「너덜너덜한 겹저고리가 하나 있기는 하나 남에게 거저 주어 신창이나 누비게 하면 모를까 돈이 되지는 않았다.」 장수철(2006), 149쪽

75) 「떨어진 겹옷이 있으나 그것도 남의 신 밑창이나 하라고 줄 수밖에, 팔아서 돈이 될 것이 결코 못 된다.」 장기근·이석호(1988), 92쪽/ 「너덜너덜한 겹저고리가 있기는 하지만 남에게 거저 주어서 신 밑창이나 누비게 하면 몰라도 판다 한들 돈이 되지도 못할 것이었다.」 노신문학회(2003), 128쪽, 엄영욱(2012), 38쪽, 이욱연(2011), 58쪽/ 「누더기 겹옷도 있기는 하나 남에게 주어 신발 밑창이나 하라고 하면 모를까 팔아서 돈이 될 것은 못 된다.」 정노영(1994), 41쪽/ 「누더기 겹옷도 있기는 하나 남에게 주어 신발 밑창이나 하라고 하면 모를까 팔아서 돈이 될 물건은 아니다.」 조성하(2000), 39쪽/ 「누더기 겹옷도 있었지만 남에게 주어 신발 밑창이나 하라고 하면 모를까 팔아서 돈이 되지 않을 것은 뻔했다.」 윤수천(2007), 60쪽/ 「헤진 겹옷도 있지만 그건 사람들에게 신발 밑창 감으로 거저 줄 수는 있어도 돈이 될 만한 물건은

큰 문제는 없어 보인다. 이에 비해 조관희(2018), 루쉰전집번역위원회(2010) 등의 경우를 보면 다음과 같다.

> 누더기 겹옷이 있기는 하지만 누군가에게 주어 **신발 깔창**으로나 쓸까 결코 팔아서 돈이 될 만한 것은 아니었다.[76]

또 김태성(2011)은 '신발 깔개'[77]로 번역하여 그것을 신발의 안에 까는 깔창으로 번역하였다. 중국의 헝겊 신 만드는 방법에 대한 이해가 없었기 때문에 발생한 잘못된 번역에 속한다. 마찬가지로 김하중(1981)은 '헝겊신 속에나 들어갈 정도'[78]로 번역하였는데 위 조관희(2018) 등의 번역과 같은 문제를 갖고 있다. 또 북트랜스(2015), 정석원(2004) 등은 '발싸개'[79]로, 김범수(2003)는 '신발바닥'[80]으로 번역하였다. '발싸개'나 '신발바닥'은 깔창과도 거리가 멀어 완전한 오역에 속한다고

아니었다.」 신여준(2011), 157쪽/「누더기 겹옷이 있긴 하지만, 다른 사람에겐 신발 밑창감이나 될까? 돈이 되지는 못하는 것이었다.」 허세욱(1983), 89쪽/「남은 겹저고리는 신발 밑창으로나 쓰라고 던져줄 정도라 돈이 될 수 없었다.」 문현선(2018), 61쪽

76) 조관희(2018), 95쪽, 루쉰전집번역위원회(2010), 130쪽

77) 「바지 말고 누더기 겹옷이 한 점 있기는 하지만 남에게 신발깔개나 하라고 주면 모를까 팔아서 돈이 될 만한 것은 못 됐다.」 김태성(2011), 132쪽

78) 「누더기 겹옷이 있지만 헝겊신 속에나 들어갈 정도여서 팔아 보았자 돈이 되는 것도 아니다.」 김하중(1981), 79쪽

79) 「닳아 떨어진 홑옷이 하나 있긴 했지만, 발싸개로 쓰라고 거저 주면 모를까 돈을 받을 정도는 아니었다.」 북트랜스(2015), 52쪽/「또 다 해진 적삼도 있기는 하나 남의 발싸개로 거저 주지 않고서야 한 푼의 값어치도 없다.」 정석원(2004), 40쪽

80) 「해진 겹옷이 있긴 하지만 이것도 남에게 거저 주어 신발 바닥으로 쓰게 하는 외에는 팔아서 돈이 될 수 있는 물건이 아니다.」 김범수(2003), 42쪽

하겠다. 모두 중국 서민들이 떨어진 천을 붙여 신발 바닥을 만들던 생활 문화를 이해하지 못한 데서 비롯된 문제로 보인다.

다음은 '馒头'라는 중국에만 있는 음식에 대한 번역사례들이다. 이런 단어는 중국어 발음 그대로 옮길 것인지 아니면 한국에서 익숙히 알고 있는 다른 음식 이름으로 대체할 것인지에 대한 선택이 따른다. 아래 번역문들을 보자.

(42)

看见熟识的酒店，看见熟识的馒头，但他都走过了.[81]

한국어에는 중국어와 글자가 같으면서 다른 뜻을 전달하는 단어들이 있다. 예를 들어 '深刻'는 중국어로는 '깊이가 있다'는 뜻이지만 한국어에서는 '상황이나 분위기가 예사롭지 않다'는 뜻이다. 또 '学院'이란 단어는 중국어에서는 '대학교, 전문대'를 뜻하지만 한국어에서는 '사립 교육 기관', 혹은 '학습반'을 뜻한다. 또 '检讨'라는 단어는 현대중국어에서 '부정적 사상이나 행위에 대한 조사'라는 의미이지만, 한국어에서는 '어떠한 상황의 판단에 필요한 조사를 한다'는 의미이다.

위 문장의 '馒头'가 바로 그렇다. 중국에서 '馒头'는 소가 없이 밀가루를 빚어 찐 밀가루 떡을 가리킨다. 이에 비해 한국에서 '만두'는 소가 들어있는 먹거리로서 중국의 '饺子', 혹은 '包子'가 이에 해당한다. 엄밀하게 말하자면 한국에는 중국인이 말하는 '馒头'가 없다.

그러므로 위 문장의 '馒头'는 '밀가루 떡', 혹은 '밀가루 빵'이라고

---

81) 『鲁迅全集』(第一卷), 人民文学出版社, 1991, 506쪽

번역할 수 있고, 또 그것이 한국에 없는 것임을 드러내기 위해서 '만터우[馒头]' 등으로 옮길 수도 있다. 어떤 경우라 해도 '만두'로 번역해서는 안 된다.

실제 번역을 살펴보면 루쉰전집번역회는 아래와 같이 번역하였다.

> 낯익은 술집이 눈에 들어왔다. 낯익은 **만터우饅頭점**도 눈에 들어왔다. 하지만 모두 지나쳤다.[82]

이철준(1991)은 '만투'[83]로 번역하였고, 김태성(2011)은 '만터우'[84]로 옮겼다. 이것이 중국에만 있는 음식이라는 점을 드러낸 매우 적절한 번역이라 할 수 있다. 하지만 이 세 사람을 제외한 번역들은 모두 이것을 '만두'로 번역하였다. 조성하(2000)의 번역문을 예로 들면 다음과 같다.

> 제일 먼저 단골 술집이 눈에 띄었다. 낯익은 **만두집**도 눈에 띄었다. 그러나 그는 모두 지나쳐 버릴 수밖에 없었다.[85]

그 외에도 안영신(2001), 김범수(2003), 윤수천(2007), 신여준(2011), 이욱연(2011), 조관희(2018), 김시준(2008), 노신문학회(2003), 엄영욱(2012), 이문희(1978), 이가원(1980), 김하중(1981), 김정화(1985), 장기근·이석호(1988), 이가원(1989), 이민수(1990), 우인호(2007), 박운석(2008), 정노영(1994), 북트랜스(2015) 등[86]이 모두 그렇다. 위에서 말한

82) 루쉰전집번역위원회(2010), 131쪽
83) 이철준(1991), 117쪽
84) 김태성(2011), 132쪽
85) 조성하(2000), 40쪽
86) 이욱연(2011), 59쪽, 조관희(2018), 95쪽, 김시준(2008), 145쪽, 노신문학회

중국과 한국의 문물적, 문화적 차이점을 소홀하게 처리한 오역에 속한다.

다음은 노신이 중국의 전통적 피휘법에 대해 풍자한 문장이다.

(43)[87]

因为他讳说"癞"以及一切近于"赖"的音，后来推而广之，"光"也讳，"亮"也讳，再后来，连"灯""烛"都讳了.[88]

아Q가 자신의 나두창〔癞〕 자극에 자격지심을 느껴 처음에는 나두창을 뜻하는 '라이(癞)자'를 쓰기를 스스로 금기시하다가 나중에는 그 범위를 넓혀 '의지한다'는 뜻의 '赖'의 발음과 유사한 글자들까지 쓰기를 꺼려했다는 뜻이다. 또한 나중에는 그 꺼려하는 범위가 자신의 나두창 자국이 난 머리를 연상시키는 '빛나다〔光〕', '밝다〔亮〕' 등의 말들도 꺼려하게 되었고, 종국에는 빛을 내는 '등불〔灯〕'이나 '촛불〔烛〕'이란 말까지 꺼려하게 되었다는 뜻이다.

아Q의 지나친 자격지심과 그로 인한 가소로움이 풍자의 대상이 되고 있다. 그런데 우리는 여기에서 중국의 전통적 避讳法에 대한 풍자가 동시에 행해지고 있다는 것을 주목할 필요가 있다. 원래 피휘법은 조상이나 지배계층의 존엄함을 손상시키는 글자, 혹은 그와 유사한 발음의 글자를 쓰지 말아야 한다는 언어 및 문자 생활의 규범이었다. 대체적으

(2003), 128쪽, 엄영욱(2012), 38쪽, 이문희(1978), 55쪽, 이가원(1980), 57쪽, 김하중(1981), 80쪽, 김정화(1985), 89쪽, 장기근·이석호(1988), 92쪽, 이가원(1989), 22쪽, 우인호(2007), 74쪽, 박운석(2008), 110쪽, 정노영(1994), 41쪽, 북트랜스(2015), 52쪽

87) 인용문(10)과 동일함

88) 『鲁迅全集』(第一卷), 人民文学出版社, 1991, 491쪽

로 代称法, 改字法, 空字法, 缺笔法 등이 있었고, 문학작품일 경우 뜻이 동일한 글자로 대신하는 방법도 있었다. 그런데 아Q는 전통적 피휘법에서 한 걸음 더 나아가 뜻이 동일한 글자까지 쓰기를 꺼려하는 상황이 되었다. '위에서 좋아하는 이가 있다면 아래에서는 과도한 이들이 나타나는 것〔上有好者, 下必有甚焉者矣〕'[89]은 아Q에게도 적용되는 것이다.

그러므로 앞의 라이(癞)와 라이(赖)는 발음이 유사한 것을 꺼리는 전통적 피휘법을 말한 것이고, 뒤의 '빛나다〔光〕', '밝다〔亮〕', '등불〔灯〕', '촛불〔烛〕'은 그에서 한 걸음 더 나아간 아Q식 피휘법을 가리키는 것이다.

번역할 때에도 이러한 점을 고려할 필요가 있다. 그래서 엄영욱(2012)은 이곳을 아래와 같이 적절하게 옮겼다.

> 왜냐하면 **그는 '癩—라이'이라는 말과 그에 가까운 모든 음 '賴—라이'를 꺼렸으며** 나중에는 그 범위가 넓어져서 '빛光'도 꺼렸으며, '밝은 것亮' 그리고 마침내는 '등불燈'이나 '촛불燭'까지 모두 꺼렸다.[90]

위와 같은 사례로 박운석(2008), 최은정(2009), 윤화중(1994), 장수철(2006), 전형준(1996) 등도 '「라이(癩)」 및 「라이(賴)」와 비슷한 음을 다 꺼렸고', '그는 '癩—라이'이라는 말과 그에 가까운 모든 음 '賴—라이'를 꺼렸으며' 등[91]과 같이 적절하게 번역을 하고 있다.

---

89) 『孟子』卷五, 腾文公

90) 엄영욱(2012), 17쪽

91) 「왜냐하면 그가 부스럼이라는 '라이癩'라든가 그 발음 '라이賴'와 비슷한 일체의 소리를 꺼려하고 뒤에는 이를 더욱 넓혀 '빛난다'는 말도 꺼리고 '밝다'는 말도 꺼렸으나 나중에는 '등불', '촛불'이란 말까지도 꺼리게 되었

다만 이욱연(2011), 북트랜스(2015), 장기근·이석호(1988), 허세욱(1983), 신여준(2011) 등[92]의 경우, '癩'를 '나' 혹은 '라'로, '赖'를 '뢰'로 한글 발음을 붙여 번역한 사례도 보인다. 이욱연(2011)의 번역문을 예로 들어보자.

그래서 **나두창의 '나(癩)'자나 '뢰(賴)'자와 비슷한 음을 가진 말이라면**

기 때문이다.」 박운석(2008), 84쪽/「왜냐하면 '라이(癩)' 및 '라이(賴)'와 비슷한 음을 다 꺼렸고, 나중에는 '빛나다(光)'도 꺼렸고, '밝다(亮)'도 꺼렸으며, 더 나중에는 '등불(燈)'이며 '촛불(燭)'까지도 다 꺼렸기 때문이다.」 최은정(2009), 61쪽/「그래서 그는 라이(癩)란 말을 꺼렸다. 라이(癩)에 가까운 발음도 일체 하려 하지 않았다. 나중에는 점점 범위를 넓혀, '빛나다〔光〕나 '밝다〔亮〕'도 꺼려했다. 그러다가 '등불〔燈〕'이나 '촛불〔燭〕'이란 말까지도 하려 하지 않았다.」 윤화중(1994), 23쪽/「왜냐하면 그는 '라이癩' 〈병을 뜻한다〉라는 말과 가까운 모든 음을 꺼렸으며, 나중에는 그 범위가 넓어져서 '빛나는 光' 것이나 '환한 亮' 것도 꺼렸다. 더 나중에는 '등잔燈'이나 '양초燭'까지도 싫어했다.」 장수철(2006), 27쪽/「왜냐하면 그는 '라이(癩)' 및 '라이(賴)'와 비슷하게 발음되는 모든 말을 꺼렸고, 나중에는 더 확대하여 '빛나다(光)도 꺼리고 '밝다(亮)'도 꺼리고, 더 나중에는 '등불(燈)'이나 '촛불(燭)'까지도 꺼렸다.」 전형준(1996), 70쪽

92) 「그래서 그는 나두창의 '나(癩)'자나 '뢰(賴)'자와 비슷한 말은 무조건 싫어했고, 점점 범위를 넓혀 '광(光)'이나 '량(亮)'자까지 꺼리더니, 급기야 '등(燈)'자나 '촉(燭)'자까지 질색하는 것이었다.」 북트랜스(2015), 20, 장기근·이석호(1988), 76쪽/「그래서 그는 '나(癩)'라는 말을 꺼렸다. '뇌(賴)' 비슷한 발음도 일절 하려 들지 않았다. 나중에는 '광(光)'이란 말도 좋아하지 않았고, '양(亮)'이란 말도 싫어했다. 그러다가 '등(燈)'이나 '촉(燭)'이란 말까지 하려 들지 않았다.」 허세욱(1983), 37쪽/「왜냐하면 그는 부스럼을 뜻하는 '라癩'자나 이와 발음이 비슷한 '뢰賴'자 계열 글자를 모두 피휘(避讳: 높으신 분의 이름을 함부로 부르지 않는 것)하게 되었기 때문이다. 나중에는 이 원칙을 더욱 확대하여 하얀 부스럼 모양에서 연상되는 '광(光)'자도 피휘하고, '량(亮)'자도 피휘하게 되었으며, 심지어 '등(燈)'자나 '촉(燭)'자까지도 피휘하게 되었다.」 신여준(2011), 125쪽

> **죄다 싫어했는데** 갈수록 그런 말들의 범위가 넓어져 '빛(光)'이라든가 '환하다(亮)'는 말도 꺼리더니 종국에는 '남포등'이나 '촛불' 같은 말까지도 질색했다.[93]

위와 같이 옮기면 이 두 글자가 중국어로 동일하게 발음된다는 사실을 모르는 한국독자들은 잘 이해하지 못할 수 있다. 원래 이 두 글자는 모두 평수운에 의하면 거성, 泰韵[94]에 속하는 글자이다. 동일한 'ai'의 모음을 갖는 글자라는 뜻이다. 그러나 한국어의 발음으로 보면 두 발음이 동일하거나 유사하게 보이지 않는다. 따라서 중국어로 '라이'로 표기할 필요가 있다. 위에서 언급했듯이 엄영욱(2012) 등은 이 점을 고려하여 '라이(癩)' 및 '라이(賴)'와 같이 두 글자의 발음이 '라이'임을 보여주고 있다.

또한 동일하거나 유사한 발음을 꺼리게 되었다는 '癞'와 '赖'의 피휘를 발음으로 처리하지 않고 뜻으로 처리한 경우도 발견된다. 이 경우는 더욱 심각하여 거의 오역에 가깝다. 예를 들어 김시준(2008)은 아래와 같은 오역에 가까운 번역문을 제시하였다.

> 그는 곧 **'부스럼'이나 또는 모든 '부스럼자국'이라는 말과 비슷한 발음의 말조차 꺼려하였다.** 후에는 그것이 점점 더 확대되어, '빛나다'라는 말도, '밝다'라는 말도 금기로 삼았고, 더 나아가 '등불'이라든가 '촛불'이라는 말까지도 금기시하는 것이었다.[95]

---

93) 이욱연(2011), 20쪽

94) 거성 泰의 韵目에는 '泰太带外盖大[个韵同]濑赖籁蔡害蔼艾丐奈柰汰癞霭会旆最贝沛霈绘脍荟狈侩桧蜕酹外兑' 등의 글자가 포함된다.

95) 김시준(2008), 122쪽

예문을 보면 '癩'와 '賴'를 '부스럼'과 '부스럼자국'으로 번역했다. 뜻으로 옮긴 것도 오류에 속하거니와 '賴'의 자리에 대입된 '부스럼자국'은 완전한 오류에 속한다. 조관희(2018), 루쉰전집번역위원회(2010) 등도 '癩'와 '賴'를 '부스럼'과 '부스'[96]로 옮겼다. 번역가로서의 재치가 느껴지기는 하지만 명확한 오역이거나 과도한 의역에 속한다. 김태성(2011), 문현선(2018) 등은 '〈부스럼(癩)〉이란 단어는 물론, 발음이 이와 비슷한 단어까지 입에 올리기를 꺼렸다'[97]로, 김범수(2003)는 '그는 〈흉터〉라든가 일체 〈흉터〉에 가까운 발음을 싫어하고, 뒤에는 점점 범위를 넓혀 〈밝다〉라는 말까지도 싫어했고'[98]라는 방식으로 오역의 위험을 피해가고자 하였지만 '나두창[癩]'이라는 특별한 뜻을 갖는 글자를 꺼리던 것에서 '의뢰한다[賴]'는 보편적 뜻을 갖는 글자까지 피휘하게 되었다는 점을 제대로 전달하지 못하고 있다는 점에 있어서는 차이가 없다. 또한 정노영(1994), 성원경(1983), 김진욱(1992), 윤수천(2007), 조성하(2000) 등의 경우는 더욱 오역에 가깝다.

왜냐하면 그는 **'독(禿)대머리'**라든가 **'독'에 가까운 발음을 싫어하고,**

---

96) 「그는 '부스럼'뿐 아니라 '부스' 비슷한 발음도 입에 올리는 것을 꺼려했다. 나중에는 여기서 한 걸음 더 나아가 '빛나다光'나 '환하다亮'와 같은 글자도 꺼려하고, 다시 한 걸음 더 나아가 '등불燈'이나 '촛불燭' 같은 말도 피했다.」 조관희(2018), 71쪽/ 「'부스럼'이란 말뿐 아니라 '부스' 비슷한 발음조차 꺼려하고 있었으니 말이다. 그 뒤론 그것이 점점 확대되어 '훤하다'도 꺼려했고 '밝다'도 꺼려했다. 마침내 '등불'이나 '촛불'까지 금기시하게 되었다.」 루쉰전집번역위원회(2010), 112쪽

97) 김태성(2011), 109쪽, 문현선(2018), 35쪽

98) 「왜냐하면 그는 〈흉터〉라든가 일체 〈흉터〉에 가까운 발음을 싫어하고, 뒤에는 점점 범위를 넓혀 〈밝다〉라는 말까지도 싫어했고, 그 뒤에는 다시 〈촛불〉이라는 말까지도 싫어했기 때문이다.」 김범수(2003), 15쪽

후에는 점점 범위를 넓혀 '빛난다'라든가 '밝다'는 말도 꺼렸으며, 급기야는 '램프'나 '촛불'이라는 말까지도 싫어했기 때문이다.[99)]

이런 번역문은 원문을 소홀하게 처리하여 '癞'와 '赖'를 구별하지 않거나, 이 두 글자를 생략하고 '독(禿)대머리', '독에 가까운 발음'으로 의역을 넘어 오역에 빠진 번역이다.

문제는 작가가 피휘법의 문제를 함께 풍자하고 있다는 사실을 제대로 보여주지 못하고 뒤의 뜻으로 읽어야 할 글자들까지 발음으로 처리하고 있는 번역들이다.

북트랜스(2015), 장기근·이석호(1988), 우인호(2007), 이가원(1989), 이민수(1990), 권순만(1990) 등[100)]이 '광(光)', 양(亮)', '등(灯)', '촉(烛)'

99) 정노영(1994), 18쪽, 성원경(1983), 14쪽, 김진욱(1992), 15쪽/「왜냐하면 아큐는 '대머리'라든가 그 발음에 가까운 일체의 음은 입 밖에도 내지 않았다. 그러다가 나중에는 점점 그 범위를 넓혀 '빛난다'라든가 '밝다'라는 말도 싫어했으며, '램프'나 '촛불'이란 말까지도 모두 싫어했다.」 윤수천(2007), 23쪽/「왜냐하면 그는 '독'뿐 아니라 '독'에 가까운 발음을 싫어했고, 나중에는 점점 범위를 넓혀 '빛나다'라든가 '밝다'는 말조차도 듣기를 꺼렸으며, 급기야는 '램프'나 '촛불'이라는 말까지도 진절머리냈기 때문이니까.」 조성하(2000), 16쪽

100) 「그래서 그는 나두창의 '나(癩)'자나 '뢰(賴)'자와 비슷한 말은 무조건 싫어했고, 점점 범위를 넓혀 '광(光)'이나 '량(亮)'자까지 꺼리더니, 급기야 '등(燈)'자나 '촉(燭)'자까지 질색하는 것이었다.」 북트랜스(2015), 20쪽, 장기근·이석호(1988), 76쪽/「그래서 아Q는 '나(癩)' 및 그와 비슷한 단어마저도 꺼려해 입 밖에 내지 않았다. 후에는 점점 범위가 넓어져 '광(光)', '양(亮)'도 입에 올리지 않았으며, 나중에는 '등(燈)', '촉(燭)'까지도 싫어했다.」 우인호(2007), 49쪽, 이가원(1989), 8쪽, 이민수(1990), 86쪽/「왜냐하면 그는 '나(癩)' 또는 '나'에 유사한 일체의 발음을 입에 담는 것을 싫어했으며 나중에는 그것을 확대해서 '빛나다'도 싫어하고 '밝다'도 싫어하고,

과 같이 발음으로 옮겨 작가의 의도를 제대로 전달하지 못하는 번역문을 제시하고 있다.

다음은 '瓜子'라는 중국에만 있는 건과류에 속하는 음식에 대한 번역 사례이다.

(44)
刚刚一抖一抖的几乎要合缝, 却又向外一耸, 画成瓜子模样了.[101)]

'瓜子'는 호박씨, 수박씨, 해바라기씨 등에 대한 총칭으로서, 중국 고유의 기호식품이다. 하지만 번역을 하는 입장에서는 다양한 선택의 가능성을 만나게 된다. 문맥상 아Q의 서명이 바른 동그라미를 그리지 못하고 붓이 빗나가 '瓜子'처럼 삐죽한 모습을 그리고 말았다는 뜻이다. 따라서 조관희(외씨), 문현선(씨앗) 등[102)]을 제외하면 대부분의 경우 '호박씨'[103)], '수박씨' 등[104)]으로 번역하였다. 한국 독자들의 상황을 고

더 나중에는 '등(燈)'과 '촉(燭)'까지 싫어했다.」 권순만(1990), 61쪽

101) 『鲁迅全集』(第一卷), 人民文学出版社, 1991, 524쪽

102) 「떨리는 손으로 출발선까지 왔을 때 붓이 바깥으로 삐치는 바람에 외씨瓜子 모양이 되고 말았다.」 조관희(2018), 127쪽/ 「덜덜 떨면서 거의 틈새를 메워갈 때쯤 붓이 바깥쪽으로 치솟는 바람에 씨앗 모양이 되고 말았다.」 문현선(2018), 95쪽

103) 이문희(1978), 103, 김하중(1981), 95쪽, 김정화(1985), 107쪽, 김욱(1988), 64쪽, 전형준(1996), 121쪽, 노신문학회(2003), 154쪽, 정석원(2004), 71쪽, 박운석(2008), 144-145쪽, 최은정(2009), 107쪽, 루쉰전집번역위원회(2010), 154쪽, 이욱연(2011), 109쪽, 신여준(2011), 199쪽, 북트랜스(2015), 92쪽

104) 이가원(1980), 92쪽, 장기근 · 이석호(1988), 111-112쪽, 이가원(1989), 39쪽,

려할 때 불가피한 선택이었다고 생각된다. 그러므로 어느 경우나 오역이라고 판정하기는 어려울 것 같다.

그러나 이들 번역의 타당성 여부와 별개로 '瓜子'를 어떻게 번역할지에 대해서는 여전히 고민하고 모색할 필요가 있다. 호박씨, 수박씨 역시 현재는 한국에서 기호식품으로 통용되고 있지 못한 상황이기 때문이다. 그렇다고 현재 중국 '瓜子'의 대부분을 해바라기가 차지하고 있다고 하여 해바라기씨로 번역하는 것이 위의 두 번역보다 낫다고 할 이유도 없어 보인다.

'꽈즈(瓜子)'로 옮기는 것도 하나의 방법이 될듯하고, 역주를 다는 방법도 생각해볼 만하다. 어느 경우나 문화적 차이를 갖는 단어들의 번역에는 항상 현재진행형의 고민이 따라야 한다는 점을 잊지 않을 필요가 있다.

다음은 중국과 한국의 단어 사용에서 의미의 차이를 보여주는 경우이다.

(45)

他想: 孙子才画得很圆的圆圈呢, 于是他睡着了.[105)]

아Q는 동그라미로 사인을 대체하라는 말에 열심히 동그라미를 그리다가 손이 빗나가 동그랗게 그리지 못했다. 자책하던 중에 그는 아무짝

이민수(1990), 123쪽, 이철준(1991), 143쪽, 김진욱(1992), 68쪽, 윤화중(1994), 67-68쪽, 정노영(1994), 69-70쪽, 조성하(2000), 68쪽, 안영신(2001), 152쪽, 김범수(2003), 78쪽, 장수철(2006), 80쪽, 윤수천(2007), 112쪽, 김시준(2008), 175쪽, 엄영욱(2012), 64쪽, 허세욱(1983), 151쪽

105) 『鲁迅全集』(第一卷), 人民文学出版社, 1991, 524쪽

에도 쓸모없는 놈들이나 동그랗게 그린다며 정신승리법을 구사하여 스스로를 위로한다. 중국어에서 '孙子'는 타인을 멸시하고 모욕하는 언어로 쓰이는 경우가 많다. 중국어에서 '这帮孙子又来了!', '这孙子下手还真狠啊!' 등이 그 예로써 모두 타인을 낮추고 깔보는 뜻을 갖고 있다. 한국어로 옮기자면 '아무짝에도 쓸모없는 놈', 혹은 '멍청한 놈' 정도가 될 것이다. 김하중(1981)은 '바보 천치라야 동그라미만은 그릴 수 있다'[106]로, 이가원(1989), 성원경(1983), 김진욱(1992), 김범수(2003) 등은 '멍청이가 아니면 동그라미를 잘 그릴 수 없는 것이라고 그는 생각했다'[107]로, 이민수(1990), 윤화중(1994), 정노영(1994), 조성하(2000), 안영신(2001), 윤수천(2007) 등은 '아무 짝에도 쓸모없는 놈만이 동그라미를 그릴 것이다'[108]로 번역하였다. 그중 정노영(1994), 조성하(2000)의 번역문을 보면 다음과 같다.

아무짝에도 쓸모없는 놈이라야만 동그란 동그라미를 그릴 것이

---

106) 「〈바보 천치라야 동그라미만은 그릴 수 있다.〉는 생각이 분명하게 떠올랐다. 그리고 그는 잠들었다.」 김하중(1981), 96쪽

107) 「멍청이가 아니면 동그라미를 잘 그릴 수 없는 것이라고 그는 생각했다. 그리고 그는 잠들고 말았다.」 이가원(1989), 40쪽, 성원경(1983), 67쪽, 김진욱(1992), 69쪽, 김범수(2003), 78쪽

108) 「아무 짝에도 쓸모없는 놈만이 동그라미를 그릴 것이라고 생각하며 그는 잠들었다.」 이민수(1990), 123쪽/「그는 아무짝에도 쓸모없는 놈이나 원을 아주 동그랗게 그리겠지 하고 생각했다. 이윽고 그는 잠이 들었다.」 윤화중(1994), 68쪽/「아무짝에도 쓸모없는 놈이라야 만원을 동그랗게 잘 그리겠지 하고 그는 생각했다. 그러더니 그는 곧 잠이 들고 말았다.」 안영신(2001), 152쪽/「아무짝에도 쓸모없는 놈만이 동그라미를 제대로 그릴 수 있을 뿐이라고 생각했던 것이다. 아큐는 곧 잠들어 버렸다.」 윤수천(2007), 113쪽

라고 그는 생각했기 때문이다. 그래서 그는 잠들고 말았다.[109]

위의 번역문들은 모두 중국어와 한국어의 문화의 차이를 고려한 정확한 번역이라 할 수 있겠다.

전체 번역을 보면 아래와 같은 세 가지 오역의 경우로 나눌 수 있다. 첫째, 문화 차이를 무시하고 '孙子'를 글자 그대로 '손자'라고 옮긴 번역이다. 이렇게 번역하면 오역 내지 이상한 번역이 되어버린다. 중국어와 달리 한국어에서 '손자'는 대체로 '귀여움, 사랑스러움' 등을 뜻하는 단어로 많이 쓰이고 있기 때문이다. 대부분의 번역문에서 모두 이런 오역을 범하고 있다. 이철준(1991), 노신문학회(2003) 등의 경우를 보면 아래와 같다.

> 그는 **손자 놈**이라야 동그라미를 동그랗게 그릴 수 있다고 생각하였다. 그래서 그는 이내 잠이 들었다.[110]

또 이가원(1980), 장기근 · 이석호(1988), 허세욱(1983), 최은정(2009), 장수철(2006), 박운석(2008) 등도 모두 '손자 놈'[111]으로 옮겼는데, 상대

---

109) 정노영(1994), 70쪽, 조성하(2000), 69쪽

110) 이철준(1991), 143쪽, 노신문학회(2003), 15쪽

111) 「손자 놈이라야 똥그란 동그라미를 그릴 것이라고 그는 생각했다.」 이가원(1980), 92쪽/ 「그는 생각했다. 손자 놈이라야 바로 동그란 동그라미를 그릴 수 있을 것이라고. 그리고 그는 잠들고 말았다.」 장기근·이석호(1988), 112쪽/ 「그는, 손자 놈은 아주 동그랗게 그리겠지 하고 생각했다. 그러자 잠이 들었다.」 허세욱(1983), 152쪽/ 「손자나 되어야 아주 동그랗게 동그라미를 그릴 수 있을 게야. 그래서 그는 잠이 들었다.」 최은정(2009), 107-108쪽/ 「그는 동그라미는 손자 놈들이나 정말 동그랗게 그릴 수 있는 거라고 생각했다. 그리하여 그는 이내 잠이 들었다.」 장수철(2006), 80쪽/

방을 낮잡아 이르는 원문의 뜻 전달에 실패하고 있다.

둘째, '孙子'를 '손자의 대(代)가 되면'라고 번역한 사례들이다. 예를 들면 루쉰전집번역위원회(2010)는 다음과 같이 옮겼다.

> 그는 생각했다. **손자 대가 되면** 동그라미를 둥글디둥글게 잘 그릴 수 있을 텐데. 그는 잠이 들었다.[112]

예문에서 '孙子'를 '손자의 대(代)가 되면'라고 옮겼는데 이는 중국어에서 '孙子'란 상대방에 대한 낮춤말이라는 것을 몰랐기 때문에 생긴 오역이라 이해된다. 이런 번역은 또 이문희(1978), 김욱(1988), 조관희(2018), 전형준(1996), 김시준(2008), 이욱연(2011) 등[113]에서 볼 수 있다.

셋째, '孙子'를 의역하여 '애들이나, 어린애들이나' 등으로 옮긴 번역문이다. 구체적인 예로 문현선(2018)의 번역문을 보면 다음과 같다.

「그는 손자 놈이나 겨우 동그라미를 그릴 수 있을 것이라고 생각했다. 그리고는 잠이 들었다.」 박운석(2008), 145쪽

112) 루쉰전집번역위원회(2010), 155쪽

113) 「그러나 아Q는 이렇게 결론을 내렸다. 내 손자의 대가 되면 완전한 원을 그릴 수 있을 것이라고. 그래서 그는 이내 잠들고 말았다.」 이문희(1978), 103쪽/ 「그는 생각한 것이다. 손자의 대(代)가 되면 진짜 동그라미를 그릴 수 있을 것이라고. 그리하여 그는 잠들어 버렸다.」 김욱(1988), 65쪽/ 「그는 손자 대가 되면 동그라미를 아주 둥글게 잘 그릴 것이라고 생각했다. 그는 곧 잠이 들었다.」 조관희(2018), 127쪽/ 「손자 대가 되면 동그란 동그라미를 그릴 수 있을 거라고 그는 생각했다. 그리고서 그는 잠이 들었다.」 전형준(1996), 121쪽/ 「손자 대가 되면 동그라미를 아주 동그랗게 그릴 수 있을 것이라고 그는 생각했다. 그는 잠이 들었다.」 김시준(2008), 176쪽/ 「'동그라미는 손자뻘 되는 놈들이나 잘 그리지.'라고 생각해서였다. 그러고서 그는 잠이 들었다.」 이욱연(2011), 109쪽

> 그래도 얼마 지나지 않아 어린애들이나 동그라미를 동그랗게 그린다는 생각에 마음이 풀렸고 곧 잠이 들었다.[114]

예문과 마찬가지로 엄영욱(2012), 북트랜스(2015), 정석원(2004) 등[115]도 비슷한 번역을 하였다. 위의 세 가지 경우를 다시 살펴보면 모두 '孙子'라는 단어가 중국 사회에서 가지는 의미를 몰라서 생긴 오역으로 이런 번역들은 모두 의미의 전달에 실패하고 있다.

---

114) 문현선(2018), 96쪽

115) 「"동그라미는 아이들이나 잘 그리는 거라구!" 그는 잠에 빠졌다.」 정석원(2004), 71쪽/「그는 동그라미는 손자 같은 애들이나 동그랗게 그릴 수 있는 것이라고 생각하였던 것이다. 그는 이내 잠이 들었다.」 엄영욱(2012), 65쪽/「동그라미는 애들이나 그리는 거지, 하고는 곧 잠들었다.」 북트랜스(2015), 93

IV. 인용구의 오역

노신은 그의 작품에 인용부호를 사용하여 출전이 있는 단어나 구절을 인용하여 그 의미를 중층화하는 방식을 즐겨 썼다. 그러므로 노신의 작품에 쓰인 인용부호는 풍자의 분위기를 구성한다. 출전이 없는 구절에도 인용부호를 사용하면 풍자의 분위기가 형성된다. 예를 들어 「拿来主义」의 다음과 같은 문장을 보자.

> 我在这里也并不想对于"送去"再说什么, 否则大不"摩登"了. 我只想鼓吹我们再吝啬一点, "送去"之外, 还得"拿来", 是为"拿来主义".[1]

노신은 여기에서 '送去', '摩登', '拿来', '拿来主义' 등과 같이 인용부호를 연속 사용하여 이 단어들에 특별한 의미를 부여하였다. 일반적 관행을 따르자면 노신이 창조한 '拿来主义'라는 말 외에 인용부호가 붙지 않는다. 그런데 노신은 여기에 인용부호를 붙임으로써 '送去', '摩登', '拿来', '拿来主义'에 특별한 의미를 부여한다. 이를 통해 그의 문장은 함축적, 풍자적 힘을 발휘하게 된다. 특히 출전을 갖는 단어나 구절을

1) 鲁迅, 「拿来主义」, https://m.yuwenmi.com/yuwenban/gaoer21/358115.htm l?_=1497228340

인용부호로 가져오게 되면 원전에 대한 풍자와 그 가치관을 수용하는 주체에 대한 풍자가 함께 이뤄져 이중의 풍자가 일어나게 된다. 따라서 인용부호로 처리한 출전이 있는 구절의 번역에는 특별한 주의가 필요한데, 이 책에서는 적절하지 못한 번역의 예를 중심으로 살펴보고자 한다.

노신은 「아Q정전」에서 관용어, 출전이 있는 단어 혹은 문장에 따옴표를 특별히 많이 사용하였다. 복잡한 의미층을 구성하여 풍자의 뜻을 담기 위해서이다. 원전에서 사용된 따옴표는 모두 260여 개, 그 중 대화를 표시할 때 사용된 따옴표가 180여 개, 나머지 80여 개는 모두 관용어나 출전이 있는 고전, 혹은 특별한 의미를 나타내기 위한 단어에 사용되었다. 구체적으로 관용어에 사용한 따옴표가 13개, 출전이 있는 고전에 사용한 따옴표가 13개, 단어에 사용한 따옴표가 50여 개 정도이다.

대부분의 번역가들은 「아Q정전」에서 인용된 고유어, 옛 고적들에 사용된 따옴표를 옮기면서 이를 적절히 옮겨 독자들의 이해를 돕고자 많은 노력을 하였다. 하지만 불가피하게 많은 곳에서 소홀함과 착각에서 비롯된 오역, 누락, 불완전번역 등 상당한 문제들이 발견되는 경우도 적지 않다. 예를 들어 '斯亦不足畏也矣'의 인용을 보자. 이 구절은 『论语·子罕』에서 나오는 구절로서 원전에도 미주가 있는 고전이다. 하지만 번역문에서 따옴표를 누락한 사례가 많이 있다.

(46)

这实在是"斯亦不足畏也矣".[2)]

---

2) 『鲁迅全集』(第一卷), 人民文学出版社, 1991, 512쪽

사람들은 성안에 갔다가 돌아온 아Q가 전과 많이 달라진 것을 보며 자오 나리만큼이나 존경을 하였다. 하지만 아Q가 도둑질을 하다가 웨이좡으로 도망쳐 온 것을 알고는 그에 대한 존경은 물론 두려워할 필요조차 없다고 생각하게 된 상황을 표현한 문장이다. 원문의 '斯亦不足畏也矣'에 따옴표(" ")를 쓴 것은 아Q의 하찮은 존재성을 보여주기 위한 것이다. 특히 원문이 그 학문적 발전에 대한 경외감을 표현한 것임을 아는 사람들은 이 고상한 말이 아Q에게 적용되었다는 사실에 묘한 비틀림의 미학을 발견하게 된다. 그러므로 번역문에서도 따옴표를 붙여서 그것은 『논어』의 말을 인용했다는 것임을 분명히 밝혀 저자의 뜻을 살릴 필요가 있다. 이가원(1980), 성원경(1983), 김하중(1981), 이가원(1989), 김진욱(1992), 김범수(2003) 등의 번역문을 보기로 하자.

이야말로 '**이 또한 두려워하기에 족하지 않다**' 하는 것이다.[3)]

그 외에도 김정화(1985)는 '진실로 '이 또한 두려워하기에도 충분하지 않아'라고 해야 할 것이었다'[4)]로, 김욱(1988)은 '이래서야 「하나도 무서운 것이 없노라」이다'[5)]로, 장기근·이석호(1988)는 '이걸 가리켜 참으로 「논어(論語)」에 있듯 '두려워할 바 못 된다(斯亦不足畏也矣)'라고 할 것이다'[6)]로 옮겼다. 그 외에도 권순만(1990), 윤화중(1994), 전형준(1996), 조성하(2000), 최은정(2009), 조관희(2018), 노신문학회(2003),

---

3) 이가원(1980), 68쪽, 성원경(1983), 48쪽, 김하중(1981), 85쪽, 이가원(1989), 28쪽, 김진욱(1992), 48쪽, 김범수(2003), 55쪽

4) 김정화(1985), 95쪽

5) 김욱(1988), 47쪽

6) 장기근·이석호(1988), 99쪽

박운석(2008), 김시준(2008), 루쉰전집번역위원회(2010), 허세욱(1983), 김태성(2011), 이욱연(2011), 엄영욱(2012) , 북트랜스(2015) 등[7] 많은 번역문에서도 문장부호를 사용하여 그것은 출전이 있는 문장임을 강조하고자 한 저자의 뜻을 정확히 전달하였다.

이에 반해 따옴표를 붙이지 않은 번역들이 다수 발견된다. 이민수(1990), 정노영(1994), 안영신(2001) 등은 따옴표를 생략하고 아래와 같이 옮겼다.

이야말로 **두려워할 것도 못 되는 존재가 아니었던가?**[8]

따옴표를 생략하면 대략적인 뜻은 전달될 수 있겠지만, 아Q가 사람들의 마음속에서 지위가 급격하게 떨어진 상황을 전달할 방법이 없다. 또한 출전이 있는 문장을 인용하여 풍자의 의미를 덧붙인 노신의 의도

---

7) 「이것이야말로 '이 또한 무서워할 것이 못 된다'는 성어(成語)였다.」 권순만(1990), 90쪽/ 「그야말로 '두려워할 가치도 없는 존재'가 아닌가?」 윤화중(1994), 52쪽/ 「이것이야말로 "이 또한 두려워할 것이 못 되니라"였다.」 전형준(1996), 101-102쪽, 조성하(2000), 49쪽, 최은정(2009), 90쪽, 조관희(2018), 106쪽/ 「그러니 '이따위 위인은 두려울 것이 없었다.'」 노신문학회(2003), 137쪽/ 「이야말로 정말 '이 또한 두려워할 만하지 못하다'고 하겠다.」 박운석(2008), 122쪽/ 「이것이야말로 '이 또한 두려워할 만한 것이 못 되느니라'인 것이다.」 김시준(2008), 156쪽/ 「진실로 "이 또한 두려워할 것이 못 된다"가 되고 말았으니.」 루쉰전집번역위원회(2010), 138쪽, 허세욱(1983), 112쪽/ 「이것이야말로 '또한 두려워할 만한 것이 못 되는 일'이었다.」 김태성(2011), 143쪽/ 「이것이야말로 옛말 그대로 "이런 것은 두려워할 게 못 되도다"였다.」 이욱연(2011), 76쪽/ 「결국, "아무것도 두려울 것 없는 그런 위인"이었던 것이다.」 엄영욱(2012), 47쪽/ 「옛말 그대로 "두려워할 만한 것도 못 되는 자"였다.」 북트랜스(2015), 67쪽

8) 이민수(1990), 109쪽, 정노영(1994), 51쪽, 안영신(2001), 135쪽

를 독자들에게 알릴 방법이 없다. 이문희(1978), 정석원(2004), 장수철(2006), 윤수천(2007), 우인호(2007), 신여준(2011), 문현선(2018) 등[9] 번역문에서도 모두 비슷한 번역을 하여 노신이 표현하려는 뜻을 정확히 전달하지 못했다.

다음도 출전이 있는 문장임에도 불구하고 따옴표를 생략한 경우이다.

(47)

所以他那思想，其实是样样合于圣经贤传的，只可惜后来有些“不能收其放心”了.[10]

아Q가 성현의 가르침을 지키지 못하고 이성에 끌리는 마음이 일어났다는 것을 묘사한 장면이다. '그 풀린 마음을 거두어 수습하지 못했다[不能收其放心]'는 『상서』의 말을 인용한 것이다. 이와 관련하여 맹자는 유학 공부의 핵심을 '그 풀려난 마음을 수습하는 것'[11]이라 하였다. 맹자

---

9) 「이래서야, 지난날의 무섭지도 아무렇지도 않았었던 벌레 같은 아Q로부터 지금 달라진 것이 무엇이란 말인가.」 이문희(1978), 74쪽/ 「이야말로 두려워할 것도 못 되는 존재가 아니었던가?」 이민수(1990), 109쪽, 정노영(1994), 51쪽, 안영신(2001), 135쪽/ 「그러고 보니 이놈 역시 두려운 존재는 아니었던 것이었다.」 정석원(2004), 51쪽/ 「이야말로 아무 두려울 게 없는 것이다.」 장수철(2006), 61쪽/ 「그야말로 눈곱만큼도 두려워할 것이 없는 존재가 아닌가!」 윤수천(2007), 78쪽/ 「아Q야말로 두려워할 가치도 못 되는 존재가 아닌가?」 우인호(2007), 85쪽/ 「사실을 이건 정말 옛말에도 있는 것처럼 '이 또한 두려워할 만한 일은 아니느니라(撕亦不足也矣)'에 해당하는 상황이었다.」 신여준(2011), 171쪽/ 「아Q는 정말 두려워할 것이 없는 인물이었다.」 문현선(2018), 73쪽

10) 『鲁迅全集』(第一卷), 人民文学出版社, 1991, 499쪽

11) '学问之道, 求其放心', 出自『孟子』的「告子章句上」

는 마음을 쓰는[劳心] 지배계층과 노동력을 쓰는[劳力] 인민계층을 분명하게 나누면서 마음을 쓰는 지배계층의 지식인들이 마음을 잘 단속하고 수습해야 함을 분명히 밝힌 것이다.

노신은 이 문장을 인용함으로써 지배계층의 이데올로기를 내재화한 인민들의 소외된 내면을 풍자하고 있다. 노신은 인민들이 자신들을 소나 말처럼 부리는 지배계층의 가치관을 수용하여 내재화하고 있는 희망 없는 상황을 묘사하기 위해 이 문장을 가져왔다. 위의 따옴표로 인용된 문장은 이러한 인민의 마비된 정신을 풍자하기 위한 장치에 해당한다. 허세욱(1983)은 번역문에서 따옴표를 살려 번역하였다.

> 사실, 그의 생각은 무엇이든지 성현의 말씀과 맞아떨어졌다. 다만 아까운 것은, 후에 **'그 방심한 마음을 수습하지 못하게'** 된 것이었다.[12)]

또 루쉰전집번역위원회(2010), 최은정(2009), 장수철(2006), 안영신(2001), 전형준(1996), 윤화중(1994), 권순만(1990) 등[13)]에서도 모두 따

---

12) 허세욱, 63쪽

13) 「이런 생각은 성현의 말씀에도 여러모로 들어맞는 것이었다. 다만 애석한 건 뒤에 가서 '그 뒤숭숭함을 수습키가 어렵다'는 점뿐이었다.」 루쉰전집번역위원회(2010), 122쪽/ 「그러므로 그의 그런 생각은 사실 성현의 경전에 부합하는 것이다. 다만 애석하게도 나중에는 '그 싱숭생숭한 마음을 수습하지 못하는' 지경이 되고 말았다.」 최은정(2009), 71쪽/ 「그러므로 그의 이런 생각은 모두 성현의 가르침에 들어맞는 것이다. 하지만 유감스럽게도 나중에 그는 '그 싱숭생숭한 마음을 걷잡을 수가 없게' 되었다.」 장수철(2006), 40쪽/ 「그러므로 그의 이런 생각은 모두가 성현의 말씀과 맞는 것이지만, 단지 애석하게도 후에도 '그 방심한 마음을 거둘 수 없이 된' 것이다.」 안영신(2001), 117쪽/ 「그러므로 그의 그 생각은 사실상 성현의 경전에 일일이

옴표를 누락하지 않았다. 출전이 있는 문장을 번역할 때는 가능하면 따옴표를 표시해서 작가가 전달하려는 특별한 의도를 살릴 필요가 있다. 그러나 이욱연[14]의 번역문을 살펴보면 다음과 같다.

> 안타까운 것은 여자가 있어야겠다는 생각으로 이미 **싱숭생숭해진 마음을 수습할 수가 없다는 것**이었다.

위 문장에서는 따옴표를 생략하고 출전이 있는 문장을 직접 문장 속에 풀어 넣었다. 또한 '안타까운 것은 여자가 있어야겠다는 생각으로'와 같이 원문에 없는 말을 넣어 과잉번역을 하였다. 이가원(1980)도 '그러므로 그의 이 사상은 기실 모두가 성현의 경전(經傳)에 합치되는 것인데 다만 가석할 손 그 후에도 그 방심(放心)을 거둘 수 없이 된 것이다'[15]와 같이 따옴표를 생략하였다. 이렇게 따옴표를 생략하면 아Q

부합되는 것인데, 다만 애석하게도 뒤에 가서 "그 거리낌 없는 마음을 수습하지 못한다."라는 상태가 되어버린 것이다.」 전형준(1996), 82쪽/「그리고 그의 이 생각은 사실 무엇이든지 성현(聖贤)의 말씀과 맞았지만, 단지 애석하게도 후에 '그 방심한 마음을 수습하지 못하게' 된 것이다.」 윤화중(1994), 34쪽/「그러므로 그의 사상은 실제로 전부 성인의 경전(經典)이나 현인(賢人)의 주석(註釋)과 합치되는 것이다. 그렇지만 아깝게도 그 후 약간, "그 방심을 거둘 수가 없다."(〈맹자〉 고자편〈告子篇〉와 같이 되었다.)」 권순만(1990), 72쪽

14) 「사실 그가 이렇게 생각하는 것은 옛부터 전해 내려오는 성현의 가르침에 들어맞는 일이기도 하였으니, 안타까운 것은 여자가 있어야겠다는 생각으로 이미 싱숭생숭해진 마음을 수습할 수가 없다는 것이었다.」 이욱연(2011), 41쪽

15) 「그러므로 그의 이 사상은 기실 모두가 성현의 경전(經傳)에 합치되는 것인데 다만 가석할 손 그 후에도 그 방심(放心)을 거둘 수 없이 된 것이다.」 이가원(1980), 44-45 쪽

의 이성에 대한 선망이 정말로 잘못된 것이라는 뜻이 되고 만다. 三妻四妾을 거느리는 지배계층에게 '풀려난 마음을 단속하고 수습하는 일'은 극히 중요한 일이 되겠지만 평생 배우자를 두지 못하는 최하층 유랑민이 그 마음까지 단속하고 수습하도록 강제되고 있는 현실을 풍자하고자 한 노신의 의도가 모두 사라져 버리는 것이다. 정노영(1994), 문현선(2018), 신여준(2011), 윤수천(2007), 정석원(2004), 김범수(2003), 조성하(2000), 김진욱(1992), 김욱(1988), 성원경(1983) 등[16]도 따옴표를 생략하고 번역을 하였고 문제점 또한 이가원의 경우와 동일하게 나타난다.

다음 문장에서 노신은 '立言'에 따옴표를 하였는데 역시 중층적 의미를 표현하고 있다. 아래에 이 단어의 번역에서 나타난 오역, 누락, 불완전번역 등 사례들이 발견되었는데, 우선 오역의 경우를 보기로 하자.

---

16) 「그러므로 그의 이 사상은 기실 모두가 성현의 경전에 일치되는 것인데 다만 유감스러운 일은 그 후에도 그 방심한 마음을 거들 수 없었던 것이다.」 정노영(1994), 30쪽/「따라서 阿Q의 생각은 전부 성현의 말씀에 부합했지만 애석하게도 아Q는 나중에 방탕한 마음을 수습하기 어려워지고 말았다.」 문현선(2018), 49쪽/「그의 이러한 생각은 전부 성현들께서 경전에서 하신 말씀과 하나하나 부합되었다. 다만 애석한 것은 그가 뒷날 자신의 방심을 수습할 수 없게 되었다는 사실이다.」 신여준(2011), 142쪽/「그러므로 그의 이러한 생각은 사실 모두 성현의 말씀과도 아주 잘 맞아떨어지는 것이다.」 윤수천(2007), 44쪽/「그의 이 같은 생각은 사실 성현의 말씀과 한 치의 오차도 없는 것이었지만 애석하게도 마음을 가다듬을 수가 없었다.」 정석원(2004), 29쪽/「그러니 그의 이런 생각은 다 하나하나 성현의 가르침에 부합되는 셈이다. 하지만 유감스럽게도, 그 뒤에도 그 방심한 마음을 되돌릴 수가 없었던 것이다.」 김범수(2003), 30쪽, 김진욱(1992), 27쪽, 성원경(1983), 27쪽/「그러므로 그의 이 생각은 기실 모두가 성현의 가르침에 부합되는 셈이다. 다만 유감스러운 일은 그 후에도 그 방심한 마음을 거둘 수 없던 것이다.」 조성하(2000), 29쪽/「따라서 그의 이런 사상은 하나에서 열까지 성현(聖賢)의 가르침에 합치하는 것이었다.」 김욱(1988), 28쪽

(48)[17]

这足见我不是一个"立言"的人.[18]

원문에서 핵심적으로 문제가 되는 것은 '立言'이다. 이것은 중국의 문화에서 말하는 삼불후[19]에 속하는 것으로, 후세에 전해질 수 있는 훌륭한 말과 사상과 저서를 뜻한다. 孔颖达은 대표적 '立言'의 인물로 老子, 庄子, 荀子, 孟子, 管仲, 晏婴, 杨朱, 墨子, 孙武, 吴起, 屈原, 宋玉, 贾逵, 杨雄, 司马迁, 班固 등을 꼽았다. 『사기』에 「孟子荀卿列传」이 있다고 할 때 '立言'의 주인공은 맹자와 순자가 된다. 그렇다면 아Q에게 정전을 지어준다면 아Q가 立言의 주인공이 되어야 한다. 그런데 위의 문장은 작가 자신이 '立言'을 할 만한 위인이 못 된다는 뜻을 표현하고 있다. 여기에서 번역의 어려움이 가중된다. 이러한 점을 고려하면서 '立言'에 담긴 '후세에 전할 훌륭한 말이나 이론'이라는 의미를 전달하는 번역이 되어야 한다. 이런 점을 고려하여 조관희(2018)는 다음과 같이

17) 인용문(21)과 동일함

18) 『鲁迅全集』(第一卷), 人民文学出版社, 1991, 487쪽

19) 百度의 '삼불후' 참조. 역사적으로 삼불후는 '立德, 立功, 立言'인데, '立德'이란 영원히 전해질 법도를 세워 대중들을 구원해주는 것이고, '立功'이란 어려움을 없애서 한 시대를 구원하는 것이며, '立言'이란 후세에 전해질 수 있는 훌륭한 말, 사상, 저서를 가리킨다. '立德'의 대표적 인물로는 成汤, 周文王, 周武王, 周公, 孔子와 같은 사람이 있고, '立功'의 대표적 인물로는 설이 분분하겠지만 역사적 업적을 성취하는 데 큰 공헌을 한 소하, 조참, 한신, 악비 등을 꼽을 수 있다. 여기에서 중요한 것은 '立言'의 인물로서 孔颖达은 老子, 庄子, 荀子, 孟子, 管仲, 晏婴, 杨朱, 墨子, 孙武, 吴起, 屈原, 宋玉, 贾逵, 杨雄, 司马迁, 班固 등을 꼽았다. 대체로 이들은 사상가, 학자, 시인, 역사가 등에 해당한다. 자신만의 특별한 사상이나 작품, 저서를 내놓은 사람들이다.

옮겼다.

> 내가 무슨 **'후세에 남길 말'**을 할 만한 위인이 못 된다는 것을 알 수 있다.[20]

공영달의 분류에 의하면 '立言'이 사상과 문학, 학문, 저서를 포함하므로 '후세에 남길 말'이라는 조관희(2018)의 번역은 원문이 전달하고자 하는 의미를 비교적 적절하게 옮긴 것이라 볼 수 있다.

엄영욱(2012), 노신문학회(2003), 이철준(1991), 장수철(2006), 문현선(2018) 등도 모두 '立言'을 '후세에 전해질 글'[21]로 번역하였다. '후세에 전해질 글'이란 공영달의 규정에 합치된다. 그런 점에서 이도 비교적 적절한 번역이라 할 수 있다. 김시준(2008), 루쉰전집번역위원회(2010) 등은 다음과 같이 번역하였다.

> 내가 **말을 후세에 전할** 만한 위인이 못 된다.[22]

원문을 보자면 나는 노신 자신이다. 그러니까 원문 '这足见我不是一个"立言"的人'은 노신 자신이 '후세에 남길만한 말'을 할 수 있는 주인공이 아니라는 뜻이 된다. 그런데 김시준(2008)의 번역문의 '말'은 노신 자신의 말이 될 수도 있고, 아Q의 말이 될 수도 있다. '立言'의 주인공이 아Q가 될 수도 있다는 말이다. 그런데 '노신=사마천', '아Q=맹자'의 방

---

20) 조관희(2018), 63쪽

21) 엄영욱(2012), 11쪽, 노신문학회(2003), 99쪽, 이철준(1991), 90쪽/「이는 두말할 나위 없이 내가 '영원히 전해질 글'을 쓸 만한 사람이 못 된다는 증거다.」 장수철(2006), 20쪽

22) 김시준(2008), 114쪽, 루쉰전집번역위원회(2010), 106쪽

식으로 상호관계를 이해해 보면 '입언=맹자', '전하는 글=사마천'이므로 아Q정전의 '立言'의 주인공 또한 아Q가 되어야 한다. 이렇게 문장과 논리의 모순 사이에서 김시준(2008)은 논리를 택한 것으로 보인다. 그래서 적절한 번역이자 전체 문맥을 고려한 번역으로 볼 수 있다. 그러나 조성하(2000)는 이 문장을 다음과 같이 옮겼다.

> 모르긴 해도 그것은 아Q가 **후세에 전할 만한 인물**이 못 되기 때문인 것 같다.[23)]

노신은 이 문장을 통해서 나, 그러니까 노신 자신이 立言할만한 사람이 못 된다는 뜻과 아Q가 맹자나 순자와 같은 立言의 주인공이 되지 못한다는 두 의미를 담고자 하였던 것으로 이해된다. 그런데 조성하(2000)는 아Q가 立言의 주인공이 될 수 없다는 내용으로 이 문장을 번역하였으므로 오역에 해당한다. 또 김정화(1985)의 경우를 보면 다음과 같다.

> 후세에 **不朽의 이름을 남**길 만한 위인이 못되기 때문이었다.[24)]

김정화(1985)는 여기에서 '立言'을 '후세에 남긴 不朽의 이름'으로 번역을 하였다. '立言'이란 후세에 전해질 수 있는 훌륭한 말과 사상과 저서란 뜻이다. 그런데 불후의 이름을 남기는 일은 '立德', '立言', '立功'의 경우에 모두 해당한다. 그러므로 이것을 불후의 이름으로 번역하면 원문의 뜻을 적절하게 전달할 수 없게 된다.

---

23) 조성하(2000), 9쪽

24) 김정화(1985), 71쪽

한편 우인호(2007)는 '내가 이 이야기를 후세에 전할 만한 위인이 되지 못하기 때문이다'[25]라고 하였고, 정노영(1994), 이가원(1989), 이민수(1990) 등은 '내가 이 말을 후세에 전할 만한 사람이 못되기 때문이다'[26]라고 하였다. 이 네 사람은 모두 '立言'을 후세에 전해질 '이 말' 혹은 '이 이야기'로 번역을 했다. 여기에서 '이 이야기'는 '아Q의 이야기', '이 말'은 '아Q의 말'이 된다. 이렇게 번역하면 노신이 쓰려고 하는 아Q, 혹은 아Q의 말이 '立言'할 수 있을 정도로 후세에 영원히 전해질 만하다는 말이 전제된다. 이는 노신이 표현하려는 뜻이 아니므로 역시 오역이라 할 수 있다. 또 김태성(2011)의 경우를 보기로 하자.

> 내가 〈**후세를 위해 뭔가를 기록할**〉**만한** 사람이 못 된다는 것을 증명하는 일이다.[27]

이 번역문에서 '立言'은 '후세를 위해 뭔가를 기록하는 일'이 된다. 역시 '훌륭한 말과 사상과 저서'라는 뜻에 어긋나므로 오역에 속한다. '立言'은 뭔가 기록하는 일이 아니라 훌륭한 말을 하는 일이고, 훌륭한 사상을 내놓는 일이고, 이것을 훌륭한 문장으로 기록하는 일의 어느 경우에 속하거나, 모든 경우에 속한다. 그런데 단지 뭔가를 기록한다는 것은 이러한 立言의 범주에 속하기 어렵다.

김하중(1981), 안영신(2001) 등은 '내가 '어떤 말을 후세에 전할 수 있는 사람'이 못됨을 증명하는 것이다'[28]라고 번역했다. 어떤 말을 전하

---

25) 우인호(2007), 41쪽

26) 정노영(1994), 11쪽, 이가원(1989), 3쪽, 이민수(1990), 81쪽

27) 김태성(2011), 101쪽

28) 김하중(1981), 63쪽/「그것은 내가 그 말을 후세에 전할 만한 위인이 아니기

는 것이 아니라 훌륭한 사상과 말을 전하거나 문장을 쓰는 일이므로 오역에 해당한다. 어떤 말과 훌륭한 사상 등은 엄연히 다른 범주에 속하는 것이기 때문이다.

'立言'에 대한 불완전한 번역의 예도 있다. 그대로 한글 발음으로 옮길 때 그것이 한국어의 언어 환경에서 쉽게 이해될 수 없을 경우, 불완전한 번역에 속한다. '立言'과 관련하여 이러한 번역이 발견되는데 여기에서 장기근·이석호(1988)의 경우를 보면 다음과 같다.

> 이것으로도 내가 **입언(立言)을 할 만한** 인간이 못됨을 족히 알 수가 있다.[29]

정석원(2004), 성원경(1983), 김범수(2003) 등[30]도 '立言'을 그대로 옮겼다. 이런 번역의 경우, '立言'이 무슨 말인지 알지 못하는 독자들에게 한자어를 그대로 옮기고 있다는 점에서 번역을 유보한 불완전한 번역이라고 할 수 있다. 이런 단점을 고려하여 이가원(1980)은 설명을 추가하는 방식을 선택하였다.

> 내가 '**입언(=그 말을 후세에까지 전한다)**'할만한 사람이 못됨을 능히 알 수 있다.[31]

때문이다.」 안영신(2001), 100쪽

29) 장기근·이석호(1988), 72쪽

30) 「그러고 보니 나는 입언(立言)을 할 만한 인물이 못 되는 것 같기도 하다.」 정석원(2004), 8쪽/「〈입언(立言)〉의 인간이 아님을 알 수 있다.」 성원경(1983), 5쪽, 김범수(2003), 7쪽

31) 이가원(1980), 22쪽

'立言'이 무슨 뜻인지 모르는 독자들을 고려하여 '立言'에 대해 설명하는 말을 괄호 안에 추가하였다. 전형준(1996), 윤화중(1994) 등[32)]의 번역도 이가원(1980)과 같은 방식으로 '立言'을 그대로 옮기고 협주에 그 내용을 설명하고 있다.

박운석(2008), 김진욱(1992) 등[33)]도 '立言'으로 옮기고, 독자를 고려하여 그 뜻을 주석을 통해 설명하고 있다. 박운석(2008)의 주석을 보면 다음과 같다.

> 옛날 중국에서 말한 소위 '삼불후 三不朽: 立德, 立功, 立言' 중의 하나로, 후세에 남을 만한 훌륭한 말이나 이론을 세우다.

이 모두 고심의 결과로 보이지만 중국어를 한국어로 완전하게 번역하지 않았다는 점을 지적하지 않을 수 없다. 장기근·이석호(1988), 이가원(1980) 등은 '立言'이라는 단어가 독자들에게 통용되던 시대에 활동하던 학자들이다. 다만 이가원(1980)은 그것을 모르는 독자들을 고려하여 자세한 번역을 추가하고 있다. 두 가지 번역을 두고 고민하다가 원어를 그대로 남기는 선택을 하였던 것으로 보인다. 이 번역들은 '입언(立言)'이라고 쓰면 그대로 이해할 수 있는 한자문화가 남아있던 시기에 나온

---

32) 「내가 '입언'(立言: 자기 나름의 이론적 주장을 펼친 글이라는 뜻으로 사실을 기록한 글인 '기사记事'와 함께 중국 고대 산문의 두 종류임—역주)을 할 만한 사람이 아님을 이것으로 충분히 알 수 있다.」 전형준(1996), 62쪽/「내 자신이 입언(立言: 옛 중국에서 말한 3불후(三不朽. 즉 立德, 立功, 立言) 중의 하나로 '후세에 남을 훌륭한 말이나 이론을 세우는 것을 말함—주)의 인물이 아님을 잘 알기 때문이었다.」 윤화중(1994), 15쪽

33) 「내가 '입언'의 인간이 아님을 잘 알기 때문이다.」 박운석(2008), 74쪽/「내가 〈입언(立言)〉의 인간이 아님을 알 수 있다.」 김진욱(1992), 5쪽

것들이다. 그러므로 당시에는 적절한 번역이었다고 할 수도 있다. 그러니까 장기근·이석호(1988) 등의 번역은 '立言'이 통용되던 시기, 박운석(2008)의 번역은 '立言'이 일부 통용되던 시기, 노신문학회(2003) 등은 '立言'을 완전히 번역해야 하는 시기였으므로 이러한 번역의 차이가 있게 된 것으로 보인다. 시대에 따라 번역이 계속되어야 한다는 점을 그림처럼 보여주는 사례라 하겠다.

이것을 과잉번역한 경우도 많이 보인다. 번역은 목적어가 되는 원문의 문장을 가장 적절한 목적어(한국어)로 옮기는 작업이다. 원문의 이해에 도움이 된다고 해서 원문에 없는 단어나 문장을 설명식으로 추가하는 것은 기본적으로 번역의 원칙에 어긋나는 일이 된다. 따라서 없는 단어나 문장을 추구하는 것은 오역의 하위범주에 속한다. 예를 들어 이문희(1978)는 위의 문장에 대해 다음과 같이 옮겼다.

> 이것은 내가 얼마나 무능력한 인간인가, 다시 말해서 〈**후세에까지 전해질만한 글을 쓰기**〉에 얼마나 모자라는 인간인가 하는 것을 증명해 주는 셈이다.[34)]

이 문장에서 '이것은 내가 얼마나 무능력한 인간인가, 다시 말해서'라는 문장은 원문에 보이지 않으며, 또한 '얼마나 모자라는 인간인가 하는 것을 증명해주는 셈이다'라는 문장 역시 원문의 뜻에 부합하지 않는다. 노신은 스스로 무능력하다거나 모자라는 인간이라는 뜻으로 이 문장을 쓴 것은 아니다. 더구나 원문에 아예 보이지 않는 내용을 자의적으로 추가하여 원문의 뜻을 왜곡하였기 때문에 오역의 범주에 속한다.

---

34) 이문희(1978), 8쪽

과잉과 마찬가지로 축소번역의 경우도 발견된다. 북트랜스(2015)의 번역을 보자.

> 내가 그다지 **후세에 길이 남을 글**을 쓸 만한 **문장가는** 못 된다.[35)]

예문을 보면 북트랜스(2015)는 설명식 번역을 하였다. '立言'을 하는 사람, 혹은 인간을 단지 '문장가'로 범위를 좁혔는데 이는 의미를 지나치게 축소한 것이다. 왜냐하면 '立言'이 의미하는 사상과 문학, 학문, 저서 중에서 잘 쓰인 문학적 문장만을 뜻하게 되기 때문이다. 이욱연(2011)도 '내가 문장가가 못 된다는 확실한 증거이리라'[36)]고 하였고 신여준(2011)은 '문필가'[37)]로 옮겼다. '立言'을 한 사람을 단지 '문장가', '문필가' 즉 훌륭한 글쓰기로만 번역한 것이다. 이 역시 '후세에 전해질 수 있는 훌륭한 말과 사상과 저서'라는 '立言'의 뜻을 축소하여 번역하였으므로 결국은 의미의 전달이 충분하지 못하다고 볼 수 있다. 허세욱(1983) 역시 의미를 축소하여 옮겼다. 그 번역문은 다음과 같다.

> 나 자신이 **교훈적인 말**을 남길 만한 인간이 아님을 잘 알기 때문이었다.[38)]

'立言'과 교훈적인 말을 남기는 일은 완전히 동일하지 않다. '立言'은 교훈적인 말보다 훨씬 넓은 범주의 뜻을 갖고 있기 때문이다. 최은정

---

35) 북트랜스(2015), 9쪽

36) 이욱연(2011), 7쪽

37) 「이 점에서도 나는 뛰어난 문필가가 아니라는 사실을 알 수 있다.」 신여준(2011), 115쪽

38) 허세욱(1983), 21쪽

(2009)도 '후세에 모범이 될 만한 훌륭한 말을 하는 사람'으로 비슷한 번역[39]을 하였다. 따라서 허세욱(1983), 최은정(2009)의 번역은 본문의 의미를 축소한 것이고, 기본적으로 오역에 속한다고 할 수 있다.

다음은 노신이 「아Q정전」의 제목의 출처를 밝히기 위해 인용한 '闲话休题言归正传'에 대한 번역을 살펴보자.

(49)

所谓"闲话休题言归正传"这一句套话里, 取出"正传"两个字来, 作为名目.[40]

장회체 소설의 상투어인 '闲话休题言归正传'[41]은 '상관없는 말은 그만두고 주제로 돌아가서'라는 뜻을 갖는다. 그러나 많은 번역자들은 「아Q정전」의 제목이 되는 '正传'이라는 단어를 살리기 위해 본래의 의미를 버리는 선택을 했다. 그러는 과정에서 문장의 뜻을 훼손하는 오역이 발견된다. 김태성(2011)은 다음과 같이 번역하였다.

> **체제는 한담이라 해도 말은 정전으로 돌아가야 한다.**[42]

우선 본문에 없는 체제라는 말을 쓴 것이 문제가 된다. 아마 번역자는 이 소설이라는 체제가 한담을 담는 형식이지만 그에 담긴 말, 즉 내용은

---

39) 「이것만 봐도 내가 '후세에 모범이 될 만한 훌륭한 말을 하는' 사람이 아님을 알 수 있겠다.」 최은정(2009), 55쪽

40) 『鲁迅全集』(第一卷), 人民文学出版社, 1991, 488쪽

41) 『文明小史』(第五回) 등에 '闲话休题, 言归正传'의 말이 보인다.

42) 김태성(2011), 103쪽

정전에 해당하는 것이라야 한다는 뜻을 전달하고자 한 것으로 보인다. 그런데 노신은 '正传'이라 불리는 문체나 내용이 따로 없다는 점을 강조하고자 한다. 그래서 상투어의 단어를 가져다 소설의 제목으로 삼은 것이다. 그런데 위 번역문은 마치 '正传'이라는 형식과 내용을 갖는 무엇이 따로 있다는 의미를 전달하고 있다. 그런 점에서 노신의 의도와 완전히 정반대되는 의미를 생성하게 되는 것이다. 북트랜스(2015)의 번역에서도 비슷한 양상을 보이고 있다.

이쯤에서 여담은 접고 정전(正傳)에 따라 말해야 한다.[43]

역시 준칙으로 지켜야 할 정전이라는 것이 따로 있다는 착각을 하게 한다. 노신은 '여담은 그만두고 주제로 돌아가서[闲话休题言归正传]'라는 상투어를 끌어들여 소설의 제목을 '阿Q正传'으로 삼는다고 하면서 중요한 메시지를 담고자 한 것으로 보인다. 원래 '列传', '家传', '外传', '内传' 등의 문장으로 전하는 인물들은 '재자가인', '영웅호걸', '圣君贤臣' 등이었다. 그런데 역사의 전환기를 맞아 노신은 아Q와 같은 이름 없고 특별한 업적을 세우지 않은 백성들이 역사의 주인공이 되어야 한다고 보았다. 그러니까 노신은 이 문장을 통해 아Q는 새로운 시대의 주제[正传]이고 주인공이라는 의미를 담고자 하였던 것으로 이해할 필요가 있다. 위의 두 문장은 문장의 이해에 있어서나 작가의 창작 의도에 대한 이해에 있어서 소홀히 처리하고 있다고 생각된다.

다음은 중국어 관용어 '仇人相见分外眼明'에 대한 부적절한 번역사례들이다.

---

43) 북트랜스(2015), 11쪽

(50)

"仇人相见分外眼明", 阿Q便迎上去, 小D也站住了.[44)]

아Q가 우 어멈한테 자자고 말한 뒤로 웨이좡에서는 누구도 아Q에게 일을 시키지 않았다. 이로 인해 아Q는 배를 굶게 되었으며 자신의 일자리를 애송이 D가 빼앗아 갔다는 사실을 알게 된다. 이런 미묘한 관계에서 두 사람은 길가에서 만나게 되었다. 여기에서 '仇人相见分外眼明'이란 원수를 보면 바로 눈에 들어온다는 뜻의 중국어 속담이다. 이 점을 고려하여 이욱연(2011), 북트랜스(2015), 이철준(1991) 등은 다음과 같이 옮겼다.

> **'원수를 알아보는 눈은 유난히 밝다'**고 하더니 아Q가 앞으로 다가가자 샤오D가 멈춰섰다.[45)]

또 이문희(1978)는 '怨讐원수끼리는 특히 빨리 알아본다는 말이 있다'로, 장기근·이석호(1988), 박운석(2008) 등은 '천리 밖에서도 원수는 한눈에 알아본다'로, 김태성(2011)은 '원수를 알아보는 눈은 따로 있다'로, 장수철(2006)은 '원수는 더 잘 보이는 법'으로, 신여준(2011)은 '원수가 서로 마주치면 눈에 불을 켜는 법이다(仇人相見, 分外眼明)' 등[46)]으

44) 『鲁迅全集』(第一卷), 人民文学出版社, 1991, 504쪽

45) 「'원수를 알아보는 눈은 유난히 밝다'고 하더니 아Q가 앞으로 다가가자 샤오D가 멈춰섰다.」 이욱연(2011), 56쪽/ 「'원수를 알아보는 눈은 유독 밝다'는 옛말이 있듯이, 아Q는 한눈에 그를 알아보고 성큼성큼 다가갔다. 샤오D도 걸음을 멈췄다.」 북트랜스(2015), 49쪽/ 「《원수를 알아보는 눈은 유달리 밝은》 법이다. 아Q가 성큼성큼 다가가자 쏘D는 우뚝 멈춰섰다.」 이철준(1991), 115쪽

로 옮겼다. 모두 작가가 표현하려는 의도를 잘 살린 번역이다. 반면에 '원수는 외나무다리에서 만난다'라고 옮긴 번역도 있다. 김정화(1985)의 번역을 보자.

> **"원수는 외나무다리에서 만난다."** 阿Q가 달려들자 소D편에서도 멈춰섰다.47)

김정화(1985)는 '仇人相见分外眼明'이라는 속담을 중국어에서 널리 사용되는 '원수는 외나무다리에서 만난다(冤家路窄)'라는 뜻으로 이해를 하였다. 원수가 외나무다리에서 만나는 것은 '원수 사이에 피할 수 없는 곳에서 만난다'는 뜻이다. '원수를 알아보는 눈이 유달리 밝다'는 뜻을 포함하지 않기 때문에 분명히 뜻이 다른 속담이다. 따라서 작자의 의도를 정확히 반영하지 못한 오역의 범주에 속한다. 이런 번역사례가 다수 발견되는데, 노신문학회(2003), 김시준(2008), 조관희(2018), 엄영욱(2012), 우인호(2007), 조성하(2000), 안영신(2001), 김범수(2003), 정

---

46) 「中國 俗談에 〈怨讐원수끼리는 특히 빨리 알아본다는 말이 있다.〉 阿Q는 그 속담처럼 小소Don을 발견하기가 무섭게 달려들었다.」 이문희(1978), 52쪽/ 「'천리 밖에서도 원수는 한눈에 알아본다'던가…… 阿Q는 즉시 놈 앞으로 다가섰고, 좀팽이도 우뚝 섰다.」 장기근·이석호(1988), 90쪽/ 「'원수는 멀리서도 한눈에 알아본다.' 아Q는 즉시 마주 다가서고 샤오D도 우뚝 섰다.」 박운석(2008), 108쪽/ 「〈원수를 알아보는 눈은 따로 있다.〉고 아Q가 샤오D에게 다가가자 샤오D도 걸음을 멈췄다.」 김태성(2011), 130쪽/ 「'원수는 더 잘 보이는 법'이다. 아Q가 다가가자 샤오디도 멈춰섰다.」 장수철(2006), 48쪽/ 「"원수가 서로 마주치면 눈에 불을 켜는 법이다(仇人相見, 分外眼明)" 아Q가 앞으로 진격하자 샤오D는 그 자리에서 우뚝 발길을 멈췄다.」 신여준(2011), 154-155쪽

47) 김정화(1985), 88쪽

석원(2004), 허세욱(1983), 문현선(2018), 윤수천(2007) 등은 '원수는 외나무다리에서 만난다더니'[48]로 옮겼고, 이가원(1980), 이민수(1990), 이가원(1989), 정노영(1994), 루쉰전집번역위원회(2010) 등은 '원수는 외나무다리에서 만난다'[49]로 옮겼다. 비록 따옴표를 써서 그것이 속담임을 드러냈지만 문제가 있는 번역이라는 점에 있어서는 차이가 없다.

다음은 '士別三日, 便当刮目相待'란 중국어 관용어를 번역하면서 나타난 여러 가지 양상을 살펴보자.

(51)[50]

古人云, "士別三日, 便当刮目相待"[51]

여기에서 '士別三日, 便当刮目相待'이란 말은 '선비는 헤어졌다 사흘이 지나면 다시 눈을 비비고 보아야 한다'라는 뜻이다.

아Q는 선비가 아닌데 선비 상호 간에 정신적 발전을 확인하고 인정하는데 사용하는 관용어를 아Q에게 적용하고 있다는 점에서 풍자성이 농후한 문장이다. 이에 대해 김시준(2008), 김태성(2011), 문현선(2018) 등은 다음과 같이 옮겼다.

---

48) 노신문학회(2003), 126쪽, 김시준(2008), 143쪽, 조관희(2018), 93쪽, 엄영욱(2012), 36쪽, 우인호(2007), 72쪽, 조성하(2000), 38쪽, 안영신(2001), 124쪽, 김범수(2003), 40쪽, 정석원(2004), 38쪽, 허세욱(1983), 84쪽, 문현선(2018), 59쪽, 윤수천(2007), 57-58쪽

49) 이가원(1989), 21쪽, 이민수(1990), 101쪽, 이가원(1980), 54쪽, 정노영(1994), 39쪽, 루쉰전집번역위원회(2010), 129쪽

50) 인용문(1)과 동일함

51) 『鲁迅全集』(第一卷), 人民文学出版社, 1991, 508쪽

선비란 사흘만 떨어져 있어도 다시 눈을 비비고 보아야 한다.[52]

또 이철준(1991), 노신문학회(2003), 장수철(2006) 등은 '옛사람도 "선비는 헤어진 지 사흘이면 마땅히 새로운 눈으로 대할지니라"라고 했다'[53]로 번역하였는데, 역시 원문의 뜻을 잘 살린 예이다. 북트랜스(2015)는 '"선비는 사흘만 보지 못해도 괄목상대해야 한다"는 옛말 그대로였다'[54]로 옮기면서 '(눈을 비비고 상대를 본다는 뜻으로, 학식이나 재주가 놀랄 만큼 부쩍 늘었음을 이르는 말이다—옮긴이)'라는 방식으로 문장 옆에 괄호로 표시한 역주를 달고 있다. 관용어를 한자어 그대로 옮긴 다음 독자들의 이해를 돕기 위해 괄호 안에 그 뜻을 상세히 해석한 것이다. 꼭 필요한 것은 아니지만 독자를 충분히 고려하고 있다는 점에서 좋은 번역에 해당한다.

반면에 이 관용어를 잘못 번역한 경우도 있다. 성원경(1983), 김진욱(1992), 김욱(1988), 김범수(2003) 등의 경우가 그러하다.

선비란 사흘만 못 만나면 괄목(刮目)하여 기다려야 한다.[55]

---

52) 「옛사람들이 말하기를 "선비란 사흘만 떨어져 있어도 다시 눈을 비비고 보아야 한다."라고 했기에…」 김시준(2008), 149, 김태성(2011), 136쪽/ 「'선비는 사흘만 못 봐도 눈을 비비며 다시 봐야 한다.'는 옛말에 따라…」 문현선(2018), 66쪽

53) 「옛사람도 《선비는 사흘만 헤여졌다 만나면 새로운 눈으로 대할지어다.》라고 말한 바 있다.」 이철준(1991), 120쪽, 노신문학회(2003), 131쪽/ 「옛사람도 "선비는 헤어진 지 사흘이면 마땅히 새로운 눈으로 대할지니라."라고 했다.」 장수철(2006), 53쪽

54) 북트랜스(2015), 57쪽

55) 성원경(1983), 42쪽, 김진욱(1992), 42쪽, 김욱(1988), 41쪽, 김범수(2003), 47쪽

원문의 '待'는 '기다린다'는 뜻을 갖고 있지만 '相待'는 '상대한다, 대접한다'는 뜻이지 '기다린다'는 뜻을 갖지는 않는다. 그러므로 오역에 가깝다.

또 이가원(1989), 이민수(1990), 정노영(1994), 조성하(2000), 안영신(2001), 우인호(2007), 허세욱(1983), 윤수천(2007) 등 많은 번역문에서는 아래와 같이 옮겼다.

선비란 사흘만 떨어져 있어도 다시 크게 눈을 뜨고 보아야 한다.[56]

예문의 '눈을 크게 뜨고 보다'와 '눈을 비비고 보다'는 말은 읽기에 따라 약간 다른 의미를 전달한다. 그런 점에서 오역은 아니지만 '눈을 비비고 다시 보는' 장면을 묘사하기에 부족한 점이 있다. 또 지나친 의역인 경우도 있다. 권순만(1990)의 번역을 보면 다음과 같다.

선비는 헤어진 지 3일이 지나면 마땅히 상대방이 눈을 비비고 쳐다볼 정도로 변해 있어야 한다.[57]

눈을 비비고 보는 것은 변화 발전한 선비를 상대하는 사람인데, 여기에서는 선비를 주어로 하다 보니 주객이 바뀌어 요령부득의 번역문이 되어버렸다.

한편 엄영욱(2012)은 '선비란 사흘만 봐도 마땅히 괄목상대해야 한

---

56) 이가원(1989), 24쪽, 이민수(1990), 104-105쪽, 정노영(1994), 45쪽, 조성하(2000), 43쪽, 안영신(2001), 129쪽, 우인호(2007), 78쪽, 허세욱(1983), 95쪽, 윤수천(2007), 67쪽

57) 권순만(1990), 85쪽

다'[58]로 번역하였다. 원문의 '떨어져 있다, 못 보다, 못 만나다(別)'를 누락한 번역이므로 오역에 속한다. 특이한 것은 이가원(1980)의 번역이다.

> 고인(古人)도 이르기를「**사별삼일(士別三日)이면 변당괄목상대(便當刮目相待)**」라고 했다.[59]

위 예문은 전형적인 현토식 번역으로 그가 정통 한학자였다는 점, 이 소설을 번역, 출판한 1980년의 독서계에 이 정도의 현토식 문장을 읽을 수 있는 독자들이 꽤 있었다는 시대적 특징이 읽혀지는 번역이다. 그렇지만 어떻게 보아도 이것이 적절한 번역이라 할 수는 없다.

이에 비해 정석원(2004), 최은정(2009), 루쉰전집번역위원회(2010), 조관희(2018), 이욱연(2011), 박운석(2008) 등은 '괄목상대'[60]라는 말을 그대로 썼고, 김하중(1981), 김정화(1985), 전형준(1996), 장기근·이석호(1988), 신여준(2011) 등은 '괄목상대'[61]라는 말을 그대로 쓰고 뒤에

---

58) 엄영욱(2012), 41쪽

59) 이가원(1980), 61쪽

60) 「옛사람의 말에 '선비는 사흘만 못 봐도 괄목상대해야 한다.'라고 했다.」 정석원(2004), 44쪽/「옛사람도 '선비란 사흘만 못 만나도 괄목상대해야 한다.' 고 했기 때문에…」 최은정(2009), 84쪽/「옛사람 말에 "선비는 사흘만 떨어져 있어도 괄목상대한다."고 했으니…」 루쉰전집번역위원회(2010), 133쪽, 조관희(2018), 99쪽/「"선비는 사흘만 안 보여도 괄목상대해야 한다."던 옛말 그대로였다.」 이욱연(2011), 66쪽/「옛 사람의 말에 '선비란 헤어져 사흘이면 괄목상대해야 한다.'고 했기 때문에…」 박운석(2008), 114쪽

61) 「옛 사람이 말한 대로『선비는 사흘 만에 만나도 刮目相待(괄목상대)해야 하느리리.』이다.」 김하중(1981), 81쪽/「古人이 이르기를, "선비는 사흘만 못 만났어도 마땅히 괄목상대해야 한다(士別三日, 便當刮目相待)" 하였으니…」 김정화(1985), 91쪽, 전형준(1996), 96쪽/「또 옛사람도 말했다.〈선비는 사흘만 헤어져도 괄목상대해야 한다(士別三日, 便當刮目相待)〉고…」 장

중국어를 덧붙여 뜻 전달을 명확히 하려고 애썼다. 이것은 현재 한국어에서 통용되고 있는 관용어이므로 이런 두 가지 번역방법은 전혀 문제가 없다고 할 수 있다. 다만 2019년 현재의 독자들을 고려한다면 이것도 다시 번역되어야 할 필요성이 있다는 점은 분명해 보인다.

다음은 『논어』에 나오는 '敬而远之'라는 사자성어에 대한 번역의 사례들이다.

(52)[62]

而这神情和先前的防他来"嚓"的时候又不同, 颇混着"敬而远之"的分子了.[63]

아Q는 성안에 가서 거인 나리 집에서 일을 했고, 또 본 것도 들은 것도 많기 때문에 자오 나리만큼이나 사람들의 존중을 받게 되었다. 하지만 저우치 아주머니가 아Q의 수상스러운 점을 온 마을에 퍼뜨리는 바람에 사람들의 존경이 변하기 시작하였다. 마을 사람들은 존경하는 마음은 있지만 가까이하면 자기에게 해라도 입을까 걱정되어 멀리하였던 것이다.

원문의 '敬而远之'는 『논어』에 나오는 말로서 '귀신을 존경하기는 하지만 가까이하지는 않는다[敬鬼神而远之]'에서 유래된 말이다. 때문에

기근·이석호(1988), 94쪽/「고인(古人)들께서도 말씀하시기를 '선비가 헤어진 지 사흘이면 응당 괄목상대해야 한다(士別三日, 便當刮目相待)'라고 하셨다.」 신여준(2011), 162쪽

62) 인용문(11)과 동일함

63) 『鲁迅全集』(第一卷), 人民文学出版社, 1991, 511쪽

이 말의 뜻은 '존경은 하지만 가까이하지 않는다', '존경하되 멀리한다'라는 뜻을 내포하고 있다. 박운석(2008)의 경우를 보자.

> 이 기색은 이전에는 그가 싹뚝 하는 것을 막으려고 하던 때와는 달리 **'공경하되 멀리하는' 요소**가 상당히 섞여 있었다.[64)]

박운석(2008)은 위와 같이 '공경하되 멀리하는'라고 옮겼다. 작자의 뜻을 정확히 옮긴 번역문이라고 할 수 있다. 또 신여준(2011)은 '존경하면서도 멀리하는(敬而遠之) 요소가 상당 부분 혼재되어 있었다'[65)]로, 허세욱(1983)은 '「존경은 하지만, 멀리하려는」 눈치가 적잖이 섞여 있었다'[66)]로, 김태성(2011)은 '가히 〈존경하면서도 멀리하는〉 것이라 할 수 있었다'[67)]로 비슷한 번역을 하여 '敬而远之'의 뜻을 전달하고자 하였다.

한편 뜻은 무리없이 전달하였지만 따옴표를 생략한 번역도 보인다. 예를 들면 윤화중(1994), 안영신(2001)은 다음과 같이 옮겼다.

> 이 눈치는 이전에 그에게 '찰싹' 하고 맞을까 봐 조심하던 눈초리와는 달랐다. **존경하지만 멀리하려는 눈치**가 다분히 섞여 있었

---

64) 박운석(2008), 121쪽

65) 「이러한 표정은 전에 그가 명랑하고 목을 내리칠 때와 너무나 달라서, 말하자면 '존경하면서도 멀리하는(敬而遠之)' 요소가 상당 부분 혼재되어 있었다.」 신여준(2011), 170쪽

66) 「이 눈치는, 먼저번 그에게 '찰싹' 맞을까 봐 조심하던 눈초리와는 달랐다. '존경은 하지만, 멀리하려는' 눈치가 적잖이 섞여 있었다.」 허세욱(1983), 111쪽

67) 「그리고 이런 기색은 예전에 그가 올까 봐 대문을 〈찰칵〉 하고 닫아걸던 때와는 사뭇 달랐다. 가히 〈존경하면서도 멀리하는〉 것이라 할 수 있었다.」 김태성(2011), 142쪽

다.[68]

이욱연(2011), 장수철(2006) 등[69]도 비슷한 번역을 하고 있다. 뜻 전달에는 문제가 없지만 따옴표를 생략하여 이것이 『논어』에서 유래된 말이라는 데서 오는 풍자의 의미가 생략되고 있다. 반면에 이문희(1978)는 '敬而远之'를 '경원하다'로 옮겼다.

> 존경을 받기 이전처럼 놀려먹거나 들볶지는 아니했지만 어딘지 모르게 모두들 아Q를 **경원하는 눈치였다.**[70]

'경원하다'라는 단어의 사전적 의미는 '공경하되 가까이하지는 아니하다', '겉으로는 공경하는 체하면서 실제로는 꺼리어 멀리한다'이지만 현재에는 단지 '두려워서 멀리한다'는 뜻으로만 사용되므로 이 단어로 옮기면 독자들에게 오해를 가져다줄 수 있으므로 적절하지 못하다. 또 김하중(1981), 이가원(1989), 이민수(1990), 권순만(1990), 정노영(1994), 노신문학회(2003), 우인호(2007), 엄영욱(2012), 문현선(2018) 등[71]도 같은 번역 양상을 보이고 있다. 원문의 뜻을 훼손한 오역이라

---

68) 윤화중(1994), 51쪽, 안영신(2001), 135쪽

69) 「이는 예전에 그가 '싹둑!' 하는 시늉을 할 때 멀리 피하던 것과는 달라서 존경하면서도 멀리하는, 이른바 경이원지(敬而遠之)하는 분위기가 섞여 있었다.」 이욱연(2011), 76쪽/ 「이러한 기색은 그가 지난번에 목을 자르는 시늉을 할 때 피한 것과도 달라서 경이원지敬而遠之(공경하되 가까이 하지 않음)하는 요소가 다분히 섞여 있었다.」 장수철(2006), 60쪽

70) 이문희(1978), 73쪽

71) 「그러나 그것은 이전의 〈싹둑!〉하고 당하던 것을 조심하던 때와는 달리 상당히 〈敬遠경원〉하는 기미를 품고 있었다.」 김하중(1981), 85쪽/ 「예전에 찰싹 맞을까 조심하던 때와는 다르게 이번에는 경원하는 눈치가 퍽 많이 섞여

하겠다.

한편 장기근·이석호(1988), 정석원(2004), 김시준(2008), 최은정(2009), 루쉰전집번역위원회(2010), 조관희(2018) 등은 '경이원지(敬而遠之)'[72]로 옮겼다. 그중에서 루쉰전집번역위원회(2010)의 번역문을 보기로 하자.

있었다.」 이가원(1989), 27-28쪽/「이 눈치는 얼마 전 왕 털보가 목을 맞던 것을 보고 조심하던 때와는 다르게 이번에는 경원하는 눈치가 많이 섞여 있었다.」 이민수(1990), 109쪽/「더구나 그 태도는 전에 그의 '탁' 하는 것을 경계했을 때와는 달라서, 상당히 경원(敬遠)하는 요소가 섞여 있었다.」 권순만(1990), 90쪽/「이 눈치는 이전에 매를 맞을까 조심하던 때와는 다르게 이번에는 경원하는 눈치가 퍽 많이 섞여 있었다.」 정노영(1994), 51쪽/「이러한 기색은 이전에 목을 자르는 시늉을 하면서 "썩둑!"할 때 피하던 것과는 달라서 어딘가 경원시하는 낌새가 다분히 섞여 있었다.」 노신문학회(2003), 136쪽/「이전에 아Q에게 찰싹 맞을까 조심하던 때와는 다르게 이번에는 경원시하는 눈치가 역력했다.」 우인호(2007), 84쪽/「이러한 기색은 그가 이전에 목을 자르는 시늉으로 싹둑할 때 피하던 것과도 달라서 '경원시(敬遠視)'하는 요소가 다분히 섞여 있었다.」 엄영욱(2012), 47쪽/「그런 표정은 '싹둑' 목을 내리칠까 봐 경계하던 때와 또 달랐다. 그것은 경원에 가까웠다.」 문현선(2018), 73쪽

72)「그리고 이러한 그들의 기색은 자기에게 〈싹〉하고 맞을까 경계하던 때와는 달랐으며, 적잖이 〈경이원지(敬而遠之)〉하는 분자가 엉켜져 있었다.」 장기근·이석호(1988), 99쪽/「지난번 그가 왕후의 목을 내리칠 때에 보였던 경계심과는 또 다른, 어찌 보면 '경이원지(敬而遠之)하는 모습이 다분했다.」 정석원(2004), 51쪽/「그러나 이런 기색은 이전에 그가 올까 봐 대문을 찰각하고 닫아걸던 때와는 또한 달랐으며 자못 '경이원지(敬而遠之)'하는 것이 있었다.」 김시준(2008), 155-156쪽/「이 기색은 예전에 그가 '싹둑'할까 봐 두려워하던 것과는 또 달라서, '경이원지(敬而遠之)'하는 게 상당 부분 섞여 있었다.」 최은정(2009), 90쪽/「그런 기색은 이전에 그가 와서 '싹둑'했던 때와는 다르게 '경이원지(敬而遠之)'하는 요소가 섞여 있었다.」 조관희(2018), 106쪽

> 더구나 이런 기색에는 예전 "싹뚝!" 하던 때와는 달리 어딘가 모르게 '경이원지敬而遠之'하는 기미가 섞여 있었다.[73)]

이런 번역은 전형적인 현토식 번역으로 과거에는 이런 번역문을 이해하는 독자층이 있었지만 지금은 대부분 그렇지 못하다는 점을 고려하여 적절한 번역이라 할 수는 없다. 전형준(1996), 이철준(1991), 김범수(2003) 등은 아예 한글로 '경이원지'라고 옮겼다.

> 이런 기색은 전번에 그가 소리쳤던 〈싹둑!〉의 위협을 피하려던 때와는 달리, 이번에는 〈경이원지〉하려는 분자가 더 많이 섞여 있었다.[74)]

역시 한문이 많이 쓰이고 있던 당시의 시대적 색채가 다분히 느껴지는 번역이다. 하지만 이것이 한국어 사전에는 있지만 통용되고 있는 관용어는 아니므로 이런 번역은 재고될 필요성이 있다.

아래 번역문들은 분명한 오역의 경우이다. 이가원(1980)은 아래와 같이 '공경해서 멀리한다'로 옮겼다.

> 이 눈치는 이전에 「찰삭」 맞을까 조심하던 때와는 달리 이번에

---

73) 루쉰전집번역위원회(2010), 138쪽

74) 「그 기색은 전에 그에게 '싹' 하고 당할까 봐 조심하던 때와도 달리 자못 '경이원지'하는 요소를 띠고 있었다.」 전형준(1996), 101-102쪽/ 「이러한 기색은 전번에 목을 자르는 시늉을 하면서 《썩둑》할 때 피하던 것과는 달라서 어딘가 《경이원지》하는 요소가 다분히 섞여 있었다.」 이철준(1991), 126쪽/ 「이런 기색은 전번에 그가 소리쳤던 〈싹둑!〉의 위협을 피하려던 때와는 달리, 이번에는 〈경이원지〉하려는 분자가 더 많이 섞여 있었다.」 김범수(2003), 54쪽

는 「**공경해서 멀리한다**」는 분자(分子)가 자못 섞여 있었다.[75]

원문에서 '敬而遠之'는 '공경하지만 멀리한다'라는 뜻이다. 원문의 뜻을 정확히 번역하지 못한 번역문에 속한다. 또 조성하(2000)는 '그를 두려워하는 눈치가 더 많이 섞여 있었다'[76]로 옮겼는데 역시 '존경하지만 멀리한다'라는 원문의 뜻과는 거리가 멀다. 윤수천(2007)은 '그를 멀리하려는 빛이 뚜렷했다'[77]로 옮겼다. 작가의 뜻을 제대로 옮기지 못했으므로 역시 오역된 번역문이라 할 수 있다.

다음은 아Q의 사람됨을 풍자적으로 표현하기 위해 따옴표를 연속 사용한 경우이다.

(53)

阿Q"**先前阔**", 见识高, 而且"**真能做**", 本来几乎是一个"**完人**"了.[78]

'아Q는 예전에 아주 잘 살았고, 견식도 높고, 일도 잘하여 완벽한 사람이라고 할 수도 있겠지만'이라는 문장의 곳곳에 노신은 따옴표를 사용하였다. 그러므로 이 문장에서 중요한 것은 특별한 의미임을 강조하는 따옴표(" ")에 있다. 이 문장부호가 있음으로 해서 '전에 잘 살았다〔先前阔〕'거나 '일을 잘한다〔真能做〕'는 것이 정말 그런 것이 아니라는

---

75) 이가원(1980), 68쪽

76) 「이런 분위기는 이전에 매를 맞을까 조심하던 때와는 사뭇 달랐다. 이번에는 그를 두려워하는 눈치가 더 많이 섞여 있었다.」 조성하(2000), 49쪽

77) 「이 눈치는 이전에 그에게 찰싹 하고 얻어맞을까 조심하던 때와는 달리, 그를 멀리하려는 빛이 뚜렷했다.」 윤수천(2007), 77쪽

78) 『鲁迅全集』(第一卷), 人民文学出版社, 1991, 491쪽

이중적 속뜻을 갖게 된다. 이것을 성원경(1983), 김진욱(1992), 김범수(2003)는 다음과 같이 옮겼다.

> 아Q는 〈**옛날에는 잘 살았고**〉, 견식도 높고, 또 〈**일도 잘 한다**〉고 하면, 그것만으로도 **나무랄 데 없는 인물이라 하겠지만**, 유감스럽게도 그에게는 체질적으로 조그만 결함이 있다.[79]

김범수(2003)는 위와 같이 노신이 전달하고자 하는 뜻을 적절히 전달하고 있는 것으로 보인다. 또 이문희(1978), 김욱(1988), 김태성(2011), 이철준(1991), 최은정(2009), 윤화중(1994), 허세욱(1983), 신여준(2011), 루쉰전집번역위원회(2010), 장수철(2006), 정석원(2004), 김범수(2003), 전형준(1996) 등[80]도 문장부호를 사용하여 뜻을 정확히 전달

---

79) 김범수(2003), 15쪽

80) 「阿(아)Q는 〈옛날에는 훌륭했었고〉, 그리고 또한 모든 사람을 輕蔑(경멸)할 수 있을만큼 卓越(탁월)한 思考(사고)와 意見(의견)을 지니고 있다. 게다가 前(전)에 老人(노인)이 말한 것처럼 〈부지런한 일꾼〉이기도 하다. 이렇게 따져 나가면 〈흠 잡을 데 없는 멋진 人間(인간)〉이라고 할만하다.」 이문희(1978), 19쪽/ 「아큐우는 〈옛날에는 훌륭했고〉, 견식도 높으며, 게다가 〈부지런히 일하기〉 때문에 본래대로라면 〈완벽한 인물〉이라고 칭해도 지장이 없을 정도였는데…」 김욱(1988), 16쪽/ 「아Q가 〈옛날에는 잘살았고〉 식견도 높았으며 게다가 〈정말 일을 잘했다〉고 하는 말을 그대로 믿자면 거의 〈완벽한 인간〉이라고 할 수 있었다.」 김태성(2011), 108쪽/ 「《그전엔 잘살았고》 견식도 높고 《일도 잘한다》고 하는 것으로 보아 아Q는 거의 《완전무결한 사람》일 수도 있지만…」 이철준(1991), 96쪽/ 「아Q는 '옛날에는 잘 살았고', 견식도 높을뿐더러, '정말 일을 잘한다', 그러니 원래는 거의 '완벽한 사람' 이었을 것이지만…」 최은정(2009), 61쪽/ 「아큐는 '예전엔 잘살았고' 견식도 높을 뿐만 아니라 '못 하는 게 없고' 거의 '완벽한 인간'이었지만 아깝게도 신체상 결점이 있는 게 흠이었다.」 윤화중(1994), 22쪽/ 「아큐는 '이전에는 잘 살았고', 견식도 높고, 뿐만아니라 '못하는 게 거의 없으니', 그야말로

하려는 노력을 보였다. 하지만 문장부호를 함께 옮기지 않으면 그 의미를 비틀고자 하는 작가의 뜻이 살지 못하게 된다. 우인호(2007)는 아래와 같이 옮겼다.

> 아Q는 **옛날에는 잘살았고**, 견식도 높았으며, **게다가 못하는 것도 없는 완벽한 인물**이라고 칭할만 했으나…[81]

우인호(2007)의 번역문을 보면서 독자들은 아Q가 진정으로 옛날에는 잘살았고, 견식도 높은 줄로 이해하게 된다. 이것은 노신의 뜻을 제대로 옮기지 못한 번역에 속한다. 또 북트랜스(2015), 조관희(2018), 우인호(2007), 정노영(1994), 김진욱(1992), 성원경(1983), 문현선(2018), 윤수천(2007), 안영신(2001), 조성하(2000) 등[82]도 문장부호를 누락함으로

거의 완벽한 사람이었지만…」 허세욱(1983), 37쪽/ 「아Q는 '예전에 잘 살았고' 식견도 높은 데다 '재주도 뛰어났기' 때문에 거의 '완벽한 사람'이라고 할 수 있지만…」 신여준(2011), 124쪽/ 「아Q는 '한때는 대단했고' 견식도 높았으며 게다가 '진정한 일꾼'이니 제대로라면 거의 '완벽한 인간'이 되어야 했다.」 루쉰전집번역위원회(2010), 112쪽/ 「아Q가 '예전에는 잘살았고' 견식이 높고 '일을 참 잘한다'고 하는 것으로 미루어 보면 본시 그는 거의 '나무랄 데가 없는 사람'이었다.」 장수철(2006), 27쪽/ 「아Q는 옛날에는 '대단했고', 식견도 높으며 게다가 '유능'하기까지 하니 그야말로 진정한 '완인'(完人, 완벽한 사람)이 아닌가.」 정석원(2004), 16쪽/ 「아Q는 〈옛날에는 잘 살았고〉, 견식도 높고, 또 〈일도 잘한다〉고 하면, 그것만으로도 나무랄 데 없는 인물이라 하겠지만, 유감스럽게도 그에게는 체질적으로 조그만 결함이 있다.」 김범수(2003), 15쪽/ 「아Q는 "옛날에는 잘살았고" 견식이 높았으며 게다가 "정말 일을 잘했"으므로 원래는 거의 "완전한 사람"이었다.」 전형준(1996), 69쪽

81) 우인호(2007), 49쪽

82) 「아큐는 한때 잘 나갔고, 식견도 높으며, 게다가 일도 잘했으니, 원래는 거의 '완벽한 인간'이어야 했다.」 조관희(2018), 70쪽/ 「요컨대 아Q는 옛날에

써 노신이 전달하려는 뜻을 살리지 못하고 있다.

다음은 『孟子·尽心』에 나오는 '深恶而痛绝之'라는 구절을 인용한 문장의 경우를 보자.

(54)

阿Q尤其"深恶而痛绝之"的，是他的一条假辫子. [83]

원문에서 노신은 따옴표(" ")를 써서 『孟子·尽心』의 구절을 인용하여 주인공의 마음을 표현하고 있다. 이를 통해 노신은 아Q나 당시의 사회가 공자, 맹자의 언어에 지배되고 있었음을 보여주었다. 그러므로 원문을 번역할 때도 따옴표를 붙여서 그것은 맹자의 말을 인용했다는 것임을 분명히 밝힐 필요가 있다.

는 잘살았고, 아는 것도 많으며, 일도 잘하는, 전혀 나무랄 데 없는 완벽한 인물인 셈이었다.」 북트랜스(2015), 19쪽/「아Q는 옛날에는 잘살았고 견식도 높고 게다가 일도 잘하므로 나무랄 데 없는 인물이라고 할 수도 있겠지만…」 정노영(1994), 18쪽/「아Q는 〈옛날에는 잘 살았고〉 견식도 높고, 또 〈일도 잘 한다〉고 하면, 그것만으로도 나무랄 데 없는 인물이라 하겠지만…」 김진욱(1992), 14, 성원경(1983), 14쪽/「아Q는 한때 잘살았고 견문이 넓었을 뿐 아니라 일도 잘하는, 원래 거의 '완벽한 사람'이었다.」 문현선(2018), 35쪽/「아큐는 옛날에 잘 살았고, 보고 배운 것도 많고, 일까지 잘하므로 나무랄 데 없는 인물이라고 칭찬받을 만했으나…」 윤수천(2007), 23쪽/「아Q는 옛날에는 잘 살았고, 견식도 높고, 게다가 못하는 게 없고, 완벽한 인물이라고 칭할 만했으나 애석하게도 그에게는 신체상의 흠이 있었다.」 안영신(2001), 106쪽/「아Q는 옛날에 잘살았고, 견식도 높고 게다가 일도 잘하므로 나무랄데 없는 인물이라고 할 수도 있겠지만…」 조성하(2000), 16쪽

83) 『鲁迅全集』(第一卷)，人民文学出版社，1991，496쪽

이것을 이욱연(2011)은 '심히 싫어하고 증오하도다'[84]로, 김태성(2011)은 '〈몹시 싫어하고 단호하게 배척하는〉 것은 그의 가짜 변발이었다'[85]로 옮겼다. 김정화(1985), 김하중(1981) 등의 번역문을 예로 들어 보자.

특히 阿Q가 **'심각하게 증오'**한 것은 그의 가짜 변발이었다.[86]

김정화(1985)는 각주까지 달아 그 말의 출처를 밝혔다. 그 외에도 박운석(2008), 이철준(1991), 장기근·이석호(1988), 김욱(1988), 허세욱(1983), 신여준(2011), 루쉰전집번역위원회(2010), 장수철(2006), 정석원(2004), 전형준(1996) 등[87]도 문장부호를 사용하여 그것이 출전이 있는 말임을 강조하고자 한 저자의 뜻을 정확히 전달하였다.

---

84) 「아Q가 '심히 싫어하고 증오하도다.'라는 옛 말씀대로 질색한 것은 가짜 변발이었다.」 이욱연(2011), 34쪽

85) 김태성(2011), 118쪽

86) 김정화(1985), 81쪽, 김하중(1981), 72쪽

87) 「아Q가 특히 '증오하고 통탄하는' 것은 그의 변발이다.」 박운석(2008), 94쪽/ 「아Q가 더욱이 《골수에 사무치게 증오한》 것은 그놈의 가짜 머리꼬랭이였다.」 이철준(1991), 104쪽/ 「더욱 阿Q가 〈통절하게 증오〉한 것은 그자의 가짜 변발이었다.」 장기근·이석호(1988), 82쪽/ 「특히 아큐우가 〈심각하게 증오한〉 것은 가발로 된 변발이었다.」 김욱(1988), 25쪽/ 「아Q가 특히 '가장 미워하고 통탄한 것'은 그의 가짜 변발이었다.」 허세욱(1983), 57쪽/ 「아Q가 특히 '심각하게 혐오하고 통탄한' 것은 그의 가짜 변발이었다.」 신여준(2011), 137쪽/ 「특히나 아Q가 '깊이 증오하고 통절해 마지않는' 것은 그의 가짜 변발이었다.」 루쉰전집번역위원회(2010), 119쪽/ 「아Q가 더욱이 '골수에 사무치게 증오하는' 것은 고놈의 가짜 머리꼬랑지였다.」 장수철(2006), 36쪽/ 「특히 아Q가 '극도의 증오심'을 느낀 것은 그의 가짜 변발이었다」 정석원(2004), 25쪽/ 「아Q가 더더욱 '깊이 증오하고 극히 원통해하는' 것은 그의 가짜 변발이었다.」 전형준(1996), 78쪽

이에 비해 따옴표를 생략한 번역들이 다수 발견된다. 따옴표를 생략해도 대략적인 뜻은 전달될 수 있겠지만, 아Q와 같은 사람들이 전통적 언어권력에 지배되어 인격적 주권을 행사하지 못하고 있는 상황을 전달할 방법이 없다. 이가원(1980), 이가원(1989), 정노영(1994), 이민수(1990) 등은 다음과 같이 옮겼다.

> 阿Q가 더욱 극단적으로 증오하는 것은 그의 가짜 머리채였다.[88]

전체 문장으로 볼 때 뜻은 통하지만 저자가 표현하려는 깊은 의미는 전달하지 못하고 있다. 또 성원경(1983), 김진욱(1992), 우인호(2007), 이문희(1978), 북트랜스(2015), 윤수천(2007), 김범수(2003), 안영신(2001), 조성하(2000), 윤화중(1994), 권순만(1990) 등[89]도 마찬가지로

---

88) 이가원(1980), 40쪽, 정노영(1994), 27쪽, 이민수(1990), 92쪽, 이가원(1989), 13쪽

89) 「아Q가 아무래도 참을 수 없는 것은 그의 머리에 얹은 한 가닥의 가짜 변발이다.」 성원경(1983), 23쪽, 김진욱(1992), 23쪽, 김범수(2003), 26쪽/ 「아Q가 더욱 극단적으로 전 나리의 장남을 증오하는 까닭은 그의 가발로 된 변발 때문이었다.」 우인호(2007), 58쪽/ 「阿Q는 마음속 깊이 이 사나이를 미워하고 있었다. 그 중에서도 특히 꼴불견인 것은 그의 가짜 변발辮髮이었다.」 이문희(1978), 34쪽/ 「아Q가 특히 참을 수 없었던 것은 그의 가짜 변발(변발이 없으면 관리가 될 수 없기 때문에 가짜 변발이 붙은 모자를 썼다. —옮긴이)이었다.」 북트랜스(2015), 32쪽/ 「아Q는 특히 그의 가짜 변발을 혐오했다.」 문현선(2018), 45쪽/ 「아큐가 그를 더욱 미워하게 된 까닭은 바로 그의 가짜 변발 때문이었다.」 윤수천(2007), 37쪽/ 「아Q가 더욱 그를 혐오하는 까닭은 그의 가발로 된 변발 때문이었다.」 안영신(2001), 114쪽/ 「특히 아Q가 더욱 극단적으로 증오하는 것은 가발로 된 그의 가짜 변발이었다.」 조성하(2000), 25쪽/ 「아큐가 특히 그를 혐오하고 통탄해 마지않는 것은 그의 가짜변발(청시대에는 변발이 없으면 관리가 될 수 없었으므로 가짜 변발이 달린 모자를 쓰고 행세했음—주)이었다.」 윤화중(1994), 30쪽/ 「아Q가 특히

원문의 따옴표를 생략하고 옮김으로써 의미의 손상이 일어나게 하였다.

다음은 전고가 있는 '竹帛'을 옮기면서 나타난 오역의 경우이다.

(55)

那里还会有"著之竹帛"的事.[90)]

아Q의 이름이 어떤 글자로 쓰이는지 알지 못하기 때문에 역사적 기록으로 남길 길이 없다는 문맥에서 나온 문장이다. 이 문장의 번역문들을 보면 뜻의 전달에 치중한 번역, 원문의 중요한 단어를 그대로 옮긴 번역, 설명을 덧붙인 번역 등이 보인다. 여기에서 우리는 작가가 따옴표(" ")를 통해 '竹帛'이라는 단어를 강조했다는 점에 주목할 필요가 있다. 우선 김시준(2008)의 번역을 예로 들어보자.

그러니 어디 **'역사에 기록한다'**는 일이 될 수 있겠는가?[91)]

위의 번역문과 마찬가지로 김태성(2011), 박운석(2008), 엄영욱(2012), 장수철(2006), 노신문학회(2003), 이철준(1991) 등도 '역사에 기록한다' 등[92)]으로 번역하여 뜻의 전달에 치중하였다. 문제가 없는 번역

깊이 미워하고 배격한 것은 그의 가발 변발 때문이었다.」 권순만(1990), 69쪽

90) 『鲁迅全集』(第一卷), 人民文学出版社, 1991, 489쪽

91) 김시준(2008), 117쪽

92) 「그러니 어디 〈역사에 기록되는〉 일이 있을 수 있겠는가?」 김태성(2011), 104쪽/ 「어떻게 '기록으로 남기는' 일이 있을 수 있겠는가.」 박운석(2008), 78쪽/ 「그럴진대 누가 '그의 사적을 기록에 남길' 리 만무하다.」 엄영욱(2012), 14쪽/ 「그러므로 '그의 사적을 기록에 남길' 리 만무하다.」 장수철

이지만 노신이 강조한 '竹帛'이라는 단어를 살리지 못한 번역으로 이해된다.

노신은 '著之竹帛'과 같은 강조표시를 통해 아Q와 같은 이름 없이 미천한 백성의 삶과 역사에 빛나게 기록되는 과거 위인의 삶을 비교하고자 하였다. '竹简'과 '비단'에 기록된 인물들의 높고 고상하며 빛나는 삶과 비교할 때 아Q의 삶이 보잘것 없음을 강조하기 위한 조치인 것이다. 그러므로 '竹帛'라는 단어를 그대로 드러낼 필요가 있다. 그래서 우인호(2007), 이가원(1989), 이민수(1990), 이가원(1980), 장기근·이석호(1988) 등은 '竹帛'[93]을 그대로 한자로 옮겨놓았다. 장기근·이석호(1988)의 번역문을 예로 들어보자.

> 더더구나 그의 이름이 「**죽백(竹帛)**」에 **실린다**는 일은 있을 수가 없었다.[94]

이들의 번역문은 당시의 독자층이 '竹帛'이라는 단어를 그대로 이해할 수 있는 한문지식을 갖고 있었다는 점을 전제로 하고 있다.

이에 비해 저자의 의도를 중시하여 '竹帛'이라는 단어를 옮기면서도

(2006), 23쪽/ 「그러다 보니 아Q를 '역사에 이름을 기록'해둘 사람이 있을 리 만무하다.」 노신문학회(2003), 103, 이철준(1991), 93쪽/ 「그러니 어디 '역사에 기록할만한 일'이 있겠는가.」 문현선(2018), 29쪽/ 「그러니 더군다나 〈이것을 역사에 기록한다〉는 일 따위는 있을 수 없는 일이다.」 김범수(2003), 10쪽/ 「아꿰이를 입에 올리지 않았으니 '역사에 기록'하는 일이 어디 있을 수 있겠는가.」 최은정(2009), 58쪽

93) 「하물며 '죽백(竹帛)에 기록한다'는 일이 어찌 있을 수 있겠는가?」 우인호(2007), 44쪽, 이가원(1989), 4쪽, 이민수(1990), 83쪽, 이가원(1980), 25쪽

94) 장기근·이석호(1988), 74쪽

그 뜻을 중복하여 번역한 번역문도 있다. 조관희(2018)의 경우를 보면 다음과 같다.

> 그러니 어찌 '**죽백(竹帛)에 적어**' 역사에 이름을 남길 일이 있겠는가?"[95]

조관희(2018)는 '竹帛'을 그대로 옮기는 한편, 역사에 이름을 남기는 일이라는 뜻을 번역문에 추가하고 있다. 이를 통해 '竹帛'을 강조한 저자의 의도도 살리고 독자들에게 뜻을 바로 전달하는 효과를 동시에 거두고 있다. 루쉰전집번역위원회(2010)[96]도 이와 동일한 방식의 번역문을 제시하고 있다. 이러한 방식 중 이욱연(2011)의 번역문이 제일 눈길을 끈다. 번역문을 보면 다음과 같다.

> 그의 이름이 **대나무와 비단에 적혀** 역사에 전해질 리도 없다.[97]

위의 번역에서는 '竹帛'을 그대로 옮기는 것이 한자에 익숙하지 않은 세대의 한국 독자들에게 의미가 없다고 보고 '竹帛'을 한국어로 옮기는 한편, 그것이 역사에 전해지는 일이라는 의미를 덧붙임으로써 독자의 이해를 돕고자 하고 있다.

이에 비해 '竹帛'을 이해하지 못하는 한국 독자들을 위해 설명을 덧붙인 번역문도 있다. 예를 들어 윤화중(1994)은 '죽백(竹帛)에 기록한다'는

---

95) 조관희(2018), 66쪽

96) 「그러니 어찌 '죽백'竹帛에 적어 역사에 남기는 일이 있을 수 있겠는가.」 루쉰전집번역위원회, 109쪽

97) 이욱연(2011), 13쪽

번역문의 옆에 괄호로 표시한 다음과 같은 협주를 덧붙인다.

> 여씨춘추에 **'죽백에 기록하여 후세에 전한다[著乎竹帛, 传乎后世]'** 고 한 데서 비롯됨. 즉 죽은 죽간[竹简], 백은 견직물인바, 옛 중국에는 이러한 것에다 글씨를 썼음—주.98)

위의 예는 죽백에 기록한다는 문장의 원래 뜻을 자세하게 표현하고 있다. 다만 설명이 너무 길어서 문장 중의 괄호로 표기하기에 적절하지 못하다는 점을 지적하지 않을 수 없다. 북트랜스(2015)나 이문희(1978), 권순만(1990)99) 역시 괄호 안에 설명을 덧붙이는 방식으로 '竹帛'의 뜻을 처리하고 있다. 이에 비해 성원경(1983), 이가원(1989)은 미주를, 김진욱(1992)은 각주를 덧붙여 해당되는 단어100)의 관련 내용을 설명하고 있다.

모두 노신이 '竹帛'을 강조한 의도를 살리기 위한 노력으로 생각되는데, 여기에 독자들의 조건과 시대적 환경이 고려되었다는 점을 확인할

98) 윤화중(1994), 18쪽

99) 「물론 그의 이름이 죽백(竹帛, '서적'을 말한다.-옮긴이)에 남겨질 일도 없다.」 북트랜스(2015), 13쪽/ 「그러니 〈이를 죽백에 기록한다〉(역사에 기록한다는 뜻-주)는 따위의 기특한 말을 하는 사람은 더군다나 없었다.」 이문희(1978), 13쪽/ 「하물며 이것을 죽백(竹帛)(역사책을 말함)에 기록했을 리가 없다.」 권순만(1990), 57쪽

100) 「「여씨춘추(呂氏春秋)」에 "죽백(竹帛)에 기록하여 후세에 전한다"는 말이 보인다. 즉 역사에 남긴다는 뜻. 종이가 발명되기 전에 고대 중국에 있어서는 대나무와 천에 글자를 썼다.」 이가원(1989), 6쪽/ 「《여씨춘추(呂氏春秋)》에 〈죽백(竹帛)〉에 기록하여 후세에 전한다〉는 말이 보인다. 즉 역사에 남긴다는 뜻. 종이가 발명되기 전에 고대 중국에 있어서는 대나무와 천에 글자를 썼다.」 성원경(1980), 11쪽, 김진욱(1992), 9쪽

수 있다. 문화적 차이에 대한 깊은 고려의 결과라 할 수 있다.

다음은 『좌전』에 나오는 '若敖之鬼馁而'라는 문장에 대한 번역문의 경우이다.

(56)

夫"不孝有三无后为大", 而"若敖之鬼馁而", 也是一件人生的大哀.101)

아Q가 비구니의 볼을 꼬집은 후 비구니가 그를 자손도 없을 거라고 저주를 하자 아Q는 자식에 대해 생각하면서 겪는 심리 변화를 묘사한 장면이다. 노신은 이런 심리를 묘사하면서 『좌전』에 나오는 '若敖之鬼馁而'라는 문장을 인용하였다. 이것은 '若敖 씨의 귀신은 굶게 된다'라는 뜻이다. 옛날 초나라에 약오 씨라는 사람이 있었는데 그의 아들이 불길하게 생겨 그 형님이 아들을 살려두면 집안을 망하게 할 수 있을 것이니 죽이라고 하였지만 약오 씨는 그렇게 하지 않았다. 그러니까 '若敖之鬼馁而'이라는 말은 바로 그의 형님이 죽으면서 약오 씨에게 한 말이다. 후손이 있어야 조상의 귀신이 제사를 받아 굶주리지 않을 수 있다는 것은 동양의 전통적 사상이다. 아Q 역시 이러한 생각을 가지고 있다. 그렇지만 한 국가를 움직였던 제왕이 후손이 끊기게 될 것을 걱정하는 『좌전』의 문장을 가지고 아Q의 경우에 적용하는 것은 과분하다는 느낌이 든다. 노신은 옛 문장을 인용하여 배우자가 없는 아Q의 상황, 그러면서도 후손이 있기를 꿈꾸는 아Q의 생각을 풍자하고 있다.

---

101) 『鲁迅全集』(第一卷), 人民文学出版社, 1991, 499쪽

여기에서 문제가 되는 것은 '若敖之鬼餒而'를 어떻게 번역할 것인가 하는 것이다. 쉽게 '후손이 없는 조상은 굶주리게 될 것이다'로 번역할 수도 있고, 출전을 고려하여 '약오(若敖) 씨의 귀신이 굶게 될 것이다'로 번역할 수도 있을 것이다. 특히 '약오(若敖) 씨'로 번역할 경우, 독자들이 그것이 뜻하는 바를 알 수 없으므로 협주나 각주에 그 원전의 의미를 설명할 필요가 있다. 우선 이욱연(2011), 문현선(2018)은 '약오(若敖) 씨'를 의역하는 방식을 취하였다.

> 무릇 '세 가지 불효 중 대를 이을 후사가 없는 것이 가장 큰 불효이니라'는 말씀도 있고, **'후손이 없는 귀신은 밥도 굶게 되느니라'**는 말씀도 있으니, 인생의 큰 불행이 아닐 수 없다.[102)]

예문에서 '후손이 없는 귀신은 밥도 굶게 되느니라'라고 옮겼는데 여기에서는 '若敖'를 '자손이 없는 귀신'이라고 의역을 하였다. 아마도 '若敖'라는 구체적 성씨까지 밝히면서 설명을 할 필요가 없다고 생각하여 '자손이 없는 귀신'으로 대신한 것 같다. 전체적으로 따옴표를 붙여서 그것이 옛 문헌에서 나온 문장임을 밝혔다는 점, 아Q가 자손이 있기를 바라는 불가능한 꿈을 꾸고 있다는 점을 밝히고 있다는 점에서 좋은 번역이라 할 수 있다. 김시준(2008)은 '후손이 없어 조상의 제사를 지내지 못하는 것'[103)]으로, 정석원(2004)은 '귀신도 후손이 있어야 제사라도 받을 것이 아닌가?'[104)]로, 김욱(1988)은 '후사가 없으면 〈영혼이 굶주린

---

102) 이욱연(2011), 41쪽/「무릇 후손이 없는 게 가장 큰 불효고, '후손이 없으면 귀신도 굶주린다'고 했으니 삶의 커다란 비애가 아닐 수 없었다.」 문현선(2018), 49쪽

103) 김시준(2008), 134쪽

다〉'[105]로 번역하였는데 비슷한 의도이기는 하지만 지나친 의역이 이루어지고 있다는 점을 지적할 필요가 있다. 한편 장기근·이석호(1988)의 경우를 보면 다음과 같다.

> 무릇 「맹자(孟子)」에는 '불효에 세 가지가 있으니, 자손 없음이 가장 큰 불효다'라고 했고, 또 「좌전(左傳)」에는 **'약오(若敖)의 망귀(亡鬼)가 굶었다'**고 했거늘, 이렇게 되는 것도 역시 인생의 크나큰 비애일 것이다.[106]

'약오(若敖)의 망귀(亡鬼)가 굶었다'고 정확히 고문의 뜻을 전달하였다. 또 권순만(1990), 장수철(2006), 허세욱(1983) 등[107]도 비슷한 번역문을 제시하였다. 다만 '약오(若敖)'가 한 부족의 성씨라는 점을 각주나 협주의 방식으로 설명하지 않아 독자들이 이해할 수 없도록 하였다는

---

104) 「불효 중에서도 가장 큰 불효는 자식이 없는 것이다. 귀신도 후손이 있어야 제사라도 받을 것이 아닌가? 그러고 보니 자식이 없다는 것은 인생에 있어 커다란 비애가 아닐 수 없어!"」 정석원(2004), 29쪽

105) 「불행에 세 가지가 있고, 후사가 없음을 최대로 한다.」 이거니와 게다가 후사가 없으면 〈영혼이 굶주린다〉는 것은 역시 인생의 크나큰 슬픔이다.」 김욱(1988), 28쪽

106) 장기근·이석호(1988), 84쪽

107) 「"불효에 세 가지가 있는데 무후(無後)가 가장 크다고 할 수 있다는 말이 있으나, "약오(若敖)의 귀신이 어찌 굶지 않겠느냐"는 글귀를 볼 때 후사가 없는 것은 인생의 일대 비애다.」 권순만(1990), 72쪽/ 「"세 가지 불효가 있으니, 그중 후손이 없는 것이 가장 큰 불효다"라고 했다. 이는 "약오若敖 씨의 귀신이 굶주린다."는 말과 같이 인생의 가장 큰 슬픔이다.」 장수철(2006), 40쪽/ 「무릇, '불효에는 세 가지가 있는데, 후손 없는 것이 가장 큰 죄다.' 또 '약오 씨(若敖氏) 귀신처럼 죽어서까지 굶주린대서야' 이것 역시 크나큰 슬픔이다.」 허세욱(1983), 63쪽

점에서 아쉬움이 남는 번역이기도 하다. 이 점을 고려하여 조관희(2018)는 다음과 같이 옮겼다.

> 무릇 '불효에는 삼무三無가 있으니, 그 가운데 후사가 없는 게 가장 큰 불효이다' **'뤄아오若敖의 귀신이 굶어죽는'** 것 역시 인생의 큰 비애이다.[108]

'뤄아오若敖의 귀신이 굶어죽는' 것으로 번역하면서 그 역사적 맥락에 대한 설명을 각주로 붙여 처리하고 있다. 춘추시대의 인물인 '若敖'를 굳이 '뤄아오'로 해야 하는지에 대해서는 논의가 필요하지만 그 출전의 의미를 밝히고 있다는 점에서 장기근·이석호(1988) 등의 번역에 비해 한 걸음 앞으로 나아간 번역이라 할 수 있다.

앞에서도 언급했듯이 인명의 처리에 관련하여 한국에서는 대체적으로 국립국어원 외래어 표기법의 규정[109]에 따라 표기하는 것이 적절해 보이지만 그것이 전체적 합의에 이른 것은 아니다. 어찌 되었든 춘추시대의 부족명인 '若敖'는 한국어 발음으로 옮기는 것이 더 합당해 보인다. 또 최은정(2009), 전형준(1996), 신여준(2011) 등[110]도 모두 각주를 넣어

---

108) 조관희(2018), 84쪽

109) 국립국어원 외래어 표기법의 규정에 의하면 동양의 인명과 지명 표기(제2절)시 '중국 인명은 과거인과 현대인을 구분하여 과거인은 종전의 한자음대로 표기하고, 현대인은 원칙적으로 중국어 표기법에 따라 표기하되, 필요한 경우 한자를 병기한다(제1항)'는 원칙을 세우고 있다.

110) 「무릇 '불효에는 세 가지가 있는데 그 중 후손이 없는 것이 가장 크다'고 했고, '약오(若敖)의 귀신이 굶주린다'고 했는데 이는 인생의 큰 비극이다.」 최은정(2009), 71쪽/ 「무릇 "불효에는 세 가지가 있는데 후손 없는 것이 가장 크다."고 했고 또 "약오(若敖)의 귀신이 굶주린다"(『좌전左傳』에서 따온 구절이다. 약오 씨는 춘추시대의 초나라 사람-역주)고 했는데

출전을 밝힘으로써 '若敖'라는 고유명사를 독자들에게 적절하게 해석하였다. 한편 정노영(1994) 등은 다음과 같이 번역하였다.

> 무릇 '불효에 세 가지가 있으니 그중 자손이 없는 것이 가장 크며, 죽은 후의 영혼은 굶고는 견디지 못한다.'고 하니 이렇게 된다면 또한 인생의 크나큰 비애가 아닌가.111)

이 번역문에서 정노영(1994) 등은 '죽은 후의 영혼은 굶고는 견디지 못한다'고 옮겼는데 원문에는 '견디지 못한다'라는 뜻의 구절은 없다. 윤수천(2007), 안영신(2001), 조성하(2000) 등도 모두 '죽은 후의 영혼은 굶고는 견디지 못한다'112)라고 옮겼는데 전체 문맥으로부터 보아도 이런 뜻이 표현되는 곳은 없다. 그러므로 이 번역은 자의로 원문을 이해한

그것은 인생의 큰 슬픔이다.」 전형준(1996), 82쪽/ 「대저 "불효에 세 가지가 있는데, 후손이 없는 것이 가장 큰 불효(不孝有三, 無後爲大)"라고 하지 않던가? 또 "약오(若敖)의 귀신이 굶었다(若敖之鬼餒而)"(귀신이 제삿밥을 못 얻어먹는다는 의미)는 이야기도 있지. 이건 인생의 엄청난 비애야.'」 신여준(2011), 142쪽

111) 정노영(1994), 30쪽, 이가원(1980), 44-45쪽, 이가원(1989), 16쪽, 이민수(1990), 95쪽

112) 「'무릇 불효에는 세 가지가 있으니, 그 중 무후(자손이 없는 것)가 가장 크며(〈맹자〉에 나오는 한 구절), 약오 씨 귀신처럼 죽어서까지 굶어서야 견디지 못한다(〈좌전〉에 나오는 '약오 씨 귀신이 후손이 없어 굶어 죽었다는 고사)'」 윤수천(2007), 44쪽/ 「무릇 '불효에는 세 가지가 있으니 자식이 없는 것이 가장 큰 죄며', 또 '약오 씨(若敖氏)의 영혼처럼 죽어서까지 굶고는 견디지 못한다' 하니 이렇게 된다면 또한 인생의 크나큰 슬픔이다.」 안영신(2001), 117쪽/ 「무릇 불효에는 세 가지가 있으니 그 중 자손이 없는 것이 가장 크며, 죽은 후의 영혼은 굶고는 견디지 못한다고 하니 이렇게 된다면 또한 인생의 크나큰 비애가 아닌가.」 조성하(2000), 29쪽

오역에 속한다. 김하중(1981)도 '若敖약오의 귀신의 아사(餓死)'[113]로 번역을 했는데 동일한 오류가 일어나고 있다고 생각된다.

다음은 옛날 편지의 형식인 '黄伞格'를 번역하면서 나타난 여러 양상의 경우이다.

(57)[114]

他写了一封"黄伞格"的信，托假洋鬼子带上城，而且托他给自己绍介绍介，去进自由党.[115]

가짜 양놈이 성안으로 가려 하자 자오 수재는 '黄伞格'의 편지까지 써서 가짜 양놈에게 주면서 자신을 자유당에 들어갈 수 있도록 소개해 줄 것을 부탁하였다. 노신은 자오 수재가 '黄伞格'의 편지를 썼다고 굳이 편지 형식을 밝히고 있다. '黄伞格' 편지는 상대방을 존경하기 위하여 호칭 등을 별도의 줄로 잡는 편지 형식이다. 그 모양이 마치 옛날 귀인이 외출할 때에 펴 쓴 우산과 같았으므로 양산모양[黄伞格]이라 한 것이다. 그것은 구시대의 지식인들이 상대방에 대한 존경의 뜻을 표하기 위한 것이었지만 실제로 이 형식 속에는 봉건 가치관이 그대로 남아 있다고 노신은 보았다. 따라서 노신은 이 '양산모양[黄伞格]'의 편지를 써서 봉건 통치를 뒤엎으려 하는 자유당에 입당하고자 하는 모순된 상황을 풍자하고자 하였다. 그러므로 원문의 '黄伞格'는 따옴표를 생략해서는 안 되고, 또 '黄伞格'이 무엇인지를 협주, 각주, 미주 등으로 설명할 필요

113) 김하중(1981), 74쪽

114) 인용문(28)과 동일함

115) 『鲁迅全集』(第一卷), 人民文学出版社, 1991, 518쪽

가 있다. 전형준(1996)은 다음과 같이 번역하였다.

> 그는 **'노란 우산 형식'**(편지 쓰는 격식 중의 하나. 격식대로 써놓고 보면 그 모양이 노란 우산—옛날에 관리가 사용하던 의장—의 손잡이 모양과 같다고 해서 '황산격黃傘格'이라고 불렀다. 가장 공손한 편지투이다—역주)의 편지를 한 통 써서는, 가짜양놈에게 성내에 가는 길에 그것을 가지고 가서 자유당에 들어갈 수 있게 소개해 달라고 부탁했다.[116]

위의 예문을 보면 '黃伞格'이란 무엇이고, 그 유래까지 밝힘으로써 자유당에 입당하려고 하는 행위와 상호 모순된다는 것을 충분히 설명하고 있다. 그렇게 함으로써 개혁에 대한 정신적 준비가 전혀 되어 있지 않았던 당시의 상황을 풍자하고자 한 노신의 의도를 바르게 전달하였다. 이가원(1980), 김정화(1985), 김욱(1988), 이민수(1990), 권순만(1990), 윤화중(1994), 정노영(1994), 전형준(1996), 안영신(2001) 등[117]도 모두

116) 전형준(1996), 112쪽

117) 「그는 황산식(黃傘式)의 편지(상대방을 존경하기 위하여 호칭 등을 별행(別行)으로 잡는, 이러한 서식은 마치 옛날 귀인이 외출할 때에 펴 쓴 호아산과 같았기 때문이다.)를 한 통 써서 가짜 양놈에게 부탁하여 성내로 가지고 가게 하고 또한 그에게 자기를 소개하여 쓰유땅(自由黨=당시의 혁명당의 일파)에 들어가게 해주기를 당부했다.」 이가원(1980), 81쪽/ 「그는 '黃傘式' 서한(상대방을 존칭하는 가장 정중한 서식)을 써서, 가짜 양놈에게 부탁하여 성안으로 가져가게 하고, 또한 自由黨 입당을 위한 주선을 간청하였다.」 김정화(1985), 102쪽/ 「그는 황산식(黃傘式)(정중한 편지 쓰는 법)으로 편지를 써서 가짜 서양놈 편으로 성안으로 가져가게 하여 아울러 자유당(自由黨)에 입당하기 위한 조치를 취해줄 것을 부탁했다.」 김욱(1988), 56쪽/ 「그는 황산식(黃傘式)의 편지(상대방을 존경하기 위해 호칭 등을 별행으로 잡은 서식. 그 서식이 마치 옛날 귀인이 외출할 때에 썼던

협주의 방식으로 '黄伞格'에 대해 설명을 하여 독자들의 이해할 수 있도록 하였다. 또 성원경(1983), 이가원(1989), 김진욱(1992), 정석원(2004), 박운석(2008), 김태성(2011), 이욱연(2011), 허세욱(1983) 등[118] 번역문

황산과 같은 데서 유래되었다)를 한 통 써 '가짜양놈'에게 부탁하여 성내로 가지고 가게 하고 또한 그에게 자기를 소개하여 자유당에 들어가게 해주기를 당부했다.」이민수(1990), 116-117쪽/「그는 황산격(黃傘格)(황산은 관리가 의식 때 쓰는 양산, 그 양산 모양이 되도록 8행에 쓰는 편지 서식)의 자유당에 가입하고 싶다는 편지를 써서 가짜 코쟁이에게 주어 도시로 보냈던 것이다.」권순만(1990), 99쪽/「그는 황산격(黃傘格, 상대편에 경의를 나타내는 서식-주)식 편지를 써서 가짜 양놈을 통해 문안에 가지고 가도록 하고, 또한 그에게 자기를 소개하여 자유당(自由黨)에 들어가게 해 주기를 부탁했다.」윤화중(1994), 60-61쪽/「그 대신 그는 황산식(黃傘式)의 편지(옛날에 쓰던 가장 정중한 격식을 갖춘 편지 형식)를 한 통 써서 가짜 양놈에게 부탁하여 성안으로 보내고, 더불어 거인 영감에게 자기를 소개하여 자유당에 입당시켜 주기를 당부했다.」정노영(1994), 61쪽/「그는 황산식(黃傘式, 상대방에게 경의를 나타내는 서식)의 편지를 한 통 써 '가짜 양놈'에게 부탁하여 성안으로 가지고 가게 하고, 또한 그에게 자기를 소개하여 자유당에 들어갈 수 있도록 당부했다.」안영신(2001), 144쪽

118) 「그는 황산식(黃傘式)의 편지를 한 통 써 '가짜 양놈'에게 부탁하여 성안으로 가지고 가게 하고, 또한 그에게 자기를 소개하여 자유당에 들어가게 해주기를 당부했다.」이가원(1989), 34쪽/「그래서 그는 한 통의 〈황산격(黃傘格)〉의 편지를 써서 〈가짜 양놈〉에게 부탁하여 성안으로 보내고, 또 그 자신의 자유당 입당을 알선해 달라고 부탁도 했다.」김진욱(1992), 59-60쪽/「대신 황산격(黃傘格) 편지 한 통을 써서 가짜 양귀신에게 부탁했는데 내용은 자신이 자유당(自由黨)에 입당할 수 있도록 잘 소개해달라는 것이었다.」정석원(2004), 62쪽/「그는 '황산격黃傘格'로 편지 한 통을 써서 가짜 양놈 편에 가져가게 하여, 자기를 소개하고 자유당에 들어가게 해달라고 부탁했다.」박운석(2008), 134쪽/「대신 그는 〈황산격(黃傘格)〉 편지를 한 통 써서 가짜 양놈에게 부탁하여 성내로 전달하는 동시에 그에게 자신을 자유당에 들어갈 수 있도록 소개해 달라고 부탁했다.」김태성(2011), 153쪽/「그는 '노란 우산 형식(黃傘格)'으로 편지를 한 통 써서 가짜 양놈더러 성에 들어가는 길에 가져가 달라고 했고 자기도 쯔여우당(自

에서도 각주, 혹은 미주의 방식으로 '黃伞格'에 대한 설명을 덧붙였다. 성원경(1983)의 번역을 보자.

> 그래서 그는 한 통의 **〈황산격(黃傘格)〉의 편지**를 써서 가짜 양놈에게 부탁하여 성안으로 보내고, 또 그 자신의 자유당(自由黨) 입당을 알선해 달라고 부탁도 했다.[119]

성원경(1983)은 '황산격(黃伞格)'에 대해 '옛날 쓰이던 가장 정중한, 격식을 갖춘 편지 형식'[120]이라는 미주를 달았다.

위의 번역문은 모두 각주, 미주, 협주를 사용하여 아직 봉건의식에 젖어 개혁에 대한 의식이 없는 사람들에 대한 풍자의 의미를 표현하고자 한 작자의 의도를 어떤 번역에서도 나타내지 못한 점이 좀 아쉽다고 생각하지만 올바른 번역에 속한다.

반면에 아무런 설명도 없이 단지 '한 통의 〈황산격〉의 편지를 써서'라고 옮긴 번역사례들도 보인다. 김범수(2003)는 아래와 같이 번역하였다.

> 그래서 그는 한 통의 **〈황산격〉의 편지**를 써서 〈가짜 양놈〉에게 부탁하여 성안으로 보내고, 또 그 자신의 자유당 입당을 소개해 달라고 부탁도 했다.[121]

由黨)에 들어갈 수 있도록 주선해 달라고 간청했다.」 이욱연(2011), 94쪽/ 「그는 '황산격식(黃傘格式)' 편지를 써서 가짜 양놈을 통해 보냈다. 거기에다 자기를 자유당(自由黨)에 들어갈 수 있도록 소개해 주기를 부탁하기도 했다.」 허세욱(1983), 133쪽

119) 성원경(1983), 58쪽

120) 성원경(1983), 63쪽

121) 김범수(2003), 67-68쪽

장기근·이석호(1988), 조성하(2000) 등도 '황산식(黃傘式)의 편지를 한 통 써서'[122]라고 위와 비슷한 번역을 하였을 뿐만 아니라 따옴표까지 생략하였다. '황산식(黃傘式)'이라고 직접 옮기면 독자들은 그것이 무슨 뜻인지 이해할 수 없다. 당연히 노신이 표현하려는 풍자성도 사라지므로 이런 번역은 불완전한 번역에 속한다.

또 아예 '황산식(黃傘式)'을 옮김에 있어서 의역을 한 번역문들도 적지 않게 보인다. 김하중(1981)의 번역을 보면 다음과 같다.

> 그는 〈아주 정중한〉 **편지**를 한 통 써서 가짜 양놈에게 가져가도록 하였고, 아울러 新政府의 自由黨에 입당할 수 있는 소개인을 부탁했다.[123]

'黃傘式'을 '아주 정중한'이라고 의역을 하면 역시 노신이 봉건적 색채가 농후한 '黃傘式' 편지를 써서 자유당에 들어가려 하는 이 모순적인 풍자의 의미를 완전히 잃어버리게 된다. 김시준(2008), 루쉰전집번역위원회(2010), 조관희(2018), 이문희(1978), 이철준(1991), 노신문학회(2003), 장수철(2006), 윤수천(2007), 최은정(2009), 엄영욱(2012), 북트랜스(2015), 문현선(2018) 등도 모두 '지극히 정중한 편지', '격식에 맞추어 상대방을 잔뜩 치살리는 편지', '격식을 갖춘 편지' 등[124]으로 의역을

---

122) 「그는 황산식(黃傘式)의 편지를 한 통 써가지고 〈가짜 양귀신〉에게 부쳐 성안으로 가지고 가게 했으며, 아울러 자기를 잘 소개해서 자유당(自由當)에 들어가게 해달라는 부탁도 했다.」 장기근·이석호(1988), 106쪽/「그 대신 그는 황산식(黃傘式)의 편지를 한 통 써서 가짜 양놈에게 부탁하여 성안으로 보내고, 더불어 거인 영감에게 자기를 소개하여 자유당에 입당시켜 주기를 당부했다.」 조성하(2000), 60쪽

123) 김하중(1981), 91쪽

하였다. 원문에서 '黄伞式'과 자유당은 서로 풍자의 관계이므로 '黄伞式'

---

124) 「그는 '정중한' 편지를 한 통 써서 가짜 양놈에게 부탁하여 성안으로 보내고, 또한 신정부의 자유당에 입당할 수 있도록 자신을 소개해 줄 것을 부탁했다.」 김시준(2008), 166-167쪽/「그는 '지극히 정중한' 편지를 한 통 써서 가짜 양놈 편에 보내 자기가 자유당自由黨에 입당할 수 있도록 주선을 좀 해달라고 부탁을 했다.」 루쉰전집번역위원회(2010), 147쪽/「대신 '지극히 정중한' 편지 한 통을 쓴 뒤 가짜 양놈에게 성안에 가지고 가서 자기가 자유당에 입당할 수 있게 해달라고 부탁했다.」 조관희(2018), 117쪽/「그 대신 거인 나리 앞으로 매우 정중한 편지를 써서 이를 가짜 양놈에게 들려 보냈다. 자오 수재는 거인 나리에게 잘 말씀드려서 자기를 新政府 신정부의 자유당에 들어갈 수 있도록 주선해 주십사-고, 가짜 양놈에게 신신당부했다.」 이문희(1978), 89-90쪽/「그 대신 그는 격식에 맞추어 상대방을 잔뜩 치살리는 편지를 정성껏 써서 가짜 외국놈 보고 거인 령감한테 전해달라고 부탁하였다. 그리고 또 자유당에 들 수 있도록 힘써달라는 부탁도 하였다.」 이철준(1991), 135쪽/「그 대신 그는 격식에 맞추어 상대방을 잔뜩 치켜올리는 편지를 정성껏 써서 가짜 양놈에게 거인영감한테 전해달라고 부탁했다. 그리고 또 자유당에 들 수 있도록 힘써 달라는 부탁도 했다.」 노신문학회(2003), 146쪽/「그는 상대방을 한껏 존대하며 정성들여 격식에 맞게 편지를 써서 가짜 양놈에게 주고는, 성안에 가는 길에 그것을 가지고 가서 자유당에 들 수 있도록 힘써 달라고 부탁했다.」 장수철(2006), 71쪽/「대신 제대로 예의를 갖춘 편지 한 통을 써서 가짜 양놈에게 전해달라고 부탁했다. 그리고 자기가 자유당에 들어갈 수 있게 해 달라며 신신당부했다.」 윤수천(2007), 96쪽/「그는 아주 정중하게 편지 한 통을 써서 가짜 양놈에게 딸기고 자유당에 들어갈 수 있도록 소개해 달라고 부탁했다.」 최은정(2009), 99쪽/「그는 정성 들여 격식에 맞는 가장 공손한 투의 편지를 써가지고 가짜 양놈이 성안으로 가는 길에 가지고 가서 그를 자유당에 가입할 수 있게 힘써주도록 부탁하였다.」 엄영욱(2012), 56쪽/「그래서 그는 정중하게 격식을 갖춰서 쓴 편지 한 통을 가짜 양놈 편에 보내면서 자유당(自由黨)에 입당할 수 있도록 주선해달라고 부탁했다.」 북트랜스(2015), 81쪽/「대신 격식을 갖춘 편지를 써서 가짜 양놈에게 전해 달라고 부탁했다. 자신이 자유당에 들어갈 수 있도록 소개해 달라는 내용이었다.」 문현선(2018), 85쪽

을 의역하면 노신이 표현하려는 뜻을 정확하게 전달하지 못하게 된다.

다음은 『논어』에서 나오는 '而立'에 대한 번역사례이다.

(58)

谁知道他将到"而立"之年，竟被小尼姑害得飘飘然了.[125]

아Q가 비구니 때문에 마음이 싱숭생숭해진 때는 '공자가 홀로 섰다는 而立의 나이'에 가까운 때이다. '而立'은 『논어』에 나오는 말로서 '학문에서 스스로 반듯하게 설 수 있는 나이'라는 뜻이다. 그런데 여기에서 말하는 학문이란 단순한 지식의 습득을 가리키는 것이 아니다. 공자에게 있어서 학문은 '仁'에 하나가 되어 스스로 그것을 실천하는 전체의 과정을 가리키는 말이었다. 따라서 '而立'은 '仁'의 영역에 들어가 확고하게 설 수 있었던 나이를 가리킨다.

그런데 '仁'은 공자 및 유교의 철학에 있어서 절대적 가치를 지니는 것이기는 하지만 이것을 정치적으로 활용할 때에는 그 의미영역이 확대되어 지배계층의 권력적 담론이 된다. 지배이데올로기로 작동을 하게 된다는 뜻이다. 노신은 피지배계층이 이것을 수용하여 내재화하여 온 역사와 현실을 비판적으로 풍자한다. 위의 문장에서 '而立'에 따옴표를 한 것은 그것이 아Q에게 어울리지 않는 이데올로기의 일환임을 표현하기 위한 것으로 이해된다. 지배계층의 이데올로기에 스스로 함몰되어 신체적으로나, 사상적으로 모두 노예가 되어버린 하층 인민들의 처지를 안타까운 마음으로 풍자하고 있는 것이다. 그러므로 이에 대한 번역에

125) 『鲁迅全集』(第一卷)，人民文学出版社，1991，500쪽

있어서 그것이 아Q에게 어울리지 않는 지배계층의 언어임을 강조하는 따옴표 등의 부호를 활용할 필요가 있다.

이런 점을 고려하여 권순만(1990)은 다음과 같이 적절하게 번역하였다.

> 그러나 그런 그가 **'이립(而立)'(30세를 말함, 〈논어〉 위정편(为政篇)에 있는 글귀), 삼십이립(三十而立)**에 가까운 나이가 되어서 젊은 여성 때문에 들뜨게 되고 만 것이었다.[126)]

또 장기근·이석호(1988), 이가원(1989), 이민수(1990) 등[127)]은 '서른 살 즉 〈이립(而立)〉을 바라볼 나이'(장기근·이석호), '이립(而立, 30세—역주)' 가까이 되어서'(이가원(1989), 이민수)로 옮겼다. 신여준(2011), 윤수천(2007), 안영신(2001), 전형준(1996), 윤화중(1994), 김욱(1988) 등[128)]도 비슷한 번역을 하였다. '而立'은 출전이 있는 어휘임을 밝히는

---

126) 권순만(1990), 73쪽

127) 「그러던 阿Q가 바야흐로 서른 살, 즉 〈이립(而立)〉을 바라볼 나이에 이르러 마침내 젊은 여승에게 홀려 싱숭생숭 마음 들뜨게 되다니.」 장기근·이석호(1988), 85쪽/ 「그러한 그가 바야흐로 '이립(而立, 30세—역주)' 가까이 되어서 바로 그 젊은 여승으로 해서 들뜬 마음이 될 줄은 생각지도 못했다.」 이가원(1989), 16쪽, 이민수(1990), 96쪽

128) 「그가 곧 '이립(而立: 30세)'의 나이가 되는 이 시점에 마침내 젊은 비구니에게 해를 당하여 마음이 싱숭생숭해질 줄이야.」 신여준(2011), 144쪽/ 「그런 그가 바야흐로 이립(30세)이 가까이 되어서야 드디어 젊은 여승 때문에 마음이 들뜨고 만 것이다.」 윤수천(2007), 46쪽/ 「그가 바야흐로 '이립(而立, 30세)'이 다 되어서야 젊은 여승으로 인해 마음이 들뜰 줄은 생각지도 못했다.」 안영신(2001), 118쪽/ 「뜻밖에 그가 '이립'(而立: 30세의 별칭—역주)의 나이가 다 되어가지고 젊은 비구니 때문에 정신이 들뜰 정도로 해를 입게 될 줄이야.」 전형준(1996), 83쪽/ 「이립(30세라는 뜻으로 쓰임—주) 가까이 돼 가지고 젊은 여승 때문에 마음이 들떠 있을 줄이야.」 윤화중(1994), 35쪽/ 「그런 그가 〈이립(30세)〉의 나이가 되어 젊은 비구니에게

동시에 그 뜻을 잘 모를 독자들을 배려하여 30세로 의역을 함으로써 작가의 원뜻을 전달하고자 하였다. 여러 측면을 고려한 적절한 번역이라 하겠다.

하지만 어떤 번역에서는 중국어를 그대로 한국어 발음으로 옮겼다. 예컨대 이욱연(2011)의 번역이 그런 경우이다.

> 그런데 누가 알았으랴. '이립(而立)'의 나이가 코앞인데, 젊은 비구니 때문에 이렇게 마음이 싱숭생숭해질 줄이야.[129)]

또 이가원(1980), 김하중(1981), 허세욱(1983), 루쉰전집번역위원회(2010) 등[130)]도 '이립(而立)'이라고 그대로 옮겼다. 이가원(1980)의 번역이 이루어진 1980년의 독자들은 이 어휘를 이해할 수 있다. 그런 점에서 선택 가능한 번역에 해당한다. 이에 비해 이욱연(2011)의 번역은 2011년에 이루어졌다. 이 시기는 한문이 한국의 문자 생활에서 급격히 퇴출되고 있는 시기에 해당한다. 말하자면 이욱연(2011)의 번역은 독자를 고려하지 않은 불완전한 번역에 가깝다고 할 수 있다. 그러므로 而立에 대한 간단한 각주가 필요한 상황이다.

위해를 받아 멍청하게 되어 버린 것이다.」 김욱(1988), 29쪽

129) 이욱연(2011), 44쪽

130) 「누가 알았겠는가? 그런 그가 〈而立〉이립의 나이에 마침내 젊은 비구니 때문에 마음이 흔들리도록 해를 입을 줄을.」 김하중(1981), 74쪽/ 「그가 바야흐로 이립(而立) 가까이 돼가지고 드디어 젊은 여승으로 해서 들뜬 마음이 될 줄은 생각지도 못했다.」 이가원(1980), 46쪽/ 「바야흐로 '이립(而立)' 시대가 다가오고 있는 그가 젊은 여승 때문에 마음이 들떠 버릴 줄이야.」 허세욱(1983), 67쪽/ 「그런 그가 '이립'而立의 나이를 앞두고 비구니로 인해 마음이 하늘거리게 될 줄 누가 알았으랴.」 루쉰전집번역위원회(2010), 123쪽

한편 '而立'을 의역한 경우도 많이 보인다. 예를 들어 이문희(1978)는 다음과 같이 옮겼다.

> 그런 阿Q가 **서른 살 가까운 나이**가 된 오늘, 젊은 比丘尼비구니로 말미암아 女子問題여자문제로 흔들리게 된 것이다.[131]

이철준(1991), 정석원(2004), 최은정(2009) 등은 '서른 살이 다 돼서'[132]로 '而立'을 풀어서 옮겼다. 전체 문장의 맥락이나 뜻을 보면 오역은 아니지만 작자가 그것을 통해 말하려는 의도를 담지 못한 불완전한 번역에 속한다. 정노영(1994), 우인호(2007), 박운석(2008), 엄영욱(2012), 노신문학회(2003), 북트랜스(2015), 조성하(2000, 장수철(2006), 문현선(2018), 김범수(2003), 김진욱(1992), 성원경(1983) 등[133]도 비슷한 번역을 하고 있다. 예를 들어 정노영(1994), 박운석(2008)은 '바야흐로 서른 살이 가까워', 우인호(2007)는 '바야흐로 30세가 다 되어서야', 엄영욱(2012), 노신문학회(2003), 장수철(2006), 문현선(2018) 등은 '그가 나이 삼십이 다 돼서', 북트랜스(2015), 조성하(2000) 등은 '서른 살이 다 되어가는 나이에', 김범수(2003), 김진욱(1992), 성원경(1983)은 '30에 손이 닿을락 말락 하는 나이가 되어서'라고 풀어서 옮겼다. 뜻의 전달에는 문제가 없지만 작가가 '30岁' 대신 '而立'이라는 단어를 쓴 의도를 반영하지 못하고 있다는 점에서 비슷한 문제점이 있다는 말이

---

131) 이문희(1978), 41쪽

132) 이철준(1991), 109쪽, 정석원(2004), 30쪽, 최은정(2009), 73쪽

133) 정노영(1994), 32쪽, 우인호(2007), 64쪽, 박운석(2008), 100쪽, 엄영욱(2012), 29쪽, 노신문학회(2003), 119쪽, 조성하(2000, 30쪽, 북트랜스(2015), 39쪽, 장수철(2006), 41쪽, 문현선(2018), 51쪽, 김범수(2003), 32쪽, 김진욱(1992), 29쪽, 성원경(1983), 28쪽

되겠다.

다음은 『맹자』에 나오는 '深恶而痛绝之'를 인용하여 구체적인 상황에 따라 수시로 바뀌는 아Q의 생각을 표현하고자 한 경우이다.

(59)

但他有一种不知从那里来的意见, 以为革命党便是造反, 造反便是与他为难, 所以一向是"深恶而痛绝之"的.[134]

'深恶而痛绝之'는 『맹자』에서 나온 말[135]로서 아Q는 '혁명당=乡愿'[136]이라고 생각하였다. 노신은 이 고전을 빌어 아Q가 혁명당을 몹시 싫어하는 이유를 밝혀주었다. 아Q는 봉건사회에서 권익을 박탈당하고 사는 최하층 빈민에 속한다. 그런데 자신을 소외시키는 지배계층의 가치관을 내재화하고 있다는 점을 풍자적으로 보여주기 위한 장치에 불과하다. 바로 이런 이유로 혁명당은 아Q의 권익을 보호하는 우군이라면 맹자의 가치관을 수호하는 계층은 적군에 해당한다고 볼 수 있다. 그런데 아Q는 적대진영의 논리를 수용하면서 적과 나를 구분하지 못하는 어리석음을 갖고 있다. 실제로 노신은 단편소설 「약」에서도 민중혁명을

---

134) 『鲁迅全集』(第一卷), 人民文学出版社, 1991, 513쪽

135) 百度, https://baike.baidu.com/item/%E6%B7%B1%E6%81%B6%E7%97%9B%E7%BB%9D/2240769?fr=aladdin 先秦·孟轲『孟子·尽心下』: "斯可谓之乡愿矣." 宋·朱熹集注: "过门不入而不恨之, 以其不见亲就为幸, 深恶而痛绝之也."

136) 네이버 https://zh.dict.naver.com/#/search?query=%ED%96%A5%EC%9B%90 향원. 마을의 신망을 얻기 위해 선량을 가장한 사람. 속인(俗人)의 인기를 모으는 위선자.

꿈꾸던 혁명가의 사형장에서 그 헌신의 의미를 모른 채 사형수의 피를 만두에 적셔 폐병에 걸린 자식의 병을 고치려고 하는 인민들의 어리석음을 뼈아프게 풍자한 적이 있다. 이런 의도가 담겨있으므로 번역문에서 따옴표를 사용하여 전고를 가져온 문장임을 밝혀야 한다. 전형준(1996)은 다음과 같이 번역하였다.

> 그런데 어디에서 비롯된 것인지는 몰라도 혁명당은 곧 반역이며 반역은 곧 자기를 곤란하게 만드는 것이라고 생각하는 견해를 가지고 있었기 때문에 이제껏 **"깊이 증오하고 극히 원통"**해했다.[137]

또 박운석(2008)은 '"몹시 증오하고 통탄해하던" 것이었다'로, 이욱연(2011)은 '심히 싫어하고 통철히 증오했다'로, 김태성(2011)은 '〈죽도록 증오하고 거부했다〉'로, 장수철(2006)은 '한껏 미워하고 싫어했다' 등[138]으로 옮겼다. 번역문에서 '深恶'와 '痛绝'를 모두 변역하려는 노력이 엿보이며, 따옴표를 사용하여 노신이 표현하려는 의도를 정확히 전달하였다.

또 김하중(1981), 김정화(1985), 김욱(1988), 윤화중(1994), 허세욱(1983) 등은 '심각하게 증오하다'[139]로 옮겼고, 엄영욱(2012)은 '혁명당

---

137) 전형준(1996), 103-104쪽

138) 박운석(2008), 125쪽, 이욱연(2011), 80쪽, 김태성(2011), 144쪽, 장수철(2006), 62쪽

139) 「그러나 그는 왜 그렇게 되었는지는 모르기는 해도, 혁명당이란 모반이며 모반은 그에게 고난을 가져온다는 견해를 품고 있었고, 그러기 때문에 그는 줄곧 이를 〈심각하게 증오〉하고 있었다.」 김하중(1981), 86쪽/ 「그러나 그는 어떤 까닭에서인지는 모르지만, 혁명당이란 역적이다. 역적질은 자

을 "깊이 증오하였던"것이다'[140]로, 조관희(2018)는 '이를 '뼈에 사무치게 증오하고' 있었다'[141]로, 루쉰전집번역위원회(2010)는 '그래서 줄곧 이를 '통절히 증오하고' 있었던 것이다'[142]로, 정성원은 '혁명당에 대해서는 '이를 갈고' 있었다'[143]로 옮겼다. 모두 따옴표로 노신의 뜻을 전달하려고 노력하였다. 하지만 '深恶'와 '痛绝'에서 전자만 번역하였으므로 좀 아쉬움이 남는다.

반대로 따옴표를 생략한 번역문들도 많이 보인다. 그중 이문희(1978), 김시준(2008)의 번역문을 보면 아래와 같다.

기로서는 못할 짓이라는 생각을 품고 있었으며, 따라서 이제까지 '심각하게 증오'하여 왔었다.」 김정화(1985), 97쪽/「하지만 그는 혁명당이라는 것은 모반(謀反)이다. 모반은 자기에게 형편이 나쁜 것이다. 라는 의견을, 어째서 그렇게 되었는지는 모르지만 품고 있었고, 따라서 이제까지 〈심각하게 증오〉해오고 있었다.」 김욱(1988), 48-49쪽/「그러나 그는 어디에서 주워들은 의견인지는 모르지만, 혁명당은 일종의 모반이고 모반은 그를 난처하게 하는 것이라고 생각했다. 그래서 지금까지 줄곧 '심각하게 증오' 해 왔었다.」 윤화중(1994), 54쪽/「그러나 어디서 주워들은 의견인지는 몰라도, 혁명당은 반역이라고 생각했다. 반역이라면 그를 괴롭히는 것이니까 '심각하게 증오'했었다.」 허세욱(1983), 115쪽

140) 「그러나 그는 무엇에 근거한 것인지는 모르겠지만 혁명당이란 즉 반란이며 자기를 괴롭히는 것이라고 생각한 나머지 이제까지 혁명당을 "깊이 증오하였던"것이다.」 엄영욱(2012), 48-49쪽

141) 「하지만 그는 어디서 든 생각인지는 몰라도, 혁명당은 반란이고 반란은 그에게 고난이 되므로, 줄곧 이를 '뼈에 사무치게 증오하고' 있었다.」 조관희(2018), 107쪽

142) 「그런데 어디서 비롯된 생각인지 몰라도 그에게 혁명당은 반란을 일삼는 무리들이며 반란이란 곧 고난이었다. 그래서 줄곧 이를 '통절히 증오하고' 있었던 것이다.」 루쉰전집번역위원회(2010), 140쪽

143) 「그러나 어디서 나온 이야기인지는 모르지만 혁명당은 반란군이며 반란은 곧 자신을 괴롭힐 것이라는 생각을 하고 있었기 때문에 혁명당에 대해서는 '이를 갈고' 있었다.」 정석원(2004), 53쪽

따라서 오늘날까지 혁명당을 몹시 증오했고 이는 배격하지 않으면 안 된다고 믿고 있었다. 따라서 그는 줄곧 **이를 몹시 증오하고 미워했다.**144)

작자가 표현하려는 '深恶'와 '痛绝'를 모두 옮기려고 노력했지만 따옴표를 생략하여 고전에서 온 문장이라는 점을 독자들에게 전달하지 못했다. 또 이가원(1980), 이가원(1989), 정노영(1994), 안영신(2001), 우인호(2007), 최은정(2009), 북트랜스(2015), 이민수(1990) 등 대부분의 번역문은 위의 예문과 마찬가지로 따옴표를 생략하고 직접 '심각하게 증오해 왔었다', '여태껏 몹시 증오해 왔다', '이를 갈 정도로 증오했다', '심히 증오해 왔었다' 등145)으로 옮겼다.

---

144) 「그러나 아Q는 어디서 들었는지, 혁명당이란 황제께 대한 반역이며 황제께 반역한다는 것은 못된 짓이라고 생각하고 있었다. 따라서 오늘날까지 혁명당을 몹시 증오했고 이를 배격하지 않으면 안 된다고 믿고 있었다.」 이문희(1978), 76쪽/「그는 어디서 얻은 생각인지는 몰라도 혁명당이란 바로 반란을 일삼는 무리들이며, 반란은 그에게 고난을 가져온다고 여겼다. 따라서 그는 줄곧 이를 몹시 증오하고 미워했다.」 김시준(2008), 158쪽

145) 「그러나 어데다 근거를 둔 것인지는 모르나 그는 혁명당은 모반이다. 모반은 그를 곤난케 하는 것이라는 일종의 의견을 갖고 있었다. 그래서 지금까지 심각히 증오해 왔었다.」 이가원(1980), 71쪽/「그러나 어디다 근거를 둔 것인지는 모르나 그는 혁명당은 역적이다, 역적은 그를 곤란케 하리라는 일종의 확신을 갖고 있었다. 그래서 지금까지 심각하게 증오해 왔다.」 이가원(1989), 29쪽/「하지만 어디다 근거를 둔 것인지는 몰라도 그는 혁명당은 반역이며 반역은 그를 곤란케 하는 것이라는 일종의 확신을 갖고 있었다. 그래서 지금까지 심각하게 증오해 왔었다.」 정노영(1994), 53쪽/「그러나 그는 어디서 주워들은 것인지는 모르나 혁명당은 모반이다, 모반은 자신을 난처하게 하는 것이라는 신념을 지니고 있었다. 그래서 지금까지 줄곧 심각하게 증오해 왔었다.」 안영신(2001), 137쪽/「어디다 근거를 둔 것인지는 모르지만, 혁명당은 모반이고 모반은 자신을 곤란케 하는 것

성원경(1983), 김범수(2003), 조성하(2000), 노신문학회(2003), 윤수천(2007) 등은 '深惡'를 '몹시 미워하다', '뼈에 사무치게 미워하다' 등[146]으로 옮겼다. 그중 성원경(1983)의 번역문을 예로 들어보자.

> 하지만 무엇에 근거한 것인지는 몰라도 그는 혁명당이란 반역이며, 반역은 곧 그를 괴롭히는 것이라는 하나의 의견을 갖고 있었다. 그래서 지금까지는 **몹시 미워하고 있었던 것이다.**[147]

번역문에서 작가는 '몹시 미워하다'로 옮겼는데 이는 '증오하다'보다

이라는 일종의 확신을 가지고 있었다. 그래서 지금까지 심각하게 증오해 왔었다.」 우인호(2007), 87쪽/「그러나 어디에서 비롯된 의견인지는 모르겠지만, 그는 혁명당이 곧 반역하는 자들이며 반역하는 자들은 자기를 곤란하게 만든다고 여기고 있었기 때문에, 여태껏 몹시 증오해 왔다.」 최은정(2009), 92쪽/「하지만 무엇 때문인지는 모르겠으나 아Q는 혁명당은 반란군이고 반란은 자신에게 해를 입힐 거라는 믿음을 갖고 있었기에 몹시 미워할 뿐만 아니라 이를 갈 정도로 증오했다.」 북트랜스(2015), 69-70쪽/「그러나 어디에 근거를 둔 것인지는 모르나 그는 혁명당은 모반이다, 모반은 그를 곤란케 하는 것이라는 일종의 확신을 갖고 있었다. 그래서 지금까지 이들을 심히 증오해 왔었다.」 이민수(1990), 110쪽

146) 「그러나 어디다 근거를 둔 것인지는 몰라도 아는 혁명당은 반역이며 반역은 그를 곤란케 하는 것이라는 일종의 확신을 갖고 있었다. 그래서 그는 지금까지 혁명당을 매우 미워하고 있었던 것이다.」 조성하(2000), 52쪽/「그런데 그는 어떤 이유에서인지는 모르지만 혁명당이란 반란을 일삼는 무리들이요, 반란은 자기를 괴롭히는 것이라는 견해를 가지고 있었다. 그래서 그는 지금까지 혁명당을 뼈에 사무치게 미워하고 있었다.」 노신문학회(2003), 138쪽/「하지만 어디서 주워들은 것인지는 몰라도 아큐는 혁명은 반란이며, 반란은 곧 자신을 곤란하게 하는 것이라고 굳게 믿고 있었다. 그래서 아큐는 적어도 지금까지는 혁명당을 몹시 미워해 왔다.」 윤수천(2007), 81쪽

147) 성원경(1983), 50쪽, 김범수(2003), 57쪽

정도가 약하므로 단어 사용이 그다지 타당하지 못하다. 따옴표를 생략한 번역문들은 전체 문맥상으로 볼 때 틀린 점이 없지만 따옴표를 생략하였다는 점에서 노신이 표달하고자 하는 의도와 거리가 멀다고 할 수 있다.

다음은 전고가 있는 고유어 '秋行夏令'을 옮기면서 나타난 여러 가지 오류의 경우이다.

(60)

但现在是暮秋，所以这"秋行夏令"的情形，在盘辫家不能不说是万分的英断，而在未庄也不能说无关于改革了.[148)]

늦가을이 되었는데도 여름철인양 미장에서 머리를 틀어 올리는 사람들이 많아진 장면, 이는 혁명의 바람이 미장에까지 영향을 미쳤다는 것을 보여주는 장면이다. 원문에서 '秋行夏令'의 출전은 『서유기』이다. 삼장일행은 화염산에 도착하여 서리가 내려야 할 가을에 삼복염천의 날씨를 만난다. 저팔계는 이에 대해 '해가 떨어지지 않는 나라'에 도착한 것이 아닐까 생각했고, 사오정은 날씨가 정상적이지 않아 가을인데도 여름 더위가 기승을 부리고 있는 것이 아닐까 생각했다.[149)]

---

148) 『鲁迅全集』(第一卷)，人民文学出版社，1991，517쪽

149) 師徒四眾進前行處，漸覺熱氣蒸人. 三藏勒馬道:「如今正是秋天，卻怎返有熱氣?」八戒道:「原來不知. 西方路上有個斯哈哩國，乃日落之處，俗呼為天盡頭. 若到申酉時，國王差人上城，擂鼓吹角，混雜海沸之聲. 日乃太陽真火，落於西海之間，如火淬水，接聲滾沸. 若無鼓角之聲混耳，即振殺城中小兒. 此地熱氣蒸人，想必到日落之處也.」大聖聽說，忍不住笑道:「獃子莫亂談. 若論斯哈哩國，正好早哩. 似師父朝三暮二的這等擔閣，就從小至

글자로만 보자면 '秋行夏令'은 '가을에 여름의 정령(政令)을 행한다'는 뜻이 되고, 일반적인 중국어 문맥에서는 '때에 어울리지 않는 일을 한다'는 뜻이 된다. 그런데 이것을 「아Q정전」의 문맥에서 바로 해석하려면 앞의 문장을 먼저 보아야 한다. 바로 직전의 문장은 '만약 여름이었다면 사람들이 변발을 머리 위에 말아 올리거나 묶어 올리는 것이 그리 신기한 일이라 할 수는 없다[150]'라고 되어 있다. 그러니까 아Q나 웨이좡 사람들이 만약 여름에 변발을 머리 위로 말아 올리는 일을 했다면 여름의 더위를 피하기 위한 일이 되겠지만 이것이 가을에 행해졌으므로 무엇인가 개혁과 연관되는 일을 하고 있다는 상징으로 해석될 수 있다는 것이다. 노신은 보통 출전이 있는 문구를 사용할 때는 따옴표를 붙여 그것에 특별한 의미를 부여하고자 하였다. 이 구절은 전체 맥락을 볼 때 계절에 어울리지 않아 무엇인가 특별한 행위를 하고 있다는 의미를 갖도록 번역할 필요가 있다고 생각된다. 그래서 이철준(1991)은 이것을 다음과 같이 번역하였다.

> 그런데 늦가을철인 지금 《가을철에 여름차림》을 하였으니 머리태를 머리 우에 틀어 올린 사람들을 놓고 말하면 그야말로 대단한 결단을 내린 것이라고 하지 않을 수 없었다. 그러니 미장에서 일어난 일들이 개혁과 전혀 관계가 없다고는 말할 수 없다.[151]

전체적인 맥락에 있어서나 작자의 뜻을 전달하는 데 있어서 큰 무리

老, 老了又小, 老小三生, 也還不到.」八戒道:「哥呵, 據你說, 不是日落之處, 為何這等酷熱?」沙僧道:「想是天時不正, 秋行夏令故也.」, 『서유기』, 제59회

150) 倘在夏天, 大家将辫子盘在头顶上或者打一个结, 本不算什么稀奇事.

151) 이철준(1991), 134쪽

가 없는 번역이다. 이에 비해 김하중(1981), 최은정(2009), 조관희(2018) 등은 '겨울에 삼베옷', '한겨울에 삼베옷 입기', '엄동설한에 삼베옷을 걸치는' 등[152]으로, 전형준(1996), 이욱연(2011) 등은 '한겨울에 여름옷 입기', '가을에 여름옷 걸친 꼴' 등[153]으로, 김정화(1985)는 '三冬에 홑옷 걸치는 식'[154]으로 번역하였다. 그중 조관희(2018)의 번역을 보면 다음과 같다.

> 지금은 늦가을이니 **'엄동설한에 삼베옷을 걸치는' 식**이라 변발을 말아올리는 것은 크나큰 결단을 내린 것이라 말하지 않을 수 없었다. 그러니 웨이좡 역시 개혁과 무관하다고 말할 수 없는 것이다.[155]

대체로 원문의 뜻을 충실하게 전달하기 위해 한국의 고유속담을 동원

---

152) 「그러나 지금은 이미 〈가을도 깊었으므로, 이것은 겨울에 삼베옷〉 격이라 머리를 틀어 올리는 자들은 대단한 개혁과 무관했다고 할 수는 없는 것이었다.」 김하중(1981), 90쪽/「그러나 지금은 늦가을인지라 이런 '한겨울에 삼베옷 입기'식의 모습은 머리를 틀어 올린 사람에게 있어서는 대단한 결단이라 하지 않을 수 없으며, 웨이주앙으로 보아도 개혁과 무관했다고 할 수 없는 것이다.」 최은정(2009), 97쪽

153) 「지금은 늦가을이므로 그러한 '한겨울에 여름옷 입기'식은 변발을 틀어올린 사람들 입장에서는 일대 영단이라 하지 않을 수 없었고, 웨이주앙 마을로 보더라도 개혁과 무관하다고 할 수 없는 것이었다.」 전형준(1996), 110-111쪽/「지금은 때가 늦가을이다 보니 영락없이 '가을에 여름옷 걸친 꼴'이어서 변발을 말아 올린 당사자들로서는 일대 용단을 내린 것이었으니, 웨이좡이 개혁과 무관하다고 말할 수 없었다.」 이욱연(2011), 92쪽

154) 「그러나 지금은 벌써 가을도 저문 때이니만큼 이런 '三冬에 홑옷' 걸치는 식의 차림은 당사자로서는 일대 영단이 아닐 수 없었고, 미장 마을로서도 개혁과 상관없는 일이랄 수는 없는 것이었다.」 김정화(1985), 101쪽

155) 조관희(2018), 116쪽

하였다. 이는 원문의 뜻을 전달하는 데 상당한 효과가 있다고 판단된다. 위와 비슷한 번역의 사례로 루쉰전집번역위원회(2010)는 이렇게 옮겼다.

> 하지만 지금은 가을의 끝자락이 아닌가. 그래서 **엄동설한에 삼베옷을 걸치는 식**의 차림은 당사자로서는 일대 결단이 아닐 수 없고 웨이좡 마을의 입장에서도 개혁과 무관한 일이라 할 수는 없었다.[156]

위의 예문과 비교하면 뜻은 같게 옮겼지만 따옴표가 생략되었다. 이가원(1989), 엄영욱(2012), 북트랜스(2015), 노신문학회(2003), 장수철(2006) 등[157]도 모두 따옴표를 생략하고 있다. 원문의 '秋行夏令'은 출처가 있는 문장이기에 따옴표를 하여 독자들에게 그 뜻을 전달해 주어

---

156) 루쉰전집번역위원회(2010), 146쪽

157) 「그러나 지금은 벌써 늦가을이므로 엄동설한에 홑옷 걸치는 식의 차림은 변발을 감아올리는 사람들에게 대영단(大英斷)이라 아니할 수 없고 미장에서도 개혁에 무관했다고는 말할 수 없었다.」 이가원(1989), 33쪽/ 「그런데 지금은 늦가을이라 마치 한겨울에 여름 차림을 한 것처럼 변발을 틀어올린 사람들로서는 대단한 영단을 내린 것이라고 하지 않을 수 없었다. 그러니 웨이장에서도 개혁과 전혀 무관하다고는 말할 수 없다.」 엄영욱(2012), 55쪽/ 「말하자면 가을에 여름옷을 입은 격이니 엄청난 용단을 내린 것이었다. 이렇듯 웨이좡도 혁명과 무관하다고는 할 수 없었다.」 북트랜스(2015), 79쪽/ 「그런데 가을도 저무는 때인 지금 가을철에 여름 차림을 했으니 머리채를 머리 위에 틀어올린 사람들을 놓고 말하면 그야말로 대단한 결단을 내린 것이라고 하지 않을 수 없었다. 그러니 미장에서 일어난 일들이 개혁과 전혀 관계가 없다고는 말할 수 없다.」 노신문학회(2003), 145쪽/ 「그러나 지금은 늦가을이므로 가을철에 여름 차림을 한 것은 변발을 틀어 올린 사람으로서는 그야말로 영명한 결단을 내린 것이 아닐 수 없었다. 웨이주앙에서도 이것이 개혁과 전혀 관계가 없다고 할 수는 없었다.」 장수철(2006), 69쪽

야 한다. 때문에 이 점에서 아쉬운 번역이라 하겠다.

또 속담은 아니지만 '여름에 할 일을 가을에 한다'고 번역한 경우도 뜻의 전달에는 큰 무리가 없는 것으로 보인다. 김욱(1988), 윤화중(1994) 등[158]이 이러한 번역을 하고 있다. 윤화중(1994)의 번역문을 보면 다음과 같다.

> 그래서 이러한 **'가을에 여름 일을 행하는 것'**은 변발을 틀어 얹는 사람으로서는 대단한 영단(英斷)이라고 아니할 수 없었다. 그래서 웨이좡도 개혁과 무관하다고 할 수는 없었다.[159]

안영신(2001), 허세욱(1983) 등[160]도 똑같은 번역문을 제시하고 있지만 원문의 따옴표를 생략하였다. 문맥상으로는 별 문제가 없지만 노신의 뜻을 다 표현하지 못하였다는 점에서 아쉬움을 남기고 있다.

문제는 '秋行夏令'을 직역하여 '가을에 하령(夏令)을 행한다'고 옮긴 번역이다. 이가원(1980), 성원경(1983), 김진욱(1992), 장기근·이석호(1988) 등[161]이 이러한 직역을 하고 있는데 한글 문장 뒤에 비록 한자를

---

158) 「그러나 지금은 가을도 다 가고 있었던 만큼, 이 〈여름에 할 짓을 가을에 하는〉 것은 그 가문으로서는 대단한 영단(英斷)이라 하지 않을 수 없었고, 미장에 있어서도 개혁과 무관하다고는 말할 수 없었던 것이다.」 김욱(1988), 55쪽

159) 윤화중(1994), 60쪽

160) 「그러나 지금은 벌써 늦가을이므로 이 가을에 여름에나 할 일을 한다는 것은 머리채를 감아올리는 사람들에게는 대단한 결단이라 아니할 수 없고, 이런 것들로 인해 미장도 개혁과 무관하다고는 말할 수 없었다.」 안영신(2001), 143쪽/ 「지금은 늦가을이었다. 그래서 이런 가을에 여름 일을 행하는 것은, 변발을 틀어 얹는 사람으로서는 굉장한 영단이 아닐 수 없었다. 그러니, 미장이 개혁과 상관없다고 할 수도 없었다.」 허세욱(1983), 129쪽

써넣었지만 역시 독자에게 뜻 전달이 제대로 이루어지지 않고 있다. 김범수(2003)는 '夏令'에 대한 한문 해석도 없이 직접 한국어로 옮겼다.

> 지금은 늦가을이기 때문에 사실 이 〈가을에 하령을 행한다〉는 일은 변발을 말아 올리는 본인들로서는 대단한 영단이라 하지 않을 수 없었다. 그래서 이제 미장도 혁신에 관계가 없었다고는 말할 수 없게 되었다.162)

또 이민수(1990), 정노영(1994) 등은 아래와 같이 따옴표를 생략하고 옮겼다.

> 지금은 벌써 늦가을이므로 이 가을에 하령(夏令)을 행한다는 것은 변발을 감아올리는 사람들에게는 대영단(大英斷)이라 아니 할 수 없고, 미장에서도 개혁에 무관하였다고는 말할 수 없었다.163)

---

161) 「그러나 지금은 벌써 늦가을이므로 「이 가을에 하령(夏令)을 행한다」는 정형(情形)은 머리채를 말아 올리는 사람들에게는 대영단이라 아니할 수 없고, 웨이쯔왕에서도 개혁에 무관했다고는 말할 수 없는 것이었다.」 이가원(1980), 81쪽/ 「지금은 늦가을이기 때문에 사실 이 〈가을에 하령(夏令)을 행한다〉는 일은 변발을 말아 올리는 본인들로서는 대단한 영단(英斷)이라 하지 않을 수 없었다. 그래서 이제 미장도 혁신에 관계가 없었다고는 말할 수 없게 되었다.」 성원경(1983), 57, 김진욱(1992), 58쪽/ 「그러나 지금은 바로 늦가을이었다. 따라서 〈가을에 하령(夏令)을 행하는〉 천벌을 받을 짓거리라, 변발을 말아 올리는 사람들에게는 기막힌 영단이 아니랄 수 없으며, 또한 미장 역시 개혁에 전연 관계가 없다고 말할 수도 없었다.」 장기근·이석호(1988), 105쪽

162) 「지금은 늦가을이기 때문에 사실 이 〈가을에 하령을 행한다.〉는 일은 변발을 말아 올리는 본인들로서는 대단한 영단이라 하지 않을 수 없었다. 그래서 이제 미장도 혁신에 관계가 없었다고는 말할 수 없게 되었다.」 김범수(2003), 66쪽

따옴표를 생략하면 작자의 원뜻을 훼손할 우려가 보인다. 때문에 '하령(夏令)'이라는 단어는 한국어에서 익숙한 단어가 아니므로 독자들은 '하령'이란 무엇인지 도무지 알 수 없으므로 모두 불완전번역, 혹은 오역에 속한다.

박운석(2008), 신여준(2011) 등은 이것을 '가을에 여름의 행정명령을 시행하는'164) 사태로 번역하였는데 기본적으로 위의 경우와 비슷하다. 다만 역주를 통해 이것이 의미하는 바를 설명하고 있으므로 오역이라 할 수는 없고 불완전한 번역으로 보아야 한다.

원문에서 노신은 따옴표(" ")를 써서 『孟子·尽心』의 구절까지 인용하여 그 마음을 표현하였다. 노신은 아Q나 당시의 사회가 공자, 맹자의 언어에 지배되고 있었음을 보여주기 위한 것이다. 그러므로 원문을 번역할 때도 따옴표를 붙여서 그것은 맹자의 말을 인용했다는 것임을 분명히 밝혀 저자의 뜻을 살릴 필요가 있다.

---

163) 「지금은 벌써 늦가을이므로 이 가을에 하령(夏令)을 행한다는 것은 변발을 감아올리는 사람들에게는 대영단(大英斷)이라 아니 할 수 없고, 미장에서도 개혁에 무관하였다고는 말할 수 없었다.」 이민수(1990), 116쪽, 정노영(1994), 59쪽

164) 박운석(2008), 132-133쪽/ 「그러나 지금은 늦가을이라, 이건 흡사 '여름의 명령을 가을에 집행하는(秋行夏令)'격이므로, 이들 행동파의 입장에서는 엄청난 용단이라고 아니할 수 없는 일이었다. 뿐만 아니라 웨이장이란 이 지역 입장에서도 개혁과 무관한 일이라고 말할 수는 없었다.」 신여준(2011), 184쪽

V. 문맥 파악의 부족으로 인한 오역

번역에는 언제나 오역의 위험이 따른다. 해럴드 블룸은 '모든 독서는 오독이고, 모든 번역은 오역이다'라고 말하였다[1]. 이는 언어체계가 완전히 다른 두 나라의 말을 번역하는 것이 얼마나 어려운 일인지를 적절하게 표현한 말이다. 설령 오역이 아니더라도 번역을 하다 보면 원문의 맛과 향기를 잃게 되는 경우가 적지 않다. 특히 노신의 문장은 전고를 인용한 비틀기식의 풍자, 고문보다 어려운 문장구조, 낯선 단어의 빈용 등으로 인해 번역하기 까다롭기 짝이 없다. 그래서 「아Q정전」 번역문을 살펴보면 어휘적 관점에서의 무지와 실수, 관용어나 숙어에 대한 부족한 이해에서 비롯되는 오역, 구와 절과 문장의 구조에 대한 문법적 오해로 인한 오역, 문장 구성요소 간의 의미적 관계에 대해 파악하지 못하여 일어난 오역 등이 곳곳에서 발견된다. 그야말로 오역의 바다라는 말이 적절할 정도이다. 그렇다면 어떤 번역이라야 이러한 오역의 위험을 피해갈 수 있을까? 노신은 번역과 관련하여 다음과 같이 말한 바 있다.

> 번역은 두 측면을 함께 고려해야 한다. 하나는 당연히 쉽게 이해되도록 노력하는 것이고, 다른 하는 원작의 모습을 보존하는 것이다.[2]

---

1) 박상익, 『번역은 반역인가』, 푸른역사, 2006, 7쪽에서 요약 인용

문제는 이 쉽게 이해되는 번역과 원작의 모습을 유지하는 일이 상호 충돌한다는 점이다. 노신은 쉬운 이해보다는 원문에 충실성을 갖춘 번역을 지향했다고 이해되고 있기는 하지만 그가 어느 한쪽만을 고집스럽게 주장한 것은 아니다. 그런 의미에서 번역의 현장은 '쉬운 이해와 원문의 충실'이라는 두 항목 중 어떤 것을 선택할지에 대한 고민의 현장이기도 하다. 아래에서는 「아Q정전」 번역문의 오역사례를 살펴보되 논술의 편의를 위해 작품의 순서에 따라 고찰해보고자 한다. 먼저 「아Q정전」의 서명에 대한 작가의 서론격 논의에 대한 다음의 문장을 보자.

(61)

虽说英国正史上并无"博徒列传"，　而文豪迭更司也做过《博徒别传》这一部书.[3]

「도박꾼 전기」 쯤으로 번역될 수 있는 단어가 「博徒列传」, 「博徒别传」으로 열전과 별전을 달리하여 표현하고 있다. 작가는 이 둘 사이의 차이점을 의식하고 이 단어를 썼다. 그래서 이 문장에서 열전과 별전의 관계가 무엇인지에 대해 주의할 필요가 있다. 열전과 별전은 어떻게 다른가? 중국 역사 인물의 기술에 있어서 열전이 있는 인물에 대해 정사에서 미처 다 밝히지 못한 부분이 있다면 따로 별전을 마련하여 그 내용을 보완하는 역사기술법이 있었다. 예를 들어 赵云에 대해 정사에는 『三国

---

2) 凡是翻译, 必须兼顾着两面, 一则当然力求易解, 一则保存原作的风姿凡是翻译, 必须兼顾着两面, 一则当然力求易解, 一则保存原作的风姿, 이용해, 『중한 번역 이론과 기교』, 국학자료원, 2002, 33쪽에서 인용

3) 『鲁迅全集』(第一卷), 人民文学出版社, 1991, 487쪽

志·蜀志·赵云传』이 있고, 이 정사에 미처 담기지 않은 내용을 보충하기 위한 『赵云别传』이 있다. 이러한 역사기술의 상식을 공유하면서 노신이 독자들에게 전하고자 하는 것은 아Q가 정사의 인물이 아니기는 하지만 그를 위해 정전이라는 전기를 지어줄 수 있는 근거가 영국에 있다는 사실이다.

그런데 원문의 '열전'과 '별전'이 구분되는 뜻을 갖고 있다는 사실을 중시하지 않고 '별전', 혹은 '열전'으로 통일하여 옮긴 번역문들이 보인다. 원전에 오류가 있다고 생각했거나 문맥 파악에 소홀했기 때문일 것이다.

우인호(2007), 이가원(1989), 정노영(1994), 윤화중(1994), 김시준(2008) 등[4]은 '별전'으로 통일하여 문장의 뜻을 잘못 전달하고 있다. 그중 안영신(2001), 김범수((2003)의 번역문을 보기로 하자.

> 영국의 정사(正史)에 《박도별전(博徒別傳)》이 없음에도 문호 디킨스가 〈박도별전〉이란 책을 저술한 적이 있다고 하지만 그것은

4) 「비록 영국 정사(正史)에 〈박도별전(博徒別傳)〉이 없음에도 불구하고 문호 디킨스가 〈박도별전〉이란 책을 저술한 적이 있다고 하지만…」 우인호(2007), 42쪽, 이가원(1989), 3쪽/ 「비록 영국의 정사에는 《박도별전(博徒別傳)》이 없음에도 문호 디킨스가 《박도별전》이란 책을 저술한 적이 있긴 하지만…」 정노영(1994), 12쪽/ 「비록 영국 정사 속에 '박도별전(博徒別傳)'이 없음에도 문호 디킨스가 〈박도별전〉(영국 소설가 도일(Arthur Conan Doyle)이 쓴 〈로드니 스톤〉의 역명[译名], 본문에서 디킨스의 작품이라고 한 것은 잘못 기억한 것이라고 작자가 1926년 8월 3일 위 쑤위안[苇素园]에게 보낸 편지에 밝혔음—주)이란 책을 저술했다고는 하지만…」 윤화중(1994), 16쪽/ 「비록 영국의 정사(正史)에는 '로드니 스톤 별전(博徒別傳)'이 없음에도 문호 디킨스가 『로드니스톤별전』이란 책을 저술한 적이 있다지만…」 김시준(2008), 115쪽

대문호이기에 가능했던 것이지 나로서는 어림도 없다.5)

조성하(2000), 정석원(2004), 노신문학회(2003), 이철준(1991) 등은 이와 반대로 '열전'으로 통일하고 있다. 조성하(2000)의 경우를 보면 다음과 같다.

> 혹자는 나에게 「박도열전(博徒列傳)」도 있지 않느냐고 반문할지도 모른다. 물론 영국의 정사에는 「박도열전(博徒列傳」이 없음에도 문호 디킨스가 「박도열전(博徒列傳)」이란 책을 저술한 적이 있기는 하다.6)

어느 경우나 정사에 정식 기록이 없는 사람에 대해 보충기록의 형식으로 전기가 전할 수 있다는 저자의 뜻을 전달하는 데 실패하고 있다.

사실 '정사의 열전'과 '야사의 별전'에 관한 노신의 이 문장은 역사적 인물이 아닌 아Q를 전기의 대상으로 삼아야 하는 이유에 대한 노신의 깊은 고민을 담고 있다. 그런데 이것을 '열전'으로 통일하거나, '별전'으로 통일한다면 원문의 의미가 완전히 사라지는 것이므로 오역에 속하는

---

5) 「영국의 정사(正史)에 《박도별전(博徒別傳)》이 없음에도 문호 디킨스가 〈박도별전〉이란 책을 저술한 적이 있다고 하지만 그것은 대문호이기에 가능했던 것이지 나로서는 어림도 없다.」 안영신(2001), 101쪽, 김범수(2003), 8쪽

6) 「혹자는 나에게 「박도열전(博徒列傳)」도 있지 않느냐고 반문할지도 모른다. 물론 영국의 정사에는 「박도열전(博徒列傳)」이 없음에도 문호 디킨스가 「박도열전(博徒列傳)」이란 책을 저술한 적이 있기는 하다.」 조성하(2000), 10쪽/ 「영국의 정사를 보자. 그곳에는 '박도열전(博徒列傳)'이라는 이름조차 없지만 문호 디킨스는 《박도열전》이라는 책을 썼다.」 정석원(2004), 9쪽/ 「영국의 '정사'에는 『로드니스톤열전』이라는 것이 없지만 문호 디킨스는 『로드니스톤열전』이라는 책을 쓴 일이 있다.」 노신문학회(2003), 100쪽, 이철준(1991), 91쪽

것으로 볼 수밖에 없다.

위 원문과 관련하여 또 하나의 흥미로운 오역사례가 발견되는데 그것은 문장부호의 잘못된 이해에서 비롯된 것이다. 원문에는 정사의 도박꾼 이야기는 "博徒列传"으로 처리했고, 소설은 《博徒别传》으로 처리했다. 따옴표(" ")로 처리한 것은 저서 속의 문장이라는 뜻이고, 서명(《 》)으로 처리한 것은 책이라는 뜻이다. 그러므로 "博徒列传"은 「도박꾼 열전이라는 글」로, 《博徒别传》은 「도박꾼별전이라는 책」이라는 의미를 전달할 수 있는 번역이 되어야 한다. 전체적으로 이러한 의미를 구분하여 전달하고 있는 번역문은 전형준(1996)과 윤화중(1994) 외에 따로 발견되지 않는다. 전형준(1996)은 원문의 문장부호에 담긴 의미를 중시하여 다음과 같이 번역하였다.

> 영국 정사에 **'박도열전'**이 없음에도 문호 디킨스는 **『박도별전』**이라는 책을 지었다고 하지만…[7]

'博徒'를 번역하지 않았다는 점에서 여전히 불완전번역에 속하지만 앞의 경우를 책 속의 문장으로 처리하고, 뒤의 경우를 별도의 책으로 처리했다는 점에서 주도면밀한 번역이라 할 수 있다. 윤화중(1994)도 '비록 영국 정사 속에 '박도별전(博徒別傳)'이 없음에도 문호 디킨스가 〈박도별전〉이란 책을 저술했다고는 하지만'[8]로 처리하여 부호가 갖는

---

7) 전형준(1996), 63쪽

8) 「비록 영국 정사 속에 '박도별전(博徒別傳)'이 없음에도 문호 디킨스가 〈박도별전〉(영국 소설가 도일(Arthur Conan Doyle) 이 쓴 〈로드니 스톤〉의 역명[译名], 본문에서 디킨스의 작품이라고 한 것은 잘못 기억한 것이라고 작자가 1926년 8월 3일 위쑤위안[韦素园]에게 보낸 편지에 밝혔음—주)이란 책을 저술했다고는 하지만」 윤화중(1994), 16쪽

의미를 전달하기 위해 노력하고 있다. 물론 '博徒'의 불완전번역, '열전'과 '별전'을 '별전'으로 통일한 오류는 여전하지만 문장부호의 의미에 소홀하지 않았다는 점에서 높이 평가할 만하다. 번역에 있어서 문장부호를 중시할 필요가 있다는 점을 상기시키는 대목이다.

다음은 아Q가 나두창 자극 때문에 스스로 많은 금기를 세웠다는 장면인데 단어 '犯忌'의 번역에서 오류가 발견된다.

(62)

但上文说过, 阿Q是有见识的, 他立刻知道和"犯忌"有点抵触, 便不再往底下说.[9)]

아Q는 자신의 나두창 자극에 자격지심을 느끼고, 나두창과 관련되는 일체 표현을 금기시하였다. 그는 이런 범위에 드는 말이 나오면 자신의 금기와 어긋난다는 것을 알고 스스로 말을 끊음으로써 자신의 존엄을 지키고자 하였다. 이 구절에서 '견식이 있다, 식견이 있다'는 말은 아Q가 중국의 전통문화에 금기시하여 글자를 쓰지 않는 관습이 있다는 사실을 알고 있다는 뜻이다. 물론 이것은 아Q에 대한 풍자로서, 아Q가 스스로 자격지심과 자존감이 뒤섞인 금기를 만들어내 스스로를 자유롭지 못하게 만들었다는 점을 풍자한 것이다. 그러면 아Q처럼 무지몽매하고 사회적 지위가 극히 낮은 사람들이 할 수 있는 말이 무엇일까? 별로 없는 것이 아닐까? 반대로 정말 식견이 있고 사회적 지위도 높은 전통 지식인들이라면 또 할 수 있는 말이 얼마나 있을까? 여전히 별로 없을 것이다.

---

9) 『鲁迅全集』(第一卷), 人民文学出版社, 1991, 491쪽

이렇게 보면 아Q 같은 사람들과 전통 지식인들 사이에는 어떤 의미에서는 역시 별로 큰 차이가 없을 것 같다. 두 부류의 사람들 모두 새로운 생각이 없고, 새로운 시대를 열어나갈 가치 있는 생각과 말을 하지 못하고 있는 것이다. 나아가서 결국 전체 중국 사람들은 할 말이 없는 절망적인 상황에 놓여 있다는 것을 알 수 있다.

많은 금기어를 스스로 만들어 자신을 언어의 틀 속에 가둔 이러한 아Q의 상황을 김시준(2008), 김태성(2011), 엄영욱(2012), 우인호(2007), 정노영(1994), 이가원(1989), 이민수(1990), 김정화(1985), 이가원(1980), 김하중(1981), 김진욱(1992), 성원경(1983), 윤화중(1994), 권순만(1990), 문현선(2018), 허세욱(1983), 정석원(2004), 김범수(2003), 안영신(2001), 조성하(2000), 전형준(1996) 등은 대체로 '"금기"에 조금 저촉된다'10)로 번역을 하여 적절하게 옮겼다. 그중 김시준(2008), 김태

---

10) 「그것은 이미 앞에서도 말한 바와 같이 아Q는 교양이 있는 사람인지라 자기가 '금기'에 조금 저촉된다는 걸 알고서 그만 말을 잇지 않는 것이다.」 엄영욱(2012), 18쪽, 우인호(2007), 50쪽, 정노영(1994), 19쪽, 이가원(1989), 9쪽, 이민수(1990), 87쪽, 김정화(1985), 76쪽, 이가원(1980), 30쪽, 김하중(1981), 67쪽/ 「그러나 앞에서도 말했듯이 아Q는 견식이 있는지라, 곧 자기가 싫어하는 금기(禁忌)에 저촉된다는 것을 깨닫고 그 뒤는 더 말을 잇지 않았다.」 김진욱(1992), 15쪽, 성원경(1983), 15쪽/ 「그러나 앞에서도 말한 것처럼, 아Q는 식견이 있는 사람이었다. 그는 곧 금기(禁忌)에 저촉된다는 것을 알고 더 이상 말하려고 하지 않았다.」 윤화중(1994), 23쪽/ 「그렇지만 전에도 말한 것처럼 아Q는 견식이 있기 때문에 금방 '금기를 어겼다'는 것을 깨닫고 그다음 말은 하지 않았다.」 권순만(1990), 62쪽/ 「하지만 앞에서 말했듯이 아Q는 견식이 넓기 때문에 곧장 금기에 반하는 언사임을 깨닫고 더는 말하지 않았다.」 문현선(2018), 36쪽/ 「앞에서도 말했듯이, 아큐는 식견이 있는 사람이었다. 그는 대번에 '금기(禁忌)'에 저촉된다는 것을 알아차리고, 더 이상 말하려 들지 않았다.」 허세욱(1983), 41쪽/ 「하지만 앞에서도 언급한 바대로 아Q는 매우 식견 있는 사람이었기 때문에 그런 말을 하다간

성(2011)의 번역문을 예로 들어보자.

> 그러나 앞에서도 말한 것처럼 아큐는 견식이 높은 사람이므로 **'금기를 범하는 것'에 조금이라도 저촉된다는 것을 알고는** 그만 더 이상 말을 잇지 않는 것이었다.[11]

이에 비해 이욱연(2011)은 '금기'를 '법도'로 옮겼다. 예문을 보면 다음과 같다.

> 하지만 앞에서 이야기했다시피 아Q는 식견이 있는 사람이었던지라 자신이 그런 말을 하면 식견 있는 사람으로서 **'법도'를 어기는 일이라는 것을 즉각 알아채고는** 입을 다물었다.[12]

그밖에 박운석(2008)은 '방침에 어긋난다'[13]라고 번역을 하였고, 루

'금기'를 범하고 말 것 같아 더 이상 말을 하지 않았다.」 정석원(2004), 17쪽/「그러나 앞에서도 말했듯이 아Q는 견식이 있는지라 곧 자기가 싫어하는 금기에 저촉된다는 것을 깨닫고, 그 뒤는 더 말을 잇지 않는 것이었다.」 김범수(2003), 16쪽/「그러나 앞에서도 말한 것처럼 아Q는 식견이 있으므로, 금기(禁忌)에 좀 저촉된다는 것을 알고는 더 이상 말하려하지 않았다.」 안영신(2001), 107쪽/「그러나 위에서도 말한 것처럼 아Q는 견식이 있기 때문에 금기에 저촉된다는 것을 곧 알고는 더 이상 말하려 하지 않았다」 조성하(2000), 17쪽/「그러나 앞에서 말한 바와 같이 아Q는 견식이 있었기 때문에 자기가 '금기'에 저촉될 뻔했다는 것을 얼른 알아차리고서 더 이상 말을 계속하지 않았다.」 전형준(1996), 70쪽

11) 김시준(2008), 122, 김태성(2011), 110쪽

12) 이욱연(2011), 22쪽

13)「위에서 말했듯이 아Q는 식견이 있는지라 즉각 방침에 어긋난다는 것을 알고 더 이상 말을 하지 않았다.」 박운석(2008), 84쪽

쉰전집번역위원회(2010)는 '그것이 '거기'에 저촉된다는 걸 모를 리가 없었다'[14]로 옮겼고, 북트랜스(2015), 윤수천(2007) 등은 '그런 말을 해서는 안 된다는 것을 깨닫고'[15]라고 옮겼는데 이는 모두 '금기'와 거리가 먼 오역에 속한다. 앞에서 금기에 관한 내용이 이미 언급되었음에도 불구하고 번역자들이 이렇게 옮긴 것은 문맥을 놓쳤기 때문인 것으로 이해된다.

한편 장기근·이석호(1988)는 '이내 범기(犯忌)에 저촉된다는 것을 알고'[16]로 옮겼는데 이는 한문세대의 사람들한테는 통하는 번역문이지만 뒤로 갈수록 이것을 이해할 독자들이 점점 줄어들고 있으므로 바른 번역이라 할 수는 없다.

다음은 아Q가 혁명당의 목을 칠 때 내는 의성어 '嚓'를 옮기면서 나타난 오역의 예이다.

---

14) 「그런데 앞서 말한 바와 같이 아Q는 높은 견식의 소유자였으므로 그것이 '거기'에 저촉된다는 걸 모를 리가 없었다, 그리하여 이내 입을 다물어 버렸다.」 루쉰전집번역위원회(2010), 113쪽

15) 「그러나 앞에서도 말했듯이 아Q는 식견이 높은 사람인지라, 자기 같은 사람은 그런 말을 해서는 안 된다는 것을 깨닫고 입을 다물었다.」 북트랜스(2015), 21쪽/「그러나 앞에서도 말한 것처럼, 아큐는 보고 배운 것이 많은 사람이므로 그런 말을 해서는 안 된다는 걸 깨닫고는 더 이상 말하지 않았다.」 윤수천(2007), 24쪽

16) 「그러나 앞에서도 말했듯이 阿Q는 견식이 높은 사람이었으므로, 이내 범기(犯忌)에 저촉된다는 것을 알고 뒷말을 하지 않았던 것이다.」 장기근·이석호(1988), 77쪽

(63)[17]

而这神情和先前的防他来"嚓"的时候又不同，颇混着"敬而远之"的分子了.[18]

아Q는 성안에 가서 거인 나리 집에서 일을 하다가 돌아온 다음, 성에서 혁명당의 목을 베는 장면을 사람들에게 상세하게 이야기해 주었다. 목을 자르는 장면을 이야기할 때 갑자기 왕털보의 목을 향해 '싹둑' 내리치는 시늉까지 하여 사람들을 놀래킨다. 원문의 '先前的防他来"嚓"的时候又不同'은 노신이 그때의 장면을 다시 한 번 언급하면서 사람들이 아Q에 대해 마음의 변화를 일으키게 되었음을 표현하는 문장이다. '嚓'는 의성어로서 머리를 자를 때 나는 소리를 묘사한 것이다. 한국어에 대응되는 의성의태어는 '싹둑', '썩둑' 등이 있다. 김하중(1981)의 경우를 보자.

> 그러나 그것은 이전의 〈싹둑!〉하고 당하던 것을 조심하던 때와는 달리 상당히 〈敬遠경원〉하는 기미를 품고 있었다.[19]

또 김정화(1985), 이철준(1991), 김진욱(1992), 노신문학회(2003), 김범수(2003), 박운석(2008), 최은정(2009), 루쉰전집번역위원회(2010), 이욱연(2011), 엄영욱(2012), 조관희(2018), 문현선(2018) 등[20]도 모두

17) 인용문(11)과 동일함

18) 『鲁迅全集』(第一卷), 人民文学出版社, 1991, 511쪽

19) 김하중(1981), 85쪽

20) 「전에 "싹둑"하는 손짓을 당할까 봐 조심하던 때와는 달리 매우 '敬而遠之' 하는 기미를 내포하고 있었다.」 김정화(1985), 95쪽/ 「아직 제멋대로 못되게 굴지는 않았지만 슬슬 피하는 기색을 보였으며 이러한 기색은 전번에 목을

'《썩둑》할 때', '〈싹둑!〉의 위협을 피하려던 때', "'싹뚝'하는 것을 막으려고 하던 때", "'싹둑!'하는 시늉을 할 때" 등과 같이 의미를 정확히 전달하였다.

한편 정석원(2004), 장수철(2006), 신여준(2011) 등은 '왕후의 목을 내리칠 때에 보였던 경계심과는 또 다른', '그가 지난번에 목을 자르는 시늉을 할 때' 등[21]과 같이 의성어를 의태어로 번역하였다. 그중 신여준

자르는 시늉을 하면서 《썩둑》할 때 피하던 것과는 달라서 어딘가 《경이원지》하는 요소가 다분히 섞여 있었다.」 이철준(1991), 126쪽/「이런 기색은 전번에 그가 소리쳤던 〈싹둑!〉의 위협을 피하려던 때와는 달리, 이번에는 〈경이원지(敬而遠之)〉하려는 분자가 더 많이 섞여 있었다.」 김진욱(1992), 48쪽/「이러한 기색은 이전에 목을 자르는 시늉을 하면서 "썩둑!" 할 때 피하던 것과는 달라서 어딘가 경원시하는 낌새가 다분히 섞여 있었다.」 노신문학회(2003), 136쪽/「이런 기색은 전번에 그가 소리쳤던 〈싹둑!〉의 위협을 피하려던 때와는 달리, 이번에는 〈경이원지〉하려는 분자가 더 많이 섞여 있었다.」 김범수(2003), 54쪽/「이 기색은 이전에는 그가 싹뚝 하는 것을 막으려고 하던 때와는 달리 '공경하되 멀리하는' 요소가 상당히 섞여 있었다.」 박운석(2008), 121쪽/「이 기색은 예전에 그가 '싹둑' 할까 봐 두려워하던 것과는 또 달라서, '경이원지(敬而遠之)'하는 게 상당 부분 섞여 있었다.」 최은정(2009), 90쪽/「더구나 이런 기색에는 예전 "싹뚝!" 하던 때와는 달리 어딘가 모르게 '경이원지敬而遠之'하는 기미가 섞여 있었다.」 루쉰전집번역위원회(2010), 138쪽/「이는 예전에 그가 '싹둑!' 하는 시늉을 할 때 멀리 피하던 것과는 달라서 존경하면서도 멀리하는, 이른바 경이원지(敬而遠之)하는 분위기가 섞여 있었다.」 이욱연(2011), 76쪽/「이러한 기색은 그가 이전에 목을 자르는 시늉으로 싹둑할 때 피하던 것과도 달라서 '경원시(敬遠視)'하는 요소가 다분히 섞여 있었다.」 엄영욱(2012), 47쪽/「그런 기색은 이전에 그가 와서 '싹둑' 했던 때와는 다르게 '경이원지(敬而遠之)'하는 요소가 섞여 있었다.」 조관희(2018), 106쪽/「그런 표정은 '싹둑' 목을 내리칠까 봐 경계하던 때와 또 달랐다. 그것은 경원에 가까웠다.」 문현선(2018), 73쪽

21) 「지난번 그가 왕후의 목을 내리칠 때에 보였던 경계심과는 또 다른, 어찌 보면 '경이원지(敬而遠之)' 하는 모습이 다분했다.」 정석원(2004), 51쪽/「이러한 기색은 그가 지난번에 목을 자르는 시늉을 할 때 피한 것과도 달라서

(2011)의 경우를 보자.

> 이러한 표정은 전에 그가 **댕강**하고 목을 내리칠 때와 너무나 달라서, 말하자면 '존경하면서도 멀리하는(敬而遠之)' 요소가 상당 부분 혼재되어 있었다.[22]

위의 번역과 비슷하지만 의성어 '嚓'를 누락하였다. 의성어는 사람 혹은 사물의 소리나 모양을 흉내 낸 말로서, 문장을 더 형상적으로 묘사해준다. 따라서 '嚓'를 누락하면 순식간에 사람의 목을 내리칠 때 그 긴장한 순간을 묘사함에 있어서 생동감이 많이 떨어지므로 문맥으로는 문제가 없지만 바람직한 번역은 아니다. 반면 문장의 뜻을 잘못 이해하고 오역한 사례도 여럿 보인다. 이가원(1980)은 다음과 같이 번역하였다.

> 이 눈치는 이전에 「**찰싹**」 맞을까 조심하던 때와는 달리 이번에는 「공경해서 멀리한다」는 분자(分子)가 자못 섞여 있었다.[23]

앞에서 아Q는 단지 왕털보의 목을 내리치는 손시늉을 하였지 정말로 때리지 않았다. 때문에 '「찰싹」 맞을까'라고 번역을 하면 원문의 문맥과는 다르기 때문에 오역이 된다. 이런 오역의 사례는 또 윤화중(1994), 안영신(2001), 윤수천(2007), 우인호(2007), 허세욱(1983), 장기근·이석호(1988) 등[24]에서도 볼 수 있다.

경이원지敬而遠之(공경하되 가까이 하지 않음)하는 요소가 다분히 섞여 있었다.」 장수철(2006), 60쪽

22) 신여준(2011), 170쪽

23) 이가원(1980), 68쪽

24) 「예전에 찰싹 맞을까 조심하던 때와는 다르게 이번에는 경원하는 눈치가

또 이민수(1990), 정노영(1994), 조성하(2000) 등은 '왕 털보가 목을 맞던 것을 보고', '이전에 매를 맞을까 조심하던 때와는 다르게' 등[25]으로 옮겼다. 위의 번역과 같은 오역의 착오를 범하였을 뿐만 아니라 의성어 '嚓'를 누락하고 번역하지 않았다.

또 앞의 문맥을 놓치고 완전히 다른 뜻으로 번역한 번역문도 있다. 김시준(2008), 김태성(2011) 등의 경우를 보면 다음과 같다.

> 그러나 이런 기색은 이전에 그가 올까 봐 대문을 **찰칵** 하고 닫아걸던 때와는 또한 달랐으며 자못 경이원지(敬而遠之)하는 것이 있었다.[26]

퍽 많이 섞여 있었다.」 이가원(1989), 27-28쪽/「이 눈치는 이전에 그에게 '찰싹' 하고 맞을까 봐 조심하던 눈초리와는 달랐다. 존경하지만 멀리하려는 눈치가 다분히 섞여 있었다.」 윤화중(1994), 51쪽/「이 눈치는 이전에 그에게 찰싹 맞을까 조심하던 때와는 다른, 존경은 하지만 멀리하려는 눈치가 퍽 많이 섞여 있었다.」 안영신(2001), 135쪽/「이 눈치는 이전에 그에게 찰싹 하고 얻어맞을까 조심하던 때와는 달리, 그를 멀리하려는 빛이 뚜렷했다.」 윤수천(2007), 77쪽/「이전에 아Q에게 찰싹 맞을까 조심하던 때와는 다르게 이번에는 경원시하는 눈치가 역력했다.」 우인호(2007), 84쪽/「이 눈치는 먼저번 그에게 '찰싹' 맞을까 봐 조심하던 눈초리와는 달랐다. '존경은 하지만, 멀리하려는 눈치가 적잖이 섞여 있었다.」 허세욱(1983), 111쪽/「그리고 이러한 그들의 기색은 자기에게 〈싹〉 하고 맞을까 경계하던 때와는 달랐으며, 적잖이 〈경이원지(敬而遠之)〉하는 분자가 엉켜져 있었다.」 장기근·이석호(1988), 99쪽

25) 「이 눈치는 얼마 전 왕털보가 목을 맞던 것을 보고 조심하던 때와는 다르게 이번에는 경원하는 눈치가 많이 섞여 있었다.」 이민수(1990), 109쪽/「이 눈치는 이전에 매를 맞을까 조심하던 때와는 다르게 이번에는 경원하는 눈치가 퍽 많이 섞여 있었다.」 정노영(1994), 51쪽/「이런 분위기는 이전에 매를 맞을까 조심하던 때와는 사뭇 달랐다. 이번에는 그를 두려워하는 눈치가 더 많이 섞여 있었다.」 조성하(2000), 49쪽

‘先前的防他来“嚓”的时候又不同’은 아Q가 왕털보의 목을 내리치는 시늉을 하는 장면에 대한 회상이다. 하지만 번역문에서는 아Q가 우 어멈에게 같이 자자고 말한 다음 여자들이 아Q만 보면 문을 걸던 그 장면으로 잘못 생각하고 번역하였다. 완전히 문맥을 놓인 번역문으로 역시 오역에 속한다.

다음은 생선 이름을 옮기면서 나타난 오역의 경우이다.

(64)[27]

油煎大头鱼, 未庄都加上半寸长的葱叶, 城里却加上切细的葱丝.[28]

웨이좡과 성안에서 대구를 기름에 지지는 요리를 할 때 파를 길쭉하게 썰어 넣는지, 채로 썰어 넣는지에 대한 차이를 말하고 있는 장면이다. 원문의 ‘大头鱼’는 ‘대구’로서 기름에 지닌 대구요리는 중국인들이 일상적으로 먹는 음식이라 할 수 있다. 그중에서 이욱연은 ‘대구’로 정확하게 옮겼다.

> **대구를** 기름에 지진 다음 파잎을 반치 길이로 썰어 위에 얹는데, 성안 사람들은 파잎을 가늘게 채를 썰어 얹는다는 거였다.[29]

---

26) 김시준(2008), 155-156쪽/「그리고 이런 기색은 예전에 그가 올까 봐 대문을 〈찰칵〉 하고 닫아걸던 때와는 사뭇 달랐다. 가히 〈존경하면서도 멀리하는〉 것이라 할 수 있었다.」 김태성(2011), 142쪽

27) 인용문(2)와 동일함

28) 『鲁迅全集』(第一卷), 人民文学出版社, 1991, 491쪽

29) 이욱연(2011), 19쪽

그 외에도 문현선(2018), 신여준(2011), 전형준(1996), 북트랜스(2015) 등[30]도 모두 정확하게 원문을 옮겼다. 반면에 번역문에서 대구를 '도미'로 번역한 예들이 좀 많이 보이는데, 노신문학회(2003), 이철준(1991)의 경우를 보기로 하자.

> 미장에서는 **도미를** 기름에 지진 다음 파잎을 길쭉하게 썰어 넣는데, 성에서는 파대가리를 가늘게 썰어 넣었다.[31]

또 엄영욱(2012), 김시준(2008), 김태성(2011), 박운석(2008), 김하중(1981), 우인호(2007), 이문희(1978), 김욱(1988), 최은정(2009), 윤화중(1994), 권순만(1990), 허세욱(1983), 윤수천(2007), 장수철(2006), 안영신(2001), 조성하(2000) 등에서도 모두 '도미'[32]로 오역하였다. 또 성원

---

30) 「기름에 대구를 구울 때 웨이좡에서는 파를 반 치 길이로 잘라 넣었지만 성안 사람들은 가늘게 썰어 넣었다.」 문현선(2018), 35쪽/ 「또 기름으로 튀긴 대구 부침 요리를 만들 때 웨이좡에서는 반 치 길이로 파를 썰어 넣는데, 읍내에서는 파를 훨씬 잘게 썰어 넣었다.」 신여준(2011), 124쪽/ 「대구를 지질 때도 웨이주앙에서는 반 치 길이의 파를 얹었는데 성내에서는 실처럼 가늘게 썬 파를 얹었다.」 전형준(1996), 69쪽/ 「또한 웨이좡에서는 기름에 튀긴 대구에 반치 길이로 파를 썰어서 얹는데, 성내에서는 파를 가늘게 채 썰기로 썰어 얹는다는 것이었다.」 북트랜스(2015), 19쪽

31) 노신문학회(2003), 106쪽, 이철준(1991), 96쪽

32) 「웨이좡에서는 도미를 기름에 지질 때 파를 반치 길이로 썰어 넣는데, 성안에서는 파를 가늘게 썰어 넣는다.」 엄영욱(2012), 17쪽/ 「도미를 기름에 튀길 때 미장에서는 모두 반치 길이의 파를 얹는데 성안에서는 잘게 썬 파를 얹는다.」 김시준(2008), 121쪽, 김태성(2011), 108쪽, 박운석(2008), 83쪽, 김하중(1981), 67쪽/ 「미장에서는 기름에 지진 도미에 반(半)치 길이의 파를 썰어 얹는데, 성안에서는 채로 썬 파를 얹었다.」 우인호(2007), 48쪽/ 「또한 阿(아)Q가 살고 있는 웨이주앙에서는 도미튀김을 할 때 파를 五등분 程度(정도)로 잘라서 넣지만 城內(성내)에서는 송송 썬 파를 넣는다.」 이문희

경(1983), 김진욱(1992), 김범수(2003) 등은 '대구'를 '잉어'[33]로 번역을 하였는데 역시 위와 같은 오역이라 할 수 있다.

다음은 '氏族'에 대한 오역 사례들이다. 아래 구체적 번역문에서 나타난 오류를 보기로 하자.

(65)

此后便再没有人提起他的氏族来, 所以我终于不知道阿Q究竟什么姓.[34]

(1978), 19쪽/「기름에 튀긴 도미에다 웨이주앙에서는 절반쯤 자른 파를 넣는데, 성안에서는 잘게 썬 파를 넣는다.」김욱(1988), 16쪽/「도미를 튀길 때 웨이주앙에서는 모두 반 치 길이의 파를 얹는데, 성안에서는 잘게 썬 파를 얹었다.」최은정(2009), 61쪽/「기름에 지진 도미에 웨이좡 사람들은 파를 반 치 길이로 썰어 넣는데 문안에서는 가늘게 채 쳐서 넣는다.」윤화중(1994), 22쪽/「도미를 튀기는 데 미장에서는 5푼 길이로 자른 파를 곁들이는데, 도시에서는 잘게 썬 파를 곁들였다.」권순만(1990), 61쪽/「또 미장 사람들은, 기름에 지진 도미에 파를 반 치쯤 길게 썰어 넣었다. 그런데 문안에서는 가늘게 채 쳐서 넣는다.」허세욱(1983), 37쪽/「미장에서는 도미 튀김에 모두 반 치 길이의 파를 곁들이는데, 성 안에서는 가늘게 썬 파를 곁들인다.」윤수천(2007), 23쪽/「또 웨이주앙에서는 기름에 지진 도미에 반 치 길이의 파를 얹건만 성안에서는 가늘게 썬 파를 얹는 것에 대해서도 잘못된 것이라며 우습게 생각했다.」장수철(2006), 27쪽/「미장에선 기름에 지진 도미에 모두 반(半) 치 길이의 파를 썰어 얹는데, 성안에서는 채로 썬 파를 얹는다.」안영신(2001), 106쪽/「미장에선 도미 튀김에 반치 길이의 파를 얹는데, 성안에서는 채로 썬 파를 얹는다.」조성하(2000), 16쪽

33)「기름에 튀긴 잉어에 미장에서는 오푼五分 길이로 자른 파를 양념으로 넣는데, 성안에서는 잘게 썬 파를 양념으로 넣는다.」성원경(1983), 14쪽, 김진욱(1992), 14쪽, 김범수(2003), 15쪽

34)『鲁迅全集』(第一卷), 人民文学出版社, 1991, 488쪽

‘氏族’의 사전적 의미로는 글자 그대로 ‘씨족’이다. 씨족은 원시사회의 최초로 나타난 기본사회조직으로 설명된다. 그런데 위의 문맥에서 ‘氏族’은 성씨를 뜻한다. 아Q가 자오 수재와 같은 성씨로서 항렬로 계산하면 증조부뻘이 된다고 말하였다고 곤욕을 치르는 장면 다음의 문장이기 때문이다. 그래서 김시준(2008), 조관희(2018), 이욱연(2011), 북트랜스(2015), 김태성(2011), 박운석(2008), 안영신(2001), 문현선(2018), 최은정(2009), 북트랜스(2015), 이욱연(2011), 정석원(2004), 조성하(2000) 등[35] 대부분의 번역자들은 성씨, 성으로 번역하였다. 김시준(2008)의 번역문을 예로 보자.

> 그 뒤부터는 아무도 그의 **성씨**에 대하여 운운하지 않았으므로 나도 아큐의 성이 무엇인지 결국 모르게 되었다.[36]

위 번역은 모두 적절한 번역이라 하겠다. 이 밖에 허세욱(1983)은 ‘족보’[37]로 번역하였는데 아Q의 성과 家系를 가리키는 단어에 속하므로 가능한 번역이라 생각된다. 노신문학회(2003), 이철준(1991)과 엄영욱(2012) 등은 ‘성이며 조상’[38]으로 번역하였는데 단어를 구성하는 각

---

35) 조관희(2018), 66쪽, 이욱연(2011), 12쪽, 북트랜스(2015), p13쪽. 김태성(2011), p104쪽, 박운석(2008), 78쪽, 북트랜스(2015), 13쪽, 이욱연(2011), 12쪽, 정석원(2004), 11쪽, 조성하(2000), 12쪽 등이 이 경우에 속한다.

36) 김시준(2008), 117쪽

37) 「그 다음부터는 다시 그의 족보를 들추어내려는 사람이 없었다.」 허세욱(1983), 25쪽

38) 「이런 일이 있은 후로는 어느 누구도 그의 성이며 조상에 대해서는 한마디도 하지 않았으므로 나는 끝내 아Q의 성이 무엇인지 모르고 지냈다.」 노신문학회(2003), 103쪽, 이철준(1991), 92쪽/「이런 일이 있던 후로는 어느 누구도 그의 성이며 조상에 대해 말한 일이 없으므로, 나는 끝내 아Q의 성이

글자를 모두 고려하면서 뜻을 정확하게 전달하기 위해 고심한 결과로 보인다. 다만 원문의 단어에 해당하는 하나의 번역어를 제시하지 않고 설명식으로 옮겼다는 점에서 약간의 문제가 있다고 할 수 있다. 이것은 '瓜子'가 수박씨 혹은 해바라기씨 가운데 일부만 포함한다고 하여 '수박씨와 해바라기씨'로 번역해도 좋은지에 대한 의문과 연관되어 있다.

'氏族'의 번역과 관련하여 가장 문제 있는 번역은 '씨족'으로 번역한 김진욱(1992), 김범수(2003) 등[39]의 경우이다. 사전의 의미만 가지고 보자면 전혀 문제가 없는 번역이겠지만 원문의 문맥이 아Q의 성씨, 조상, 족보 등을 가리키는 단어였다는 점을 고려하지 않은 기계적 번역이라 할 수 있다. 기본적으로 오역의 범주에 속한다. 한편 번역과 관련하여 다양한 문제점들을 노정하고 있는 이문희(1978)의 경우, '氏族'을 '근본'이라고 번역했다.

> 그 일이 있고부터는 阿Q의 **근본**에 관해 문제 삼으려는 사람이 없었다. 그러기에 결국은 나도 阿Q가 어떤 성을 가졌는지 알아내지 못하고 말았다.[40]

'提起'를 '문제 삼는다'로 번역한 것도 문제가 있어 보이지만 중요한 오류는 '氏族'을 '근본'으로 번역했다는 점이다. 한국어의 환경에서 '근본'은 족보를 가리키는 말로 쓰이는 경우가 있기는 하다. 그것은 대부분

무엇인지 알지 못하고 말았다.」 엄영욱(2012), 14쪽

39) 「그 뒤로는 아무도 그의 씨족에 관한 말을 꺼내는 사람이 없었다. 그래서 나도 결국 아Q의 성이 무엇인지를 모르고 있다.」 김진욱(1992), 9쪽, 김범수(2003), 10쪽

40) 이문희(1978), 13쪽

'근본 없는 사람'과 같이 폄하하는 말로 쓰이며 그 자체로는 '성씨'라는 뜻을 표현하기 어렵다. 그런 의미에서 원문의 뜻을 훼손하거나 효과적으로 전달하지 못하는 오역의 범주에 속하는 번역이라 하겠다.

다음은 주인공 아Q의 이름에 대한 노신의 설명이다. 설명이라기보다는 무수한 답안을 이끌어내고 있는 풀리지 않는 수수께끼를 제시하고 있는 문장이기도 하다.

(66)

我曾仔细想: 阿Quei, 阿桂还是阿贵呢?[41]

우선 우리는 이 문장을 통해 아Q가 아Quei의 줄임말이라는 것을 확인할 수 있다. 또한 그것이 '阿桂'나 '阿贵'와 같은 중국인의 흔한 이름의 발음표기일 수도 있다는 것을 짐작할 수 있다. 그런데 당시 노신이 말한 바 유행하던 다양한 영문표기법[42]에서 '阿桂', '阿贵'의 설근음을 'Q'로 표기한 예를 찾을 수 없다. 대표적으로 중국어 영문표기법 중 비교적 보편적으로 쓰인 웨이드자일 시스템에서는 '桂'나 '贵'를 'Kuei'로 표기한다. 그렇다면 노신은 이 'Quei'라는 표기를 어디에서 가져온 것일까? 만약 'Quei'로 표기하는 시스템이 없는데 노신이 이것을 자의적으로 썼다면 이 자체가 당시 린위탕이나 호적이 이끌었던 어문운동에 냉소적이었던 태도를 반영한 것이라 볼 수도 있다. 더 중요하게 주목해야 할 것은 'Quei'와 '桂', '贵' 사이에 존재하는 부등호(≠)이다. 노신이 문학이

---

41) 『鲁迅全集』(第一卷), 人民文学出版社, 1991, 489쪽

42) 원문, 당시 노신이 접했을 영문표기법을 망라해보자면 泰西字母(1981), 威玛氏音标, 등이 있었다.

라는 비수와 창을 가지고 깨우고자 했던 무수한 '아Q'들은 '桂'처럼 우아한 존재도 아니었고, '贵'로 표현할 수 있는 고귀한 존재도 아니었다. 어떤 한자를 가지고 표현해도 그 사이에 존재하는 부등호를 지울 길이 없다. 노신이 표현하고자 했던 것은 바로 이것이 아니었을까?

바로 이런 이유에서 원문의 '아Quei'를 한국어 발음으로 바꾸면 문제가 생긴다. 그래서 성원경(1983), 권순만(1990), 최은정(2009), 신여준(2011), 문현선(2018), 이철준(1991), 김하중(1981) 등은 이것을 '아Quei'[43]로 옮겼다. 성원경(1983)의 번역문을 예로 들면 다음과 같다.

---

43) 「아Quei는 아계(阿桂)일까, 아귀(阿貴)일까 하고 말이다.」 권순만(1990), 58쪽/ 「나는 아Quei를 아꾸이(阿桂)로 써야 하는가, 아꾸이(阿貴)로 써야 하는가 하고 곰곰이 생각해본 적이 있다.」 이철준(1991), 93쪽/ 「나는 아Quei가 글자로 아꿰이阿桂인지 아니면 아꿰이阿貴인지를 곰곰이 생각해 보았다.」 박운석(2008), 79쪽/ 「阿Quei란 '아꿰이(阿桂)'일까, 그렇지 않으면 '아꿰이(阿貴)'일까?」 이가원(1980), 25쪽/ 「나는 이전에 아Quei를 아계라 쓰는지, 아니면 아귀라고 쓰는지 곰곰이 생각해 본 적이 있다.」 김범수(2003), 10쪽/ 「아Quei가 아꿰이(阿桂)일까 아니면 아꿰이(阿貴)일까.」 최은정(2009), 58쪽 / 「나는 일찍이 아Quei를 '아구이(阿桂, 아계)'로 쓸까 '아구이(阿貴, 아귀)'로 쓸까 곰곰이 고민해본 적이 있다.」 신여준(2011), 119쪽/ 「일찍이 나는 여러모로 생각해 보았다. 阿Quei라는 건 〈아꾸이〉(阿桂)일까, 아니면 〈아꾸이〉(阿貴)일까?」 김하중(1981), 65쪽/ 「아Quei의 한자가 아꾸이(阿桂)인지, 아꾸이(阿貴)인지 곰곰이 생각해 보았다.」 문현선(2018), 31쪽/ 「나는 곰곰이 생각해 보았다. 아Quei라는 건 '아꿰이(阿桂)'일까, 아니면 '아꿰이(阿貴)'일까?」 김시준(2008), 117쪽/ 「예전에 나는 아Quei가 아구이阿桂인지 아구이阿貴인지에 대해 곰곰이 생각해 본 적이 있다.」 루쉰전집번역위원회(2010), 109쪽/ 「나는 여러모로 생각해 보았다. 아Quei는 아구이(阿桂)일까, 아구이(阿貴)일까?」 조관희(2018), 67쪽/ 「나는 아Quei를 아구이阿桂로 써야 할지 아구이阿貴로 써야 할지 곰곰이 생각해 본 일이 있다.」 장수철(2006), 23쪽

> 나는 이전에 아Quei를 **아계(阿桂)라 쓰는지, 아니면 아귀(阿貴)라고 쓰는지** 곰곰 생각해 본 적이 있다.[44]

그 발음이 '아퀘이'인지 '아꿰이'인지 판단을 보류하고자 했던 노신의 의도를 염두에 둔 번역으로 생각된다.

안영신(2001), 우인호(2007) 등은 '阿Quei'를 '아쿠이'[45]로, 허세욱(1983)은 '아퀘이'[46]로, 조성하(2000)는 '아퀘이[Quei]'[47]로 표기하였다. 노신의 의도가 '桂', '贵' 등의 발음을 비트는 데 있었던 것은 분명하지만 이것을 꼭 '쿠이', '퀘이'로 표현하고자 했던 것은 아니다. 그렇게 읽어버리면 노신의 이 수사적 장치를 지나치게 단순화하는 일이 되어버린다. '阿Quei'를 '아쿠이'로 음역할 경우, 연쇄적 오역이 일어날 수 있다. 예를 들어 윤화중(1994)의 경우는 다음과 같다.

> 나는 전에 곰곰이 생각해 본 적이 있었다. **아쿠이(阿Quei)가 아쿠이(阿桂)나 아쿠이(阿貴)가 아닐까 하고.**[48]

'阿Quei'를 의심없이 '아쿠이'로 옮기고 나니 '阿桂', '阿贵' 역시 '아쿠이'로 옮긴 것이다. 또 원전의 텍스트에 대한 집중도가 떨어지는 번역

44) 성원경(1983), 8쪽

45)「나는 곰곰이 생각해 보았다. 아쿠이란 아계(阿桂)일까, 그렇지 않으면 아귀(阿貴)일까?」 우인호(2007), 44쪽

46)「그가 살아 있을 적에 사람들은 '아궤이(아Quei)'라고 불렀지만, 죽은 다음에는 아궤이를 두 번 다시 입에 올리는 사람이 없었다.」 허세욱(1983), 25쪽

47)「그가 살아 있을 당시에는 사람들 모두가 그를 아퀘이[Quei]라고 불렀지만, 죽은 뒤로는 누구 하나 아퀘이[Quei]라는 말을 입에 올리는 사람이 없었다.」 조성하(2000), 12-13쪽

48) 윤화중(1994), 18쪽

문을 내고 있는 이문희(1978)의 경우를 보면 다음과 같다.

> 나는 전부터 阿Q의 이름에 대해 여러 가지로 생각해 보았었다. 阿Quei라는 발음이라면 이를 〈아퀘(阿桂)〉라고 써야 할 것인지, 〈아퀘(阿貴)〉라고 써야 할 것인지 하고.[49]

이문희(1978)는 위와 같이 설명식으로 번역하고 있다. 원문에 없는 '아Q의 이름에 대해'라는 문장을 넣어 아Q가 '阿Quei'에서 온 것임을 밝히고자 한 것은 과잉번역에 속하며, '阿Quei'를 '아퀘'로 읽어 '阿桂', '阿贵'를 모두 '아퀘'로 옮기고 있다. 역시 이 문장의 의미층을 단순화한 오역에 속한다.

'阿Quei'를 '桂', '贵'의 발음인 '구이', '꿰이' 계열로 옮기는 것 역시 심각한 단순화의 오류를 범하는 일이 된다. 예컨대 전형준(1996)은 이것을 '아꾸이'[50], 정석원(2004)은 '아꿰이'[51]로 음역표기하였다. 'Quei'의 Q가 설근음 g[웨이드자일식에서는 k]를 대신하는 로마자 표기라고 이해했다는 말이다. 노신이 왜 당시의 표준방식을 버리고 부합되지 않는 음가인 Q를 택했을까 하는 당연한 질문조차 하지 않은 것이 아닐까 하는 비판이 있을 수 있다. 이에 비해 '阿Quei'를 '아Q'로 번역한 엄영욱(2012)의 번역문을 보기로 하다.

> 나는 아Q를 아꾸이(阿桂)로 써야 하는가, 그렇지 않으면 아꾸이(阿貴)

---

49) 이문희(1978), 14쪽

50) 「나는 자세히 생각해 보았었다. 아꾸이라는 게 아꾸이(阿桂)일까 아꾸이(阿貴)일까?」 전형준(1996), 65쪽

51) 「나는 '아꿰이'에 대해 곰곰이 생각해 본 적이 있었다. 어떻게 표기해야 할까? '아꿰이(阿桂)' 아니면 '아꿰이(阿貴)'인가?」 정석원(2004), 12쪽

로 써야 하는가 하고 곰곰이 생각해 본 일이 있다.[52]

이런 번역은 문장의 복잡한 의미층을 살펴보지 않고 바로 그것이 가리키는 인물로 이해하는 오류를 범하고 있다.

이 문장의 '阿桂', '阿贵'를 '아계', '아귀'의 한국어 발음으로 옮긴 번역가도 있다. '아꾸이', '아구이'와 같이 중국어 발음으로 표기한 번역가도 있다. 이것은 한국의 외국어표기법[53]에 대한 중국학계의 태도와 연관되어 있다. 중국 문헌의 인명과 지명을 한국식으로 표기할 것인지, 중국식으로 표기할 것인지, 또 중국식으로 표기한다면 무엇을 기준을 할 것인지 하는 문제들에 대해 보편적 동의가 없이 각자의 취향대로 옮기는 경향이 있었던 것이다. 그럼에도 대체로 초기의 번역은 한국식 발음으로 표기하는 경우가 많았고, 시대가 지날수록 중국식 발음표기가 주를 이루고 있다는 점은 분명해 보인다.

이 중 차별성을 갖고자 한 번역으로 이욱연(2011), 북트랜스(2015)의 번역문을 들 수 있다. 번역문에서는 다음과 같은 문장을 제시한다.

> 전에 나는 곰곰이 생각해 본 적이 있다. 대관절 아Quei는 **계수나무 계(桂)자를 쓴 아구이(阿桂)일까, 귀할 귀(貴)자를 쓴 아구이(阿贵)일까?**[54]

대부분의 번역가들은 '阿Quei'와 '阿桂', '阿贵'의 발음이 동일한 지 여부를 전달하는 데 힘을 쏟았다. 이에 비해 이욱연(2011), 북트랜스

52) 엄영욱(2012), 14쪽

53) 한글 맞춤법 문교부 고시 제88-1호(1988년 1월 19일)

54) 이욱연(2011), 13쪽, 북트랜스(2015), 14쪽

(2015)는 글자 자체의 뜻과 발음을 함께 부각시키고 있다. 독자에 대한 배려를 충분히 하고 있는 번역의 한 예가 될 수도 있다.

다음은 단어 '生怕'를 누락하거나 잘못 이해하여 일어난 오류의 경우이다.

(67)

生怕注音字母还未通行，只好用了"洋字".[55)]

주인공 아Q의 이름에 대한 노신의 설명 중에서 왜 영문 자모 'Quei'를 사용하게 되었는지를 설명하는 장면이다. 주음자모[56)]는 한자에 음을 표기하기 위하여 만들어진 자모인데, 1918년에 중국 북양 정부 교육청에서 반포한 것이다. 그런데 노신이 이 글을 쓸 때는 이미 몇 년이 지난 뒤었으므로, 주음자모가 완전히 보급되지 않았기 때문에 영국에서 통용되는 발음표기법을 사용하였다고 말하는 것은 너무 단정적이다. 그래서 노신은 '生怕'라는 두 글자를 사용하여 그 절대적임을 피하려 하였다. 김태성(2011)의 경우를 보면 다음과 같다.

> 주음자모(注音子母)는 아직 일반적으로 통용되지 않는 것 같으니 하는 수 없이 서양문자를 써서…[57)]

---

55)『鲁迅全集』(第一卷), 人民文学出版社, 1991, 489쪽

56) 百度의 汉语注音符号(Chinese zhuyin)를 참조, 간략하게 注音符号라고도 부르고, 또 注音字母라고도 부름, 是为汉语汉字注音而设定的符号. 以章太炎的记音字母作蓝本, 191 3年由中国读音统一会制定, 1918年北洋政府教育部正式颁行.

57) 김태성(2011), 105쪽

예문을 보면 '生怕'를 '는 것 같다'로 옮겨 노신이 전달하고자 하는 뜻을 정확히 옮겼다. 박운석(2008), 정노영(1994), 이가원(1989), 이가원(1980), 조성하(2000), 허세욱(1983), 이철준(1991) 등[58]도 모두 같은 번역사례를 보이고 있다. 또 김하중(1981), 이문희(1978) 등은 '—을 것이다'[59]로, 김정화(1985), 루쉰전집번역위원회(2010) 등은 '—을 터이다'[60]로 옮겼다. 모두 불확실한 의미를 나타내는 종결어미로 노신이 밝히고자 한 뜻을 정확히 옮겼다.

하지만 아래의 많은 번역문을 보면 모두 이 한 층의 의미를 누락시킨 경우가 허다하다. 성원경(1983)은 다음과 같이 누락된 번역을 하였다.

> 주음자모(注音字母)는 아직 보급되어 있지 않으니…[61]

---

58) 「주음자모注音字母가 아직 통용되지 않는 것 같아 서양문자를 사용할 수밖에 없었고…」 박운석(2008), 80쪽/ 「주음자모(注音字母)는 아직 일반적으로 통용되지 않는 것 같으니 부득이 서양 문자를 써서…」 정노영(1994), 15쪽, 이가원(1989), 5쪽, 이가원(1980), 26쪽, 조성하(2000), 14쪽/ 「주음자모(注音字母: 중국어 발음을 표기하는 부호. 1918년에 제정되었음—역주)는 아직 통용되지 않는 것 같으니 서양글자를 쓰는 수밖에 없다.」 전형준(1996), 66쪽/ 「주음자모(注音字母, 1918년 중국 정부가 제정한 중국 표음 기호)도 아직 널리 통용되지 않는 것 같아서, 할 수 없이 '서양글자'를 사용하였다.」 허세욱(1983), 28쪽/ 「주음자모는 아직 일반화되지 않은 것 같으므로 나는 부득불 〈서양자모〉를 쓰는 수밖에 없어…」 이철준(1991), 93쪽

59) 「아마도 주음부호(主音符號: 중국어의 발음부호)는 아직 통용되지 않을 것이니, 어쩔 수 없이 〈서양 문자〉를 써서…」 김하중(1981), 65쪽/ 「아마 주음부호(중국의 발음기호—주)는 아직도 널리 보급돼 있지 않을 것인즉, 부득이 〈서양문자〉를 사용하여…」 이문희(1978), 15쪽

60) 「注音字母는 아직 일반인에게 널리 통용되어 있지 않았을 터이므로 할 수 없이 '서양글자'를…」 김정화(1985), 73쪽/ 「혹시 주음자모注音字母가 아직 통용되지 않았을 수도 있을 터, 그러니 할 수 없이 '서양 문자'를 빌려…」 루쉰전집번역위원회(2010), 109쪽

안영신(2001)도 '주음자모(注音字母)는 아직 일반적으로 통용되지 않았으므로'[62]로 번역을 하고 있다. 이 범주에 속하는 다른 번역의 사례는 또 김범수(2003), 신여준(2011), 조관희(2018), 우인호(2007), 이민수(1990), 윤화중(1994), 김진욱(1992), 정석원(2004)[63] 등으로 모두 같은 오역의 사례에 속한다.

다음은 단어 '乖史法'에 대한 오역의 경우이다.

(68)

即使说是"未庄人也", 也仍然有乖史法的.[64]

---

61) 성원경(1983), 8쪽

62) 안영신(2001), 104쪽

63) 「주음자모는 아직 보급되어 있지 않으니 부득이 서양 문자를 사용하고…」 김범수(2003), 11쪽/ 「주음부호(注音符號, 옛날 중국어 발음부호, 현재 타이완에서 통용됨)가 아직 통용되지 않던 시절이라 양코배기 문자를 쓸 수밖에 없었고…」 신여준(2011), 120쪽/ 「주음자모(注音字母)가 통용되지 않고 있었으므로, 단지 '서양글자'를 이용해…」 조관희(2018), 67쪽/ 「주음자모(注音字母)는 아직 일반적으로 통용되지 않았으므로 부득이 서양문자를 써서…」 우인호(2007), 45쪽/ 「주음부호(主音符號, 한자음을 나타내는 중국식 발음부호)는 아직 통용되어 있지 않으니 부득이 서양 문자를 써서…」 이민수(1990), 84쪽/ 「주음자모(注音字母, 중국식의 한자발음기호—주)도 아직 통용되지 않고 있어서 할 수 없이 서양글자를 사용했다.」 윤화중(1994), 19쪽/ 「주음자모(注音字母)는 아직 보급되어 있지 않으니 부득이 서양 문자를 사용하고…」 김진욱(1992), 11쪽/ 「당시만 해도 주음자모(注音字母, 중국어의 발음기호)가 아직 통용되지 않았던 때라 하는 수 없이 '양자(洋字)'를 사용키로 했는데…」 정석원(2004), 12-13쪽/ 「주음자모(注音字母)(중국어 발음을 표기하는 부호)는 아직 일반적으로 쓰이지 않으므로 나는 부득불 서양문자를 쓸 수밖에 없었다.」 장수철(2006), 24쪽

64) 『鲁迅全集』(第一卷), 人民文学出版社, 1991, 489쪽

위 문장의 史法은 규범화된 역사기술원칙을 뜻하는 말이다. 일찍이 한유는 甄济, 甄逢 부자의 일을 역사기술원칙에 맞게 작성하여 보낸 元稹의 글을 본 뒤 그것이 史法에 부합하므로 역사서에 붙여질 자격이 있다[65]는 답신을 보낸 바 있다. 그러므로 史法은 해당 인물의 가계, 출신지역, 구체적 생애 등을 기록하는 다양한 원칙의 총합을 가리키는 말로 이해되어야 한다. 신여준(2011)은 '史法'을 다음과 같이 '춘추필법'이라고 번역하였다.

> 설령 '웨이장 사람이라고 쓸 수 있겠지만 이는 **춘추 필법**에 어긋나는 것이다.[66]

여기에서 말하는 '춘추필법'이란 微言大义를 특징으로 하는 독특한 역사기술법 중의 하나이지 역사기술법 그 자체는 아니다. 때문에 이는 오역에 속한다. 부분의 의미를 가지고 전체를 대신하고자 했기 때문이다. 그 외에도 장수철(2006)의 '공정한 필법'[67], 엄영욱(2012)의 '공정한 사법史法'[68]이라는 번역 또한 다양한 역사기술원칙의 총합을 '공정함'으로 한정했으므로 오역에 해당한다. 우인호(2007)는 또 '史法'을 '법'으로 번역했다.

> 미장 사람이라 해도 **법에 어긋나기는** 역시 마찬가지다.[69]

---

65) 谨详足下所论载, 校之史法, 若济者, 固当得附书. 韩愈, 『答元侍御书』

66) 신여준(2011), 121쪽

67) 「만일 그를 '웨이주앙 사람'이라고 쓴다면 역시 공정한 필법에서 어긋나는 것이다.」 장수철(2006), 25쪽

68) 「만일 그를 "웨이좡 사람이다."라고 쓴다면 역시 공정한 사법史法에 어긋나는 것이다.」 엄영욱(2012), 15쪽

이 예문 역시 완전한 오역에 속한다. 또 김정화(1985)는 '歷史에 어긋나는 것이 된다'[70]로 옮겼는데 '史法'은 역사기술원칙이지 '역사' 그 자체는 아니다. 더구나 김정화(1985)와 같이 번역하면 마치 아Q에 대한 역사가 따로 있다는 오해를 불러일으킬 수 있다.

다음은 '土谷祠'에 대한 번역에서 오역의 경우를 보자.

(69)

阿Q没有家，住在未庄的土谷祠里。[71]

'土谷祠'에서 '土'는 토지를 뜻하고, '谷'는 다섯 가지 곡식을 뜻하므로 이 단어는 '토지신과 곡식신을 모시는 사당'을 말한다. 한국의 경우 社稷坛이 이 기능을 한다고 볼 수 있다. 원래 중국에서는 보통 신성한 종교장소를 '寺, 庙, 祠, 观, 庵'으로 분류하는데 대체로 '寺'는 불교사원, '庙'는 신성한 귀신들을 모시는 곳, '祠'는 조상을 모시는 사당, '观'은 도교사원, '庵'은 비구니 사원을 가리키는 글자로 쓰인다. '土谷祠'는 '祠' 대신 '庙'를 써야 격에 맞을 것이다. 그런데 작품의 배경이 된 土谷祠가 실제로 소흥지역에 있고, 이곳에는 '土地公公'과 '土地婆婆'가 모셔져 있다. 토지신과 곡식신을 모시는 통합적 기능을 수행할 계획이었다가 토지신만 모시게 되었던 것으로 이해된다. 그러므로 이 '土谷祠'는 '토지묘'와 차이가 없다고 보아야 한다. 이 '土谷祠'를 '庙'라 하지 않고 '祠'로 한 것은 규모가 작았기 때문인 것 같다. 어찌되었든 '土谷祠'는

---

69) 우인호(2007), 46쪽

70) 김정화(1985), 74쪽

71) 『鲁迅全集』(第一卷), 人民文学出版社, 1991, 490쪽

'토곡사', '토지묘' 등으로 번역되어야 한다.

장기근·이석호(1988), 김진욱(1992), 이철준(1991) 그리고 노신문학회(2003), 김범수(2003), 장수철(2006) 등[72] 번역문에서는 '토지묘'로 옮겼다. 노신문학회(2003)의 번역문을 예로 들면 다음과 같다.

> 그는 미장의 **토지묘** 안에서 살았다.[73]

또 박운석(2008), 이가원(1980), 윤화중(1994), 문현선(2018), 허세욱(1983), 정석원(2004) 등은 '토곡사'[74]라고 그대로 옮겼다. 다만 '토지묘'는 '토지신을 섬기는 사당'이라는 의미가 바로 전달되는 반면, '토곡사'로 옮기면 자칫하면 '불교의 사찰'을 가리키는 것으로 이해될 수도 있다.

흥미로운 것은 이욱연(2011), 북트랜스(2015) 등[75]의 번역이다. 그들

---

72) 「阿Q는 집이 없이 미장의 土地廟에서 살고 있었다.」 성원경(1983), 13쪽, 김진욱(1992), 13쪽, 김범수(2003), 13쪽/ 「阿Q에게는 집이 없었다. 미장 마을의 土地廟에 살고 있었다.」 김정화(1985), 74쪽/ 「그는 미장의 토지묘 안에서 살았다.」 장기근·이석호(1988), 75쪽, 이철준(1991), 94쪽/ 「아Q는 집이 없다. 그는 웨이주앙의 토지묘 안에서 살면서 일정한 직업이 없이 그저 남의 집 품팔이를 했다.」 장수철(2006), 26쪽

73) 노신문학회(2003), 106쪽

74) 「아Q는 집도 없이 웨이좡의 토곡사土穀祠에서 살고…」 박운석, 82쪽/ 「阿Q는 집도 없이 웨이쯔왕의 토곡사(土穀祠=토지신을 모신 사당) 안에 살고 있었으며…」 이가원(1980), 28쪽/ 「아큐는 집도 없이, 웨이좡에 있는 토곡사(土穀祠, 지신〔地神〕에게 제사 지내는 사당—주)에서 살았다.」 윤화중(1994), 21쪽/ 「아Q는 집이 없어서 웨이좡의 토지신을 모시는 토곡사에서 지냈다.」 문현선(2018), 33쪽/ 「아큐는 집도 없이, 미장에 있는 토곡사(土谷祠)에서 살았다.」 허세욱(1983), 33쪽/ 「아Q는 집도 없었다. 그는 웨이좡의 토곡사(土谷祠, 토지신을 모신 사당)에서 살았다.」 정석원(2004), 14쪽

75) 이욱연(2011), 17쪽, 북트랜스(2015), 17쪽

의 번역문은 다음과 같다.

> 아Q는 집이 없어서, 웨이좡 마을에 있는 **토지신과 곡식신을 모시는 사당**에서 살았다.

그는 '토곡사'를 '토지신과 곡식신을 모시는 사당'으로 번역하였다. 문자만 가지고 보자면 바람직한 번역에 속한다. 그런데 노신이 「아Q정전」의 배경으로 삼은 '토곡사'에 '土地公公'과 '土地婆婆'만 모셔져 있다는 것이 문제가 될 수 있다. 오역이라 할 수는 없지만 문맥의 고려 없이 단어의 뜻만 충실히 옮긴 것이 아닌가 하는 생각이 든다.

또 김하중(1981), 신여준(2011)은 이 '土谷祠'를 '서낭당'[76]으로, 권순만(1990)은 '성황당'[77]이라고 번역하였다. 서낭당은 城隍堂의 음변으로 토지와 마을을 수호하는 신을 모시는 곳이다. 당집이 세워져 있기도 하고 큰 고목의 둘레에 돌무더기를 쌓아놓기도 하는데, 마을의 입구에 위치하고 있다. 성황당의 신격은 천신과 산신의 복합체로 이해되고 있다. 중국의 신격체계에서도 성황신 혹은 城隍爺는 마을 혹은 고을의 모든 것을 관장하는 신으로 위치하고 있다. 엄연히 토지신과 다른 기능을 하는 것이다. 그러므로 '土谷祠'를 '서낭당'으로 번역한 것은 오역이라 할 수밖에 없다. 더구나 서낭당은 당집을 갖추었다 해도 집의 형식을 흉내 낸 작은 건축물에 불과하므로 그곳에 거주할 수 없다. 아Q가 살

---

76) 「阿Q는 집이 없었다. 웨이좡의 서낭당 안에 살고 있었다.」 김하중(1981), 66쪽/ 「아Q는 집이 없어서 웨이좡의 서낭당에 거주하였다.」 신여준(2011), 122쪽

77) 「아Q는 집이 없었으며, 미장의 성황당 안에 살고 있었다.」 권순만(1990), 60쪽

수 있는 곳이 아닌 것이다.

다른 오역의 사례로 '土谷祠'를 '사당'으로 오역하고 있다. 김시준(2008)의 경우를 보면 아래와 같다.

> 아큐는 집이 없이 미장의 **신주 모시는 사당**에서 살고 있었으며…[78]

예문에서는 '신주 모시는 사당'으로 처리하였는데, '土谷祠'의 '祠'라는 글자에 주목한 것으로 보인다. 그러나 원문의 '土谷祠'는 '토지신을 모신 곳'으로서 규모가 작기 때문에 '庙' 대신 '祠'라는 글자를 쓴 것이지 '가족 사당'이라는 뜻은 아니다. 그러므로 분명한 오역에 속한다. 엄영욱(2012), 우인호(2007), 정노영(1994), 이민수(1990), 김욱(1988), 이문희(1978), 최은정(2009), 루쉰전집번역위원회(2010), 윤수천(2007), 안영신(2001), 전형준(1996), 조성하(2000) 등 많은 사람들도 모두 '사당'[79]으로 오역하고 있다.

---

78) 김시준(2008), 120쪽

79) 「그는 웨이좡의 사당 안에서 살았다.」 엄영욱(2012), 16쪽, 우인호(2007), 47쪽, 정노영(1994), 17쪽, 이민수(1990), 8쪽/ 「아큐우(阿Q)에게는 집이 없었다. 웨이초왕의 해묵은 사당에서 살고 있었다.」 김욱(1988), 15쪽/ 「阿(아)Q는 집도 없어서 웨이추앙의 외진 구석에 있는 낡은 祠堂(사당)에서 혼자 지내고 있었다.」 이문희(1978), 16쪽/ 「아Q는 집도 없이 웨이주앙의 사당에 살았다.」 최은정(2009), 59쪽/ 「아Q는 집이 없어 웨이좡의 마을 사당에서 살았다.」 루쉰전집번역위원회(2010), 110쪽/ 「아큐는 집이 없어서 미장의 사당(신을 모셔 놓은 집) 안에 살고 있었으며 일정한 직업도 없었다.」 윤수천(2007), 21쪽/ 「아Q는 집도 없이 미장의 사당(祠堂) 안에 살고 있었으며 일정한 직업도 없었다.」 안영신(2001), 105쪽/ 「아Q는 집이 없어서 웨이주앙의 사당에서 살았다.」 전형준(1996), 68쪽/ 「아Q는 집도 없이 미장의 사당 안에 살고 있었으며 일정한 직업도 없었다.」 조성하(2000), 15쪽

다음은 수식어를 잘못 번역한 오역의 경우이다.

(70)

工作略长久时，他也或住在临时主人的家里.[80)]

아Q는 웨이좡 마을에서 고정적인 직업이 없이 일거리가 있어 부르면 이집 저집을 돌아다니며 잡일을 하여 먹고 사는 최하층 인물이다. 위의 문장은 일이 많을 때는 며칠씩 아Q에게 일을 시키는 주인집에서 머무른다는 뜻을 표현했다. 그러므로 일을 하는 동안 주인과 머슴의 관계가 성립하므로 '임시주인'이라 했다. 성원경(1983), 김진욱(1992)의 번역문을 보면 다음과 같다.

> 일이 좀 오래갈 때는 **임시 주인집**에 머무르기도 하지만…[81)]

이가원(1989), 이민수(1990), 김진욱(1992), 정노영(1994), 박운석(2008), 신여준(2011), 김범수(2003) 등도 위의 예문과 비슷하게 '임시 주인집'[82)]으로 번역했고, 김욱(1988), 김정화(1985) 등은 '그때그때의 주인

---

80) 『鲁迅全集』(第一卷), 人民文学出版社, 1991, 490쪽

81) 성원경(1983), 13쪽, 김진욱(1992), 13쪽

82) 「일이 좀 오래 걸릴 때는 그가 어쩌다가 임시 주인집에서 묵기도 했지만…」 이가원(1980), 8쪽, 이가원(1989), 28쪽, 이민수(1990), 85쪽, 권순만(1990), 60쪽, 정노영(1994), 17쪽, 이민수(1990), 85쪽, 박운석(2008), 82쪽/「일이 좀 길어지면 더러 임시 주인집에 머물기도 하였지만 일이 끝나면 바로 그곳을 떠났다.」 신여준(2011), 123쪽/「일이 좀 오래 갈 때는 임시 주인집에 머무르기도 하지만 일이 끝나면 돌아갔다.」 김범수(2003), 14쪽

집'[83]으로 옮겼다. 원문의 뜻을 잘 표현한 적절한 번역의 예라 하겠다.

반면에 수식 관계를 잘못 이해하여 오역한 사례도 적지 않게 나타나고 있다. 예컨대 윤화중(1994)은 아래와 같은 오역을 하였다.

> 오래 걸릴 일이 있을 때는 **임시로 주인집**에 머무르기도 했지만 일이 끝나면 가버리곤 했다.[84]

예문을 보면 '임시로 주인집에서 머무르기도 했지만…'이라고 번역하였다. 원래 '住在临时主人的家里'에서 '临时'는 '主人'을 수식해주는 수식어에 속한다. 하지만 여기에서는 '临时'를 '住'의 목적어로 번역하였다. 문장의 수식 관계를 착각한 오역에 속한다. 장기근·이석호(1988), 정노영(1994), 우인호(2007), 김시준(2008), 김태성(2011), 엄영욱(2012), 조관희(2018), 최은정(2009), 문현선(2018), 허세욱(1983), 루쉰전집번역위원회(2010), 윤수천(2007), 장수철(2006), 안영신(2001), 전형준(1996), 조성하(2000) 등[85] 많은 번역문에서도 이러한 오역을 하고

---

83) 「일이 오래 걸릴 때는 그때그때의 주인집에 자고 먹는 수도 더러 있었지만…」 김욱(1988), 15쪽, 김정화(1985), 74쪽

84) 윤화중(1994), 21쪽

85) 「일이 좀 오래 걸리게 되면 임시로 주인집에서 머무르기도 하지만…」 장기근·이석호(1988), 75쪽, 정노영(1994), 17쪽, 우인호(2007), 47쪽, 김시준(2008), 120쪽, 김태성(2011), 107쪽, 엄영욱(2012), 16쪽, 조관희(2018), 69쪽/ 「일이 좀 길어지면 임시로 주인집에서 묵기도 했지만 일이 끝나면 바로 갔다.」 최은정(2009), 60쪽/ 「일하는 기간이 길 때는 임시로 주인집에 머물렀지만 일이 끝나면 떠났다.」 문현선(2018), 33쪽/ 「일이 좀 많을 때는 얼마간 주인집에서 머무르기도 하지만, 일이 끝나면 곧 가버렸다.」 허세욱(1983), 33쪽/ 「일이 길어지면 주인집에서 임시로 묵을 때도 있었지만, 일이 끝나면 이내 돌아갔다.」 루쉰전집번역위원회(2010), 111쪽/ 「일이 오래 걸릴 때에는 잠시 주인집에서 묵었으나 일이 끝나면 다시 사당으로 돌아왔다.」 윤수천

있다. 전체적인 의미의 전달에 있어서는 문제가 없지만 그래도 원문의 문장을 신중하게 다루지 않았다는 점에서 아쉬움이 느껴지는 번역이다.

다음은 '懒洋洋的瘦伶仃的'라는 단어를 옮기면서 나타난 오역의 경우이다. 아래 구체적인 예문을 보자.

(71)

这时阿Q赤着膊, 懒洋洋的瘦伶仃的正在他面前.[86)]

그것은 아Q의 형상을 묘사하는데 더없이 적절한 말이 된다. 이런 묘사는 아Q가 힘이 빠지고 삐쩍 마른 몸이라는 것을 더욱 드러나 보이게 하는 묘사이다. 특히 '懒洋洋的'은 생기가 없고, 흐느적거리며, 힘이 하나도 없고, 지친 듯한 모습을 독자들에게 전달해 준다. 그러한 상황 속에서도 누가 자신을 칭찬하자 그것이 비웃는 말이나 아무 생각 없이 지나가는 말일 수 있다는 것을 눈치채지 못하고 기뻐하는 아Q의 희극적 형상을 그려내고 있다. 이 점을 고려하여 여러 가지 아래와 같은 번역들이 있다. 이문희(1978)는 다음과 같이 번역하고 있다.

이때 阿(아)Q는 웃통을 벗은 벌거숭이로 **바싹 마른 몸을 흐느적**

(2007), 21쪽/「일이 좀 오래 걸리면 임시로 주인집에서 묵기도 했지만 일이 끝나면 곧 떠났다.」 장수철(2006), 26쪽/「일감이 많으면 임시로 주인집에서 묵기도 했으나 일이 끝나면 곧 돌아갔다.」 안영신(2001), 105쪽/「일이 좀 길어지면 임시로 주인집에서 묵기도 했지만, 일이 끝나면 떠났다.」 전형준(1996), 68쪽/「일이 좀 오래 걸릴 때는 임시로 주인집에서 묵었으나 일이 끝나면 곧 사당으로 돌아갔다.」 조성하(2000), 15쪽

86) 『鲁迅全集』(第一卷), 人民文学出版社, 1991, 490쪽

거리면서 그 노인 앞에 서 있었다.[87]

또 권순만(1990)[88]은 '나른한 듯이', 노신문학회(2003), 이철준(1991)[89]은 '지친 듯', 정노영(1994), 이가원(1980), 이민수(1990) 등은 '멋없이'[90], 김정화(1985), 김하중(1981)은 '우두커니'[91]로 번역했다. 일정 정도 아Q의 맥이 없고 얼이 빠진 모습을 전달하고 있다.

반면에 어떤 번역문에는 '懶洋洋'을 누락, 오역한 문장이 다수 발견된다. 루쉰전집번역위원회(2010)의 경우를 보면 다음과 같다.

> 이때 아Q는 웃통을 벗은 채 **짱마른 몰골로 멋쩍은 듯** 노인 앞에 서 있었다.[92]

그 외에도 김시준(2008), 김태성(2011), 엄영욱(2012), 장수철(2006) 등도 '懶洋洋的'를 '멋쩍게', 혹은 '멋쩍은 듯'[93]으로 옮겼다. '懶洋洋的'

---

87) 이문희, 18쪽

88) 「그때 아Q는 웃통을 벗고 나른한 듯이 비틀비틀 노인 앞에 서 있었다.」 권순만(1990), 60쪽

89) 「그때 아Q는 웃통을 벗어 젖히고 앙상한 몸을 드러낸 채 지친 듯 그 노인 앞에 서 있었다.」 노신문학회(2003), 106쪽, 이철준(1991), 95쪽

90) 「이때 아Q는 웃통을 벗은 채 멋없이 말라빠진 풍채로 그 사람 앞에서 있었다.」 정노영(1994), 17쪽, 이가원(1989), 8쪽, 이민수(1990), 85쪽, 이가원(1980), 28쪽

91) 「그때 阿Q는 웃통을 벗은 채 우두커니 그 노인 앞에서 있었다.」 김정화(1985), 74쪽/ 「그는 윗도리를 벗어 제치고 멍하니 그 노인 앞에 우두커니 서있었던 것이다.」 김하중(1981), 66쪽

92) 루쉰전집번역위원회(2010), 111쪽

93) 「그때 아큐는 웃통을 벗은 채 멋쩍은 듯 말라빠진 몰골로 그 노인 앞에서 있었는데…」 김시준(2008), 120쪽, 김태성(2011), 107쪽/ 「아Q는 웃통을 벗어

의 의미 범주를 넓게 잡아보아도 '멋쩍다'는 의미는 발견되지 않는다. 그러므로 오역에 속한다. 또 성원경(1983), 김진욱(1992), 김범수(2003)는 '나태한 꼬락서니'로 옮겼는데 번역문은 다음과 같다.

> 그때 아Q는 웃통을 벗어젖히고 **나태한 꼬락서니로** 그 노인 앞에서 있었는데...[94]

노신이 표현하고자 한 '懒洋洋的'는 분명히 심신의 극단적 해이상태, 무기력함을 가리키는 말이기는 하지만 나태함과는 약간의 거리가 있다. 그러므로 이런 번역도 오역의 범주에 포함된다. 최은정(2009)은 '내키지 않아하며'[95]로 옮겼는데 이때 아Q는 '일을 잘한다'는 칭찬을 받기는 했지만 구체적으로 어떤 일을 앞두고 있는 것은 아니었다. 전형준(1996)은 '마지못해하며'[96]로 옮겼는데 이런 번역도 오역에 속한다.

다음은 단어 '恼人'에 대한 오역의 경우이다.

(72)

最恼人的是在他头皮上, 颇有几处不知于何时的癞疮疤.[97]

여윈 몸을 드러낸 채 멋쩍게 그 노인 앞에서 우두커니 서 있었다.」 엄영욱(2012), 16쪽/「그를 치켜세우자 웃통을 벗은 그가 여윈 몸을 드러낸 채 멋쩍게 그 노인 앞에 우두커니 서 있었다.」 장수철(2006), 26쪽

94) 「그때 아Q는 웃통을 벗어젖히고 나태한 꼬락서니로 그 노인 앞에 서 있었는데…」 성원경(1983), 13쪽, 김진욱(1992), 13쪽, 김범수(2003), 14쪽

95) 「이때 아Q는 웃통을 벗은 채 내키지 않아하며 삐쩍 마른 몸으로 그의 앞에서 있었다.」 최은정(2009), 60쪽

96) 「그때 아Q는 웃통을 벗은 채 마지못해하며 마른 체구로 그의 앞에 서 있었는데…」 전형준(1996), 68쪽

아Q에게는 언제 생겼는지 모를 머리 부스럼으로 인한 흉터가 있었고, 이것을 아Q 스스로 콤플렉스로 여기고 있음을 표현하는 문장이다. 여기에서 '恼人'은 '고민거리', '걱정거리', '골칫거리'라는 뜻이다. 엄영욱(2012)은 아래와 같이 정확하게 옮기고 있다.

> **제일 고민스러운 것은** 그의 머리에 언제 생겼는지 모를 흉터가 여러 군데 있는 것이다.[98]

또 조관희(2018), 김정화(1985), 김욱(1988), 권순만(1990), 루쉰전집번역위원회(2010), 전형준(1996) 등[99]도 비슷한 번역을 하고 있다.

또 문현선(2018)[100]은 '가장 거슬리는 부분은'으로, 허세욱(1983)은 '가장 울화가 치미는 것은'[101]으로, 신여준(2011)은 '가장 골치 아픈

---

97) 『鲁迅全集』(第一卷), 人民文学出版社, 1991, 491쪽

98) 엄영욱(2012), 17쪽

99) 「가장 큰 근심거리는 그의 머리에 언제 생겼는지 모르는 부스럼자국이 몇군데 남아 있다는 것이었다.」 조관희(2018), 71쪽/ 「첫째의 근심거리는 그의 머리 군데군데에는 언제 생겼는지도 모르는 癩頭瘡자국이 있다는 사실이었다.」 김정화(1985), 75쪽/ 「첫째의 고민거리는 그의 머리의 피부 몇 군데가 언제인지도 모르게 종기 때문에 벗겨져 있다는 것이다.」 김욱(1988), 17쪽/ 「가장 큰 고민은 머리 표면 여기저기에 언제 생겼는지도 알 수 없는 나흔(癩痕)(머리카락이 빠진 자리)이 있는 것이었다.」 권순만(1990), 61쪽/ 「제일 큰 근심거리는 머리 군데군데 언제 생겼는지도 모르는 부스럼 자국이었다.」 루쉰전집번역위원회(2010), 112쪽/ 「가장 고민스러운 것은 그의 머리에 언제 생겼는지 모르는 나두창(癩瘡疤)의 부스럼 자국이 몇 군데 있다는 점이었다.」 전형준(1996), 69쪽/ 「그중에서는 가장 골칫거리가 바로 그의 머리에 언제 생겼는지조차 모르는 몇 개의 탈모 흉터다.」 정석원(2004), 16쪽

100) 「가장 거슬리는 부분은 언제 생겼는지 알 길 없는 두피의 부스럼 자국이었다.」 문현선(2018), 35쪽

101) 「가장 울화가 치미는 것은, 그의 머리에 몇 군데 대머리 흉터가 있다는

건'[102]으로, 장수철(2006)은 '제일 괴로운 것'[103]으로 옮겼는데 모두 노신의 뜻을 정확히 옮긴 번역에 속한다.

하지만 '고민거리', '걱정거리' 정도의 뜻을 오역한 사례도 많이 발견된다. 예컨대 이가원(1989), 이가원(1980), 윤수천(2007) 등은 다음과 같이 옮겼다.

> 이것은 사람들이 가장 꺼리는 것으로 언제 생겼는지도 모르는 부스럼 흉터 때문에 그의 머리가 은근한 대머리가 되었다는 점이다[104]

또 우인호(2007), 안영신(2001) 등은 '사람들이 꺼림직하게 생각하는 것'[105], 정노영(1994), 김진욱(1992), 김범수(2003), 조성하(2000) 등은 '사람들이 가장 싫어하는 것'[106], 이민수(1990)는 '사람들에게 따돌림을

것이다.」 허세욱(1983), 37쪽

102) 「가장 골치 아픈 건 그의 두피 여기저기에 언제 생겼는지도 모르는 부스럼 흉터가 있다는 것이었다.」 신여준(2011), 124쪽

103) 「제일 괴로운 것은 그의 머리에 언제 생겼는지도 모르는 부스럼 자국이 여러 군데 있다는 점이다.」 장수철(2006), 27쪽

104) 「가장 사람들의 꺼림을 받는 것은 그의 머리에는 언제 생겼는지도 모르는 '나창파(癩瘡疤), 부스럼으로 생긴 대머리—역주)'가 있는 것이다.」 이가원(1989), 8쪽, 이가원(1980), 29쪽, 윤수천(2007), 23쪽

105) 「사람들이 가장 꺼림직하게 생각하는 것은 언제 생겼는지도 모르는 머리의 '나창파(부스럼으로 생긴 대머리)'였다.」 우인호(2007), 49쪽/ 「사람들이 가장 꺼림직하게 생각하는 것은 그의 머리에 언제 생겼는지도 모르는 '나창파(부스럼으로 생긴 대머리)'가 있는 것이었다.」 안영신(2001), 106쪽

106) 「사람들이 가장 싫어하는 것은 그의 머리에 언제 생겼는지도 모르는 부스럼 흔적으로 꽤 넓게 벗겨진 대머리에 흉터가 군데군데 있는 점이다.」 정노영(1994), 18쪽, 김진욱(1992), 14쪽/ 「사람들이 가장 싫어하는 것은 그의 머리에 언제 생겼는지도 모르는 대머리 흉터가 몇 군데 있는 점이다.」 김

받는 것'[107]으로 번역했다. 고전 한문에 익숙한 한국 학자들은 현대중국어를 고전 한문의 방식으로 해석하는 경우가 많이 있었다. 이들은 '恼人'을 하나의 단어로 보지 않고 사람들이 주체가 되는 문구로 보았다. 위에 든 학자들은 대체로 고전 한문에 능통한 학자들로서 현대중국어를 한문의 방식으로 번역하다가 이러한 오류가 나왔던 것으로 보인다.

다음은 '角回'에 대한 단어를 잘못 이해하여 생긴 오역의 사례이다.

(73)

"天门啦… 角回啦…! 人和穿堂空在那里啦…! 阿Q的铜钱拿过来…!"[108]

押宝는 비밀상자 속과 똑같은 그림을 그려놓은 도형에 판돈을 거는 방식으로 진행된다. 이것은 돈을 거는 사람들의 앞에 큰 도형을 깔아놓고, 동일한 도형이 들어있는 상자에 동전을 넣어 주사위처럼 흔든 뒤 뚜껑을 열어 해당하는 위치에 돈을 건 사람이 있으면 배당을 해주고 맞추지 못한 사람들의 돈을 물주가 갖는 방식의 노름이다.

이 문장에서 '天門'은 물주의 정면을 가리키고, '角回'는 판돈을 건 곳이 판의 가장자리임을 밝히는 押宝 도박의 용어[109]이다. 물론 '人'과

범수(2003), 15쪽/「이는 사람들이 제일 싫어하는 것으로서 그의 머리에 언제 생겼는지도 모르는 부스럼 흔적이다. 이것은 꽤 넓게 벗겨져서 거의 대머리처럼 되었다.」 조성하(2000), 16쪽

107) 「그것은 그의 머리에 언제 생겼는지도 모르는 나창파(癞疮疤: 부스럼으로 생긴 대머리) 때문에 사람들에게서 따돌림을 받는 것이다.」 이민수(1990), 86쪽

108) 『鲁迅全集』(第一卷), 人民文学出版社, 1991, 493쪽

‘穿堂’ 역시 판돈을 건 도형판의 위치를 가리키는 말이다. 물주가 ‘天門’과 ‘角回’를 외쳤으므로 이곳에 돈을 건 사람들은 배당을 받게 되는 것이고, ‘人’과 ‘穿堂’은 ‘꽝(空在那里)’이라 했으므로 물주가 돈을 걷어가는 자리에 해당한다. 그리고 아Q의 돈은 걷어간다고 했으니까 아Q는 ‘人’과 ‘穿堂’의 자리에 걸었을 것이다. 이러한 押宝 놀음의 원리를 생각하면서 번역을 해야 한다. 이런 점을 고려하여 장수철(2006)은 다음과 같이 옮겼다.

> “천문天門이라, **각회角回로다!** 인人과 천당穿堂은 비었구나. 아Q, 자네는 그 동전을 이리 가져오고!”110)

예문에서 보면 장수철(2006)은 ‘角回’를 도박판의 한 개 위치를 가리키는 명사로 보고 ‘각회角回로다’로 해석을 하였다. 정확히 단어의 뜻을 파악하고 옮긴 번역이다.

하지만 장수철(2006)을 제외한 나머지 번역에서는 모두 押宝 놀음 용어인 ‘角回’의 ‘回’를 동사로 번역하고 있다. 예를 들어 노신문학회(2003), 이철준(1991)은 다음과 같이 옮겼다.

> “천문(天門)이다… **각(角)은 돌린다!** 인(人)과 천당(穿堂)은 비었구나. 아Q 돈은 내 거구나!”111)

---

109) 전자사전 易筆字 등에는 角回에 대해 赌博押牌宝用语, 押赌注的位置在赌台角边, 称“角回”로 설명하고 있다. http://www.yibizi.com/s/%E6%8A%BC%E7%89%8C%E5%AE%9D.html

110) 장수철(2006), 31쪽

111) 노신문학회(2003), 109쪽, 이철준(1991), 99쪽

위 예문에서는 '각(角)은 돌린다'로 옮겼다. 또 북트랜스(2015)는 '각(角)은 비켜갔네요'112)로, 우인호(2007), 정노영(1994), 이가원(1989) 등은 '각(角)은 돌아섰고'113)로, 이문희(1978)는 '각(角)은 트이고'114)로, 장기근·이석호(1988)는 '모서리는 비겼고'115)로 다양한 번역을 보이고 있다.

다른 번역116)들도 대체로 비슷한 번역을 하고 있는데 한국에는 없는

---

112) 「'아, 천문(天門)이다! 각(角)은 비켜갔네요. 인(人)과 천당(穿堂)은 아무도 없고요. 아Q는 돈을 주시오'」 북트랜스(2015), 23쪽

113) 「"천문(天門)이다……. 각(角)은 돌아섰고 인(人)과 천당(穿堂)은 죽었어! 아Q의 돈은 내가 먹었어……"」 우인호(2007), 52쪽, 정노영(1994), 21쪽, 이가원(1989), 10쪽

114) 「"천문(天門)이 먹었다— 각(角)은 트이고. 인(人)과 천당(穿堂)은 허탕이다. 그러니 아Q의 돈은 이리 내놔!"」 이문희, 24쪽

115) 「천문(天門)이야…… 모서리는 비겼고, 인(人)과 천당(穿堂)은 졌어…… 아큐우의 동전은 이리 보내!"」 장기근·이석호(1988), 78쪽

116) 「천문(天門)이야…… 모서리는 비겼고, 인(人)과 천당(穿堂)은 졌어…… 아큐우의 돈은 내가 챙겨 넣겠어……」 김욱(1988), 19쪽/ 「"천문(天門)이다. 각(角)은 돌아! 인(人)과 천당(穿堂)은 그 자리에서 죽어! 阿Q의 동전은 이리 보내!"」 장기근·이석호(1988), 78쪽/「"텐먼天門이다~쟈오角는 텄고~! 런人하고 촨탕穿堂은 아무도 안 섰고~! 아Q의 동전은 이리 가져와~!"」 박운석(2008), 86쪽/ 「天門이로다, 角은 비기고……人과 穿堂은 졌어요……阿Q의 동전은 이리 줘……」 김하중(1981), 68쪽/ 「"천문(天門)이다. — 각(角)은 되돌아섰다! 인(人)과 천당(穿堂)은 공쳤다! 아Q의 동전은 이리 보내라!"」 김진욱(1992), 17, 성원경(1983), 17쪽/ 「"천문(天門)이라. — 각(角)은 텄고요. 인(人)과 천당(穿堂)은 아무도 안 걸었고요! 아Q, 네 동전은 이리 보내라—!"」 엄영욱(2012), 20쪽/ 「"천문(天門)이다. 각(角)이 돌아섰다. 인(人)과 천당(穿堂)은 비었다……! 아큐의 동전은 이리 가져와!"」 윤화중(1994), 25쪽/ 「"천문(天門)(천문도 돈을 거는 위치, 노름판 주인의 맞은편)이다.…… 각(角)(돈을 거는 위치, 노름판 주인을 향해서 좌우 구석)은 돌려준다! 인(人)과 천당(穿堂)(인은 노름판 주인을 향해서 왼쪽, 천당은 한복판의 위치)은 빗나갔다.」 권순만(1990), 63쪽/ 「"천문이로다.

도박 놀음의 세부적인 묘사에 대한 번역으로 어려움이 뒤따르고 있으며, '角回'는 구체적인 명사라는 것을 모르고 번역한 문화적 차이에 대한 이해의 부족에서 오는 오역으로 판단할 수 있다.

'角回'는 현재의 바이두 사전에서는 위와 같이 분명하게 그 의미가 밝혀져 있다. 더구나 노신이 이 작품을 쓰기 위해 직접 王鹤照라는 押牌宝의 전문가를 찾아가 그 방식을 배웠다는 최근의 연구결과[117]도 있다.

그런데 한국의 번역가들이 「아Q정전」을 번역할 때에는 이러한 인터

—각은 비겼고, 인과 천당은 건 사람이 없고, 아큐 돈은 내가 먹었네."」 조관희(2018), 74쪽, 김시준(2008), 124쪽/「천문이네요. 각은 도로 가져가시고 인과 천당은 그 자리를 비워 두시면 됩니다! 그리고 아Q는 동전을 이리 가져오고……」 김태성(2011), 111쪽/「"천문이다~ 각은 트고~! 인과 천당은 죽었네~! 아Q 돈 가져와~!"」 최은정(2009), 63쪽

117) 921年, 鲁迅创作『阿Q正传』时, 由于故事情节的需要, 小说里涉及了一些赌博的细节. 但鲁迅从来不赌博, 对赌博的方法和技巧一窍不通. 如何才能把小说中赌博的情节写得逼真呢? 思来想去, 鲁迅打算找一个人"拜师学艺". 经人介绍, 鲁迅认识了一位名叫王鹤照的人. 此人虽然非好赌之徒, 但善于观察, 对于市井平民的生活非常熟悉. 于是, 鲁迅带着礼物登门拜访, 说明了拜师缘由. 王鹤照爽快地答应下来, 不仅把自己知道的赌博规则等细节耐心地讲给鲁迅, 还给鲁迅哼唱了赌博时唱的歌谣. 鲁迅像小学生听老师讲课一样, 一边认真听讲, 一边做笔记.遇到不明白的细节, 他还向王鹤照提问, 态度认真而诚恳. 经过几天的学习, 鲁迅对赌博规则已经了解得一清二楚, 又结合这些亲自去赌场观察了赌博者的形态等. 有了这些准备工作鲁迅写起赌博的情节来就非常顺手. 在『阿Q正传』里, 鲁迅将阿Q赌博时的细节描写得生动而到位, 其中一处是阿Q押牌宝时的情景. "阿Q即汗流满面的夹在这中间, 声音他最响: '青龙四百!' 桩家揭开盒子盖, 也是汗流满面的唱: '天门啦, 角回啦, 人和穿堂空在那里啦, 阿Q的铜钱拿过来……" 这一系列的精彩描写, 给人的感觉鲁迅就是一个精通赌博的高手, 字里行间完全没有漏洞. 「『阿Q正传』中赌徒形象是如何塑造的? 为情节逼真, 鲁迅拜师学艺」 http://www.sohu.com/a/277367320_583794 (2019.05.09.)

넷 정보를 충분히 접하지 못했을 수 있다. 이 단어를 놀음용어로 처리한 번역가가 하나도 없어서 그야말로 100%의 오역이 나타난 이유가 아닐까 생각된다. 또한 한국의 중국학자들이 주로 참고하던 『辞海』나 『中文大词典』과 같은 권위 있는 사전에는 '角回'라는 어휘가 없다. 그러므로 이것이 押牌宝 놀이의 용어임을 알 길이 없어서 '回'를 동사로 번역하는 등 다양한 오역이 나오게 된 것으로 판단된다.

다음은 연동문 '被坏人灌醉了酒剪去了'에 대한 오역의 경우이다.

(74)

这辫子是被坏人灌醉了酒剪去了.[118)]

원문에서 첸 나리의 큰아들이 서양 학당을 다니다가 일본으로까지 유학을 갔다 오더니 중국 사람들이 목숨보다도 더 중히 여기는 변발을 잘라버린 것이다. 그의 아내는 이 일로 세 번이나 우물에 뛰어들어 자살을 하려고 하였고, 그의 어머니는 십여 번이나 울음을 터뜨리고는 결국 아들의 행위에 대해 사람들에게 이렇게 변명을 하였다. 아들은 스스로 변발을 자른 것이 아니라 나쁜 놈들이 술을 먹여 취하게 만든 다음 변발을 잘라버린 것이라고 말이다. 원문은 연동문으로 '나쁜 사람들이 술을 먹여 그를 먼저 취하게 만들었다'와 '나쁜 놈들이 그의 변발을 잘랐다'가 앞뒤 동작으로 이어진다.

노신문학회(2003), 김시준(2008), 이철준(1991) 등은 '그 애 변발은 나쁜 놈이 그 애에게 술을 퍼먹여 녹초를 만들어 놓고 잘라버린 거라

118) 『鲁迅全集』(第一卷), 人民文学出版社, 1991, 496쪽

우'[119]라고 앞 뒤 동작을 정확하게 밝혀주어 바람직한 번역을 보이고 있다. 또 신여준(2011)도 아래와 같이 번역하였다.

> 변발은 나쁜 놈들이 우리 아들에게 **술을 고주망태로 먹여놓고 잘라 갔답니다.**[120]

그 외에도 김태성(2011), 박운석(2008), 장기근·이석호(1988), 문현선(2018), 장수철(2006), 정석원(2004) 등[121]도 비슷한 번역을 하여 원문의 뜻을 정확히 전달하고 있다. 반면에 북트랜스(2015)는 연동문으로 번역하지 않았다.

> 술에 잔뜩 취했을 때 **나쁜 놈들이 변발을 잘라버렸다는구먼.**[122]

---

119) 「"그 애 변발은 나쁜 놈이 그 애에게 술을 퍼먹여 녹초를 만들어 놓고 잘라버린 거라우."」 노신문학회(2003), 115쪽, 김시준(2008), 130쪽, 이철준(1991), 104쪽

120) 신여준(2011), 136쪽

121) 「변발은 나쁜 놈들이 술을 잔뜩 먹여 취하게 한 다음에 잘라 가 버렸대요.」 김태성(2011), 117쪽/ 「"그 변발은 나쁜 사람이 술을 먹여서 잘라 간 거래요.」 박운석(2008), 93쪽/ 「그 아이의 변발은 나쁜 사람에게 홀려 술이 곤드레가 되어 잘려 없어졌다오.」 장기근·이석호(1988), 82쪽/ 「"변발은 나쁜 놈이 술을 잔뜩 먹인 다음 잘라버렸대요."라고 말했다.」 문현선(2018), 45쪽/ 「"변발은 나쁜 놈들이 우리 아들에게 술을 고주망태로 먹여놓고 잘라 갔답니다."」 신여준(2011), 136쪽/ 「"그 애의 변발은 어느 몹쓸 놈이 그 애에게 술을 퍼먹여 녹초를 만들어 놓고 자른 거라우."」 장수철(2006), 36쪽/ 「"그놈의 변발은 글쎄 나쁜 놈들이 술을 실컷 먹여 취하게 한 다음 잘라버렸다지 뭐예요."」 정석원(2004), 25쪽

122) 「술에 잔뜩 취했을 때 나쁜 놈들이 변발을 잘라버렸다는구먼.」 북트랜스(2015), 31쪽

번역문을 보면 여기에서는 나쁜 놈들이 고의로 술을 먹여 취하게 만들었는지, 아니면 스스로 취했는지 알 수가 없다. 즉 그의 아들이 스스로 취했기 때문에 나쁜 놈들에게 변발을 잘리게 되었다는 뜻이 된다. 이것은 첸 나리의 아내가 아들의 변발이 잘린 것은 아들과 아무런 상관이 없이 모두 나쁜 사람들의 잘못이라는 변명을 표현함에 있어서 적당하지 않다. 노신이 표현하려는 뜻과 어긋나므로 오역에 속한다. 조관희(2018), 이욱연(2011), 우인호(2007), 정노영(1994), 이민수(1990), 이가원(1989), 김하중(1981), 루쉰전집번역위원회(2010), 윤수천(2007), 안영신(2001), 조성하(2000), 윤화중(1994), 전형준(1996), 허세욱(1983) 등[123]도 이런 착오를 범하고 있다.

> 그 애 변발은 나쁜 사람 때문에 **술에 취한 동안에 잘리우고 말았어요.**[124]

123) 「"변발은 술 취했을 때 나쁜 사람에게 잘린 거라오."」 조관희(2018), 80쪽/「술에 잔뜩 취했을 때 나쁜 놈들이 변발을 잘라버렸다는구먼.」 북트랜스(2015), 31쪽/「"그 변발은 술에 취해 잠든 사이 나쁜 놈들이 잘라버린 거라네.」 이욱연(2011), 34쪽/「"변발은 술에 취했을 때 나쁜 놈들에게 잘리고 말았대요.」 우인호(2007), 58쪽, 정노영(1994), 27쪽, 이민수(1990), 92쪽/「그 머리채는 술에 취했을 때 나쁜 사람에게 잘리고 말았대요.」 이가원(1989), 13쪽/「그 변발은 술에 취했을 때 나쁜 놈이 와서 잘라갔다는군.」 김하중(1981), 72쪽/「"그 변발은 술 취한 상태에서 나쁜 놈에게 잘리고 말았대요."」 루쉰전집번역위원회(2010), 119쪽/「"변발은 술에 취해 정신을 잃었을 때 나쁜 놈들에게 잘리고 말았대요."」 윤수천(2007), 37쪽/「"변발은 술에 취했을 때 나쁜 놈들에게 잘리고 말았대요."」 안영신(2001), 113쪽, 조성하(2000), 25쪽/「변발은 술에 취했을 때 나쁜 놈이 잘라 버렸대요.」 윤화중(1994), 30쪽/「그 변발은 술에 취했다가 나쁜 사람들에게 잘린 거라구요.」 전형준(1996), 78쪽/「"변발은 술에 잔뜩 취한 틈을 타서 못된 놈들이 잘라 버렸대요."」 허세욱(1983), 57쪽

김정화(1985)는 위와 같이 옮겼다. 나쁜 사람들이 아들에게 술을 잔뜩 먹여 취하게 해놓고 머리를 잘랐다는 것이 그의 어머니의 변호인데, 이 번역문에서는 나쁜 사람들이 첸 나리의 아들에게 술을 먹여 취하게 했다는 뜻은 성립하지만 변발을 잘랐다는 구절과는 분명하게 연결되지 않는다. 그러므로 오역에 가깝다고 판단된다. 또 이가원(1980), 성원경(1983), 김진욱(1992), 김욱(1988), 김범수(2003), 권순만(1990) 등[125]도 동일한 뜻으로 번역하여 뜻을 왜곡하여 옮겼다.

다음은 '看见伊也一定要唾骂'에서 동사 '要'의 뜻을 잘못 이해한 경우이다.

(75)

阿Q便在平时, **看见伊也一定要唾骂**, 而况在屈辱之后呢?[126]

아Q는 변발을 지키는 것은 인간이라면 꼭 해야 할 일이라고 생각한다. 그런데 첸 나리의 큰아들이 서양학당에 다니다가 일본에 유학을 다녀오면서 변발을 자르는 일이 일어났다. 아Q는 이 일로 첸 나리의

---

124) 김정화(1985), 80쪽

125) 「그 머리채는 나쁜 사람 때문에 술에 취하여 잘리고 말았어요.」 이가원(1980), 40쪽/ 「그 변발은 나쁜 사람에게 걸려서 술에 만취하여 잘려 버렸대요.」 성원경(1983), 23쪽, 김진욱(1992), 23쪽/ 「그 변발은 나쁜 사람들 때문에 술에 취해 있을 때 잘려나간 거라구요.」 김욱(1988), 24쪽/ 「그 변발은 나쁜 사람에게 걸려서 술에 만취하여 잘려 버렸대요.」 김범수(2003), 25쪽/ 「변발은 나쁜 놈에 속아 술에 곤드레만드레가 되었을 때 잘려 버렸답니다.」 권순만(1990), 69쪽

126) 『鲁迅全集』(第一卷), 人民文学出版社, 1991, 497쪽

큰아들을 경멸하고 있었지만 그 경멸하는 마음을 감추고 있었다. 그런데 불쾌한 일을 당해 울분을 풀길이 없던 차에 변발을 자른 그를 만나게 되자 무의식중에 모욕하는 말을 하여 그의 지팡이에 두들겨 맞게 된다. 그다음 변발 문화의 진영에서 보면 소외된 계층에 속하는 비구니를 만나게 된다. 원래 그는 평소에도 비구니를 만나면 침을 뱉고 욕을 함으로써 변발을 유지하고 있는 자신이 전통문화의 주류에 속하는 인물임을 확인하는 습관이 있었다. 그런데 거듭 굴욕을 당한 뒤였으므로 더 강하게 비구니에 대해 침을 뱉고, 욕설을 하고, 모욕을 하게 된다. 이를 통해 작가는 전통사회의 소외계층인 아Q가 어떻게 자신을 소외시킨 그 지배 이데올로기를 내재화하고 있는지, 나아가 강자에게 비겁하고 약자에게 폭력적인 비루한 민중의 체질을 갖추고 있는지를 보여주고자 하였다.

위의 문장은 이러한 맥락에서 나온 것인데 이 중 '看见伊也一定要唾骂'의 '要'에 대한 번역이 문제가 된다. '要'는 동사, 조동사, 형용사 등 다양한 뜻을 갖고 있는데 여기에서는 '…을 (습관으로) 하다'[127]는 동사의 의미를 갖는 것으로 파악된다. 성원경(1983)은 다음과 같이 번역하였다.

> 아Q는 여느 때에도 **그녀만 보면 침을 뱉고 욕지거리를 퍼부었던 것인데,** 지금은 더구나 방금 굴욕을 당한 뒤가 아닌가?[128]

또 엄영욱(2012)[129]은 '평시에도 아Q는 그녀를 보기만 하면 그녀에게 침을 뱉고 욕을 퍼붓곤 하였는데 하물며 금방 수모를 당한 후에야?'로

127) 네이버 사전 https://zh.dict.naver.com/#/entry/zhko/82ba79159d5c49d8adb5d222e35beee6, 2019.5.16

128) 성원경(1983), 24쪽, 김진욱(1992), 25쪽

129) 엄영욱(2012), 26쪽

옮겼으며, 김욱(1988)은 '아큐우는 여느 때도 그녀를 보면, 꼭 침을 뱉었으며 매도했거니와, 더욱이 한창 굴욕을 당한 직후의 일이라……'[130]로 번역하였다. 평소에 비구니를 볼 때마다 틀림없이 그렇게 하곤 하였다는 원문의 맥락을 비교적 정확하게 전달하고 있는 것으로 파악된다.

이에 비해 대부분의 번역문에서는 모두 전체 문맥 속에서 동사 '要'의 뜻을 잘못 이해하고 있다. 조관희(2018), 김시준(2008) 등은 다음과 같이 옮겼다.

> 아큐는 평소에 **그녀를 볼 때마다 침을 뱉고 욕을 퍼부어 주고 싶었다.** 하물며 자신이 굴욕을 당한 뒤가 아니던가?[131]

이민수(1990)의 번역을 보면 다음과 같다.

> 아Q는 평소에도 **그 여인을 보면 반드시 침을 뱉고 싶어지는데** 하물며 굴욕을 당한 후임에랴?[132]

김태성(2011), 우인호(2007), 정노영(1994), 이가원(1989), 김정화(1985), 이문희(1978) 등에서도 모두 '~고자 하다', '~고 싶다', '~고 싶어하다', '~고 싶어지다' 등[133]의 뜻으로 번역하여 문법적 의미를 잘못

---

130) 김욱(1988), 26쪽

131) 조관희(2018), 81쪽, 김시준(2008), 131쪽

132) 이민수(1990), 93쪽

133) 「아Q는 평소에도 그녀를 보기만 하면 꼭 욕을 하고 침을 뱉고 싶었는데, 게다가 지금은 한바탕 굴욕을 당한 뒤였다.」 김태성(2011), 119쪽/ 「아Q는 평소에도 그 여승을 보면 반드시 침을 뱉고 싶어졌는데 하물며 굴욕을 당한 후에랴?」 우인호(2007), 59쪽/ 「아Q는 평소에도 그 여인을 보면 반드시 침을 뱉고 싶어 했는데 하물며 굴욕을 당한 뒤가 아닌가?」 정노영

파악함으로써 원래의 문맥전달에 실패하고 있다. 이것은 문법적 의미를 잘못 파악한 오역에 속한다.

다음은 원 문장 자체의 문형과 문맥상으로의 문형을 바꾸어 번역해야 하는 경우이다.

(76)

"我不知道我今天为什么这样晦气，原来就因为见了你!"134)

아Q는 왕털보와 싸움이 나서 벽에 머리를 얻어맞고, 또 가짜 양놈의 지팡이에도 머리를 맞았다. 그러던 차에 비구니를 만나자 이 모든 재수 없는 일은 모두 그녀 때문이라고 말한다. 번역은 문장뿐만 아니라 전체적 맥락을 고려하면서 이루어져야 한다. 위의 예문에서 '原来就因为见了你'는 문장만 가지고 볼 때는 '알고 보니 너를 만났기 때문이다'로 번역된다. 여기에서 '了'의 의미는 완료를 나타내는 것이 아니라 '예정되거나 가정적인 동작에 사용'되어 아직 일어나지 않은 일에 대한 가정을 확인하는 장면이다. 원문의 맥락을 보면 아Q가 비구니를 만나면서 한

(1994), 28쪽/ 「아Q는 평소에도 그 여인을 보면 반드시 침을 뱉고 싶어졌는데 지금은 굴욕을 당한 뒤가 아닌가?」 이가원(1989), 14쪽/ 「阿Q는 평소에도 여승을 보면, 침을 뱉고 싶어졌었다. 더구나 이번은 굴욕 사건 직후인 것이다.」 김정화(1985), 81쪽/ 「阿Q는 평소에도 비구니를 보면 침을 뱉으려고 했다. 그런데 지금은 방금 굴욕을 치른 직후다.」 김하중(1981), 72쪽/ 「따라서 여느 때에도 비구니比丘尼를 만나면 으레 침을 탁 뱉어주고 싶어진다. 더구나 지금은 서양西洋놈에게 창피를 당한 직후直後인 것이다.」 이문희(1978), 35쪽

134) 『鲁迅全集』(第一卷), 人民文学出版社, 1991, 497쪽

말이다. 그러므로 오늘 이렇게 재수가 없었던 것은 '알고 보니 너를 만나게 될 것이기 때문이었구나'의 방식으로 번역될 필요가 있다.

원문은 아Q의 전도된 의식을 풍자하고 있다. 이미 일어난 과거의 나쁜 운수를 나중에 만난 비구니의 탓으로 하는 억지를 부리고 있다는 것이다. 과거의 일에 미래가 영향을 미친다는 전도된 시간 의식을 갖고 있다는 것이다. 여기에는 중국인의 시간관에 대한 작가의 비판적 관점이 반영되어 있는 것으로 보인다. 노신은 또한 '原来就因为见了你'와 같이 과거형의 문장으로 미래를 표현하는 방식을 통해 이러한 풍자의도를 드러내고 있는 것으로 보인다.

이러한 작가의 의도를 중시하여 대부분의 번역가들은 이 문장을 미래형으로 번역하였다. 엄영욱(2012)은 아래와 같이 번역하였다.

> 난 오늘 왜 이렇게 재수가 없는가 했더니 **네 년을 만나려고 그랬구나!**[135]

뿐만아니라 노신문학회(2003), 조관희(2018), 이욱연(2011), 북트랜스(2015), 박운석(2008), 우인호(2007), 장기근·이석호(1988), 김하중(1981), 이철준(1991), 김태성(2011), 정노영(1994), 이가원(1989), 이민수(1990), 이가원(1980), 이문희(1978), 성원경(1983), 김진욱(1992), 김욱(1988), 문현선(2018), 허세욱(1983), 신여준(2011), 장수철(2006), 루쉰전집번역위원회(2010), 윤수천(2007), 권순만(1990), 정석원(2004), 조성하(2000), 윤화중(1994) 등[136]도 이와 유사한 번역을 하였다. 반면

---

135) 엄영욱(2012), 26쪽

136) 「"난 오늘 왜 이렇게 재수가 없는가 했더니 네년을 만나려고 그랬구나!"」 엄영욱(2012), 26쪽, 노신문학회(2003), 116쪽, 조관희(2018), 81쪽, 이욱연

에 김정화(1985), 김시준(2008), 전형준(1996) 등은 과거형으로 옮겼다.

내가 오늘 왜 이렇게 재수가 없나 했더니, **바로 너를 만났기 때문이었구나!**137)

(2011), 38쪽, 북트랜스(2015), 33쪽, 박운석(2008), 95쪽, 우인호(2007), 59쪽, 장기근·이석호(1988), 83쪽, 김하중(1981), 72쪽/「《오늘 왜 재수가 없는가 했더니 네년을 만나자구 그랬구나!》」이철준(1991), 105쪽/「〈내가 오늘 왜 이렇게 재수가 없나 했더니 바로 너를 만나게 되어 있었기 때문이로구나!〉」김태성(2011), 119쪽/「'오늘 어째서 재수가 없나 했더니 역시 너를 만날 일진이었기 때문이었구나!' 하고 그는 생각했다.」정노영(1994), 28쪽, 이가원(1989), 14쪽, 이민수(1990), 93쪽, 이가원(1980), 41쪽/「내가 오늘 재수가 없었던 것은 알고 보니 저런 여자를 만나게 되려고 그랬던 거지 뭐야.」이문희(1978), 35쪽/「오늘은 웬일로 이렇게 운수가 나쁜가 했더니, 이제 보니 네년을 만나게 되어 있었기 때문이로구나!」성원경(1983), 24쪽, 김진욱(1992), 25쪽/「오늘 왜 이렇게 재수가 없나 했더니 너를 만나려고 그랬구나.」김욱(1988), 26쪽/「'오늘 왜 이렇게 재수가 없나 했더니 너를 만나려고 그랬구나!'」문현선(2018), 47쪽/「'오늘 왜 이리 재수가 없나 했더니, 네년을 보려고 그랬구나'」허세욱(1983), 61쪽/「"오늘 왜 이렇게 운수가 사납냐 했더니, 네년을 만나려고 그랬군!"」신여준(2011), 138쪽, 장수철(2006), 37쪽/「'오늘 왜 이리 재수가 없나 했더니 네년을 만나려고 그랬나봐!'」루쉰전집번역위원회(2010), 120쪽/「'내가 오늘 어째서 재수가 없나 했더니, 역시 저 여승을 만나려고 그랬군!'」윤수천(2007), 39쪽, 권순만(1990), 70쪽/「"오늘 운수가 왜 이렇게 나쁜가 했더니 알고 보니 저년을 만나려고 그랬구나."」정석원(2004), 25쪽/「오늘 어째서 재수가 없나 했더니 역시 너를 만날 일진이었기 때문이었구나!」조성하(2000), 26쪽/「'오늘 왜 이렇게 재수가 없나 했더니 너를 만나려고 그랬구나!'하고 생각했다.」윤화중(1994), 30쪽

137) 「'내가 오늘 왜 이리 일진이 사나운가 했더니, 과연 네 낯짝을 본 탓이로구나!'라고 생각하였다.」김정화(1985), 81쪽/「'내가 오늘 왜 이렇게 재수가 없나 했더니, 바로 너를 만났기 때문이었구나!'」김시준(2008), 132쪽/「"오늘은 왜 이렇게 재수가 없는가 했더니 원래 너를 만났기 때문이구나!"라고 그는 생각했다.」전형준(1996), 79쪽

이는 '了'의 의미에 대한 이해 부족과 전체 맥락에 대한 고려가 없었기 때문으로 보인다. 모두 오역의 범주에 속한다.

다음은 원문의 의미를 잘못 이해하여 생긴 오역의 경우이다.

(77)[138)]

秦……虽然史无明文, 我们也假定他因为女人, 大约未必十分错; 而董卓可是的确给貂蝉害死了.[139)]

원문에 '貂蝉'과 '董卓'라는 역사적 인물이 나온다. 역사에서 동탁은 동한 말년 조정의 태사로서 조정의 권력을 손에 넣은 권력가였다. 역사적 맥락으로 볼 때 동탁은 초선이 직접 살해한 것이 아니라 吕布의 손에 살해되었다. 그래서 위와 같은 문장이 있게 된 것이다. 여기에서 '而董卓可是的确给貂蝉害死了'를 문장 그대로 번역하면 초선이 동탁을 죽인 것이 될 수도 있으므로 번역에 주의를 기울일 필요가 있다. 번역은 소설적 맥락에도 부합되어야 하고 또 역사적 맥락에도 맞아야 하기 때문이다. 이에 대해 이가원(1989), 김시준(2008), 김정화(1985), 김욱(1988), 정석원(2004) 등은 '초선(貌蟬)때문에 살해된 것이다'[140)]라고

---

138) 인용문(14)와 동일함

139) 『鲁迅全集』(第一卷), 人民文学出版社, 1991, 499쪽

140) 「진(秦)은…… 역사에는 기록이 없으나 우리들은 그것도 여자 때문이라고 가정해도 거의가 틀림없을 것이다. 그리고 한(漢)의 동탁(董卓)은 확실히 초선(貌蟬)때문에 살해된 것이다.」 이가원(1989), 16쪽/ 「진나라는… 비록 역사에는 밝혀져 있지 않지만 역시 계집 때문에 망했다고 가정해도 별로 틀리지 않을 것이다. 그리고 동탁(童卓)도 분명 초선(貌蟬) 때문에 살해된 것이다.」 김시준(2008), 135쪽/ 「秦은——역사에는 기록이 없으나, 아마도

정확히 옮겼다. 그중에서 정석원(2004)의 번역문을 예로 들어보자.

> 그리고 진(秦)도 정사에는 나와 있지 않지만 여자 때문에 망쳤다고 해도 틀리지는 않을 것이다. **한편 똥쭈오(董卓)도 따오챤(貌蟬)이라는 여자 때문에 죽었음이 틀림없지 않은가?**[141]

또 김태성(2011), 북트랜스(2015), 조성하(2000) 등은 '한나라의 동탁 역시 초선으로 인해 죽음을 당한 것이 분명했다'[142]라고, 장수철(2006)은 '동탁董卓은 분명 초선貌蟬이 해친 것이다'[143]라고 옮겼다. 위의 번역문들은 모두 초선 때문에 동탁이 죽은 것이라는 뜻을 분명히 전달하고 있다.

여자 탓이라고 가정해도 터무니없는 잘못은 아닐 것이다. 그리고 漢의 董卓은 분명 貌蟬때문에 살해된 것이다.」 김정화(1985), 83쪽/「그리고 漢한나라 때의 有名유명한 豪傑호걸인 董卓동탁은 明白명백히 말해 그가 사랑하던 貌蟬초선이라는 여자에게 속아 죽음을 당했던 것이다.」 이문희(1978), 40쪽/「진(秦)은…… 역사에 뚜렷한 것은 적혀 있지 않지만 필경 여자 탓이라 가정해도 전혀 잘못은 아니리라. 그리고 한(漢)의 동탁(董卓)은 분명히 초선(貌蟬)때문에 살해된 것이다.」 김욱(1988), 28쪽

141) 정석원(2004), 30쪽

142) 「진(秦)나라 역시…… 역사에 정확히 기록된 바는 없지만 여자 때문에 망했다고 해도 전혀 잘못된 가설은 아닐 것이다. 그리고 한나라의 동탁 역시 초선으로 인해 죽음을 당한 것이 분명했다.」 김태성(2011), 122쪽/「진나라도 정사에 기록되어 있지는 않지만 여자 때문에 망했다고 해도 과언이 아닐 것이다. 물론 동탁(董卓, 후한 말기의 장수—옮긴이)도 초선(貂蟬)에 의해 죽임을 당한 것이 틀림없다.」 북트랜스(2015), 38쪽/「진(秦)은…… 역사엔 명백히 기록되어 있지 않으나 그것도 여자 때문이라고 해도 거의 틀림없을 것 같다, 그리고 한(漢)의 동탁(董卓)은 확실히 초선(貌蟬)으로 인해 살해된 것이다.」 조성하(2000), 29쪽

143) 장수철(2006), 40쪽

이에 반해 대부분의 번역문에서는 원문의 의미를 잘못 파악하고 초선이 직접 동탁을 죽인 것으로 오역을 하고 있다. 허세욱(1983)은 다음과 같은 번역문을 제시하고 있다.

> 진(秦)……, 역사책에 밝혀 있지는 않지만, 여자 때문이라고 해도 크게 틀린 것은 아닐 것이다. **그러나 동탁(董卓)은 확실히 초선貌蟬에게 살해되었다.**[144]

비슷한 번역 양상을 보이고 있는 번역문은 또 신여준(2011), 윤수천(2007), 김범수(2003), 안영신(2001), 윤화중(1994), 김진욱(1992), 성원경(1983), 권순만(1990), 이민수(1990), 이철준(1991), 정노영(1994), 우인호(2007), 박운석(2008), 이가원(1980), 김하중(1981), 장기근·이석호(1988) 등이다. 모두 '초선貌蟬에게 살해되다'[145]라고 원문을 옮겼다.

---

144) 허세욱(1983), 67쪽

145) 「진(秦) 나라는…… 역사에 분명한 기록은 없지만 역시 여자 때문에 망했다고 가정해도 그리 틀린 말은 아닐 것이다. 또한 동탁(董卓)은 확실히 초선(貌蟬)에게 살해당하지 않았던가?」 신여준(2011), 143쪽/「진나라는… 역사책에 뚜렷이 기록된 사실은 없으나 한나라의 멸망 또한 여자 때문이라고 가정하더라도 거의 틀림없을 것 같다. 그리고 한나라의 동탁은 확실히 초선이라는 여인에게 살해된 것이다.」 윤수천(2007), 45쪽/「진 나라는……, 역사에는 명백히 기록돼 있지 않으나 우리는 그것 역시 여자 때문이라고 가정해도 거의 틀림이 없을 것 같다. 그리고 동탁은 확실히 초선에게 살해된 것이다.」 김범수(2003), 31쪽/「진(秦)은…… 기록된 역사 자료는 없으나, 그것도 여자 때문이라고 정해도 틀림이 거의 없을 것 같다. 그리고 한(漢)의 동탁은 확실히 초선에게 살해되었다.」 안영신(2001), 117쪽/「진(泰)은……, 역사책에 명문(明文)이 없으나 우리들은 그것도 여자 때문이라고 가정해도 거의 틀린 것은 아닐 것이다. 그러나 동탁(董卓) 한(漢)말기 장군으로 부하인 여포(呂布)에게 죽었음, 동탁이 천자를 몰아내고 제위를 빼앗으려 하자 한의 대신 왕윤(王允이 초선貌蟬이라는 여자를 이

또 문현선(2018)의 경우를 보면 다음과 같다.

용하여 동탁과 여포를 이간, 여포로 하여금 동탁을 죽이게 했음. —주)은 확실히 초선에게 살해되었다.」 윤화중(1994), 34쪽/「진(秦)은……역사에는 명백히 기록돼 있지 않으나 우리는 그것 역시 여자 때문이라고 가정해도 거의 틀림이 없을 것 같다. 그리고 동탁(董卓)은 확실히 초선(貂蟬) 에게 살해된 것이다.」 김진욱(1992), 28쪽, 성원경(1983), 27쪽/「진(秦)나라는……역사에 명문(明文)은 없지만 여자 때문에 멸망했다고 가정하더라도 과히 틀린 말이라고는 할 수 없을 것이다. 그리고 동탁(董卓)은 틀림없이 초선(貂蟬)에게 살해당한 것이다.」 권순만(1990), 73쪽/「진(秦)은 …… 역사엔 명문(明文)이 없으나 우리들은 그것도 여자 때문이라고 가정해도 거의가 틀림없을 것 같다. 그리고 한(漢)의 동탁(董卓)은 확실히 초선(貂蟬)에게 살해된 것이다.」 이민수(1990), 95쪽/「진나라는…비록 력사에는 밝혀져 있지 않지만 역시 계집 때문에 망했다고 가정해도 별로 틀리지 않을 것이다. 그리고 동탁도 문명 초선에게 살해된 것이다.」 이철준(1991), 108쪽/「진(秦)은…… 역사엔 명백히 기록되어 있지 않으나 그것도 여자 때문이라고 가정해도 거의 틀림이 없을 것 같다. 그리고 한(漢)의 동탁(董卓)은 확실히 초선(貂蟬)에게 살해된 것이다.」 정노영(1994), 31쪽/「진(秦)은…… 기록된 자료는 없으나 그것도 여자 때문이라고 추측해도 틀림없을 것 같다. 그리고 한(漢)의 동탁은 확실히 초선에게 살해되었다.」 우인호(2007), 64쪽/「진秦나라는…… 비록 역사에 밝혀진 글은 없지만 우리는 그것도 여자 때문이라고 가정해도 아마 아주 잘못되지는 않았을 것이다. 그리고 동탁董卓은 확실히 초선貂蟬에게 살해되었다.」 박운석(2008), 99-100쪽/「진(秦)은…….역사에는 명문이 없으나 우리들은 그것도 여자 때문이라고 가정해도 대체로 틀림없는 것 같다. 그리고 동탁(董卓)은 확실히 초선(貂蟬)에게 살해된 것이다.」 이가원(1980), 45쪽/「진(秦)나라도…… 비록 역사에 기록은 없지만 여자 때문이라고 가정해도 전혀 틀린 말은 아닐 것이다. 그리고 漢(한)나라의 董卓(동탁)은 분명히 貂蟬(초선)에게 죽은 것이다.」 김하중(1981), 74쪽/「진(秦) 나라는 —— 비록 역사에 명문(明文)은 없으나, 역시 여자 때문이라고 추측해도 대체로 크게 잘못이 아닐 것이다. 그리고 한(漢)나라의 동탁(董卓)은 확실히 초선(貂蟬)에게 살해된 것이다.」 장기근 · 이석호(1988), 85쪽

진나라는...... 역사에 기록은 없지만 여자 때문에 망했다고 가정해도 아주 틀리지 않을 것이다. **그리고 동탁은 확실히 초선에게 죽임을 당했다.**[146)]

또 루쉰전집번역위원회(2010), 최은정(2009), 전형준(1996), 이욱연(2011) 등도 모두 '초선에게 죽임을 당했다'[147)]라고 옮겼다. 위의 두 예문에서와 같이 옮기면 초선이 동탁을 직접 살해했다는 뜻으로 전달되므로 역사를 왜곡한 오역에 해당하며, 작가의 의도와도 어긋나는 번역이라 할 수 있다.

다음은 '礼教'에 대한 범위를 잘못 이해한 오역의 경우이다.

(78)

这飘飘然的精神, 在礼教上是不应该有的, 一所以女人真可恶.[148)]

아Q가 비구니의 머리를 만진 후로 마음이 들떠서 걷잡을 수가 없었

---

146) 문현선(2018), 50쪽

147) 「진秦나라는……역사에 기록은 없지만 여자 때문이라 가정해도 그리 틀린 말은 아니다. 그리고 동탁董卓은 분명 초선貂蝉에게 죽임을 당했다.」 루쉰전집번역위원회(2010), 122쪽/ 「진나라는……비록 역사상 기록은 없지만 우리가 여자 때문이라고 가정을 해도 아마 크게 틀리지는 않을 것이다. 동탁은 초선에게 죽임을 당한 게 틀림없다.」 최은정(2009), 72쪽/ 「진(秦)나라는……역사에 명문화되어 있지만 그 역시 여자 때문이라고 가정해도 아마 크게 틀리지는 않을 것이다. 그러나 동탁(董卓)은 분명히 초선(貂蟬)에게 죽임을 당했다.」 전형준(1996), 82쪽/ 「진나라는… 역사에 드러나지는 않았지만 여자 때문에 그 나라들이 망했다고 생각해도 아마 틀리지 않을 것이고, 동탁도 초선에게 죽임을 당한 것이 틀림없다.」 이욱연(2011), 42쪽

148) 『鲁迅全集』(第一卷), 人民文学出版社, 1991, 500쪽

다. 하지만 또 전통적인 예법과 가치관을 내재화한 아Q는 이런 일이 절대 있어서는 안 된다고 생각하는 장면이다. 유교에서는 '仁, 义, 礼, 智'를 학습과 실천의 목표로 설정하였다. 이 중 예의범절은 시대를 거듭하면서 정밀하게 발전하여 개인과 사회의 자유로운 발전을 구속하는 장애물이 되었다는 것이 노신의 판단이었다.

> 이 몇 년간 신문지 상에는 경제적 압박과 禮教의 구속으로 자살했다는 기사가 자주 보인다. 그런데 이것에 대해 비판을 하거나 글을 쓰는 사람들이 별로 없다.[149)]

이러한 관점에서 노신은 아Q가 예교, 혹은 유교의 예법에 구속되어 있으면서도 그것을 의식하지 못하고 있는 상황을 묘사하고 있다. 그러므로 儒教 혹은 儒家 대신 礼教라는 단어를 쓴 것은 특별한 의미가 있다고 보아야 한다.

이 점을 고려하여 많은 번역문에서는 '礼教'를 그대로 '예교'라고 옮겼다. 예컨대 이가원(1980)의 번역문을 보면 다음과 같다.

> 이 들뜨기 정신은 **예교상** 허용할 수 없는 것이다. —그러므로 여자란 정말 미운 것이다.[150)]

또 최은정(2009), 김범수(2003) 등[151)]도 위 예문과 비슷하게 옮겼다.

---

149) 鲁迅『花边文学·论秦理斋夫人事』: "这几年来, 报章上常见有因经济的压迫, 礼教的制裁而自杀的记事, 但为了这些, 便来开口或动笔的人是很少的. 『鲁迅全集』(第五卷), 人民文学出版社, 1991, 481쪽

150) 이가원(1980), 46

151) 「이런 들뜬 마음은 예교상 있어서는 안 되는 것인데, —그래서 여자는 정

이렇게 '礼教'를 바로 '예교'로 옮긴 것은 독자들이 그 의미를 이해할 수 있을 것으로 기대하였기 때문으로 보인다. 이에 비해 장기근·이석호(1988)는 한자를 병행하여 번역하였다.

> 이렇듯 들뜬 정신은 **예교(禮敎)상**으로 있을 수 없는 것이다. — 그러므로 여자란 참으로 밉살맞은 것이다.[152)]

예문에서 '예교(禮敎)'의 방식으로 한자표기를 병행하였다. 그것에 특별한 의미가 있음을 드러내는 데 효과적인 방법일 수 있다고 생각된다. 이가원(1989), 김정화(1985), 이민수(1990), 정노영(1994), 우인호(2007), 박운석(2008), 김태성(2011), 허세욱(1983), 루쉰전집번역위원회(2010), 장수철(2006), 정석원(2004), 안영신(2001), 윤화중(1994), 조성하(2000), 전형준(1996), 성원경(1983), 김진욱(1992), 성원경(1983), 김진욱(1992) 등[153)]도 비슷한 방식으로 번역하고 있다. 예를 들어 이가원(1989), 김태성(2011), 조성하(2000) 등은 '예교(禮敎)'로, 김정화(1985), 이민수(1990), 우인호(2007), 정노영(1994), 박운석(2008), 허세욱(1983), 루쉰전집번역위원회(2010), 장수철(2006), 정석원(2004), 안

말 가증스럽다.」 최은정(2009), 73쪽/「이러한 들뜨는 정신이야말로 예교에서는 허용될 수 없는 일이다. —그러니 여자란 참으로 가증스런 것이다.」 김범수(2003), 32쪽

152) 장기근·이석호(1988), 85쪽

153) 김정화(1985), 84쪽, 이가원(1989), 16쪽, 이민수(1990), 96쪽, 정노영(1994), 32쪽, 우인호(2007), 64쪽, 박운석(2008), 100쪽, 김태성(2011), 123쪽, 허세욱(1983), 67쪽, 루쉰전집번역위원회(2010), 123쪽, 장수철(2006), 41쪽, 정석원(2004), 30쪽, 안영신(2001), 118쪽, 윤화중(1994), 35쪽, 조성하(2000), 30쪽, 전형준(1996), 83쪽, 성원경(1983), 28쪽, 김진욱(1992), 29쪽

영신(2001), 윤화중(1994), 전형준(1996) 등은 '예교상(禮教上)' 등으로 옮겼다.

또 문현선(2018), 신여준(2011) 등은 '유교도덕', '예법' 등[154]으로 번역한 경우도 있는데 '예교'에 비해 비판적 의미가 약화되는 경향은 있지만 문제없는 번역의 범주에 포함시킬 수 있을 것이다. 이에 비해 노신문학회(2003)는 다음과 같이 '礼教'를 '유교'라 번역하였다.

> 계집 때문에 마음이 들뜬다는 것은 **유교**의 견지에서 보면 도저히 용납할 수 없는 짓이다. 그러기에 여자란 참으로 가증스러운 것이다.[155]

위에서 살펴본 것처럼 노신이 말하는 예교는 유교의 부정적 측면을 드러내는 어휘이다. 말하자면 유교 전체가 아니라 예법을 가지고 인간의 자연스러운 교류와 발전을 가로막는 측면을 강조하기 위해 예교라는 말을 쓰고 있는 것이다. 그런 점에서 '礼教 → 유교'로의 번역은 적절치 못하다.

이문희(1978), 이철준(1991), 북트랜스(2015), 윤수천(2007), 권순만(1990), 김욱(1988) 등도 '유교'[156]라는 번역문을 제시하고 있다. 예컨대 이문희(1978)는 '여자로 말미암아 精神정신이 흔들린다는 것은 儒教유

---

154) 「날아갈 듯 들뜬 기분은 예법상 있을 수 없는 감정이니, 여자는 실로 가증스러운 존재다.」 문현선(2018), 51쪽/ 「이 싱숭생숭한 정신은 예법에도 품어서는 안 될 마음이니 여자란 정말 가증스러운 요물인 셈이다.」 신여준(2011), 144쪽

155) 노신문학회(2003), 119쪽

156) 이문희(1978), 41쪽, 이철준(1991), 109쪽, 북트랜스(2015), 39쪽, 윤수천(2007), 46쪽, 권순만(1990), 73쪽, 김욱(1988), 29쪽

교의 가르침에 의하면 容納용납될 수 없는 것이다', 이철준(1991)은 '계집 때문에 마음이 들뜬다는 것은 유교의 견지에서 보면 도저히 용서할 수 없는 것이다', 북트랜스(2015)는 '이런 마음은 유교 도덕으로 용납할 수 없는 일이었다'로 옮겼다.

다음은 동사 '拧'을 다른 단어로 오역한 경우이다.

(79)

他五六年前，曾在戏台下的人丛中拧过一个女人的大腿，但因为隔一层裤，所以此后并不飘飘然.[157)]

아Q는 비구니의 금방 깎은 머리를 만진 후로부터 들뜨는 마음을 종잡을 수가 없었다. 그때부터 끊임없이 여자를 생각하게 되었고, 자식에 대해서도 생각하게 되었다. 하지만 아Q가 여자의 몸과 닿은 것은 처음이 아니었다. 5, 6년 전에도 공연을 구경하다가 여자의 허벅지를 꼬집은 적이 있었지만 그 때는 마음이 들뜨지 않았다. 피부와 직접 접촉한 것이 아니었기 때문이다.

원문을 보면 아Q는 사람들 속에 숨어서 '여자의 허벅지를 꼬집은 적이 있었다[拧过一个女人的大腿]'고 묘사되어 있다. '拧'의 사전적 의미는 '틀다, 비틀다, 비틀어 돌리다'이다. 즉 '살을 꼬집다'라는 뜻으로도 통한다. 그래서 조관희(2018)는 다음과 같이 옮겼다.

여섯 해 전에 그는 연극을 구경하는 사람들 틈 속에서 한 여인의

157) 『鲁迅全集』(第一卷), 人民文学出版社, 1991, 500쪽

허벅지를 꼬집은 적이 있었다. 하지만 그때는 바지가 한 층을 가려주어 마음이 하늘하늘해지지 않았다.[158]

또 김하중(1981), 정노영(1994), 박운석(2008), 허세욱(1983), 신여준(2011), 루쉰전집번역위원회(2010), 최은정(2009), 조성하(2000), 전형준(1996), 윤화중(1994) 등도 모두 '허벅지를 꼬집다'[159]로 정확하게 번역하였다. 엄영욱(2012)의 경우도 비슷한 번역을 하였다.

5, 6년 전에 그가 무대 아래 사람들 틈 사이에서 **한 여인의 넓적다리를 꼬집어 뜯은 일이 있었는데** 그때는 바지 위로 꼬집었기 때문에 그렇게 정신이 들뜨지는 않았다.[160]

또 이가원(1980), 노신문학회(2003), 장기근·이석호(1988), 장수철(2006), 권순만(1990), 성원경(1983), 김진욱(1992), 김범수(2003) 등도 모두 '넓적다리를 꼬집다'[161]로 옮겼다. '허벅지를 꼬집다, 넓적다리를 꼬집다'는 모두 원문의 뜻을 정확하게 옮기고 있다.

반면에 '拧'을 오역하여 '만지다'로 번역한 사례도 보인다. 예컨대 이욱연(2011)은 다음과 같이 번역하였다.

---

158) 조관희(2018), 85쪽

159) 김하중(1981), 74-75쪽, 정노영(1994), 32쪽, 박운석(2008), 100-101쪽, 허세욱(1983), 69쪽, 신여준(2011), 145쪽, 루쉰전집번역위원회(2010), 123쪽, 최은정(2009), 73쪽, 조성하(2000), 30쪽, 전형준(1996), 83쪽, 윤화중(1994), 35쪽

160) 엄영욱(2012), 30쪽

161) 이가원(1980), 46쪽, 노신문학회(2003), 120쪽, 장기근·이석호(1988), 85쪽, 장수철(2006), 41쪽, 권순만(1990), 74쪽, 성원경(1983), 28쪽, 김진욱(1992), 29쪽, 김범수(2003), 32쪽

그는 오륙 년 전에도 공연을 구경하다 많은 사람들 틈에 끼어 **슬그머니 한 여자의 허벅지를 만진 적이 있었다.**[162]

예문에서 '허벅지를 만지다'로 옮겼는데, '만지다'는 엄연히 '비틀다, 꼬집다'와는 같은 의미가 아니다. 때문에 이렇게 번역하면 오역에 속한다. 김태성(2011), 문현선(2018), 정석원(2004) 등도 '넓적다리를 슬쩍 만진 적이 있었다'[163]로 옮겼다. 또 북트랜스(2015)는 '한 여자의 허벅지를 더듬은 적이 있다'[164]로, 김시준(2008)은 '한 여인의 넓적다리를 스쳤던 일이 있었는데'[165]로 옮겼는데 모두 오역에 속한다.

또 다른 오역의 사례도 나타나고 있는데 바로 '拧过一个女人的大腿'에서 '大腿'에 대한 번역이다. 김정화(1985)의 경우를 보면 다음과 같다.

「5, 6년 전에 그는 굿을 보는 사람들 틈에서 **여자 엉덩이를 꼬집은 일이 있었지만,** 그때는 바지 위로 꼬집은 것이었으므로 뒤에 가서 넋을 빼앗기지는 않았었다.[166]

이문희(1978), 김욱(1988) 등도 '엉덩이를 꼬집다'[167]로 옮겼다. 또

---

162) 이욱연(2011), 44쪽

163) 김태성(2011), 123쪽/「대여섯 해 전, 연극 무대 아래 인파 속에서 여자 허벅지를 만진 적이 있지만 바지 위로 만져서인지 이후에도 날아갈 듯한 감정은 일지 않았다.」문현선(2018), 51쪽/「그러니까 5-6년 전의 일이었다. 당시 창극을 보기 위해 많은 사람이 밀집해 있었다. 그 틈을 타 阿Q는 한 여자의 다리를 슬쩍 만져보았다. 그러나 바지를 입고 있었기 때문에 당시에는 그다지 마음이 동하지 않았다.」정석원(2004), 31쪽

164) 북트랜스(2015), 39-40쪽

165) 김시준(2008), 136쪽

166) 김정화(1985), 84쪽

우인호(2007)는 '大腿'를 '볼기짝'이라고 옮겼다. 번역문은 아래와 같다.

> 오륙 년 전 그는 무대 아래 관중 속에서 **여인의 볼기짝을 꼬집은 적이 있었으나** 그때는 바지 위로 꼬집었으므로, 마음이 결코 들뜨지는 않았었다.[168]

이가원(1989), 이민수(1990), 윤수천(2007), 안영신(2001) 등도 '볼기짝을 꼬집다'[169]로 옮겼다. 위의 두 예문은 모두 원문에 충실하지 않고 일반적 상식으로 번역에 임하다 보니 일어난 오역이라 생각된다.

다음은 문맥 파악의 부족으로 오류가 나타난 경우이다.

---

167) 「阿Q는 五六年前 新派劇場신파극장의 人波인파 속에서 어떤 여자의 엉덩이를 꼬집은 적이 있다. 그러나 그때는 바지를 입은 위로 건드려 본 것이며…」 이문희(1978), 41쪽/「5, 6년 전 그는 연극을 보러 갔다가 무대 밑 붐비는 사람들 틈에서 한 여자의 엉덩이를 꼬집은 일이 있었지만, 그때는 바지가 한 겹 가로막혀져 있었기 때문에 뒤에 가서 휘청거리지는 않았다. 그런데 젊은 여승은 그렇지가 않은 것이다.」 김욱(1988), 29쪽

168) 우인호(2007), 65쪽

169) 「5, 6년 전 그는 무대 아래 관중 속에서 여인의 볼기짝을 꼬집은 적은 있었으나 그때는 바지 위로 꼬집었으므로 그 뒤에 결코 마음이 들뜨지는 않았었다.」 이가원(1989), 17쪽/「오륙 년 전 그는 무대 아래 관중들 속에서 여인의 볼기짝을 꼬집은 적이 있었으나 그때는 바지 위로 꼬집었으므로 나중에 결코 마음이 들뜨지는 않았었다.」 이민수(1990), 96쪽/「5, 6년 전에도 아큐는 가설 극장 무대 아래 관중 속에서 한 여인의 볼기짝을 꼬집은 적이 있었으나, 그때에는 맨살이 아닌 바지 위로 꼬집었기 때문에 결코 마음이 들뜨지 않았다.」 윤수천(2007), 46쪽/「오륙 년 전 그는 무대 아래 관중 속에서 여인의 볼기짝을 꼬집은 적이 있다. 그러나 그때는 바지 위로 꼬집었기 때문에 결코 마음이 들뜨거나 하지는 않았다.」 안영신(2001), 118쪽

(80)

仿佛觉得有些糟，他这时确也有些忐忑了.170)

아Q가 그 말 때문에 몽둥이로 얻어맞고 방앗간으로 도망 와서 멍하니 앉아 느끼는 심리를 그린 장면이다. 아Q가 자오 나리 댁에 방아 찧으러 갔을 때 우 어멈이 그의 옆에 앉아 잡담을 늘어놓았다. 계속 여자를 생각하고 있던 아Q인지라 갑자기 우 어멈에게 같이 자자고 말했다. 그 말에 우 어멈은 놀라서 울며 난리가 났다. 그는 얻어맞고도 원인을 모른 채 단지 어딘가 일이 잘못된 것 같다는 생각밖에 못 한다. 아Q는 개인의 욕망이 봉건적 규범과 정면으로 충돌하고 있음을 눈치채지 못한다. 그러므로 위 문장의 '仿佛觉得有些糟'는 무엇이 잘못되었는지 분명히 알지 못하면서도 돌아가는 상황으로 보아 일이 잘못된 것 같다고 느끼는 아Q의 심리를 잘 표현하고 있다. 이철준(1991), 노신문학회(2003) 등은 이런 상황을 아래와 같이 옮겼다.

> **아무래도 일이 잘못된 것 같았다.** 아닌게 아니라 가슴도 두근거렸다.171)

위와 비슷한 번역으로 조관희(2018), 이욱연(2011), 문현선(2018), 김태성(2011), 장수철(2006), 정석원(2004), 전형준(1996) 등은 '뭔가 잘못된 것 같은 느낌이 들었다'로, 북트랜스(2015), 최은정(2009) 등은 '뭔가 잘못되었다는 느낌이 들었다'로, 윤수천(2007)은 '뭔가 일이 좋지 않게 돌아가고 있음을 느꼈다' 등172)으로 옮겨 원문의 뜻을 적절히 전달하고

170) 『鲁迅全集』(第一卷), 人民文学出版社, 1991, 501쪽

171) 노신문학회(2003), 121, 이철준(1991), 110-111쪽

있다.

그런데 이것을 아Q 자신의 서툰 행동으로 인해 우 어멈과의 일이 잘 이루어지지 않았다고 이해한 번역문들이 발견된다. 예를 들면 이가원(1980), 이민수(1990), 정노영(1994) 등은 아래와 같이 옮겼다.

> **좀 서툴렀다고 느끼는 것 같았다.** 그는 이때 확실히 겁이 더럭 났다.173)

그 외에도 김정화(1985), 권순만(1990) 등은 '서툴렀구나 하는 생각이 어렴풋이 떠올랐다'174)로, 이가원(1989), 우인호(2007) 등은 '좀 서툴렀

---

172) 「뭔가 잘못된 것 같은 느낌이 들었다. 그러자 알 수 없는 불안감이 엄습했다.」 조관희(2018), 8쪽, 이욱연(2011), 477쪽/ 「뭔가 잘못된 듯했다. 확실히 좀 불안해져…」 문현선(2018), 53쪽/ 「뭔가 잘못된 것 같다는 느낌이 들었다. 그제야 그는 약간 불안해졌는지 황급히 담뱃대를 허리춤에 찔러 넣고 쌀을 찧으러 가려 했다.」 김태성(2011), 125쪽/ 「아닌 게 아니라 뭔가 일이 잘못된 것 같았다. 그는 분명 가슴이 두근거려…」 장수철(2006), 43쪽/ 「뭔가 잘못된 것 같았다. 가슴이 마구 방망이질을 해왔다.」 정석원(2004), 32쪽/ 「두 손으로 빈 의자를 짚고 천천히 일어나면서 좀 잘못된 것 같은 느낌이 들었다. 그러자 그는 확실히 좀 마음이 불안해져서…」 전형준(1996), 84쪽/ 「뭔가 잘못되었다는 느낌이 들었다. 아Q는 심장이 두근거리고 어찌할 바를 몰라 담뱃대를 허리띠에 찔러 넣고 쌀을 찧으러 나가려 했다.」 북트랜스(2015), 42쪽/ 「뭔가 좀 잘못된 느낌이 들었다. 이때 그는 정말로 좀 안절부절 못하여…」 최은정(2009), 74쪽/ 「뭔가 일이 좋지 않게 돌아가고 있음을 느꼈다. 아큐는 순간, 덜컥 겁이 났다.」 윤수천(2007), 49쪽

173) 이가원(1980), 48쪽, 이민수(1990), 97쪽, 정노영(1994), 33-34쪽

174) 「서툴렀구나 하는 생각이 어렴풋이 떠올랐다. 마음이 가라앉지 않았지만 황급히 담뱃대를 허리띠에 찌르고는 방아를 찧으려 하였다.」 김정화(1985), 85쪽/ 「좀 서툴렀구나 하고 생각한 것 같았다. 그는 이때 확실히 조금 흠칫하기도 했었다.」 권순만(1990), 75쪽

다고 생각되었다'[175]로, 조성하(2000), 김욱(1988) 등은 '서툴렀다는 느낌이 어렴풋이 들었다'[176]로, 허세욱(1983), 안영신(2001), 윤화중(1994) 등은 '일이 글렀다고 느끼는 것 같았다'[177]로, 김범수(2003), 김진욱(1992), 성원경(1983) 등은 '어쩐지 일이 좀 우습게 되었다는 느낌이 머리를 스쳤다'[178]로 옮겼다. 이렇게 번역을 하면 아Q가 우 어멈에게 같이 자자고 말한 것이 문제가 아니라 프러포즈를 하는 방식이 잘못되었다는 의미가 형성된다. 그래서 스스로 자신의 행동이 서툴렀다고 생각한다는 뜻이다. 이는 전체 문맥을 잘못 파악한 번역에 속한다. 원문에서 아Q가 '糟'라고 생각한 것은 우 어멈과의 관계가 이루어지지 못해서가 아니다. 우 어멈에게 같이 자자고 한 일이 봉건적 규범에 어긋나서 주변 사람들에게 단죄를 받을 상황이 되었다는 뜻이다. 그런 점에서 이들의 번역은 문맥을 잘못 파악한 오역에 속한다.

다음은 원문을 소홀히 읽어 '赵大爷'를 '赵太爷'로 오역한 경우이다.

---

175) 「좀 서툴렀다고 생각되었다. 그는 이때 확실히 겁이 덜컥 났다.」 이가원(1989), 17-18쪽, 우인호(2007), 66쪽

176) 「심장이 아직 두근거렸고 좀 서툴렀다는 느낌이 머리를 스쳐지나갔다. 그러자 그는 덜컥 겁이 났다.」 조성하(2000), 32쪽/ 「서툴렀다는 느낌이 어렴풋이 들었다.」 김욱(1988), 31쪽

177) 「일이 글렀다고 느끼는 것 같았다. 이때, 아큐도 확실히 겁이 났다.」 허세욱(1983), 73쪽/ 「일이 글렀다고 그는 생각했다. 아Q는 갑자기 겁이 덜컥 났다.」 안영신(2001), 120쪽/ 「일이 좀 글렀다고 느끼는 것 같았다. 그는 이때 확실히 겁이 덜컥 났다.」 윤화중(1994), 37쪽

178) 「어쩐지 일이 좀 우습게 되었다는 느낌이 머리를 스쳤다. 그도 이때는 확실히 심장이 약간 두근거렸다.」 김범수(2003), 34쪽, 김진욱(1992), 31쪽, 성원경(1983), 30쪽

(81)[179]

他想打听，走近赵司晨的身边，这时他猛然间看见赵大爷向他奔来.[180]

아Q는 우 어멈한테 같이 자자고 말을 한 탓에 몽둥이로 얻어맞았고 허둥지둥 방앗간으로 도망간다. 어리벙벙해 있는데 밖에서 시끌벅적 소리가 났다. 태생에 구경을 좋아하는 아Q라 금방 자오쓰천의 옆으로 다가가 무슨 일이 있는지 물어보려고 하였다. 이때 한 사람이 몽둥이를 들고 그에게로 달려왔는데 그 사람이 바로 자오 나리의 아들인 '赵大爷' 였던 것이다. '赵太爷'는 자오 수재의 아버지로서 봉건지배계층을 대표하는 인물이다. 그런데 여기에서 '大'와 '太'는 글자 모양이 비슷하여 원문을 얼핏 보면 '赵太爷'라고도 이해할 수 있다. 하지만 '赵太爷'와 '赵大爷'는 엄연히 다른 인물이다. 전체 「아Q정전」을 읽어보면 다른 곳에서도 '赵太爷'의 아들을 '秀才大爷'[181]라고 묘사한 적이 있다. 때문에 여기서 '赵大爷'는 자오 나리의 아들이 틀림없다. 이 점을 고려하여 노신문학회(2003)은 '조 영감의 맏아들'이라고 정확하게 번역을 하였다. 번역문을 예로 들어보면 다음과 같다.

> 이때 **조 영감**의 맏아들이 손에 참대 몽둥이를 들고 쌩하고 달려오는 것이 퍼뜩 눈에 띄었다.[182]

---

179) 인용문(15)와 동일함

180) 『鲁迅全集』(第一卷), 人民文学出版社, 1991, 502쪽

181) 『鲁迅全集』(第一卷), 人民文学出版社, 1991, 502쪽

182) 노신문학회(2003), 123쪽

또 이철준(1991), 문현선(2018), 최은정(2009), 장수철(2006), 김욱(1988), 전형준(1996), 권순만(1990) 등도 '수재', '짜오 씨네 큰아들', '조가의 아들 수재' 등[183]으로 옮겨 원문의 인물을 정확히 표현하였다.

하지만 다수의 번역은 '자오 나리', '자오 영감님' 등으로 번역을 하였다. 김시준(2008), 이가원(1980), 이민수(1990), 김태성(2011) 등의 경우를 예로 들면 다음과 같다.

> 그는 궁금하여 자오쓰천의 옆으로 다가갔다. 그때 문득 **자오 나리**가 그를 향해 달려오는 것을 보았다.[184]

예문에서는 '赵太爷'와 '赵大爷'를 동일 인물로 번역하였다. 그 외에도 김하중(1981), 장기근·이석호(1988), 정노영(1994), 북트랜스(2015),

---

183) 「이때 조령감의 맏아들이 손에 둑한 참대 몽둥이를 들고 씽 달려오는 것이 퍼뜩 눈에 띄었다.」 이철준(1991), 112쪽/ 「아Q는 무슨 일인지 물어보려고 자오쓰천에게 그때 갑자기 수재가 자기 쪽으로 달려오는 게 보였다.」 문현선(2018), 55쪽/ 「좀 알아볼 요량에 짜오쓰천의 곁으로 다가갔다. 이 때 그는 순간적으로 짜오 씨네 큰아들이 손에 굵은 대나무 몽둥이를 들고서 그를 향해 달려오는 것을 보았다.」 최은정(2009), 76쪽/ 「이렇게 생각한 아Q는 사정을 알아보려고 자오쓰천 곁으로 가까이 갔다. 그때 갑자기 자오 영감의 맏이들이 달려드는 것이 보였다.」 장수철(2006), 44쪽/ 「그는 자세한 내막을 알아보려고 차오스첸 곁으로 다가갔다, 그때 그는 문득 조가의 아들 수재가 그를 향해 달려오는 것을 보았다.」 김욱(1988), 32쪽/ 「그는 알아볼 셈으로 짜오쓰천 곁으로 다가갔다. 그때 그는 문득 짜오 큰어른이 그를 향해 달려오는 것을 보았다.」 전형준(1996), 87쪽/ 「그는 사건의 전말을 자세히 알기 위해 조사신 옆으로 다가갔다. 그때 문득 조가의 젊은 나리가 자기 쪽으로 달려오는 것을 보았다.」 권순만(1990), 77쪽

184) 김시준(2008), 139쪽, 이가원(1980), 50쪽, 이민수(1990), 98쪽, 김태성(2011), 126-127쪽

윤수천(2007), 조성하(2000), 김범수(2003), 김진욱(1992), 성원경(1983) 등은 '자오 영감님'[185]으로, 허세욱(1983), 루쉰전집번역위원회(2010), 윤화중(1994), 안영신(2001) 등은 '조 나리'[186]라고 옮겼다. '자오 나리', '자오 나으리', '자오 영감' 등 모든 호칭은 모두 '赵太爷'를 가리키므로 오역에 속한다.

다음은 중국어의 욕인 '畜生'에 대한 부적절한 번역의 경우이다.

(82)

"畜生!", 阿Q怒目而视的说, 嘴角上飞出唾沫来.[187]

---

185) 「그는 물어보고 싶어서 자오쓰첸의 옆으로 다가갔다. 그때 문득 자오 영감님이 그를 향해 달려오는 것을 보았다.」 김하중(1981), 76쪽, 장기근·이석호(1988), 88쪽, 정노영(1994), 35쪽, 북트랜스(2015), 44쪽/ 「아큐는 몹시 궁금하여 조사신 곁으로 바싹 다가갔다. 이 때, 별안간 조 영감이 자기 쪽으로 달려오는 모습이 보였다.」 윤수천(2007), 51쪽/ 「궁금증을 참을 수 없어진 아Q는 물어보기 위해 조사신 곁으로 가까이 갔다. 그 때였다. 그는 별안간 조영감이 자기 쪽으로 달려오는 것을 보았다.」 조성하(2000), 34쪽/ 「그는 물어보려고 조사신 옆으로 걸어갔다. 바로 이 때 그는 별안간 조 영감이 그에게 달려오는 것을 보았다.」 김범수(2003), 35, 김진욱(1992), 33쪽, 성원경(1983), 31쪽

186) 「아큐는 궁금해서 조사신 곁으로 다가갔다. 이때, 언뜻 조 씨 나리가 그에게로 달려오는 것이 보였다.」 허세욱(1983), 77쪽/ 「그는 그게 알고 싶어 자오쓰천 옆으로 다가갔다. 이때 자오 나리가 그를 향해 달려오는 것이 순간적으로 눈에 들어왔다.」 루쉰전집번역위원회(2010), 126쪽/ 「그는 물어보고 싶어서 자오 쓰천 옆으로 다가갔다. 이때 갑자기 자오 나리가 자기 쪽으로 달려오는 것을 보았다.」 윤화중(1994), 38쪽/ 「그는 좀 더 자세히 물어보려고 조사신의 곁으로 가까이 다가갔다. 이때 그는 갑자기 조 나리가 손에 굵은 대나무 몽둥이를 들고 자기 쪽으로 달려오는 것을 보았다.」 안영신(2001), 121쪽

아Q는 애송이 D에게 일자리를 다 빼앗기고 배까지 굶는다. 이럴 때 길가에서 애송이 D를 만나자 분노에 차서 '畜生!'하고 욕을 한다. '畜生'이란 말은 중국어에서 '짐승'이란 뜻으로 사람들이 극히 분노할 때 하는 욕이다. 즉 한국어에서는 '짐승같은 놈'에 상당하다. 번역문을 살펴보면 루쉰전집번역위원회(2010)는 다음과 같이 옮겼다.

> **"짐승 같은 놈!"** 아Q는 눈을 부릅뜨며 말했다. 입가에서 침이 튀었다.[188)]

박운석(2008), 김하중(1981), 김태성(2011), 문현선(2018) 등도 '짐승 같은 놈'[189)]이라고 옮겨 그의 분노를 적절히 표현하였다. 또 상당수의 번역문에서는 '개새끼'라고 옮겼는데 이 욕은 두 사람의 지적 수준을 고려했을 때 적절한 번역에 속한다. 이문희(1978), 이철준(1991), 장수철(2006) 등은 '이 개새끼야!'[190)]로, 이가원(1980), 이민수(1990), 이가원(1989), 우인호(2007), 정노영(1994), 조성하(2000), 안영신(2001), 김범수(2003), 북트랜스(2015)등은 '개새끼야!'[191)]로, 허세욱(1983)은 '개 같

---

187) 『鲁迅全集』(第一卷), 人民文学出版社, 1991, 504쪽

188) 루쉰전집번역위원회(2010), 129쪽

189) 「"짐승 같은 놈!" 아Q는 성난 눈으로 보면서 입가에 거품을 튀기며 말했다.」 박운석(2008), 108쪽/ 「짐승 같은 놈.」 하고 阿Q는 째려보았다. 입에서 침이 튀었다.」 김하중(1981), 78쪽/ 「짐승 같은 놈!」 아Q는 화난 눈을 부릅뜨고 말했다. 입가에서 침이 튀었다.」 김태성(2011), 130쪽/ 「"짐승 같은 놈!" 아Q가 노려보며 욕을 할 때 침이 튀어나왔다.」 문현선(2018), 59쪽

190) 「이 개새끼야!」 小소Don도 그 자리에 섰다. 그를 노려본 阿Q는 침방울도 튀기며 고함을 질렀다.」 이문희(1978), 52쪽, 이철준(1991), 115쪽/ 「"이 개새끼!" 아Q는 눈을 부릅뜨며 욕을 퍼부었다. 입에서 침방울이 튀었다.」 장수철(2006), 48쪽

은 놈!'[192]으로 옮겼다.

반면에 노신문학회(2003), 김정화(1985) 등은 '버러지 같은 놈아!'[193]라고 옮겼다. 노신문학회(2003)의 경우를 예로 들어보자.

> "**버러지 같은 놈아!**" 아Q는 눈을 부릅뜨고 침을 튀기며 욕설을 퍼부었다.[194]

원문에서 '畜生'은 짐승만도 못한 일을 하여 사람으로서의 인륜 도덕을 무너뜨리고 짐승처럼 행동한다는 뜻이다. 하지만 버러지는 도리와 관련이 없이 다만 하찮다는 뜻으로서 도의, 도덕을 잃어버렸다는 뜻이 포함되어 있지 않다. 때문에 적절한 번역이라 할 수 없다.

한편 장기근·이석호(1988)는 '이 새끼'로, 윤수천(2007)은 '썩을 놈!' 등[195]으로 번역하였는데, 역시 '인륜을 저버린 놈'이라는 뜻을 충분히 전달하지 못하고 있다.

---

191) 「개새끼야!」 阿Q는 눈을 부릅뜨고 말했다. 입언저리에서 침이 튀어 나왔다.」 이가원(1980), 55쪽, 이민수(1990), 101쪽, 이가원(1989), 21쪽, 우인호(2007), 72쪽, 정노영(1994), 39쪽/ 「"개새끼!" 아Q는 눈을 흘기며 말했다. 입에서는 침이 튀어나왔다.」 조성하(2000), 38쪽/ 「"개새끼!" 아Q는 눈을 부릅뜨고 소리쳤다. 입에서 침이 튀었다.」 안영신(2001), 124쪽/ 「개새끼!」 아Q는 흘겨보며 말했다. 입에선 침이 튀어나왔다.」 김범수(2003), 40쪽

192) 「'이런 개새끼!' 아Q는 침을 튀기며 소리치고는 샤오D를 노려보았다.」 북트랜스(2015), 50쪽

193) 「"버리지 같은 놈!" 阿Q는 노려보며 말하였다. 입에서 침이 튀었다.」 김정화(1985), 88쪽

194) 노신문학회(2003), 126쪽

195) 「"이 새끼!" 阿Q는 눈을 부릅뜨고 쏘아보며 욕을 했다. 입 언저리에 거품이 튀었다.」 장기근·이석호(1988), 90쪽/ 「"썩을 놈!" 아큐는 눈을 부라리며 말했다. 입에서 침이 튀었다.」 윤수천(2007), 58쪽

다음은 수식 관계에 대한 잘못된 파악으로 생긴 오역의 사례이다.

(83)

村外多是水田，满眼是新秧的嫩绿，夹着几个圆形的活动的黑点，便是耕田的农夫.[196)]

아Q가 먹거리를 구하러 나갔다가 음식을 구하지 못하고 마을 밖까지 걸어서 나온다. 마을 밖은 모두 논이었고 논에는 몇 개의 움직이고 있는 검은 점들이 있었는데 바로 논을 매고 있는 농부들이었다. 원문에서 '几个圆形的活动的黑点'의 수식 관계를 따져보면 '几个', '圆形的', '活动的', '黑'는 모두 '点'이라는 명사를 수식하는 수식어이다. 따라서 '点'을 수식하는 말로 번역되어야 한다. 김하중(1981)은 이러한 점을 고려하여 다음과 같이 번역하였다.

> 그 사이에 여기저기 움직이는 둥그스름한 검은 점들은 논을 매는 농부이다.[197)]

예문에서 알 수 있듯이 여기저기(几个), 움직이는(活动的), 둥그스럼한(圆形的), 검은(黑)이 모두 '점들'을 수식하고 있다. 특히 수식어를 원문의 순서대로 배치할 경우 한국어 문장이 부자연스럽게 된다는 점을 고려하여 수식어의 어순을 바꾸어 문장을 매끄럽게 만들었다는 점도 긍정적으로 평가할 만한 부분이다. 또 김태성(2011)은 '그 사이에 여기

---

196) 『鲁迅全集』(第一卷), 人民文学出版社, 1991, 506쪽

197) 김하중(1981), 80쪽

저기 움직이는 동그랗고 검은 점들은 전부 논을 매는 농부들이었다'[198]로, 이문희(1978)는 '그 푸르름 사이사이로 드문드문 움직이는 圓形원형의 黑點흑점들은 農事농사일에 專念전념하는 농군들이다'[199]로 번역을 하였다. 조성하(2000), 장수철(2006), 신여준(2011), 허세욱(1983) 등[200]도 비슷한 번역을 하였는데 기본적으로 문제없는 번역에 속한다. 또 노신문학회(2003), 이철준(1991) 등은 네 개의 수식어 가운데서 동사를 술어로 번역을 하였다.

> **푸른 단장을 한 논 여기저기에선 둥근 점들이 움직이고 있었다.** 그것은 일손을 놀리고 있는 농군들이였다.[201]

수식 관계가 변화되기는 했지만 원문의 뜻을 충분히 잘 전달하고 있는 번역이다. 반면에 수식 관계를 잘못 파악하여 원문의 뜻을 정확하게 전달하지 못한 번역문도 보인다. 예를 들어 이가원(1989), 우인호(2007), 안영신(2001), 김범수(2003) 등의 번역문을 보자.

> 눈에 보이는 것마다 파릇파릇한 못자리였고 **그 사이에 끼여 원형으로 움직이고 있는 검은 점들은 논을 매고 있는 농부들이었다.**[202]

---

198) 김태성(2011), 132쪽

199) 이문희(1978), 55-56쪽

200) 「그 사이에 끼여 가끔씩 움직이고 있는 검은 점은 논을 갈고 있는 농부였다.」 조성하(2000), 40쪽/ 「군데군데 움직이는 둥그런 검은 점은 논일을 하고 있는 농부들이었다.」 장수철(2006), 50쪽/ 「그 가운데서 꿈틀거리는 검은 점들은 바로 김을 매는 농부들이었다.」 신여준(2011), 158쪽/ 「간간이 보이는 움직이는 검은 점들은 밭을 가는 농부들이었다.」 허세욱(1983), 89쪽

201) 노신문학회(2003), 128쪽, 이철준(1991), 117쪽

202) 이가원(1989), 22쪽, 우인호(2007), 74쪽, 안영신(2001), 126쪽, 김범수

이가원(1989)과 우인호(2007)의 번역문을 보면 '圆形的活动的黑点'을 '원형으로 움직이고 있는 검은 점'이라 옮겼다. '원형으로 움직이고 있는'에서는 '원형'이 '움직이고 있는'을 수식했고 '원형으로 움직이고 있는'이 다시 '검은 점'을 수식했다. 이렇게 번역을 하면 '점'이 원형 모양이 아니라 움직이는 궤도가 원형을 이루고 있다는 뜻이 된다. 이는 원문이 표현하려는 뜻과 완전히 다른 뜻을 전달하게 되므로 오역에 속한다. 또 박운석(2008), 이민수(1990), 루쉰전집번역위원회(2010) 등은 '군데군데 끼어 둥글게 움직이고 있는 검은 점들은 논을 매는 농부들이었다'[203], 김정화(1985)의 '그 사이에 점점이 둥그런 모양으로 움직이고 있는 검은 점들은 밭을 가는 농부들이었다'[204], 윤수천(2007)은 '그 사이에 둥근 모양으로 움직이는 검은 점은 논갈이를 하는 농부들이었다'[205], 장기근·이석호(1988)는 '둥그스름하니 꿈틀대는 흑점이 몇 개 끼어 있는 것은 밭갈이하는 농부들이었다'[206] 등이 있다. 모두 수식과 피수식의 관계를 잘못 파악한 오역에 속한다.

다음은 호적에 대한 풍자의 의미가 담겨있는 '待考'를 번역하면서 나타난 오류에 대해 살펴보자.

(2003), 43쪽

203) 박운석(2008), 110쪽, 이민수(1990), 102쪽, 루쉰전집번역위원회(2010), 131쪽

204) 김정화(1985), 89쪽

205) 윤수천(2007), 62쪽

206) 장기근·이석호(1988), 92쪽

(84)
还有赵白眼的母亲, ——一说是赵司晨的母亲, 待考, —也买了一件孩子穿的大红洋纱衫, 七成新, 只用三百大钱九二串.[207]

아Q가 성안에 갔다가 돌아온 후 갑자기 돈도 많이 벌었고, 또 마을 사람들에게 여러 가지 물건을 싸게 팔았다. 위 문장은 바로 짜오빠이옌의 모친 —일설에는 짜오쓰츤의 모친. 고증을 요함. — 이 아Q한테서 홑옷을 아주 싸게 샀다는 장면을 묘사한 구절이다. 위 구절에서 노신은 '待考'라는 단어를 사용하여 짜오쓰천의 모친일지도 모르는 것이니 '고증을 할 필요성'에 대하여 강조를 하였다. 「아Q정전」은 문체가 傳이므로 노신이 표현하고자 하는 아Q는 역사적 인물이다. 때문에 책에서 나오는 사건이나 인물은 모두 고증이 필요한 것이다. 또한 노신은 당시에 무슨 일에서나 고증을 요하는 胡适의 주장을 반대하는 입장이었기 때문에 '待考'라는 말로 胡适을 비판하는 내재적 의미도 포함하고 있었다. 이렇게 구절에서 중층적 의미를 지녔기 때문에 '고증'이란 단어를 누락하거나 다른 단어로 대체하면 그 의미 전달에 큰 손상을 주게 된다. 성원경(1983)과 엄영욱(2012)은 아래와 같이 옮겼다.

> 또 조백안의 어머니도—일설에는 조사신의 어머니라고도 한다. **고증(考證)을 요한다.** —어린 아이가 입는 빨간 양사(洋紗) 옷을 샀는데 제법 신품이고, 겨우 30전밖에 안 되었다.[208]

> 그리고 자오빠이이앤네 어머니—일설에는 자오쓰천의 어머

207) 『鲁迅全集』(第一卷), 人民文学出版社, 1991, 509쪽
208) 성원경(1983), 44쪽

니라고 하는데 **고증해 보아야 하겠다.** ―도 어린아이의 빨간 옥양목 셔츠를 한 벌 샀는데, 거의 새것이나 다름없는데도 값은 단지 3백 문 정도였다 한다.209)

위 두 번역은 모두 '待考'의 뜻을 정확히 표현하였다. 또 이가원(1980), 김정화(1985), 김욱(1988), 장기근·이석호(1988), 이가원(1989), 김진욱(1992), 정노영(1994), 전형준(1996), 김범수(2003), 장수철(2006), 박운석(2008), 북트랜스(2015), 허세욱(1983), 조관희(2018) 등도 모두 '고증을 요함', '고증할 필요가 있다', '고증이 필요하다', '고증해 보아야 하겠다' 등210) 형식으로 옮겼다. 모두 작가의 중층적 의도를 잘 살린 적절한

---

209) 엄영욱(2012), 43쪽

210) 「그리고 짜오빠이옌의 모친도 ―일설에는 짜오쓰츤의 모친. 고증을 요함. ―아이들에게 입히는 새빨간 금사(洋紗) 홑옷을 샀대. 칠푼쯤 신품인데 단돈 삼십전도 안 된다나봐.」 이가원(1980), 64쪽/「그리고―趙白眼의 어머니― 일설에는 趙司晨의 어머니, 아직 고증하지는 못하였음. ―도 아기에게 입힐 빨간 옥양목 홑옷을 샀대. 칠부 정도의 신품인데, 단돈 3백푼도 못된대.」 김정화(1985), 93쪽/「자오빠이엔(趙白眼)의 어머니 ―일설에는 차오스킨(趙司晨)의 어머니도 애들에게 입힐 빨간 모슬린 웃옷을 샀는데, 헌 옷이기는 해도 불과 3원이었다는군.」 김욱(1988), 42쪽/「또 조백안(趙白眼)의 모친 ―하기는 조사신의 모친이라고 하며, 이에 대해서는 고증할 필요가 있다. ―그녀도 아기가 입을 새빨간 양사(洋紗) 홑옷을 샀으며, 칠푼짜리쯤 되는 것인데 단지 92푼짜리 동전 꾸러미 세 개만 주었다고 했다.」 장기근·이석호(1988), 96쪽/「또 조백안의 어머니도 ―일설에는 조사신의 어머니라고도 한다. 고증을 요함. ―아이들에게 입히는 빨간 모슬린 옷을 샀대. 거의 신품인데 단돈 30전도 안 된다나 봐.」 이가원(1989), 26쪽/「또 조백안의 어머니도 ―일설에는 조사신의 어머니라고도 한다. 고증을 요한다. ―어린 아이가 입는 빨간 양사(洋紗)옷을 샀는데 제법 신품이고, 겨우 30전밖에 안 되었다.」 김진욱(1992), 45쪽/「그리고 조백안의 모친(일설에는 조사신의 모친이라는 말도 있으니 고증을 요함)도 아이들에게 입힐 빨간 모슬린 홑옷을 샀대. 거의 신품인데 단돈 30전도 안된다나 봐.」

번역이라 하겠다.

하지만 '고증'이라는 단어를 다른 형식으로 옮긴 번역문도 보인다. 이문희(1978), 윤화중(1994), 최은정(2009) 등은 대체로 '확실한 것은 모른다'[211]로 옮겼다. 최은정(2009)의 번역문은 다음과 같다.

정노영(1994), 47쪽/「그리고 짜오바이엔의 어머니 —일설로는 짜오쓰천의 어머니라 하는데 고증이 필요함. —도 아이에게 입힐 빨간 옥양목 셔츠를 한 벌 샀는데, 칠할 정도의 신품이 값은 겨우 삼백 문이었다.」 전형준(1996), 98쪽/「또 조백안의 어머니도 —일설에는 조사신의 어머니라고도 한다. 고증을 요한다. —어린 아이가 입는 빨간 양사 옷을 샀는데 제법 신품이고, 겨우 30전 밖에 안되었다.」 김범수(2003), 50쪽/「그리고 자오바이엔의 어머니 —일설에는 자오쓰천의 어머니라고 하는데 고증이 필요하다. —도 어린아이의 빨간 옥양목 저고리를 샀는데, 칠 할이나 하는 새것을 겨우 삼백 문밖에 주지 않았다.」 장수철(2006), 56-57쪽/「그리고 짜오빠이엔의 모친—일설에는 짜오쓰천의 모친, 고증을 요함. —도 아이가 입을 새 빨간 양사 저고리를 한 벌 샀는데 7할 정도 새 것을 삼백 문도 안 되게 주었다고 했다.」 박운석(2008), 118쪽/「또 자오바이엔의 모친—일설에는 자오쓰천의 모친이라고도 하는데 고증을 요함. —도 아이에게 입힐 빨간 옥양목 홑옷을 샀대, 칠할 정도가 신품인데 삼백 푼도 안 된다는 거야.」 루쉰전집번역위원회(2010), 135-136쪽/「자오바이옌의 어머니도(자오쓰천의 어머니라는 설도 있으니 고증할 필요가 있다.) 거의 새것이나 마찬가지인 어린아이용 빨간색 서양 저고리를 30전, 그것도 짧아서 그 정도에 샀다고 수근거렸다.」 북트랜스(2015), 61쪽/「또 조백안의 어머니도—일설에는 조사신의 어머니라고도 했으니, 고증을 기다릴 수밖에— 애들에게 줄 빨간 모슬린 저고리를 샀다는군. 제법 새 옷인데. 단돈 30전에 안 했다는 거야.」 허세욱(1983), 103쪽/「또 자오바이옌의 어머니— 일설에는 자오쓰천의 어머니라고도 하는데 고증이 필요함. —역시 아이에게 입힐 빨간색 옥양목 홑옷을 샀는데, 칠 할 정도 새것인데도 3백 문 정도만 주었다.」 조관희(2018), 102쪽

211) 「그리고 자오바이옌의 어머니 —일설에는 쓰천의 어머니라고도 하지만 확실한 것은 모른다. —도 아이들에게 입힐 붉은 모슬린 홑옷을 샀다잖아. 거의 신품이나 다름없는데 3백문에 샀대.」 이문희(1978), 67쪽/「그리고

짜오바이엔의 어머니 —일설에는 짜오쓰천의 어머니라고도 하는데 **확실치 않음**. —도 아이에게 입힐 빨간 옥양목 저고리를 한 벌 샀는데, 거의 새것이나 다름없는 데도 겨우 300문 정도였다는구먼.[212)]

또 권순만(1990)은 '분명치 않다'[213)]로, 이철준(1991), 노신문학회(2003)는 '그건 차차 알아보기로 하자'[214)]로, 김시준(2008), 김태성(2011) 등은 '사실은 더 조사를 해 보아야겠음'[215)]으로, 이욱연(2011)은 '확인이 필요하다'[216)]로, 신여준(2011)은 '앞으로 연구를 요함'[217)]으로

자오빠이앤의 모친— 일설에는 자오 쓰천의 모친이라고도 하나 확실하지 않다. —도 애들에게 줄 빨간 모슬린 홑옷을 샀는데 거의 신품인데도 단돈 삼십 전밖에 안 했다는 등등.」 윤화중(1994), 48-49쪽

212) 최은정(2009), 87쪽

213) 「또 조백안의 어머니 —조사신의 어머니라는 설도 있지만 분명치 않다. —도 빨간 옥양목 홑옷을 샀는데 단 3원만 주었다더라.」 권순만(1990), 87쪽

214) 조백안의 어머니(조사신의 어머니라고 하는 사람도 있지만 그건 차차 알아보기로 하자.)가 아Q한테서 어린아이의 다홍 양사저고리를 샀는데 새것이나 다름없는 것을 석냥도 채 주지 않았다니 뭐니 하고 수군거렸다.」 이철준(1991), 123쪽, 노신문학회(2003), 133쪽

215) 「그리고 자오바이엔의 어머니 —일설에는 자오쓰천의 어머니라고 하나, 사실은 더 조사를 해 보아야겠음. —도 아이에게 입힐 붉은 면사 홑옷을 샀는데 거의 새것처럼 보이는 것을 겨우 300전 92문에 샀다는 것이다.」 김시준(2008), 152쪽/「또한 자오바이엔의 모친 —일설에 의하면 자오쓰천의 모친이라고도 하지만 정확한 사실은 좀 더 조사해 봐야 한다. —도 아이에게 입힐 붉은 면사 홑옷을 샀는데 거의 새것처럼 보이는 물건이 겨우 3백따양 92원밖에 안 됐다고 했다.」 김태성(2011), 138쪽

216) 「자오바이엔의 어머니 —자오쓰천의 어머니라고 말한 사람도 있으니 확인이 필요하다. —는 애들이 입는 붉은 서양 날염 옷을 샀는데 거의 새것인데도 삼백 문에, 그것도 깎아서 샀다느니 하고 수군거렸다.」 이욱연(2011), 70쪽

부동한 형식으로 '待考'를 옮겼다. '待考'라는 단어에서 '考'는 '고증하다(考证)'라는 뜻을 의미한다. 사전적 의미로는 '예전에 있던 사물들의 시대, 가치, 내용 따위를 옛 문헌이나 물건에 기초하여 증거를 세워 이론적으로 밝히다'이다. 위의 여러 가지 번역문에서는 모두 이러한 뜻을 내포하고 있지 않기 때문에 오역의 범주에 가깝다.

다음은 문맥상 '太飘忽'라는 단어에 대한 이해가 다름에 따라 나타난 오류의 경우이다.

(85)

赵府的全眷都很焦急, 打着呵欠, 或恨阿Q太飘忽, 或怨邹七嫂不上紧.218)

아Q가 마을 사람들에게 아주 싼 값에 여러 가지 물건들을 팔았다는 소식을 듣고 자오 나리가 아Q를 집으로 불렀다. 그런데 아무리 기다려도 나타나지 않자 속으로 아Q가 너무 '太飘忽'하다고 나무라는 장면이다. 여기에서 '飘忽'라는 말은 내포된 뜻이 아주 풍부하다. 이 한 개 단어가 한국어에서 갖는 의미는 아주 많다. 사전적 의미로는 '종잡을 수 없다. 변덕스럽다. 기복이 심하다. 설렁설렁하다. 안정되지 못하다. 대충대충하다' 등으로 되어있다. 이렇게 많은 뜻을 포함하고 있으므로 번역문 역시 아주 다양한 번역 양상을 보이고 있다. 하지만 원문의 앞,

---

217) 「또 자오바이엔의 모친도 —일설에는 자오쓰천의 모친이라고도 함. 앞으로 연구를 요함. —양사로 만든 진홍색 애기 옷을 샀는데 7할 정도는 새것에 단돈 3원만 줬다고 했다.」 신여준(2011), 166쪽

218) 『鲁迅全集』(第一卷), 人民文学出版社, 1991, 510쪽

뒤 문장을 같이 살펴보면 자오 씨댁 사람들이 등불까지 켜고 아Q를 기다리고 있는데 아무리 기다려도 나타나지 않자 아Q가 '太飄忽'하다고 미워한다. 문맥상으로는 '아Q의 행적을 종잡을 수 없다', '아Q의 행적이 안정되지 못하다'는 의미가 농후하다. 이런 면을 고려하여 번역한 예로는 이철준(1991)의 번역이 있다.

> 조씨네 식구들은 초조히 기다리다 못해 하품만 자꾸 하였다. 그들은 아Q가 **제멋대로 나돌아 다닌다고 원망하기도 하고** 추칠아주머니가 빨랑빨랑 서두르지 않아서 그런다고 못마땅해하기도 하였다.[219]

또 김욱(1988)은 '늦장을 부리고 있는 사실을 원망하기도 하고'로, 이욱연(2011)은 '어딜 그렇게 쏘다니는지 모르겠다고 투덜대기도 하고'로, 문현선(2018)은 '종잡을 수 없다고 욕하거나' 등[220]으로 옮겼다. 모두 문맥을 고려하여 많은 뜻 중에서 적절한 뜻을 선택하였다고 할 수 있다.

그 외 다른 뜻을 선택하여 번역한 번역문들을 보자.

첫째, '건방지다'로 번역한 예문이다. 루쉰전집번역위원회(2010)의 경

---

219) 이철준(1991), 124쪽

220) 「조가의 전 가족들은 모두 지쳐버려 하품을 하면서 阿Q가 늦장을 부리고 있는 사실을 원망하기도 하고, 쓰오찌사오의 굼뜬 동작에 화를 내기도 했다.」 김욱(1988), 44쪽/「자오 나리 집안 식구들은 다들 초조해하며 하품을 하기도 하고, 아Q가 어딜 그렇게 쏘다니는지 모르겠다고 투덜대기도 하고, 얼른 오지 않는다고 쩌우치 댁을 탓하기도 했다.」 이욱연(2011), 72쪽/「자오 댁 사람들은 하나같이 조바심을 내며 안절부절못했다. 하품을 하면서 아Q가 종잡을 수 없다고 욕하거나 쩌우 아주머니가 너무 느리다고 불평하기도 했다.」 문현선(2018), 70쪽

우를 예로 들어보자.

> 자오 가의 식구들 모두가 초조해졌다. 하품을 하기도 하고 아Q가 **너무 건방지다고 미워하기도 하고** 쩌우 씨댁 며느리가 느려 터졌다고 탓하기도 했다.[221]

위에서도 말했듯이 전체 문맥으로 보면 아Q가 기다려도 오지 않아서 욕한 것이지 아Q의 태도가 건방진 것이 아니다. 때문에 '건방지다'는 번역은 적절하지 않다. 이런 번역으로는 또 이문희(1978), 김정화(1985), 노신문학회(2003), 박운석(2008), 김태성(2011) 등[222]이 있다. 성원경(1983), 김진욱(1992), 김범수(2003) 등은 '건방지다'와 비슷한 단어 '건성'[223]을 택했는데 역시 적절한 번역에 속하지 못한다.

---

221) 루쉰전집번역위원회(2010), 136쪽

222) 「자오 가의 가족들은 초조해졌다. 기다리다 지쳐 하품을 하기도 하고, 건방지다고 아Q를 욕하기도 하고, 끝내는 뭘 그렇게 꾸물거리는지 모르겠다면서 쩌우치사오까지 들먹이었다.」 이문희(1978), 68쪽/ 「趙씨의 식구들은 조바심이 났다. 하품을 하기도 하고, 阿Q가 너무 건방지다고 하기도 하고, 마침내는 칠댁이 느림보라고 화를 내기도 하였다.」 김정화(1985), 94쪽/ 「조 영감네 식솔들은 초조히 기다리다 못해 하품만 자꾸 했다. 그들은 아Q가 너무 건방지다고 투덜대기도 하고 추 씨네 아주머니가 빨리빨리 서두르지 않아서 그런다고 못마땅해하기도 했다.」 노신문학회(2003), 134쪽/ 「짜오씨 댁의 온 가족이 몹시 조급해서 하품을 하며 아Q가 너무 방자하다고 미워하기도 하고 조우치 댁이 약삭빠르지 못하다고 원망하기도 하였다.」 박운석(2008), 119쪽/ 「자오 씨 댁 식구들 모두가 몹시 조급해하면서 하품을 하거나 아Q가 너무 건방져졌다고 미워하기도 했다. 혹은 저우 씨 댁 일곱째 아주머니가 약삭빠르지 못하다고 비난하기도 했다.」 김태성(2011), 139-140쪽

223) 「조 씨 댁 가족들은 지쳐서 연신 하품을 하고 있었다. 그리고 아Q가 너무 건성이라고 원망도 하고, 추칠 아줌마가 우물거리고 있다고 불평을 늘어

둘째, '변덕스럽다'로 번역한 예문이다.

> 짜오댁 식구들은 모두 조바심을 냈다. 하품을 하기도 하고 아Q가 **너무 변덕스럽다고 욕하기도 하고** 조우치 댁이 서두르지 않는다고 탓하기도 했다.[224)]

위 예문과 같이 전형준(1996), 최은정(2009) 등은 '변덕스럽다'는 뜻을 택하였다. 사전적 의미로는 맞는 번역이라고 할 수 있지만 문맥상으로는 적절하다고 할 수 없다. 아Q는 원래부터 자오 씨댁에 간다고 말했다가 변덕을 부려 가지 않는 것이 아니기 때문이다. 신여준(2011), 조관희(2018) 등[225)]도 똑같은 오역을 하고 있다.

셋째, 비교적 많은 번역 양상을 보이고 있는 번역은 '뽐내다'이다. 조성하(2000)는 다음과 같이 옮겼다.

> 조씨 댁의 전 가족은 모두 지쳐서 하품을 해댔다. 그리고 아Q가 **너무 뽐낸다고 원망하고**, 추칠 아줌마가 약삭빠르지 못하다고 불평을 늘어놓기도 했다.[226)]

놓기도 했다.」 성원경(1983), 45쪽, 김진욱(1992), 46쪽, 김범수(2003), 51쪽

224) 전형준(1996), 99쪽, 최은정(2009), 87-88쪽

225) 「자오씨 저택의 온 권속들은 초조한 마음으로 하품을 하며 아Q가 너무 변덕스럽다고 한탄하기도 하고, 또 쩌우씨댁 부인이 너무 야물딱지지 못하다고 원망하기도 하였다.」 신여준(2011), 167쪽/ 「자오씨네 가족은 모두 조급해져서 하품을 하거나 아큐가 너무 변덕스럽다고 미워하고, 쩌우 씨네 일곱째 아주머니가 일처리를 깐깐하게 하지 못한다고 원망했다.」 조관희(2018), 103쪽

226) 조성하(2000), 47쪽

위에서 말했듯이 '飘忽'라는 단어에는 '뽐내다'라는 뜻이 포함되어 있지 않다. 그런데 많은 번역에서 왜 '뽐내다'라는 단어로 옮겼을까? 이는 문맥을 고려했을 가능성이 있다. 앞에서 아Q가 다시 미장에 돌아 왔을 때는 이미 예전의 아Q가 아니었다. 좋은 물건들을 팔아 돈이 많은 상황이었다. 그래서 '뽐내다'는 뜻으로 옮긴 것 같은데 전체 맥락에 있어서나 해당 문장에 있어서나 오역에 가깝다.

넷째, 또 한국어 관용어를 사용하여 번역한 사례를 보기로 하자. 정석원(2004)은 다음과 같이 옮겼다.

> 짜오 가의 권속들은 조바심이 나 미칠 지경이었다. 하품을 하는 사람, **동에 번쩍, 서에 번쩍 하는 아Q를 원망하는 사람**, 어떤 사람은 조우 아줌마의 바지런하지 못한 행동을 탓하는 자도 있었다.[227)]

정석원(2004)은 '동에 번쩍, 서에 번쩍 하는'라고 한국어 관용어를 사용하였다. 하지만 이 관용어는 좋은 의미가 들어있는 어휘로서 아Q를 한창 욕하고 미워하는 상황에서 이 말은 적당하지 못하다고 판단된다.

다음은 '投降'을 옮길 때 번역자의 마음대로 의역하여 노신이 표현하고자 한 뜻을 비틀어버린 경우이다.

(86)

"革这伙妈妈的命, 太可恶! 太可恨!…… 便是我, 也要投降革命党了."[228)]

---

227) 정석원(2004), 48쪽

228) 『鲁迅全集』(第一卷), 人民文学出版社, 1991, 513쪽

혁명당을 매우 증오하고 통탄해하던 아Q가 거인 나리를 포함한 모든 사람들이 혁명당을 무서워하는 것을 보고는 자신도 혁명당에 투항하여 다른 사람의 재산, 여자를 빼앗아야겠다는 생각을 하는 장면이다. 노신은 원문에서 '便是我, 也要投降革命党了'라고 표현하였다. 즉 자신도 혁명당에 '投降'하겠다고 표현하였다. 보통 모 당파에는 '들어가다, 가입하다'라는 표현을 사용하지만 노신은 특별히 '투항'이라는 단어를 사용하였다. '투항'이라는 말을 쓴 것은 그 앞에서 혁명당을 적으로 여기고 있었기 때문에 진영을 바꾼다는 것은 우선 일종의 투항이 필요한 것이다. 김하중(1981), 정석원(2004), 장수철(2006), 박운석(2008), 김시준(2008), 최은정(2009), 엄영욱(2012), 김태성(2011) 등은 '투항하다'[229]로 옮겼는데, 김태성(2011)의 번역문을 보기로 하자.

> 이 개자식들을 전부 죽여 버리는 거야! 더러운 놈들을 말이야! 미운 놈들을…… **나도 혁명당에 투항해야겠어.**[230]

---

229) 「〈빌어먹을 놈의 세상을 혁명하자. 미운 놈들을, 분통 터지는 놈들을… 나두 혁명당에 투항해야지.〉」 김하중(1981), 86쪽/ 「"이 조무래기들을 모조리 없어버려야 한다구. 가증스런 놈들. 원한이 사무친다! 나? 그야 물론 혁명당에 투항해야지."」 정석원(2004), 53쪽/ 「'이 제기랄 것은 혁명해서 치워야 해. 이가 갈린다! 원한이 사무친다. 나도 혁명당에 투항할 테다.'」 장수철(2006), 62쪽/ 「'이 빌어먹을 놈들의 명을 끊어 놓겠다. 나쁜 놈들! 지독한 놈들을. 그런데 나도 혁명당에 투항하고 싶다.'」 박운석(2008), 125쪽/ 「'이 제기랄 놈들을 죽여 버리자! 더러운 놈들을! 미운 놈들을…… 나도 혁명당에 투항해야지.'」 김시준(2008), 158쪽/ 「'이 빌어먹을 놈들을 혁명해버려야지, 정말 혐오스러워! 정말 가증스러워…그래, 나도 혁명당에 투항해야지.'」 최은정(2009), 92쪽/ 「"그 제기랄 것들을 혁명하여 해치워야 해. 이가 갈린다! 원한이 사무친다!…… 나도 혁명당에 투항할 테다."」 엄영욱(2012), 49쪽

230) 김태성(2011), 145쪽

또 성원경(1983), 김범수(2003), 김진욱(1992), 전형준(1996) 등은 '항복하다'로 옮겼다.

> 그 개 같은 놈들을 혁명해버리자, 혐오스러운 놈들! 가증스러운 놈들!… 그래, **나도 혁명당에 항복해야지.**[231)]

위의 두 가지 번역문에서 '投降'을 '투항하다', '항복하다'로 옮겼는데 이 두 단어는 모두 노신이 전달하려는 의미를 정확히 옮겼다고 할 수 있다. 반면에 '가입하다', '가담하다'로 옮긴 번역문도 있다. 문현선(2018)은 다음과 같이 옮겼다.

> 지랄 같은 것들을 치워버리는 거야. 역겨워! 정말 싫어…… **나도 혁명당에 가담하겠어.**[232)]

그 외에도 이문희(1978), 루쉰전집번역위원회(2010), 이욱연(2011) 등은 '가입하다', '가담하다'[233)]로 옮겼다. 김정화(1985), 김욱(1988), 이

---

231) 「이따위 얼간이들은 죽여 버려라! 밉기 한량없는 꼬락서니들. 좋아, 나도 혁명당에 항복해야겠다.」 성원경(1983), 50쪽, 김범수(2003), 58쪽, 김진욱(1992), 51쪽/ 「"그 개 같은 놈들을 혁명해버리자, 혐오스러운 놈들! 가증스러운 놈들!… 그래, 나도 혁명당에 항복해야지."」 전형준(1996), 104쪽

232) 문현선(2018), 75-76쪽

233) 「'옳지! 이 웨이좡의 얼간이들을 혁명해 주는 거다. 도대체가 밉살스럽고 밸이 꼴리는 멍텅구리들이지 뭐야. 나도 혁명당에 가담해야겠다.'」 이문희(1978), 76쪽/ 「'이런 씨팔 것들을 뒤집어버리자. 좆같은 것들! 가증스런 것들!… 나도 혁명당에 가입해야지!'」 루쉰전집번역위원회(2010), 140쪽/ 「'그 빌어먹을 것들을 혁명해버리자. 그 나쁜 것들! 가증스러운 것들! 그래, 나도 혁명당에 가담해야지.'」 이욱연(2011), 80쪽/ 「'지랄 같은 것들을 치워버리는 거야. 역겨워! 정말 싫어…… 나도 혁명당에 가담하겠어.'」 문

철준(1991), 윤화중(1994), 안영신(2001), 노신문학회(2003), 윤수천(2007), 북트랜스(2015), 조관희(2018) 등은 '들어가다'[234]로 번역을 하였다. 특히 김욱(1988)의 번역문이 비교적 엽기적이다.

> 저 꼴 보기 싫은 놈들의 목숨을 혁명해주자. 정말 미운 놈들이란 말이야. 나 **역시 혁명당에 들어가 줘야지.**[235]

번역문에서 '혁명당에 들어가 줘야지'라는 번역은 아Q가 혁명당에 겨우 투항이나 할 수 있는 정도와 거리가 멀다. 그 외에도 허세욱(1983)은 '혁명당이나 되어야지!'[236]로, 권순만(1990)은 '혁명당에 붙어보자'[237]로, 신여준(2011)은 '혁명당에 투신할 것이다'[238]로 옮겨 다양한

현선(2018), 75-76쪽

234) 「"빌어먹을 놈들을 혁명해줄테다. 가증스런 놈들을…… 나도 혁명당에 들어갈 수 있어."」 김정화(1985), 97쪽/ 「"혁명두 괜찮아. 이 제기랄 것들을 혁명해치워야 해. 이가 갈린다! 원한이 사무친다!… 나두 혁명당에 들겠다."」 이철준(1991), 128쪽/ 「'개새끼들을 죽여라, 더러운 놈들, 미운 놈들. 나도 혁명당에 들어가야지.'」 윤화중(1994), 54쪽/ 「"개새끼들은 죽여라, 더러운 개새끼들을! 미운 놈들을…… 나도 혁명당에 들어가야지."」 안영신(2001), 137쪽/ 「'혁명도 괜찮아. 이 빌어먹을 것들을 혁명을 해서 치워버려야 해. 이가 갈린다! 원한이 사무친다! 나도 혁명당에 들겠다.'하고 아Q는 생각했다.」 노신문학회(2003), 138-139쪽/ 「"저따위 얼간이들을 모두 죽여버려라! 더러운 놈들을… 좋아, 나도 혁명당에 들어가야겠어."」 윤수천(2007), 81쪽/ 「'혁명이란 것도 나쁘지 않은걸? 이 얼간이들을 모조리 뒤집어 없애야겠다! 나쁜 놈들! 그래, 좋아. 나도 혁명당에 들어가야지.'」 북트랜스(2015), 70쪽/ 「'이 빌어먹을 운명을 혁파하자. 미운 놈들! 한스러운 것들!…… 나도 혁명당에 들어가야지.'」 조관희(2018), 108쪽

235) 김욱(1988), 49쪽

236) 「'개 같은 놈의 세상, 뒤집어 없어져라! 빌어먹을, 우라질…… 나도 혁명당이나 되어야지!'」 허세욱(1983), 115쪽

번역 양상을 보이고 있다. 하지만 아Q가 정말로 하려는 것은 실제 가입이 아니라 정신적 동조를 말하는 것이므로 '가입하다', '가담하다', '들어가다' 등 말을 쓰는 것은 곤란하다. 아Q는 혁명당이 되는 것은 단지 그것이 변발을 자르고, 양복을 입고, 지팡이를 드는 일로, 저절로 성취될 것이라고 이해했을 뿐 실제로 혁명 활동을 할 어떤 준비도 되어 있지 않았다. 즉 이것은 혁명당의 가입과는 거리가 멀다. 때문에 오역에 가까운 번역이다.

다음은 '口风'이라는 단어의 외연을 너무 넓혀 옮김으로 나타난 오류이다.

(87)[239)]

"阿……Q哥, 像我们这样穷朋友是不要紧的……" 赵白眼惴惴的说, 似乎想探革命党的口风.[240)]

자오바이옌이 아Q에게 형님이라고까지 부르면서 혁명당의 내막을 알려고 물어보는 장면이다. 아Q는 스스로 혁명당에 투항하겠다고 생각하였다. 게다가 점심에 술까지 두 사발 들이키자 웨이좡 사람들이 다 자기 노예가 된 것 같은 공상에 빠져, 길가에서 모반이라고 소리를 지르기도 하고 노래를 부르기도 하며 거리를 돌아다녔다. 이런 아Q를 사람

---

237) 「'그 거지같은 놈들을 혁명한단 말이야. 밉살스러운 놈들을! 원한이 많은 놈들을!… 그렇다, 나도 혁명당에 붙어보자.'」 권순만(1990), 92쪽

238) 「"이 놈들을 전부 혁명해야 돼, 정말 간악한 놈들! 정말 가증스러운 놈들…… 바로 이 몸께서 혁명당에 투신할 것이다."」 신여준(2011), 174쪽

239) 인용문(12)와 동일함

240) 『鲁迅全集』(第一卷), 人民文学出版社, 1991, 514쪽

들은 모두 무서워했고, 자오바이옌까지도 아Q형이라 부르며 혁명당의 속셈을 아Q에게서 엿들으려고 하였다. 원문에서 '口风'은 '말 속에 시사하는 뜻, 정보, 힌트'를 뜻한다. 중국어에서의 사용 용례를 보면 '(胖疙瘩)偷眼瞅瞅郭全海的脸色, 就透出点口风道: '要是说了, 大伙上那儿起不出啥来咋办?''[241]), 혹은 '朱占魁和黄人杰竟如此诡秘, 事先连一点口风也没露.'[242])등이 있다. 문장의 뜻을 살펴보면 사용 범위는 한국어의 '속셈, 속내, 사정, 내막' 정도이다.

성원경(1983), 김진욱(1992), 김정화(1985), 윤화중(1994), 전형준(1996), 조성하(2000), 안영신(2001), 김범수(2003), 우인호(2007), 박운석(2008), 루쉰전집번역위원회(2010), 신여준(2011), 엄영욱(2012), 허세욱(1983) 등 많은 번역문에서 '속셈'[243])으로 번역하였다. 엄영욱

---

241) 周立波,『暴风骤雨』, 第二部十一

242) 孔厥,『新儿女英雄续传』, 第六章

243) 「아……Q군, 우리 같은 가난뱅이들끼리는 걱정하지 않아도……」 조백안은 마치 혁명당의 속셈을 떠보기라도 하는 것처럼 조심조심 말했다.」 성원경(1983), 52쪽, 김진욱(1992), 53쪽/ 「"阿…Q씨, 우리 같은 가난뱅이는 걱정없겠지?" 조백안은 혁명당의 속셈을 떠보고 싶은 듯, 겁을 내며 말하였다.」 김정화(1985), 98쪽/ 「"아……, 큐형, 우리 같은 이런 가난뱅이 동지는 괜찮겠지……" 자오빠이옌은 조심조심 말했다. 마치 혁명당의 말투를 흉내 내어 속셈을 떠보려는 듯이.」 윤화중(1994), 55-56쪽/ 「"아…… Q형, 우리같이 가난한 동무들은 괜찮겠죠……" 짜오바이옌이 조심스럽게 말했는데, 혁명당의 속셈을 떠보려는 것 같았다.」 전형준(1996), 105-106쪽/ 「"아…… Q형, 우리 같은 가난뱅이들은 걱정하지 않아도 되겠지……' 조백안은 마치 혁명당의 속셈을 떠보기라도 하는 것처럼 조심조심 말했다.」 조성하(2000), 54쪽/ 「"아…… Q형, 우리 같은 가난뱅이 동지는 괜찮겠지…" 조백안은 마치 혁명당의 말투를 흉내 내어 속셈을 때보려는 듯이 조심조심 말했다.」 안영신(2001), 138쪽/ 「아……, Q선생, 우리 같은 가난뱅이들끼리는 걱정하지 않아도……」 조백안은 마치 혁명당의 속셈을 떠보기라도 하는 것처럼 조심조심 말했다.」 김범수(2003), 60쪽/ 「"아……Q형, 우

(2012)의 번역문을 예로 들어보자.

> 아……Q형, 우리 같은 가난뱅이끼리는 걱정 안 해도 괜찮겠소……" 자오바이엔은 혁명당의 **속셈**을 떠보려는 듯이 머뭇머뭇 물었다.[244)]

또 이철준(1991), 노신문학회(2003), 이욱연(2011) 등은 '혁명당의 속내를 떠보려는 듯'[245)]으로, 이문희(1978)는 '사정을 알아보려는 듯'[246)]

리 같은 가난뱅이 동무는 상관없겠지……" 조백안은 마치 혁명당의 말투를 흉내 내어 속셈을 떠보려는 듯이 조심조심 말했다.」 우인호(2007), 89쪽 /「"아……Q형, 우리 같은 가난뱅이 친구는 괜찮겠지……." 자오빠이옌이 벌벌 떨면서 마치 혁명당의 속셈을 떠보려는 듯 말했다.」 박운석(2008), 127쪽/「"아……Q형, 우리 같은 가난뱅이 동무들이야 별일 없겠지……" 자오바이옌이 혁명당의 속셈을 떠보려는 듯 조심스레 말했다.」 루쉰전집번역위원회(2010), 142쪽/「"아……Q형, 우리 같은 가난뱅이 친구들이야 뭐 별일 없겠지……" 자오바이옌은 두려움에 떨며 이렇게 말하였다. 혁명당의 속셈을 떠보려는 것 같았다.」 신여준(2011), 177쪽/「"아(阿)……큐(Q)형, 우리네처럼 불쌍한 동지야 괜찮지만." 조백안이 조심조심 말했다. 짐짓, 혁명당의 속셈을 떠보려는 듯이.」 허세욱(1983), 119쪽

244) 엄영욱(2012), 50쪽

245) 「《아…… Q형, 우리 같은 가난뱅이 친구들이야 별일 없겠지…》 조백안은 혁명당의 속내를 떠보려는 듯 조심스럽게 말하였다.」 이철준(1991), 129-130쪽/「"아…… Q형, 우리 같은 가난뱅이 백성들이야 별일 없겠지?" 조백안은 혁명당의 속내를 떠보려는 듯 조심스럽게 말했다.」 노신문학회(2003), 140쪽/「"아……Q씨, 우리 같은 가난한 친구들은 괜찮겠지?……" 자오바이옌이 잔뜩 겁을 먹은 채 말했다. 혁명당의 속내를 떠보려는 심산인 듯했다.」 이욱연(2011), 83쪽

246) 「"이봐, 아……Q형, 우리 같은 가난뱅이야 아무런 상관도 없겠지…?" 자오바이옌이 혁명당의 사정을 알아보려는 듯 조심스럽게 물었다.」 이문희(1978), 79쪽

으로, 김욱(1988)은 '내막을 캐려는 듯이'[247]로, 장수철(2006)은 '속내를 펴보려는 듯이'[248]로 옮겼다. 위의 번역문들은 모두 '口风'의 의미를 정확히 전달한 번역들이라 할 수 있다. 반면에 이가원(1989), 이민수(1990), 정노영(1994) 등은 아래와 같이 번역을 하였다.

> "아......Q군, 우리 같은 가난뱅이 동지는 상관없겠지......" 조백안은 마치 혁명당의 **말투를 흉내 내듯이** 조심조심 말했다.[249]

위에서 '口风'을 '말투를 흉내 내듯이'라고 옮겼다. '口风'은 '속셈, 속내, 사정, 내막'이라는 뜻으로 '말투'와는 그 의미가 완전히 다르다. 이런 번역은 윤수천(2007), 김시준(2008), 김태성(2011), 조관희(2018) 등[250] 번역문에서도 나타나고 있다. 정확한 단어의 뜻을 몰라서 일어난 완전한 오역의 범주에 속한다.

또 북트랜스(2015), 정석원(2004) 등은 '소식을 엿듣다'[251]로 번역하

---

247) 「아…큐우씨, 나 같은 가난뱅이는 괜찮을 …테지?」 자오빠이앤(趙白眼)은 혁명당의 내막을 캐려는 듯이 겁먹은 소리로 말했다.」 김욱(1988), 50쪽

248) 「"아…… Q형, 우리 같은 가난뱅이는 걱정 안 해도……" 자오바이옌이 혁명당의 속내를 펴보려는 듯 머뭇머뭇 물었다.」 장수철(2006), 64쪽

249) 이가원(1989), 30쪽, 이민수(1990), 112쪽, 정노영(1994), 55쪽

250) 「"아큐 군, 우리 같은 이런 가난뱅이 동지는 괜찮겠지?" 조백안은 마치 혁명당의 말투를 흉내 내듯이 조심조심 말했다.」 윤수천(2007), 84쪽/「"아……큐형, 우리 같은 가난뱅이 동무들은 괜찮겠지요…" 자오바이옌은 마치 혁명당의 말투를 흉내라도 내듯이 조심조심 말했다.」 김시준(2008), 160쪽/「아……Q형, 우리 같은 가난뱅이 친구들은 괜찮겠지요……」 자오바이옌이 조심스럽게 말했다. 마치 혁명당의 말투를 흉내 내는 것 같았다.」 김태성(2011), 147쪽/「"아……큐 형, 우리 같은 가난뱅이 동무들은 별일 없겠지…." 자오바이옌은 조심스레 말했는데, 혁명당의 말투를 흉내 내려는 듯했다.」 조관희(2018), 110쪽

였는데 역시 '속셈, 속내, 사정, 내막'이라는 의미와는 거리가 멀다. 그 외에도 장기근·이석호(1988)는 '혁명당의 입김을 탐지하다'로, 권순만(1990)은 '혁명당의 주장을 탐색하다'로, 이가원(1980)은 '혁명당의 말투인가를 탐지하다' 등[252]으로 옮겼다. 위의 예와 마찬가지로 노신이 표현하려는 의미를 정확하게 옮기지 못한 번역문들이다.

다음은 수량사에 대한 번역이 잘못된 오역의 경우이다.

(88)

阿Q没有想得十分停当，已经发了鼾声，四两烛还只点去了小半寸.[253]

---

251) 「"아… Q 씨, 우리 같은 가난뱅이들은 걱정하지 않아도 되겠지……?" 자오바이옌이 혁명당 소식을 들어보려는 듯 더듬거리며 조심스럽게 말을 꺼냈다.」 북트랜스(2015), 72-73쪽/ 「"아……Q형, 우리처럼 가난한 친구들이야 눈에 차지도 않겠지만……" 짜오빠이옌이 더듬거리면서 말했다. 마치 혁명당의 소식이라도 좀 엿들으려는 기색이었다.」 정석원(2004), 55쪽

252) 「"阿Q……형, 우리 같은 가난뱅이 친구들은 별일 없겠지…." 조백안이 겁에 질려서 혁명당의 입김을 탐지하려는 듯 말했다.」 장기근·이석호(1988), 101쪽/ 「"아……Q형님, 우리 같은 가난한 사람은 문제없겠지……." 조백안이 조심조심 말했다. 혁명당의 주장을 탐색하려고 하고 있는 것 같았다.」 권순만(1990), 94쪽/ 「阿……Q형, 우리 같은 가난뱅이끼리는 상관없겠지…」 짜오빠이옌은 마치 혁명당의 말투인가를 탐지하려는 듯이 무서워하면서 말했다.」 이가원(1980), 71쪽/ 「阿……Q선생, 우리 같은 가난뱅이들은 괜찮겠지요……」 자오빠이옌은 혁명당에 대해 알아보려는 것처럼 더듬더듬 말하는 것이었다.」 김하중(1981), 86쪽/ 「"阿……Q형, 우리같이 이런 가난뱅이들은 괜찮겠지…" 짜오바이옌이 혁명당의 분위기를 떠보려는 듯 조심조심 물었다.」 최은정(2009), 93쪽

253) 『鲁迅全集』(第一卷), 人民文学出版社, 1991, 515쪽

아Q는 자신이 혁명당에 투항하여 마을 사람들의 재산, 여자들을 자기 것으로 만들고, 자기를 괴롭히던 사람들에게 복수하는 공상을 한다. 하지만 넉 냥짜리 가느다란 초가 반치도 타기 전에 벌써 코를 골며 잠들어 버리는 장면을 그린 것이다. 중국어에서 '小半寸'이란 뜻은 '半寸보다 작다', 혹은 '半寸이 되지 않는다'라는 의미를 뜻한다. 즉 아Q는 초가 반치도 타기 전에 이미 벌써 잠들어버렸다는 것을 이야기하려는 작자의 의도가 포함되어 있다. 전형준(1996)의 경우를 보자.

> 아Q는 미처 생각을 매듭짓기도 전에 벌써 코를 골았다. 넉 냥짜리 초는 아직 **반 치도 채 타지 않았고**...[254)]

위의 예문에서 보면 전형준(1996)은 '小'를 '채 타지 않았고…'라고 옮겼다. 박운석(2008)도 다음과 같이 옮겼다.

> 아Q는 생각을 다 끝맺기도 전에 이미 코 고는 소리를 냈고 4냥짜리 초가 **반 치 가까이 타들어가며**...[255)]

두 번역문 모두 '小半寸'을 아주 타당하게 옮겼다. 또 권순만(1990), 이철준(1991), 장수철(2006), 신여준(2011), 엄영욱(2012) 등은 '겨우 반 치쯤 탔다', '이제 겨우 반 치 정도 타들어가고 있었고…'[256)]로 옮겼다.

---

254) 전형준(1996), 107쪽

255) 박운석(2008), 128쪽

256) 「아Q는 끝까지 생각하기도 전에 벌써 코를 골고 있었다. 40돈쭝 양초는 아직 반치[半寸]쯤 탔을 뿐이고…」 권순만(1990), 95쪽/ 「아Q는 환상세계를 채 돌지 못하고 코를 드렁드렁 골았다. 초는 이제 겨우 반 치쯤밖에 타지 않았다.」 이철준(1991), 131쪽/ 「아Q는 생각을 다 끝맺지 못한 채 이

즉 '小—'라는 수식어를 정도를 나타내는 접미사 '—쯤', '—정도'로 번역을 하였는데 이 역시 정확한 번역이라 할 수 있다.

하지만 많은 번역에서는 '小—'라는 수식어를 누락하고 번역을 하지 않은 사례도 많이 보인다. 이가원(1980), 장기근·이석호(1988), 이가원(1989), 안영신(2001), 윤화중(1994), 노신문학회(2003), 정석원(2004) 등은 모두 '겨우 반 치 밖에 타지 않았다'[257]로 옮겼다. 노신문학회(2003)의 예문을 보기로 하자.

> 아Q는 환상세계를 채 돌지 못하고 코를 드르렁드르렁 골았다. 초는 이제 겨우 **반 치밖에 타지 않았다.**[258]

내 골아 떨어졌다. 넉 냥짜리 초는 이제 겨우 반치쯤 탔다.」 장수철(2006), 66쪽/「아Q는 생각을 다 정리하기도 전에 벌써 코를 골고 있었다. 4량짜리 촛불은 이제 겨우 반 치 정도 타들어가고 있었고…」 신여준(2011), 179쪽/「아Q는 환상을 다 끝맺지 못한 채 벌써 코를 골았다. 넉 냥짜리 초는 이제 겨우 반 치쯤 탔다.」 엄영욱(2012), 52쪽

257) 「阿Q는 공상의 결말이 나기 전에 벌써 코를 골았다. 사십돈중 양초는 아직 반치 밖에 닳지 않았으나…」 이가원(1980), 75쪽/「阿Q는 생각을 충분히 끝맺지 못하고 벌써 코를 골고 말았다. 넉 냥짜리 초는 겨우 반 치밖에 타지 못했고…」 장기근·이석호(1988), 102쪽/「아Q는 공상이 끝나기도 전에 벌써 코를 골았다. 40돈중의 양초는 아직도 반 치밖에 닳지 않았고…」 이가원(1989), 31쪽, 안영신(2001), 140쪽/「아큐는 공상이 끝나기도 전에 벌써 코를 골았다. 넉 냥짜리 초는 아직 반 치밖에 닳지 않았고…」 윤화중(1994), 57쪽/「아Q는 미처 다 생각도 하기 전에 코를 골고 말았다. 초도 반 치 밖에 타지 않았다.」 정석원(2004), 57쪽/「아큐는 공상이 다 끝나기도 전에 벌써 코를 골기 시작했다. 양초는 겨우 반 치밖에 닳지 않았다.」 윤수천(2007), 87쪽/「아Q는 공상이 끝나기도 전에 벌써 코를 골았다. 40돈중 양초는 아직도 반 치밖에 닿지 않았고…」 우인호(2007), 90-91쪽

258) 노신문학회(2003), 142쪽

이런 번역문은 전체 문맥으로 볼 때 이상한 점이 없지만 '반치도 채 타기 전에' 아Q는 이미 잠들어버렸다는 원문의 뜻은 전달하지 못하고 있다. 역시 오역의 경우에 속한다.

어떤 번역문에서는 '寸'이라는 단위를 '푼'으로 환산하여 번역을 하였다. 김하중(1981)의 번역문을 보면 아래와 같다.

> 끝까지 생각하기도 전에 阿Q는 벌써 코를 골고 있었다. 넉 냥짜리 초는 아직 **五푼도 채 타지 않았다.**[259)]

1푼은 1치의 10분의 1이다. 때문에 '푼'으로 환산하면 '半寸'은 '5푼'인 것이다. 성원경(1983), 김진욱(1992), 김범수(2003), 김정화(1985) 등도 '150 그램짜리 초는 겨우 5푼쯤밖에 닳지 않았다'[260)]로 옮겼다. 또 이문희(1978)는 '센티미터'로 환산하여 번역하였다.

> 공상이 끝나기도 전에 아Q는 어느덧 코를 골고 있었다. 초는 아직 **2센티미터도 타들어가지 못하고 있다.**[261)]

길이의 단위 '寸'가 독자들에게 똑똑히 다가가지 못할까 우려되어

---

259) 김하중(1981), 86쪽

260) 「아Q는 생각을 충분히 끝맺지 못한 채 벌써 코를 골기 시작했다. 150 그램짜리 초는 겨우 5푼쯤밖에 닳지 않았다.」 성원경(1983), 53쪽/ 「미처 다 생각하기도 전에 阿Q는 벌써 코를 골았다. 40돈중 초는 불을 붙인지 5푼도 채 되지 않았다.」 김정화(1985), 99쪽/ 「아Q는 생각을 충분히 끝내지 못한 채 벌써 코를 골기 시작했다. 150 그램짜리 초는 겨우 5푼쯤밖에 닳지 않았다.」 김진욱(1992), 57쪽, 김범수(2003), 61쪽

261) 이문희(1978), 81쪽

'푼' 혹은 '센티미터'라는 단위로 환산하여 번역한 것 같다. 아래에 김욱(1988)의 번역문을 보기로 하자.

> 아큐우는 끝까지 생각하기도 전에 코를 골고 있었다. 초는 아직 **절반쯤 줄었을 뿐이었다.**[262)]

번역문에서는 '小半寸'을 직접 '절반쯤'으로 옮겼다. 또 김욱(1988), 이민수(1990), 정노영(1994), 김시준(2008), 최은정(2009), 루쉰전집번역위원회(2010), 김태성(2011), 이욱연(2011), 북트랜스(2015), 허세욱(1983), 조관희(2018), 문현선(2018) 등도 비슷한 번역을 하였는데 대체로 '반밖에', '반쯤밖에' 등[263)]으로 옮겼다. 양사 '寸'을 누락하고 '초가

---

262) 김욱(1988), 52쪽

263) 「아큐우는 끝까지 생각하기도 전에 코를 골고 있었다. 초는 아직 절반쯤 줄었을 뿐이었다.」 김욱(1988), 52쪽/ 「아Q는 공상이 끝나기도 전에 벌써 코를 골았다. 40돈중 양초는 아직도 반밖에 남지 않았다.」 이민수(1990), 113쪽/ 「아Q는 공상이 끝나기도 전에 벌써 코를 골았다. 150그램짜리 양초는 아직도 반밖에 닳지 않았고…」 정노영(1994), 56쪽/ 「아큐는 공상이 다 끝나기도 전에 벌써 코를 골았다. 넉 냥짜리 양초는 아직 반쯤밖에 타지 않았고…」 김시준(2008), 161-162쪽/ 「아Q는 미처 공상을 다 끝내기도 전에 벌써 코를 골았다. 넉 냥짜리 초는 채 반도 타지 않았고…」 최은정(2009), 95쪽/ 「한바탕 편력이 끝나지도 않았는데 아Q는 이미 코를 골고 있었다. 넉 냥짜리 양초는 아직 반쯤밖에 타지 않았고…」 루쉰전집번역위원회(2010), 143쪽/ 「아Q는 제대로 상상의 나래를 펴보지도 못하고 벌써 코를 골고 있었다. 넉 냥짜리 양초는 아직 반밖에 타지 않았다.」 김태성(2011), 148쪽/ 「아Q는 생각이 다 끝나기도 전에 코를 골기 시작했고, 네 냥짜리 초는 채 반도 타지 않은 채…」 이욱연(2011), 86쪽/ 「이런 생각을 하다가 드르렁드르렁 코를 골며 잠이 들었다. 아직 반도 타지 않은 촛불이 헤벌린 그의 입속을 비췄다.」 북트랜스(2015), 74쪽/ 「아큐는 공상이 끝나기도 전에 벌써 코를 골았다. 넉 냥짜리 초는 아직 빈밖에 타지 않았다.」

절반이 탔다'는 뜻으로 번역을 하였는데 이는 길이가 '반치'라는 원문의 뜻과 거리가 멀다. 오역의 범주에 속한다.

다음은 문맥 파악이 잘못되어 생긴 오역 사례들이다.

(89)

因为老尼姑来阻挡，说了三句话，他们便将伊当作满政府，在头上很给了不少的棍子和栗凿.[264)]

자오 수재는 가짜 양놈과 혁명을 하기로 결정하고 머리를 짜던 끝에 정수암에 용패(龙牌)를 부쉬러 갔다. 늙은 비구니가 그들을 저지하며 잔소리를 해댔다. 자오 수재와 가짜 양놈은 자기들의 행동에 막아 나서자 막대기와 주먹으로 그녀를 때렸던 것이다.

원문의 문맥을 보면 '说了三句话'는 늙은 비구니가 그들의 무리한 행동에 막아 나서며 서너 마디 한 말이지 자오 수재 등 사람들이 비구니에게 한 말이 아니다. 성원경(1983), 김진욱(1992), 김범수(2003) 등은 그런 문맥을 아래와 같이 번역하였다.

> 늙은 여승이 가로막고 **군소리를 늘어놓자** 그녀를 청조(清朝)정부로 간주하고 머리 위에 수없이 몽둥이질과 주먹질을 퍼부었

허세욱(1983), 121-122쪽/「아큐는 상상의 나래를 충분히 펴기도 전에 이미 코를 골았다. 넉 냥짜리 초는 아직 반도 타지 않았고…」 조관희(2018), 112쪽/「아Q는 생각을 미처 끝맺기도 전에 코를 골기 시작했다. 반밖에 타지 않은 네 냥짜리 초의 붉은 빛이 그의 벌어진 입을 비추었다.」 문현선(2018), 79-80쪽

264) 『鲁迅全集』(第一卷), 人民文学出版社, 1991, 516쪽

다.[265)]

또 윤화중(1994), 안영신(2001), 김시준(2008), 허세욱(1983) 등도 '늙은 여승이 막아서서 잔소리를 하니까…'[266)]로, 이철준(1991), 노신문학회(2003) 등은 '늙은 비구니가 막아 나서며 서너 마디 하자'[267)]로, 전형준(1996), 장수철(2006), 최은정(2009), 이욱연(2011), 신여준(2011), 엄영욱(2012), 조관희(2018) 등은 '늙은 비구니가 나와서 가로막아서며 몇 마디 하자…'[268)]로, 루쉰전집번역위원회(2010)는 '늙은 비구니의 방

---

265) 「늙은 여승이 가로막고 군소리를 늘어놓자 그녀를 청조(清朝)정부로 간주하고 머리 위에 수없이 몽둥이질과 주먹질을 퍼부었다.」 성원경(1983), 55쪽, 김진욱(1992), 57쪽, 김범수(2003), 63-64쪽

266) 「늙은 여승이 막아서서 잔소리를 하니까 그들은 여승을 만칭(滿清) 정부로 간주하고 몽둥이와 주먹으로 머리를 실컷 때렸다.」 윤화중(1994), 58쪽/「하지만 늙은 여승이 막아서고는 잔소리를 하자 그들은 그 여인을 만주정부(滿洲政府)로 간주하고 몽둥이와 주먹으로 머리를 실컷 두들겨 댔다.」 안영신(2001), 141-142쪽/「늙은 비구니가 나와서 그들을 저지하며 잔소리를 해대자, 그들은 그녀가 만주정부(滿洲政府) 편이라고 간주하고 몽둥이와 주먹으로 그녀의 머리를 마구 때렸다.」 김시준(2008), 163-164쪽/「늙은 여승이 막아서서 잔소리를 하니까, 그들은 여승을 만청(滿清)의 정부로 몰아세워, 머리에 몽둥이와 주먹세례를 주었다.」 허세욱(1983), 127쪽

267) 「늙은 비구니가 그들을 막아 나서서 서너 마디 했다고 하여 그들은 늙은 비구니가 만청정부 편을 든다고 하면서 그의 머리를 개화장으로 마구 후려치고 주먹을 안기였다.」 이철준(1991), 132-133쪽/「늙은 비구니가 막아 나서며 서너 마디 하자 그들은 늙은 비구니가 만청 정부 편을 든다고 하면서 그의 머리를 지팡이로 마구 후려치고 주먹을 안겼다.」 노신문학회(2003), 143-144쪽

268) 「늙은 비구니가 나와서 가로막으며 몇 마디 말을 했기 때문에 그들은 그녀를 만주 정부로 간주하고 지팡이와 꿀밤으로 그녀의 머리를 잔뜩 때려주었다.」 전형준(1996), 109쪽/「늙은 여승이 나와 그들을 막아서며 몇 마디 하자 그들은 늙은 여승을 만청滿清 정부 편으로 간주하고 개홧지팡이로

해 때문에 실랑이를 벌이던'[269]로, 북트랜스(2015)는 '늙은 비구니가 그들을 막아서며 뭐라고 하자…'[270]로, 권순만(1990)은 '나이 먹은 여승이 방해하면서 이러쿵저러쿵 말했기 때문에'[271]로 옮겼다. 위 번역문은 모두 늙은 비구니가 자오 수재 등 사람들에게 한 말로 번역하였으므로 원문의 뜻을 정확히 옮겼다고 할 수 있다. 반면에 우인호(2007)는 아래와 같이 번역하였다.

늙은 여승이 나와 방해했으므로 그들은 **두서너 마디 억지 심문을**

머리를 마구 후려치고 주먹을 날렸다.」장수철(2006), 68쪽/「늙은 비구니가 나와서 가로막아서며 몇 마디 하자, 그녀를 만주 정부의 편으로 간주하고 그녀의 머리에 잔뜩 꿀밤을 먹이고 지팡이로 때리고 했다.」최은정(2009), 97쪽/「늙은 비구니가 가로막으며 몇 마디 하자 그들은 그녀를 청나라 만주 정부 인물로 몰아세우면서 머리에 지팡이와 주먹을 몇 대 날렸다.」이욱연(2011), 89쪽/「늙은 비구니가 이를 가로막으며 몇 마디 하자, 그들은 그녀를 만청(滿清)정부로 간주하고 그녀의 머리에 적지 않은 곤봉세례와 주먹 세례를 퍼부었다.」신여준(2011), 181쪽/「늙은 여승이 그들을 가로막으며 몇 마디 했다고 하여, 그들은 늙은 여승을 만청 정부(滿清政府) 편으로 간주하고는 지팡이와 꿀밤으로 그녀의 머리를 잔뜩 때려 주었다.」엄영욱(2012), 54쪽/「늙은 비구니가 한사코 저지해서 몇 마디 말을 해보았지만 이내 그들은 그녀를 만주 정부 일파라 여겨 머리에 지팡이와 주먹세례를 퍼부었다.」조관희(2018), 114쪽

269) 「늙은 비구니의 방해 때문에 실랑이를 벌이던 그들은 그를 만주정부의 일파로 규정하고 머리에 지팡이와 주먹세례를 퍼부었다.」루쉰전집번역위원회(2010), 145쪽

270) 「그러나 늙은 비구니가 그들을 막아서며 뭐라고 하자, 그들은 그녀를 청나라의 잔당으로 몰아세우며 몽둥이질과 주먹질을 퍼부었다.」북트랜스(2015), 77쪽

271) 「그러나 나이 먹은 여승이 방해하면서 이러쿵저러쿵 말했기 때문에 그들은 그녀를 만주정부의 일속이라 간주하고 그 머리를 세게 지팡이와 주먹으로 때렸다.」권순만(1990), 97쪽

한 끝에 그 여인을 만주 정부로 간주하고 단장과 주먹으로 실컷 때려 주었다.[272)]

번역문을 보면 '说了三句话'는 자오 수재 등 사람들이 늙은 여승에게 한 말로서, 즉 늙은 여승에게 심문을 하였다는 뜻으로 옮겼다. 원문의 뜻을 잘못 이해한 오역에 속한다. 이가원(1980), 이가원(1989), 이민수(1990), 정노영(1994), 조성하(2000) 등도 '늙은 여승이 나와 방해하므로 두서너 마디 억지 심문을 한 끝에…'[273)]로 비슷한 번역을 하고 있다. 또 김정화(1985), 김욱(1988), 정석원(2004) 등도 '늙은 여승이 나와 방해를 하기에 몇 마디 윽박지른 다음…'[274)], 장기근·이석호(1988)의 '늙

272) 우인호(2007), 92쪽

273) 「늙은 여승이 나와 방해하므로 두서너 마디 억지 심문(審問)을 한 끝에 그들은 그 여인을 만주정부(滿洲政府)로 간주하고 머리 위에 적지 않은 곤봉과 철권을 가했다.」 이가원(1980), 78쪽/「늙은 여승이 나와 방해하므로 두서너 마디 억지 심문을 한 끝에 그들은 이 여인을 만주 정부 패로 간주하고 단장과 주먹으로 머리를 실컷 때렸다.」 이가원(1989), 32쪽/「늙은 여승이 나와 방해하므로 두서너 마디 억지 심문(審問)을 한 후 그들은 그 여승을 만주정부(滿州政府)로 몰아붙이고 단장과 주먹으로 머리를 실컷 때렸다.」 이민수(1990), 114-115쪽/「늙은 여승이 앞을 가로막자 두서너 마디 억지 심문을 한 끝에 그들은 그 여승을 청조(清朝) 정부의 한패로 간주하고 단장과 주먹으로 머리를 실컷 때렸다.」 정노영(1994), 58쪽/「늙은 여승이 앞을 가로막자 두서너 마디 억지 심문을 한 끝에 그 여승을 청조(清朝) 정부의 한패로 간주하고 단장과 주먹으로 실컷 때렸다.」 조성하(2000), 57쪽

274) 「나이 든 여승이 나와 말렸으므로 몇 마디 말이 오고 간 끝에, 두 사람은 여승을 만주정부 패로 규정하고 그녀 머리에 지팡이와 주먹을 가했던 것이다.」 김정화(1985), 100쪽/「늙은 여승이 나와 방해를 하기에 몇 마디 윽박지른 다음 두 사람은 여승을 청조정부(清朝政府) 편으로 인정하여 그 머리 위에 단장과 주먹을 퍼부어댔다.」 김욱(1988), 53-54쪽/「그러나 늙은

은 여승이 가로막자, 서너 마디 말을 한 다음…'[275], 박운석(2008)은 '늙은 여승이 나와 가로막았기 때문에, 그들은 몇 마디 꾸짖고는…'[276]라고 여러 가지 번역을 하였는데, 모두 자오 수재 등 사람들이 늙은 여승에게 한 말로 번역되었다. 위의 예문과 마찬가지로 문맥 파악을 잘못한 오역의 범주에 속한다.

다음은 문맥 파악의 실패로 나타난 오류의 경우이다.

(90)

赵太爷因此也骤然大阔, 远过于他儿子初儁秀才的时候.[277]

자오 나리는 처음에 아Q가 혁명당이라고 하였을 때는 '老Q'라고까지 부르면서 아부를 떨다가 아들이 자유당의 베지를 달자 갑자기 태도가 급변하여 아Q를 본체만체하는 장면이다. '大闊'는 사전적 의미로 '넓다, 광활하다, 아득하다'는 뜻을 말한다. 하지만 이 문장에서는 파생적 의미로 사용되었다. 이 단어를 문장 속에 넣고 앞뒤 문맥으로 살펴볼 때 자오 나리가 사람을 대하는 태도가 갑자기 거만해졌다는 것을 뜻한다.

비구니가 저지를 하자 몇 마디 말을 나눈 뒤 그녀를 만청(滿淸)분자로 몰아 실컷 두들겨 팼다.」 정석원(2004), 59쪽

275) 「늙은 여승이 가로막자, 서너 마디 말을 한 다음, 그들은 대뜸 그녀를 만청(滿淸)의 정부로 간주하고 머리통에 여러 차례 방망이질과 주먹질을 했다.」 장기근·이석호(1988), 104쪽

276) 「늙은 여승이 나와 가로막았기 때문에, 그들은 몇 마디 꾸짖고는 그녀를 만청滿淸정부로 간주하고 머리 위에 적잖게 방망이질과 주먹다짐을 해주었다.」 박운석(2008), 131쪽

277) 『鲁迅全集』(第一卷), 人民文学出版社, 1991, 518쪽

때문에 '거드름을 피우다, 거만하다, 오만하다, 으쓱대다, 뽐내다' 정도가 합당하다. 번역문을 살펴보면 여러 가지 번역이 생성되었다. 김하중(1981), 조관희(2018) 등의 번역문을 예로 들어보자.

> 이 때문에 자오 영감님이 **거드름을 피웠는데**, 일찍이 자식이 수재가 되었을 때보다 훨씬 더했다.[278]

예문에서 김하중(1981)은 '거드름을 피우다'로 그 뜻을 표현하였는데 비교적 정확히 노신의 뜻을 표현하였다. 또 김정화(1985), 이가원(1989), 정석원(2004), 김시준(2008), 최은정(2009), 루쉰전집번역위원회(2010) 등[279]도 모두 위와 비슷한 번역을 하였다. 또 전형준(1996)의 번역을 보면 '오만하다'로 옮겼다.

> 그 때문에 짜오 노어른은 **갑자기 오만해졌는데** 자기 아들이 처음

278) 김하중(1981), 91쪽, 조관희(2018), 118쪽

279) 「그 때문에 조 나으리까지 갑자기 거드름을 피우기 시작하였는데, 그 정도가 아들이 처음으로 수재가 되었을 때 이상이어서 안하무인으로 阿Q쯤은 거들떠보지도 않는 태도였다.」 김정화(1985), 102쪽/「이 때문에 조 영감은 또 거드름을 피우기 시작했는데 그것은 아들이 처음 수재에 급제했을 때 보다도 더해 눈에 뵈는 것이 없었고…」 이가원(1989), 34쪽/「이때부터 짜오타이예도 갑자기 거드름을 피우기 시작했는데 어찌나 심했는지 옛날 아들이 처음으로 수재에 급제했을 때보다 훨씬 더했다.」 정석원(2004), 62쪽/「자오 나리는 이 때문에 몹시 거드름을 피웠으며, 전에 자식이 수재가 되었을 때보다 훨씬 더했다.」 김시준(2008), 167쪽/「짜오 노어른신도 이 때문에 갑자기 거드름을 피우기 시작했다. 자기 아들이 처음 수재가 되었을 때보다도 훨씬 더해서…」 최은정(2009), 99쪽/「자오 나리의 거드름도 이로 인해 한층 더해졌는데, 그 정도가 아들이 처음 수재가 되었을 때를 한참 능가하는 것이었다.」 루쉰전집번역위원회(2010), 148쪽

수재가 되었을 때보다도 훨씬 더했다.[280]

장수철(2006), 엄영욱(2012) 등도 '오만하다'[281]로 옮겼다. 그외에도 이민수(1990)는 '거만하다'[282]로, 문현선(2018)은 '우쭐해지다'[283]로, 신여준(2011), 북트랜스(2015) 등은 '거들먹거리다'[284]로, 김욱(1988), 이철준(1991), 노신문학회(2003) 등은 '으쓱대다, 으스대다'[285]로, 권순만(1990)은 '뽐내다'[286]로 옮겼다. 사용한 단어들은 모두 다양하지만 모두 자오 나리의 거드름을 피우는 태도를 표현하기에 충분하다. 반면에 이런 오역의 경우도 나타나고 있다.

---

280) 전형준(1996), 112쪽

281) 「자오 영감은 아들이 급제했을 때보다도 더 오만해져서 아Q를 만나도 거들떠보지도 않았다.」 장수철(2006), 72쪽/「자오 영감은 이것 때문에 아들이 급제했을 때보다도 더 오만해졌다.」 엄영욱(2012), 57쪽

282) 「조 나으리는 이 때문에 또 갑자기 거만해졌는데, 그것은 아이들이 처음 수재에 급제했을 때보다도 더했으므로 눈에 뵈는 것이 없었고…」 이민수(1990), 117쪽

283) 「자오 어르신은 이 때문에 아들이 수재가 되였을 때보다 훨씬 우쭐해져서 눈에 보이는 것이 없는 사람처럼 행동했다.」 문현선(2018), 85쪽

284) 「이 때문에 자오 대감도 덩달아 더 거들먹거리게 되었는데 그 나대는 꼴이 그의 아들이 처음 수재에 급제했을 때보다 훨씬 심하였다.」 신여준(2011), 186-187쪽/「이때부터 자오 영감은 아들이 과거 급제해서 수재가 되었을 때보다 훨씬 더 거들먹거렸다.」 북트랜스(2015), 81쪽

285) 「차오 나리는 이 바람에 갑자기 으쓱대기 시작했으며, 아들이 수재가 되었을 때보다도 훨씬 더 세력이 막강해졌다.」 김욱(1988), 56-57쪽/「그 바람에 조령감은 아들이 처음 생원에 급제했을 때보다 더 으시대였다.」 이철준(1991), 135쪽/「그 바람에 조 영감은 아들이 처음 생원에 급제했을 때보다 더 으스댔다.」 노신문학회(2003), 146-147

286) 「조 나리는 그 때문에 갑자기 뽐내기 시작했는데, 그것은 아들이 처음으로 수재에 합격했을 때 이상이었으며…」 권순만(1990), 100쪽

趙나으리는 이 때문에 또 **갑자기 훌륭해졌는데** 그것은 그의 아들이 처음 수재에 급제했을 때보다도 대단했었다.[287]

위 예문에서 이가원(1980)은 '훌륭해지다'로 번역을 하였는데 전체 문맥적으로 볼 때 자오 나리가 갑자기 훌륭해졌다는 뜻은 찾아볼 수가 없다. 이런 번역은 독자들에게 문맥상의 혼란을 가져다줄 수 있으므로 오역에 속한다. 성원경(1983), 정노영(1994), 조성하(2000), 김범수(2003), 윤수천(2007), 허세욱(1983), 윤화중(1994), 장기근·이석호(1988), 박운석(2008) 등[288]도 같은 오역의 착오를 범하고 있다.

다음은 문맥 파악의 실패로 나타난 오역의 경우이다.

---

287) 이가원(1980), 81-82쪽

288) 「조 영감은 이것 때문에 다시금 갑자기 훌륭해져 버렸다. 그것은 그의 아들이 처음으로 수재에 급제했을 때보다 더 대단한 것이었다.」 성원경(1983), 59쪽/ 「조영감은 이 때문에 또 갑자기 훌륭해졌는데 그것은 아들이 처음 수재에 급제했을 때보다도 더했다.」 정노영(1994), 61쪽/ 「조영감은 이 때문에 다시금 갑자기 훌륭해졌는데 그것은 처음 수재에 급제했을 때보다도 더했다.」 조성하(2000), 60쪽/ 「조 영감은 이것 때문에 다시금 훌륭해져 버렸다. 그것은 그의 아들이 처음으로 수재에 급제했을 때보다 더 대단한 것이었다.」 김범수(2003), 68쪽, 윤수천(2007), 96쪽/ 「조 영감도 이것 때문에 갑자기 더욱 훌륭해져서는, 아들이 처음 수재가 되었을 때보다도 더 오만해졌다.」 허세욱(1983), 133쪽/ 「자오 나리도 이것 때문에 갑자기 훌륭해져서, 아들이 처음 수재에 급제했을 때보다 더 오만해졌다.」 윤화중(1994), 61쪽/ 「이것으로 인해 조영감도 당장에 높아졌다. 전에 그의 아들이 처음으로 수재에 급제했을 때보다 훨씬 더 으시댔으며, 따라서 아무것도 눈에 뵈질 않았다.」 장기근·이석호(1988), 106쪽/ 「짜오 대감은 이 때문에 또 갑자기 높아졌는데 그의 아들이 처음 수재에 합격했을 때보다 훨씬 더했다.」 박운석(2008), 134쪽

(91)

他再三再四的请我上湖北, 我还没有肯, 谁愿意在这小县城里做事情……289)

원문은 가짜 양놈이 몇 명의 마을 사람들 앞에서 자신이 혁명의 메카인 후베이에 초빙을 받았다는 사실을 말하며 그것조차 쉽게 대답하지 않는 자신의 위치를 자랑하고 있다. 그러면서 그는 '이렇게 작은 웨이좡과 같은 마을에서 일하고 싶지는 않지만……'이라는 말로 자신의 고귀함을 드러내고자 한다. 즉 원문의 마지막 구절에서 '这小县城'이라고 표현했는데, 한정어 '这'가 한정한 '小县城'은 가짜 양놈이 지금 살고 있는 이 곳, 즉 미장을 포함한 시시한 이곳을 가리킨다. 때문에 '누가 이런 자그마한 현성(县城)에서 일하기를 원하겠는가?', '누가 이런 작은 동네에서 일을 하겠어', '어느 누가 이까짓 작은 현(縣)에서 일을 하려고 하겠나' 정도로 번역되어야 한다. 이러한 의미를 전달하는 번역문을 보면 김정화(1985)의 경우가 있다.

> 그는 재삼재사 나더러 湖北으로 가달라고 부탁했었지만, 나는 아직 승낙하지 않았읍니다. **누가 이런 작은 縣城에서 일하기를 원하겠읍니까마는**…290)

위 예문에서 김정화(1985)는 '누가 이런 작은 縣城에서 일하기를 원하겠읍니까마는'로 그 뜻을 정확히 옮겼다. 뿐만아니라 '원하겠읍니까마는…'이라는 어말어미를 사용하여 가짜 양놈이 뻐기는 어투까지 잘

---

289) 『鲁迅全集』(第一卷), 人民文学出版社, 1991, 519쪽

290) 김정화(1985), 103

전달하였다. 원문의 뜻과 어감까지 잘 옮긴 번역문이라 할 수 있다. 이와 비슷한 번역문으로는 이문희(1978), 이가원(1980), 김욱(1988), 김진욱(1992), 성원경(1983), 윤화중(1994), 정노영(1994), 조성하(2000), 정석원(2004), 이욱연(2011), 신여준(2011), 북트랜스(2015), 허세욱(1983) 등[291]이 있다.

---

291) 「홍군은 지금도 날더러 재삼 재사 후베이(湖北)(리위안훙의 출신지로 그곳에서 혁명이 일어났다)로 와 달라고 하지만 난 아직 대답을 하지 않고 있어. 누가 이런 손바닥만한 현성에서 일을 하겠는가 그 말씀이지만…」 이문희(1978), 93쪽/ 「그는 재삼 재사 나보고 호북(湖北)으로 가라고 부탁했으나, 나는 아직 승낙을 안했다. 누가 이런 자그마한 현성(县城)에서 일하기를 원하겠는가?…」 이가원(1980), 83쪽/ 「그는 나보고 호북(湖北)(혁명이 제일 먼저 일어난 곳)으로 올라오라고 말해오고 있지만, 난 아직 안 가고 있어. 그 누가 그따위 작은 현성(縣城)에서 일을 하고 싶어하겠나.…」 김욱(1988), 58쪽/ 「그는 몇 번이고 내게 호북(湖北)으로 와달라고 부탁했지만 나는 아직 승낙하지 않고 있다. 하지만 이런 조그만 현(縣)에서 일하기를 원하겠나…」 김진욱(1992), 62쪽, 성원경(1983), 60쪽/ 「그는 나에게 여러 번 후뻬이(湖北. 신해혁명의 발상지—주)로 와 달라고 부탁했지, 나는 아직 승낙을 안 했어. 누가 이런 조그만 현(縣)에서 일하려고 하겠나……」 윤화중(1994), 62쪽/ 「그는 나에게 몇 번이고 호북(湖北)으로 가라고 부탁했지만 아직 승낙을 하지는 않았다. 하지만 누가 이런 작은 현(縣)에서 일하려 하겠는가?……」 정노영(1994), 62-63, 조성하(2000), 61쪽/ 「그는 나에게 몇 번이나 후뻬이(湖北)로 갈 것을 권유했지만 나는 들어주지 않았어. 어떤 놈이 이 조그만 고을에서 일하기를 바라겠나?」 정석원(2004), 63-64쪽/ 「그는 두 번, 세 번 거듭 내게 후베이(湖北)로 가달라고 했지만 난 아직 승낙하지 않았어. 나 아니면 누가 이런 작은 동네에서 일을 하겠어.」 이욱연(2011), 97-98쪽/ 「그분은 거듭거듭 나를 후베이(湖北: 호북)로 오라고 했지만 내가 아직 대답을 하지 않고 있소. 하지만 누가 이런 작은 현(縣) 구석에서 계속 일하고 싶겠소…」 신여준(2011), 188쪽/ 「그는 나한테 몇 번이고 후베이(湖北, 신해혁명의 발상지—옮긴이)로 가달라고 부탁했지만 나는 거절했어. 나 아니면 누가 이런 작은 동네에서 일하겠나…」 북트랜스(2015), 83쪽/ 「그는 나에게 호북(胡北)으로 와달라고 몇

그런데 많은 사람들은 가짜 양놈이 湖北로 와달라는 요청에 아직 대답을 하지 않고 있다는 말이 잘난 척하기 위한 것임을 파악하지 못하고 '这小县城'을 湖北로 잘못 이해하고 번역을 하였다. 이가원(1989), 이민수(1990) 등은 아래와 같이 번역을 하였다.

> 그는 몇 번이나 날 보고 호북(湖北)으로 가라고 부탁했으나, 나는 아직 승낙을 안 했다. **누가 그런 자그마한 현성(縣城)에서 일하기를 원하겠는가**…[292]

예문을 보면 '누가 그런 자그마한 현성(縣城)에서 일하기를 원하겠는가…'라고 옮겼다. 예문에서 말하는 '그런'이 가리키는 곳은 바로 앞에서 말한 湖北인 것이다. 이런 번역문은 상당수를 차지하는데 장기근·이석호(1988), 권순만(1990), 이철준(1991), 노신문학회(2003), 전형준(1996), 안영신(2001), 김범수(2003), 장수철(2006), 엄영욱(2012), 윤수천(2007), 박운석(2008), 김시준(2008), 최은정(2009), 루쉰전집번역위원회(2010), 조관희(2018), 문현선(2018) 등 번역문에서도 '누가 그런 조그마한 고장에 가서 일하겠나', '누가 그런 조그만 현에서 일하기를 바라겠소', '그렇게 작은 동네에서 누가 일하고 싶겠어' 등[293]으로 옮겨

차례나 부탁했지. 하지만 난, 아직 그럴 수 없어. 어느 누가 이까짓 작은 현(縣)에서 일을 하려고 하겠나…」 허세욱(1983), 137쪽

292) 이가원(1989), 35쪽, 이민수(1990), 118쪽

293) 「그분은 재삼재사 나에게 호북(湖北)으로 오라고 청했다. 허나 나는 아직 승낙을 안했다. 내가 누군데 그런 조그만 현성(縣城)에서 일하기를 원하겠느냐?」 장기근·이석호(1988), 107쪽/「그는 여러 번 나에게 호복(湖北)(그곳에서부터 먼저 일어났다.)으로 가달라고 했지만 나는 좀처럼 승낙하지 않았어. 누가 그런 조그만 도시에서 일을 하겠는가……」 권순만(1990), 101쪽/「그는 나보고 여러 번 호북성으로 오라고 하였지만 난 아직 대답을

비슷한 번역 양상을 보이고 있다. 역시 위 예문과 마찬가지로 문맥 파악을 잘못한 것으로 모두 오역의 범주에 속한다.

다음은 '破衙门'을 통해 나타내려는 중층적 의미를 저버리고 번역한 사례이다.

안했어. 누가 그런 조그마한 고장에 가서 일하겠나.」 이철준(1991), 137, 노신문학회(2003), 147쪽/「그가 재삼재사 날더러 호북(湖北)으로 가달라고 부탁했지만 나는 아직 승낙하지 않았어. 그런 작은 縣城에서 일하려고 할 사람이 누가 있겠어……」 전형준(1996), 114쪽/「그는 여러 번 날보고 호북(湖北)으로 가라고 부탁했으나, 나는 아직 승낙을 안했어. 누가 그런 조그만 현성(懸城)에서 일하려고 하겠나?」 안영신(2001), 145쪽/「그는 몇 번이고 내게 호북으로 와달라고 부탁했지만 나는 아직 승낙하지 않고 있다. 그런 조그만 현에서 누가 일하기를 원하겠나…」 김범수(2003), 69쪽/「그는 여러 번이나 나더러 후베이(湖北)성으로 올라오라고 했지만 난 아직 응하지 않았어. 누가 그런 작은 고장에서 일을 한담.」 장수철(2006), 73쪽, 엄영욱(2012), 58쪽/「그는 몇 번이고 내게 호북(후베이. 신해혁명의 발상지)으로 와 달라고 부탁했지만, 나는 아직 승낙을 안 했소. 누가 그런 조그만 현에서 일하기를 바라겠소?」 윤수천(2007), 99쪽/「그분은 서너 번 나에게 호북성湖北省으로 오라고 했지만 난 아직 들어주지 않았소. 누가 그런 작은 현에서 일하고 싶겠소…」 박운석(2008), 136쪽/「그는 거듭해서 나더러 후베이(湖北)로 가라고 부탁했으나. 나는 아직도 승낙을 안했지. 누가 그런 자그마한 고장에서 일하기를 원하겠어…」 김시준(2008), 167쪽/「그는 재차 나더러 후베이(湖北)로 가달라고 부탁했지만 나는 아직 응낙하지 않았어, 누가 그런 조그마한 지방에서 일하고 싶어 한다고……」 최은정(2009), 100-101쪽/「그는 거듭 나더러 후베이湖北로 가라고 했지만 나는 그러지 않겠노라 했어. 누가 그런 현성縣城에서 일하기를 원하겠나……」 루쉰전집번역위원회(2010), 149쪽/「그는 몇 번이나 나에게 후베이로 와달라고 부탁했지만 나는 아직 답을 하지 않았어. 누가 그런 자그마한 현성縣城에서 일하기를 원하겠나.」 조관희(2018), 119쪽/「그는 내게 후베이에 가달라고 여러 차례 부탁했는데 나는 아직 수락하지 않았어. 그렇게 작은 동네에서 누가 일하고 싶겠어.」 문현선(2018), 87쪽

(92)
阿Q见自己被搀进一所破衙门，转了五六个弯，便推在一间小屋里。294)

아Q가 어느 날 밤 갑자기 혁명당 사람들에게 잡혀 성안에 있는 衙门에 잡혀간 장면에 대한 묘사이다. '衙门'이란 구시대의 관청을 부르는 명칭이다. 비록 그 명칭은 이빨이 무섭게 그려진 문(牙門)에서 온 것이기는 하지만 이는 관청의 명칭이지 문을 뜻하는 말로 쓰이지는 않았다. 여기에서 '破衙门', 그러니까 '낡은 관청', '허름한 관청'이 의미하는 바는 복합적이다. 얼핏 보면 관청이 오랜 세월을 거쳐 이미 낡아버렸다는 것을 뜻하는 듯 보인다. 하지만 노신은 무엇보다도 그것은 물질적 낡음보다는 기능적, 내용적 무용성을 뜻하는 말이라는 의미를 전달하고자 한 것이다. 왜냐하면 노신은 아Q가 잡혀 들어간 관청(衙门)은 이미 전통적 기능을 상실한 곳이라는 점, 그곳에서 새로운 권력으로 자리 잡은 사람들이 혁명성을 상실하고 타도의 대상이던 구시대의 유습을 답습하고 있다는 점을 드러내고자 하고 있기 때문이다. 접두 수식어인 '破'의 이러한 성격을 잘 보여주는 단어로는 '破学校，破法院' 등을 들 수 있다.

그러므로 이에 대한 번역 역시 기능을 상실한 관청이라는 의미를 전달할 수 있어야 한다. 예를 들어 이가원(1980)은 '허름한 관청'으로 번역하였다.

> 阿Q는 자기가 **어느 허름한 관청**으로 끌려 들어가 대여섯 번 모퉁이를 돌고나서 조그만 방에 처박혀졌음을 알았다.295)

---

294) 『鲁迅全集』(第一卷)，人民文学出版社，1991，522쪽

이민수(1990), 윤 화중(1994), 정노영(1994), 조성하(2000), 김욱(1988), 장기근·이석호(1988) 등도 모두 '어느 허름한 관청'[296]으로 번역하여 이러한 작가의 의도를 최소한 살리고 있는 것으로 보인다. 조선족 학자인 이철준(1991)은 다음과 같이 옮겼다.

> 아Q는 **허줄한 관청**에 끌려 들어가 모퉁이를 대여섯 개 돌고 나서 좁은 방에 떠밀리어 들어갔다.[297]

295) 이가원(1980), 88쪽

296) 이가원(1989), 38쪽, 이민수(1990), 121쪽, 윤화중(1994), 65쪽, 정노영(1994), 66-67쪽, 조성하(2000), 65쪽/「아큐우는 자기가 두 사람에게 잡혀 어떤 관청으로 들어가, 네댓 번 길을 구부러져 작은 방에 갇힌 사실을 알았다.」김욱(1988), 61-62쪽/「阿Q는 자기가 허름하고 낡은 아문(衙門)으로 끌려 들어가 대여섯 번이나 모퉁이를 돌더니 조그만 방안에 처박혀졌음을 알게 되었다.」장기근·이석호(1988), 109-110쪽/「아Q는 허줄한 관청에 끌려 들어가 모퉁이를 대여섯 개 돌고나서 좁은 방에 떠밀리어 들어갔다.」이철준(1991), 140쪽/「아Q는 자기가 어느 낡은 관청으로 끌려 들어가 대여섯 번 모퉁이를 돈 다음 작은 방에 처박히는 것을 알아차렸다.」전형준(1996), 118쪽/「아Q는 자기가 어느 허름한 관청으로 끌려 들어가 대여섯 번 모퉁이를 돌고 나서야 조그만 방에 처박혀졌음을 깨달았다.」안영신(2001), 149쪽/「아Q는 낡은 관청에 끌려 들어가 모퉁이를 대여섯 개 돌고 나서 좁은 방에 떠밀려 들어갔다.」노신문학회(2003), 151쪽/「아Q는 자기가 어느 낡은 관청에 끌려 들어와 대여섯 개의 모퉁이를 돈 뒤 좋은 방에 처박힌 것을 알았다.」장수철(2006), 77쪽/「아큐는 어느 낡은 관청으로 끌려 들어가 대여섯 번 모퉁이를 돌고 나서 좁고 어두운 방에 처박혔다.」윤수천(2007), 106쪽/「아Q는 자기가 어느 낡은 관청에 끌려가서 대여섯 번 모퉁이를 돈 다음 한 작은 방에 처박힌 것을 알아차렸다.」최은정(2009), 104쪽/「아Q는 자기가 어느 낡은 관청으로 끌려 들어와 모퉁이를 대여섯 개나 돌고 난 다음 좁은 방안으로 처박힌 것을 알았다.」엄영욱(2012), 62쪽/「아Q는 낡은 관청으로 끌려가 대여섯 번이나 모퉁이를 돈 뒤 작은 방으로 떠밀려 들어갔다.」문현선(2018), 92쪽

예문에서 '破衙门'을 '허줄한 관청'으로 옮겼는데 '허줄한'은 '허름한'의 토박이어이다.

또 '破衙门'을 '어느 낡은 관청'으로 옮긴 사례도 있다. 전형준(1996), 노신문학회(2003), 장수철(2006), 윤수천(2007), 최은정(2009), 엄영욱(2012), 문현선(2018) 등[298]이 이런 비슷한 번역을 하였다. 그중 전형준(1996)은 이렇게 번역하였다.

> 아Q는 자기가 **어느 낡은 관청**으로 끌려들어가 대여섯 번 모퉁이를 돈 다음 작은 방에 처박히는 것을 알아차렸다.[299]

위의 번역문에서 보면 '낡은 관청', '허름한 관청', '허줄한 관청' 모두 '破衙门'을 정확하게 옮긴 사례들이라 하겠다.

하지만 오역의 사례도 적잖게 보인다. 오역은 세 가지 측면에서 나타난다. 첫 번째는 '衙門'을 '관청의 문', '관청의 정문'으로 번역한 경우이다. '衙門'은 명사로서 '관청의 문'으로 번역하면 오역이 된다. 이런 번역

---

297) 이철준(1991), 140쪽

298) 「아Q는 낡은 관청에 끌려 들어가 모퉁이를 대여섯 개 돌고 나서 좁은 방에 떠밀려 들어갔다.」 노신문학회(2003), 151쪽/ 「아Q는 자기가 어느 낡은 관청에 끌려 들어와 대여섯 개의 모퉁이를 돈 뒤 좁은 방에 처박힌 것을 알았다.」 장수철(2006), 77쪽/ 「아큐는 어느 낡은 관청으로 끌려 들어가 대여섯 번 모퉁이를 돌고 나서 좁고 어두운 방에 처박혔다.」 윤수천(2007), 106쪽/ 「아Q는 자기가 어느 낡은 관청에 끌려가서 대여섯 번 모퉁이를 돈 다음 한 작은 방에 처박힌 것을 알아차렸다.」 최은정(2009), 104쪽/ 「아Q는 자기가 어느 낡은 관청으로 끌려 들어와 모퉁이를 대여섯 개나 돌고 난 다음 좁은 방안으로 처박힌 것을 알았다.」 엄영욱(2012), 62쪽/ 「아Q는 낡은 관청으로 끌려가 대여섯 번이나 모퉁이를 돈 뒤 작은 방으로 떠밀려 들어갔다.」 문현선(2018), 92쪽

299) 전형준(1996), 118쪽

으로는 이문희(1978), 성원경(1983), 김진욱(1992), 김범수(2003), 김정화(1985), 박운석(2008), 김시준(2008), 루쉰전집번역위원회(2010), 북트랜스(2015), 조관희(2018) 등[300]이 이에 속하는데 그중 조관희(2018)의 번역을 보자.

> 아큐는 자신이 **낡은 관청 문**으로 끌려들어가 대여섯 번을 돌아 조그마한 방에 처박혔다는 것을 알았다.[301]

번역자는 아Q가 끌려가서 몇 번이나 모퉁이를 돌아 작은 방에 갇히는 맥락을 중시하여 이것을 문이라고 번역한 것으로 보인다. 그러나 비록 맥락이 그렇다고 하여 '衙门'을 '관청의 문'으로 번역할 수는 없다.

두 번째는 접두 수식어인 '破'는 위에서 살펴본 바와 같이 '허름한', '낡은'으로 번역되어 시대에 어울리는 기능을 상실한 관청을 표현하는

---

300) 「아Q는 두 명의 남자에게 팔을 잡힌 채 어떤 낡은 관청의 정문을 통과하여 꼬불꼬불한 복도를 몇 번인가 걸어 작은 방 안에 처넣어졌다.」 이문희(1978), 99-100쪽/ 「아Q는 자기가 낡은 관청의 문안으로 끌려들어가 대여섯 번 꾸불꾸불 돌아서 조그만 방안에 처박혀졌음을 알았다.」 성원경(1983), 64쪽, 김진욱(1992), 65쪽, 김범수(2003), 75쪽/ 「자기가 어떤 낡은 관청 문을 지나서 대여섯 번 돌아 작은 방에 갇히게 된 것을 阿Q는 알았다.」 김정화(1985), 105-106쪽/ 「아Q는 자신이 낡은 관청 문으로 끌려 들어가 모퉁이를 대여섯 번 돌아서는 한 작은 방에 떠밀려 들어감을 알았다.」 박운석(2008), 142쪽/ 「아큐는 허름한 관청 문으로 끌려들어가 대여섯 번 모퉁이를 돌고 난 뒤 조그만 방에 밀어 넣어졌다.」 김시준(2008), 172쪽/ 「아Q는 자기가 낡은 관청 문을 지나 대여섯 번을 돌아 작은 방에 밀쳐지는 모습을 보았다.」 루쉰전집번역위원회(2010), 152쪽/ 「아Q는 관청 출입문을 지나 대여섯 번 모퉁이를 돌아서 작은 방까지 끌려갔다.」 북트랜스(2015), 89쪽

301) 조관희(2018), 123쪽

데 사용되었다. 그런데 이것을 글자 그대로 '파손되다', '부서지다', '허물어지다' 등으로 번역한 경우 문제가 된다. 문장의 전체 문맥으로 보아도 노신이 표현하고자 하는 '衙门'은 '외관상으로 허물어지거나 부서진 건물'이라는 뜻이 아니다. 접두 수식어 '破'을 오역한 경우는 권순만(1990), 허세욱(1983), 정석원(2004) 등[302]의 번역이 보이는데 그중 권순만(1990)의 번역을 보자.

> 아Q는 자기가 **파손된 관청 문안**으로 끌려들어가, 대여섯 번 길을 구부려진 다음에 조그만 방으로 처넣어진 것을 느꼈다.[303]

앞에서 살펴본 것처럼 '破'는 자기에게 주어진 기능을 제대로 수행하지 못하고 있음을 뜻하는데, 단순한 글자의 뜻에 근거하여 '파손되다' 등으로 번역하였다. 이렇게 하면 낡은 관청이 뜻하는 바를 전달하지 못할뿐더러 작가가 의도하지 않은 뜻을 전달하게 된다.

세 번째로, 원문의 접두 수식어인 '破'가 수식한 성분은 '衙门'인데 김하중(1981), 이욱연(2011), 신여준(2011) 등은 '관청의 낡은 문'[304]이라고 옮겼다. '破'가 '门'의 수식어가 되었다. '衙门'의 '门'을 문으로 번

302) 「아큐는 어느 부서진 관청 문으로 끌려 들어갔다. 대여섯 번 모퉁이를 돌아, 조그마한 방에 처박혔다.」 허세욱(1983), 114쪽/ 「아Q는 허물어져가는 아문(門)을 지나 몇 굽이를 돌아 어느 조그만 방에 처넣어졌다.」 정석원(2004), 68쪽

303) 권순만(1990), 104쪽

304) 「아Q는 자기가 관청의 낡은 문으로 들어가 대여섯 개 모퉁이를 돌아서 작은 방에 내쳐졌다는 것을 알았다.」 이욱연(2011), 105쪽/ 「아Q는 어떤 관아의 낡은 문으로 끌려 들어가 모퉁이를 대여섯 번 돌고 나서 다시 작은 방에 팽개쳐졌다.」 신여준(2011), 195쪽

역하다 보니 자연스럽게 접두어가 문을 수식하여 '부서진 문'이라는 번역을 하게 된 것이다. 그중 김하중(1981)의 번역을 보기로 하자.

> 阿Q는 자신이 어느 관청의 낡은 문으로 들어가 대여섯 번 꺾어 돌고 난 다음에야 작은 방에 갇혔다는 것을 깨달았다.[305)]

'衙门'을 관청의 문으로 번역한 것은 이미 오역에 속하는데, '破'가 '门'의 수식어가 되었으니 이런 번역은 오역에 오역을 더한 번역이 된다.

다음은 옛날 감옥의 문인 '栅栏门'을 옮기면서 나타난 오류이다.

(93)

他刚刚一跄踉, 那用整株的木料做成的栅栏门便跟着他的脚跟阖上了.[306)]

아Q가 혁명당에 붙잡혀 감방에 갇히는 상황에 대한 묘사이다. 여기에서 '栅栏门'은 밖에서 안을 잘 감시할 수 있도록 만든 울타리 모양으로 된 문을 가리킨다. 현대에는 철봉을 나란히 세워 만든 철창문으로 바뀌었지만 예전에는 튼튼한 나무기둥을 세워 만들었다. 한국어로 번역하자면 '목책문', '울짱문' 정도가 가능할 것 같다. 아Q가 갇힌 감방은 목책이 통나무로 되어 있다고 했으므로 전체를 옮기자면 '통나무로 짠 창살문', '통나무 목책문', '통나무 울짱문' 등이 될 것이다. 그것은 을씨년스러운 감방의 풍경을 떠올리는 대표적 시설이다. 감옥에 가는 것을 '철창에

305) 김하중(1981), 94쪽

306) 『鲁迅全集』(第一卷), 人民文学出版社, 1991, 522쪽

갇히다'로 표현하는 것도 그 때문이다.

김정화(1985), 장기근·이석호(1988), 정노영(1994), 조성하(2000), 전형준(1996), 최은정(2009) 등은 이 점을 고려하여 '통나무로 만든 창살문'[307]으로 옮겼다. 그중 최은정(2009)의 경우를 들면 다음과 같다.

> 그가 막 비틀비틀하는 찰나 그 **통나무로 만든 창살문**이 그의 발꿈치를 따라 닫혀버리고 말았다.[308]

또 '통나무로 만든 목책의 문'으로 번역한 예문도 볼 수 있다. 이가원(1980), 이민수(1990) 등은 아래와 같이 옮겼다.

> 그가 비틀비틀하는 찰나에 **통나무로 만든 목책의 문**이 그의 발꿈치를 따라오듯 닫혔다.[309]

그 외에도 윤화중(1994), 안영신(2001), 박운석(2008), 신여준(2011), 루쉰전집번역위원회(2010), 허세욱(1983) 등도 모두 '통나무로 만든 목책 문'[310]으로 옮겼다.

---

307) 「뒤에서 밀치는 바람에 그는 비틀거리는 순간, 통나무로 짠 창살문이 그의 발밑에서 닫혔다.」 김정화(1985), 105-106쪽/「그가 막 비틀거리며 들어서자마자, 통나무로 만든 창살문이 그의 발꿈치를 따라 덮여 닫혔다.」 장기근·이석호(1988), 109-110쪽/「그가 비틀비틀하는 순간에 통나무로 만든 창살문이 그의 발꿈치를 따라오듯 닫혔다.」 정노영(1994), 66-67, 조성하(2000), 65, 전형준(1996), 118쪽

308) 최은정(2009), 104쪽

309) 이가원(1980), 88쪽, 이민수(1990), 121쪽

310) 「그가 비틀비틀하는 순간, 통나무로 만든 목책 문이 그의 발꿈치를 따라오듯 닫혔다.」 윤화중(1994), 65, 안영신(2001), 149쪽/「그가 막 비틀거리며

또 권순만(1990)은 '통나무로 만든 울짱 모양의 문'311)으로 옮겼다. 위 사례들은 모두 '栅栏门'을 정확히 옮긴 사례들이라 할 수 있다.

그러나 작가가 전하고자 하는 뜻을 충분히 전달하지 못하거나, 잘못 전달하는 경우가 많이 있다. 예를 들어 '통나무로 만든 감방문'이라고 번역한 경우가 많이 보이는데 그것이 철창의 형식, 울타리의 방식으로 만들어진 문이라는 뜻을 제대로 전달하지 못하고 있다. 노신문학회(2003)의 번역을 보자.

> 뒤에서 떠미는 바람에 비틀거리는 순간 **통나무로 만든 감방문**이 그의 발뒤꿈치를 치면서 쾅 하고 닫혔다.312)

이문희(1978), 김하중(1981), 이철준(1991), 장수철(2006), 윤수천(2007), 이욱연(2011), 엄영욱(2012) 등313) 번역문에서도 모두 위 예문과

들어서자 통나무로 만든 목책 문이 이내 그의 발꿈치를 따라 닫혀졌고…」 박운석(2008), 142쪽, 신여준(2011), 195쪽/「그가 비틀거리는 순간 통나무로 짠 목책 문이 그의 발뒤꿈치를 따라오며 덜컥 잠겼다.」 루쉰전집번역위원회(2010), 152쪽/「비틀비틀하는데, 통나무로 된 목책 문이 뒤따라 닫혔다.」 허세욱(1983), 114쪽

311) 「그가 비틀거리며 들어간 순간 통나무로 만든 울짱 모양의 문이 그의 발을 뒤쫓듯이 잠겨졌다.」 권순만(1990), 104쪽

312) 노신문학회(2003), 151쪽

313) 「등을 확 밀리어 아Q가 고꾸라질 듯 비틀거리자 통나무로 만든 감방문이 쾅 하고 닫혔다.」 이문희(1978), 99-100쪽/「그가 떼밀려 비틀거리는 사이에 굵은 나무로 된 감방 문이 닫혔다.」 김하중(1981), 94쪽/「뒤에서 떠미는 바람에 비칠하는 순간 통나무로 만든 감방 문이 그의 발뒤꿈치를 떠밀면서 쾅 하고 닫혀졌다.」 이철준(1991), 140쪽/「그가 비칠비칠하는 순간 통나무로 만든 감방 문이 그의 발꿈치를 따라 닫혔다.」 장수철(2006), 77쪽/「그가 내동댕이쳐져 비틀거리는 순간, 통나무로 만든 창문이 그의 발뒤꿈

비슷하게 '통나무로 만든 감방문'이라고 옮겼다.

또 '통나무로 만든 창문'과 같이 완전히 잘못된 번역도 있다. 아Q는 감방문을 통해 들어갔지 창문으로 들어간 것은 아니다. 아마 이런 번역이 나온 것은 감옥의 '철창문'이 나무로 만들어졌다고 생각하여 '철' 대신 '나무'를 대입하였기 때문으로 보인다. 그러나 어떻게 보아도 '문'을 '창문'으로 번역할 수는 없다. 이러한 오역에 해당하는 경우로 성원경(1983), 김진욱(1992), 김범수(2003), 이가원(1989) 등의 경우를 들 수 있다.

> 그가 처박혀져 비틀거린 순간, **통나무로 만든 창문**이 그의 발뒤꿈치께로 바짝 닫혔다.[314)]

그 외에도 여러 가지 특이한 오역 사례들이 보인다. 정석원(2004)은 다음과 같이 옮겼다.

> 떠밀려 비틀거리는 순간 **서까래로 엮은 문책이** 철커덕! 하고 닫히는 소리가 발뒤꿈치에서 들렸다.[315)]

예문에서 '통나무'를 '서까래'로 오역하였는데 '서까래'는 목조건축물

치로 바짝 닫혔다.」 윤수천(2007), 106쪽/「뒤에서 밀치는 바람에 비틀거리던 그의 발뒤꿈치를 때리면서 통나무 감방 문이 핑 하고 닫혔다.」 이욱연(2011), 105쪽/「그가 비실비실하는 순간 통나무로 만든 감방 문이 그의 발꿈치를 떠밀듯 닫혔는데…」 엄영욱(2012), 62쪽

314) 성원경(1983), 64쪽, 김진욱(1992), 65쪽, 김범수(2003), 75쪽/「그가 비틀거리는 순간 통나무로 만든 창문이 그의 발꿈치를 따라오듯 닫혔다.」 이가원(1989), 38쪽

315) 정석원(2004), p68쪽

의 골격이 완성된 다음 지붕 양옆을 지탱하도록 나란하게 배치된 건축 부재를 가리키는 말이다. 이렇게 오역될 이유는 없어 보이는데 아마도 전체 문의를 허술하게 파악하였기 때문으로 보인다.

또 문현선(2018)은 '통나무 격자문'[316]이라고 옮겼는데 '격자문'은 나무가 사각형 모양으로 서로 얽힌 모양을 갖춘 문을 말한다. 역시 '창살', '목책'의 모양이 아니므로 오역의 범주에 가깝다.

316) 「비틀거리며 들어가자 통나무 격자문이 발꿈치 뒤에서 곧바로 닫혔다.」 문현선(2018), 92쪽

VI. 누락으로 인한 오역

번역의 현장은 두 가지 상반된 입장이 충돌하는 현장이기도 하다. 여기 충분한 탄력성의 발휘를 주장하는 번역론과 구두점 하나도 고쳐서는 안 된다는 번역론이 있다. 먼저 김욱동은 이렇게 말한다.

> 훌륭한 번역이란 마치 탄력성이 좋은 고무줄과 같다. 필요에 따라 생략된 것을 보충하여 길게 늘어놓기도 하고 필요 없는 것은 생략하여 짧게 줄여야 한다. 언어마다 생략할 문장 성분이 서로 다르기 때문에 그때그때 상황에 필요 없는 부분을 생략하여야 한다. 가령 한국어에서는 상황에 따라 주어를 생략하여 사용하는 경우가 많다. 물론 지나치게 잡아당겨 늘이면 탄력을 잃어버려 아무런 쓸모가 없게 마련이다. 마찬가지로 번역할 때에도 생략하는 것은 원문이 허용하는 범위에서 크게 벗어나서는 안 된다. 의미를 손상할 만큼 줄여서는 훌륭한 번역이라고 할 수 없다. 고무줄과 마찬가지로 번역에도 탄성의 한계라는 것이 있다.[1)]

이에 대해 저명한 번역학자인 안정효는 다음과 같이 전혀 다른 주장

---

1) 김욱동, 『번역인가 반역인가』, 문학서첩, 2007, 125-126쪽에서 요약 인용

을 한다.

> 번역은 구두점 하나도 소홀히 할 수가 없는 정밀하고도 정확한 가공작업이기 때문에 번역해야 할 작품에서는 어떤 단어 하나라도 마음대로 빠뜨려서는 안 된다. 번역가는 번역할 책에 담긴 모든 어휘를 찾아내고 이해해야 하는 일차적인 의무에 충실해야 한다.2)

우리는 여기에서 일방적으로 어느 누구의 손을 들어줄 수는 없다. 누락의 경우 역시 마찬가지이다. 위 김욱동이 말한 바와 같이 원래의 텍스트에 있는 주어를 한국어의 특징을 고려하여 생략해야 할 경우도 있고, 안정효의 주장처럼 단순한 문장부호 하나를 무심코 생략했다가 크게 잘못된 번역을 할 수도 있기 때문이다.

그럼에도 일반적으로 번역 과정에서 탄력성을 발휘하는 생략이 자칫 누락에 의한 오역으로 연결될 수도 있다는 점에 주의를 기울일 필요가 있다. 이로 인해 번역의 완전성에 영향을 줄 뿐만 아니라 원문에서 작가가 표현하고자 하는 의미도 제대로 전달되지 못하는 경우가 자주 발생하기 때문이다. 「아Q정전」의 번역문을 보면 누락으로 인한 오역, 누락으로 인한 의미 전달의 실패 등과 같은 문제들이 발견된다.

구체적으로 따옴표의 누락으로 노신이 전달하고자 하는 중층적 의미가 손상된 다음과 같은 경우가 있다.

---

2) 안정효, 『번역의 테크닉』, 현암사, 1997, 31-34쪽에서 요약 인용

(94)

人们忙碌的时候，也还记起阿Q来，然而记起的是做工，并不是“行状”.[3]

원문에서 노신이 말하고자 하는 '行状'은 나에게 도움이 될 만한 기억을 갖고 있지 못하는 그런 아Q의 '行状'이라는 뜻이다. '行状'이란 한 사람의 성, 고향, 가족, 경력 등에 대한 기록이다. 노신은 강조의 따옴표를 통해 아Q가 '행장', 혹은 '생애의 기록'의 주인공으로 어울리지 않지만 자신이 그것을 쓰고 있으며, 그 과정에서 행장 기술에 필요한 자료와 정보를 얻을 수 없음을 말하고 있다. 강조의 따옴표를 써야 노신의 의도를 효과적으로 전달할 수 있다. 그러므로 가능하면 강조의 따옴표를 살릴 필요가 있다. 또한 노신의 풍자의도를 살려 고전적 인물기록을 가리키는 '행장'이라는 단어를 그대로 쓸 필요도 있어 보인다. 이가원(1980), 김욱(1988) 등은 '행장'의 방식으로 이 문장의 핵심을 적절하게 전달하고 있다.

> 그리하여 사람들은 바빠지면 아큐우를 생각해냈거니와, 그들이 생각해낸 것은 일을 시키는 것이었지 「행장」에 대해서는 아니었다.[4]

권순만(1990), 허세욱(1983), 신여준(2011), 루쉰전집번역위원회(2010), 전형준(1996) 등도 '행장'[5]으로 옮겼는데 역시 적절한 방식이라 생각된

---

3) 『鲁迅全集』(第一卷), 人民文学出版社, 1991, 490쪽

4) 김욱(1988), 15쪽/「그러므로 사람들은 바쁠 때에는 阿Q를 생각해내나 생각해내는 것도 시킬 일이지 결코 「행장」은 아니었다.」 이가원(1980), 28쪽

다. 여기서 문제가 되는 것은 강조의 인용부호를 누락한 번역문이다. 성원경(1983)의 번역문을 보면 다음과 같다.

> 그래서 사람들은 바쁠 때는 阿Q를 생각에 떠올리기도 하지만 그 생각에 떠올린다는 것도 일을 부탁하기 위한 것이지 그의 **행장**은 아니다.[6] 그 외 김진욱(1992), 윤화중(1994), 이가원(1989), 우인호(2007), 김범수(2003) 등도 모두 강조의 부호(' ', 「」) 없이 그냥 '행장'[7]으로 옮겼다. 큰 오류는 아니지만 노신이 담고자 한 중층적 의미를 제대로 전달하지 못하는 번역이라 할 수 있다.

---

5) 「그렇기 때문에 사람들은 바쁠 때는 아Q가 생각났다. 그렇지만 생각나는 것은 일에 고용하는 것이었지, '행장'은 아니었다.」 권순만(1990), 60쪽/ 「그래서 사람들은 바쁠 대면 이큐를 생각하지만, 생각나는 것은 품팔이꾼이지 결코 '행장' 따위는 아니었다.」 허세욱(1983), 33쪽/ 「따라서 사람들은 일손이 바쁠 때는 아Q를 기억했지만 그것도 품팔이꾼으로서의 기억일 뿐 그의 '행장'에 관한 것은 결코 아니었다.」 신여준(2011), 123쪽/ 「그래서 사람들은 일손이 딸릴 때에는 아Q를 생각했지만, 그건 일을 시키기 위한 그런 것이지 '행장'때문에 그런 건 아니었다.」 루쉰전집번역위원회(2010), 111쪽/ 「그래서 사람들은 바쁠 때에는 아Q를 기억해냈지만 기억해내는 것은 일하기이지 결코 '행장'이 아니었고, 한가해지면 아Q조차도 잊어버렸으니 '행장'은 더 말할 필요도 없었다.」 전형준(1996), 68쪽

6) 성원경(1983), 13

7) 「그러므로 사람들은 일이 바쁠 때에만 아q를 떠올렸고, 그것도 시킬 일이 있을 때뿐 그의 행적에는 아무런 관심조차 없었다.」 우인호(2007), 47쪽, 이가원(1989), 8쪽/ 「그래서 사람들은 바쁠 때는 아Q를 생각에 떠올리기도 하지만 그 생각에 떠올린다는 것도 일을 부탁하기 위한 것이지 그의 행장은 아니다.」 김진욱(1992), 13쪽/ 「그래서 사람들은 바쁠 때나 아큐를 생각했다. 그것도 날품팔이로서 기억하지, 행장 따위로 기억하는 것은 아니었다.」 윤화중(1994), 21쪽/ 「그래서 사람들은 바쁠 때는 아Q는 생각에 떠올리기도 하지만 그 생각에 떠올린다는 것도 일을 부탁하기 위한 것이지 그의 행장은 아니다.」 김범수(2003), 14쪽

다음은 부사어 '有些'를 누락함으로써 발생하는 오류에 대해 살펴보기로 하자.

(95)

其时几个旁听人倒也肃然的有些起敬了.[8)]

자오 나리의 아들이 수재에 합격한 뒤 아Q가 그들과 친척이라 하자 주위 사람들이 아Q를 대하는 모습을 그린 장면이다. 원래 사람들이 아Q를 존경할 이유는 없다. 그런데 아Q가 그 마을의 명문가와 친척 관계라는 말을 듣고 이들은 믿을 수도 없고, 그렇다고 무시할 수도 없는 입장이 된다. 그리하여 명철보신의 입장에서 아Q에게 얼마간 조심하는 태도를 보이게 된다. 이러한 분위기를 전달하는 데 있어서 '약간', '얼마간', '다소'의 뜻을 갖는 '有些'는 전체 소설의 분위기를 전달하는 데 중요하다. 이 '有些起敬'에 대한 박운석(2008)의 번역은 다음과 같다.

> 그때 몇몇 곁에서 듣고 있던 사람들은 의외로 숙연해져서 **다소 존경의 빛을 보였다.**[9)]

또 이가원(1980)은 '적지 아니 외경(畏敬)의 염(念)을 일으켰다', 이민수(1990)는 '혀를 내두르면서 적지 않은 경외감(敬畏感)을 느꼈다', 김정화(1985)는 '적지 않은 畏敬心을 품던 것이다', 정석원(2004)은 '다소 숙연해졌고 존경심까지 표하기도 하였다', 루쉰번역위원회는 '적잖이

8) 『鲁迅全集』(第一卷), 人民文学出版社, 1991, 488쪽

9) 박운석(2008), 77쪽

존경의 염이 생겨났다' 등[10])으로 번역하여 작가의 의도를 살리고자 하였다.

이에 비해 '有些'를 누락함으로써 원 텍스트의 의미를 제대로 전달하지 못하는 경우가 있다. 그중 조관희(2018), 윤화중(1994), 허세욱(1983)은 다음과 같이 번역하고 있다.

> 그때 옆에서 듣고 있던 몇 사람은 **숙연하게 존경심을 일으켰다.**[11])

예문을 보면 '肃然的有些起敬'에서 '有些'를 누락하고 '숙연하게 존경심을 일으켰다'고만 번역했다. 이 번역문만 본다면 주위 사람들이 정말 아Q를 존경한다는 말이 된다. 사람들의 반신반의적 태도, 명철보신을 최고의 처세술로 삼던 중국인민들의 심리를 비틀고자 했던 저자의 중층적 의도를 전혀 살리지 못하게 되는 것이다. 또 신여준(2011)은 '숙연한 마음에 존경심이 우러나기도 하였다'[12])라고 번역하였고, 엄영욱(2012), 이철준(1991) 등 많은 사람들도 '말없이 경의까지 표시하는 것이었다'[13])로 번역하여 위와 마찬가지로 '有些'를 누락하였다.

다음은 '似乎'를 누락한 사례이다. 노신은 아Q를 묘사함에 있어서 항상 전지적 작가 시점이 아니라 관찰자 시점을 유지하고 있다. 때문에 '似乎'라는 판단을 유보하는 단어를 자주 사용한다. 이것을 누락하면

---

10) 이가원(1980), 24쪽, 이민수(1990), 83쪽, 김정화(1985), 72쪽, 정석원(2004), 10쪽, 루쉰번역위원회, 108

11) 조관희(2018), 65쪽, 윤화중(1994), 17쪽, 허세욱(1983), 24쪽

12) 신여준(2011), 118쪽

13) 엄영욱(2012), 13쪽, 노신문학회(2003), 102쪽, 이철준(1991), 92쪽, 장수철(2006), 22쪽, 북트랜스(2015), 12쪽, 전형준(1996), 64쪽, 최은정(2009), 57쪽

노신의 의도에 손상이 일어나게 된다.

(96)

这虽然也在他身上, 而看阿Q的意思, 倒也似乎以为不足贵的.[14)]

이를 통해 아Q에 대한 풍자의 거리를 유지하고자 하였던 것이다. 아Q를 낯선 타인의 시선으로 관찰하는 태도를 취하고 있다는 뜻이다. 위의 문장에서도 작가는 아Q의 마음을 짐작하는 방식을 취함으로써 이러한 풍자의 거리를 유지하고 있다. 그래서 이 '倒也似乎以为不足贵的'라는 구절에서 중요한 것은 '~인 것 같다[似乎]'가 된다. 이것을 성원경은 다음과 같이 옮겼다.

> 이것이 그의 몸에 생긴 것임에는 틀림없지만 아Q 자신의 생각으로도 이것만은 **별반 자랑스러운 것이 못 되는 것 같았다.**[15)]

또 김욱(1988), 김진욱(1992), 최은정(2009), 윤화중(1994), 권순만(1990), 김시준(2008), 김태성(2011), 장기근·이석호(1988) 등의 번역에서는 '별로 귀중하게 여길 바 못 되는 것 같이 보였다', '귀티가 난다고 여겨지지는 않는 것 같았다' 등[16)]으로 옮겨서 작가의 의도를 전달하고

14) 『鲁迅全集』(第一卷), 人民文学出版社, 1991, 491쪽

15) 성원경, 14쪽

16) 「이 역시 그의 몸의 일부에 틀림없고 보니 아큐의 생각으로도 아무래도 이것만은 자랑거리가 안 되는 것 같았다.」 김욱(1988), 17쪽/ 「이것이 그의 몸에 생긴 것임에는 틀림없지만 아Q 자신의 생각으로도 이것만은 별반 자랑스러운 것이 못 되는 것 같았다.」 김진욱(1992), 14쪽/ 「비록 그의 몸에 있는

자 하였다.

이에 비해 이욱연(2011)은 다음과 같이 번역하였다.

> 콧대 높은 아Q지만 나두창만큼은 아무리 자기 몸에 난 자기 것이라 해도 **자존심이 상했다.**17)

노신의 관찰자 입장이 전지적 시점으로 바뀌어 노신의 본의가 왜곡되어 버렸다. 그 외에도 북트랜스(2015), 조관희(2018), 노신문학회(2003), 박운석(2008), 김정화(1985), 엄영욱(2012), 이철준(1991), 우인호(2007), 정노영(1994), 이가원(1989), 이민수(1990), 이가원(1980), 이문희(1978) 등18)의 번역에서는 모두 '~인 것 같다'를 생략함으로써 단정적

것이기는 하지만, 아Q도 그리 귀하다고 여기지 않는 듯했다.」 최은정(2009), 61쪽/「이것도 비록 그의 몸에 있는 것이지만, 아큐의 생각에도 이것만은 별반 자랑스러운 것이 못 되는 것 같았다.」 윤화중(1994), 22쪽/「어쨌든 이것은 아Q에게는 몹시 못마땅한 것 같았다.」 권순만(1990), 61쪽/「이것이 비록 그의 몸에 생긴 것이기는 하나, 아큐가 아무리 생각해 보아도 귀티가 난다고 여겨지지는 않는 것 같았다.」 김시준(2008), 121쪽, 김태성(2011), 109쪽/「이것들은 비록 자기 몸에 있기는 하나, 阿Q의 생각으로도 별로 귀중하게 여길 바 못 되는 것 같이 보였다.」 장기근·이석호(1988), 76쪽

17) 이욱연(2011), 19쪽

18) 「아무리 콧대 높은 아Q도 자기 몸에 난 부스럼 자국만은 무척 부끄러웠다.」 북트랜스(2015), 19쪽/「이것은 비록 그의 몸에 있는 것이긴 해도 아큐가 생각하기에 별로 내세울 만한 게 못 되었다.」 조관희(2018), 71쪽/「이것 역시 그의 몸에 생긴 것임에 틀림없지만 아Q 자신도 이것만큼은 자랑거리로 느끼지 못하는 모양이었다.」 노신문학회(2003), 107쪽, 박운석(2008), 84쪽, 김정화(1985), 75쪽/「이것은 물론 그의 몸에 있는 것이건만 아Q 자신도 이것에 대해서는 자랑을 느끼지 못하는 모양이다.」 엄영욱(2012), 17쪽, 이철준(1991), 96쪽/「나창파도 신체의 일부임에는 틀림없으나 아Q도 이것만은 별반 자랑스러운 것이 못 된다고 생각했다.」 이가원(1980), 29, 이가원

어투를 취하여 작가의 의도를 제대로 전달하지 못하고 있다.

또 '似乎'를 누락한 다음과 같은 경우도 있다. 역시 이 단어의 번역에 소홀히 하여 전체 문맥의 전달에 영향을 준 경우이다.

(97)

阿Q虽然似乎懂得, 但总觉得站不住, 身不由己的蹲了下去, 而且终于趁势改为跪下了.[19]

「아Q정전」에는 '似乎'라는 단어가 자주 나타난다. 예를 들면 '他意思之间, 似乎觉得人生天地间, 大约本来有时也未免要杀头的', '这虽然也在他身上, 而看阿Q的意思, 倒也似乎以为不足贵的', '打完之后, 便心平气和起来, 似乎打的是自己, 被打的是别一个自己, 不久也就仿佛是自己打了别个一般', '他这一战, 早忘却了王胡, 也忘却了假洋鬼子, 似乎对于今天的一切"晦气"都报了仇' 등이 있다.

노신은 '似乎'를 통해 어떤 상황에 대한 분명한 판단을 하지 못하는 아Q의 정신적 수준을 표현하고자 하고 있다. 원문에서도 노신은 아Q의 노예근성을 욕하며 꿇어앉지 말라고 한 관리의 말을 이해할 듯했다는 표현을 통해 아Q가 노예근성이 무엇인지, 꿇어앉는 것이 왜 잘못인지 이해하지 못하는 상황에 있다는 것을 표현하고 있다. 그러므로 '似乎'의

(1989), 8쪽, 우인호(2007), 49쪽, 정노영(1994), 18쪽, 이민수(1990), 86쪽/「이 벗어진 자국도 阿(아)Q의 신체의 一部分(일부분)임에는 틀림없는데, 그러나 阿(아)Q가 생각하기에도 이것만은 별반 자랑할 만한 것이 못 되였다.」 이문희(1978), 19-20쪽

19) 『鲁迅全集』(第一卷), 人民文学出版社, 1991, 522-523쪽

번역이 바로 될 필요가 있다. 이 점을 중시하여 김하중(1981), 전형준(1996), 이철준(1991), 노신문학회(2003), 김정화(1985), 장수철(2006), 엄영욱(2012), 김시준(2008), 최은정(2009), 루쉰전집번역위원회(2010), 이욱연(2011) 등은 '그 말을 알아들을 것 같았다', '알아들은 것 같긴 한데', '그 뜻을 알듯 하였으나' 등[20]으로 옮겼다. 전형준(1996)의 경우를 예로 들면 다음과 같다.

> **아Q는 알아들은 것 같았지만**, 도저히 서 있을 수가 없다는 느낌이 드는데다가 몸이 자기도 모르게 옹크려졌고 그 바람에 결국 꿇어앉고 말았다.[21]

---

20) 「阿Q는 그 말을 알아들을 것 같았으나 도저히 서 있을 수가 없어, 몸이 자신도 모르는 새에 구부러졌고 마침내 다시 꿇어앉았다.」 김하중(1981), 94쪽/ 「아Q는 그 말귀를 알아들은 것만 같아서 일어서려고 무진 애를 했으나 도무지 제대로 서 있을 수가 없어 그 자리에 풀썩 꿇어앉고 말았다.」 이철준(1991), 141쪽, 노신문학회(2003), 152쪽/ 「阿Q는 그 뜻을 알듯 하였으나 도저히 서 있을 수가 없어, 몸이 저절로 움츠러들며, 그 바람에 결국 꿇어앉고 말았다.」 김정화(1985), 106쪽/ 「아Q는 그 말을 알아들은 듯했으나 어쩐지 바로 서지 못했다. 그는 저도 모르게 몸이 스르르 가라앉아서 결국 꿇어앉고 말았다.」 장수철(2006), 78쪽, 엄영욱(2012), 63쪽/ 「아큐는 그 말뜻을 알아듣기는 한 것 같으나 암만해도 서 있을 수가 없었다. 몸이 자기도 모르는 사이에 움츠러들더니 끝내는 그만 꿇어 엎드리고 말았다.」 김시준(2008), 173쪽/ 「아Q는 알아들은 것 같긴 한데, 도저히 서 있을 수가 없었다. 몸이 저절로 움츠러들어 그만 꿇어앉고 말았다.」 최은정(2009), 105쪽/ 「아Q는 그 말을 이해할 듯 했지만 도저히 서 있을 수가 없어 몸이 절로 쪼그려졌다. 그 바람에 다시 무릎을 꿇고 말았다.」 루쉰전집번역위원회(2010), 153쪽/ 「아Q도 무슨 말인지 알듯하여 일어서려고 했지만 도무지 설 수가 없었고 자기도 모르게 몸이 움츠러들더니 결국 그 자리에 다시 무릎을 꿇고 말았다.」 이욱연(2011), 106쪽

21) 전형준(1996), 119쪽

그런데 '似乎'를 번역하기는 하였지만 의미를 제대로 전달하지 못한 경우가 종종 보인다. 예를 들어 이가원(1980)의 번역을 보면 다음과 같다.

> **阿Q는 알기는 한 모양이었으므로** 암만해도 서 있을 수가 없었다. 몸이 자기도 모르게 움츠러들어 나중에는 되는대로 고쳐 꿇어앉았다.[22)]

이렇게 번역하게 되면 밖에서 타인이 아Q를 볼 때 그런 것 같은 느낌이 들었다는 뜻을 갖게 된다. 위에서 살펴본 바와 같이 노신이 아Q의 심리와 관련하여 '似乎'를 자주 쓴 것은 사리분별에 어두운 아Q의 몽매한 상황을 풍자적으로 강조하기 위한 것이다. 그런데 이가원(1980)의 위 번역은 아Q의 몽매한 내면을 드러내는 것이 아니라 밖으로 보이는 모양에 대한 객관적인 묘사가 되고 있다.

그런데 더 큰 오류는 이문희(1978), 이가원(1989), 이민수(1990), 정노영(1994), 윤화중(1994), 조성하(2000), 안영신(2001), 윤수천(2007), 허세욱(1983) 등이 '似乎'를 누락하고 '그 말뜻을 알아듣기는 했으나'[23)]로

---

22) 이가원(1980), 89쪽

23) 「아Q는 알아듣기는 했지만 도저히 서 있을 재간이 없었다. 다리가 제멋대로 움츠러들어 그대로 무릎을 꿇은 채였다.」 이문희(1978), 101쪽/ 「아Q는 그 말뜻을 알아듣기는 했으나 아무리 해도 서 있을 수가 없었다. 몸이 저절로 움츠러들어 그만 꿇어 엎드리고 말았다.」 이가원(1989), 38쪽, 이민수(1990), 121쪽, 정노영(1994), 67-68쪽, 윤화중(1994), 66쪽, 조성하(2000), 67쪽/ 「아Q는 그 말뜻을 알아듣기는 했으나 아무리 노력해도 일어설 기운이 생기지 않았다. 그는 몸이 저절로 움츠러들어 다시 꿇어 엎드리고 말았다.」 안영신(2001), 150쪽/ 「아큐는 그 말뜻을 알아듣기는 했으나 아무리 애써도 서 있을 수가 없었다. 몸이 마음대로 움직이지 않고, 점점 움츠러들더니 나중에

옮겼다. 그 예로 허세욱은 다음과 같이 번역하였다.

> **아큐는 알아듣기는 했지만,** 서 있을 수가 없었다. 몸이 저절로 쭈그러들었다. 그 바람에 다시 꿇어앉고 말았다.[24)]

또 정석원(2004), 신여준(2011), 조관희(2018) 등은 '그 말을 알아들었지만'[25)]으로 옮겼고, 성원경, 김진욱(1992), 김범수(2003) 등은 '그 의미를 알아차렸지만'[26)]으로 번역하였고, 장기근·이석호(1988), 문현선(2018) 등은 '알아들을 만도 했다', '무슨 말인지 이해했지만' 등[27)]으로 옮겼다.

아Q가 노예근성이라는 말을 어떻게 알아듣는가? 꿇어앉지 말라는 말이 무슨 뜻인지 어떻게 알아들을 수 있는가? 그런 점에서 '알아듣기는

는 그만 무릎을 꿇은 채로 엎드리고 말았다.」 윤수천(2007), 109쪽

24) 허세욱(1983), 145-146쪽

25) 「무슨 말인지는 알아들었지만 도무지 일어설 수가 없었다. 몸이 말을 듣지 않기 때문이었다. 쪼그리고 앉았다가 끝내 다시 무릎을 꿇고 말았다.」 정석원(2004), 69쪽/「아Q는 그 말을 알아들었지만 아무래도 서 있을 수가 없어서 자기도 모르게 쭈그려 앉다가 결국은 내친 김에 다시 꿇어앉고 말았다.」 신여준(2011), 196쪽/「아큐는 그 말을 알아들었지만 도저히 서 있을 수 없어 자기 몸을 못 가누고 무너져내려 끝내 꿇어앉고 말았다.」 조관희(2018), 124쪽

26) 「아Q는 그 의미를 알아차렸지만, 아무래도 서 있을 수가 없다. 몸이 마음대로 되지 않고, 점점 움츠러들어 나중에는 자연 꿇어앉게 된다.」 성원경(1983), 65쪽, 김진욱(1992), 66쪽, 김범수(2003), 76쪽

27) 「阿Q는 알아들을 만도 했다. 그러나 도무지 서 있을 수가 없었으며, 자기도 모르게 몸이 움츠려 내렸고, 나중에는 폴싹 꿇어앉고 말았다.」 장기근·이석호(1988), 110쪽/「아Q는 무슨 말인지 이해했지만 똑바로 설 수가 없었다. 몸이 저절로 수그러지다가 결국에는 꿇는 자세로 바뀌었다.」 문현선(2018), 93쪽

했지만' 등의 번역은 모두 심각한 오류를 범하고 있다고 판단된다.

더구나 원문에서 '似乎'가 수식하는 것은 '懂得'이다. 위에서 이미 언급했듯이 '알아들을 것 같다' 정도로 번역되어야 한다. 하지만 번역문을 보면 '아Q는 알아듣기는 했지만 아무래도 서 있을 수가 없을 것 같고…'와 같이 뒷문장까지 같이 수식하였다. 김욱(1988), 권순만(1990), 박운석(2008) 등[28)]이 이렇게 옮겼다. 김욱(1988)의 번역문을 예로 들어 보자.

> **아큐우는 그 뜻을 알 수는 있었으나**, 하지만 아무래도 서 있을 수는 없는 **것 같은** 생각이 들어, 무의식중에 엎드려졌고, 그리고는 마침내 그대로 엎드러진 꼴이 되어 버렸다.[29)]

이렇게 번역한 것은 바로 전체 문장의 수식 관계를 잘못 이해해서 생긴 번역들이다.

다음은 '不幸'이라는 부사어를 누락한 경우를 보기로 하자.

(98)

但真所谓"塞翁失马安知非福"罢，阿Q不幸而赢了一回，他倒几

---

28) 「아큐우는 그 뜻을 알 수는 있었으나, 하지만 아무래도 서 있을 수는 없는 것 같은 생각이 들어, 무의식중에 엎드려졌고, 그리고는 마침내 그대로 엎드러진 꼴이 되어버렸다.」 김욱(1988), 63쪽/「아Q는 알았다고 생각했지만 아무래도 서 있을 수 없을 것 같은 기분이 들어서 무의식중에 웅크리고 말았으며, 결국 그대로 무릎을 꿇어버렸다.」 권순만(1990), 105쪽/「아Q는 알아듣기는 했지만 아무래도 서 있을 수가 없을 것 같고, 몸이 말을 듣지 않아 엉거주춤하다가 마침내 주저앉아 버렸다.」 박운석(2008), 143쪽

29) 김욱(1988), 63쪽

乎失败了.[30)]

웨이좡에서 마을 제사가 있던 날 밤, 아Q는 여전히 그 옆에서 벌어진 놀음에 빠져 있었다. 그날따라 어쩐 일인지 아Q는 돈을 따고 또 땄다. 아Q는 좋아서 어쩔 줄을 몰랐다. 일반적으로 돈을 많이 따면 좋은 일이지만, 새옹지마의 원리에 의하면 돈을 따는 일이 불행한 일이 될 때도 있다. 노신의 이 문장은 중국인들이 믿어 의심치 않는 새옹지마 철학의 황당함에 대한 풍자를 담고 있다. 새옹지마의 철학에 의하면 잃는 것이 행운이고, 얻는 것이 불행이다. 그런데 아Q는 자칫하면 돈을 딸 뻔했다. 새옹지마의 관점에서 보자면 불행한 일이 일어날 뻔한 것이다. 그래서 거의 실패할 뻔했다는 문장이 이어지고 있는 것이다. 그러므로 여기에서 '不幸'이라는 단어를 누락하면 노신의 풍자정신을 살릴 수 없게 된다.

번역문에서 김태성(2011), 박운석(2008), 우인호(2007), 정노영(1994), 이가원(1989), 이민수(1990), 장기근·이석호(1988), 윤화중(1994), 이가원(1980), 김하중(1981), 성원경(1983), 김진욱(1992), 문현선(2018), 허세욱(1983), 루쉰전집번역위원회(2010), 김범수(2003), 안영신(2001), 전형준(1996) 등은 '불행하게도', '불행히도' 등[31)]으로 옮겨 뜻을 정확히

---

30) 『鲁迅全集』(第一卷), 人民文学出版社, 1991, 493쪽

31) 「하지만 정말로 〈인간만사가 새옹지마라 길흉화복을 알 수 없는〉 것이다. 불행하게도 아Q는 딱 한 번 돈을 딴 적이 있었지만 이것 역시 실패나 다름없었다.」 김태성(2011), 112쪽/「그러나 정말 '세상만사 새옹지마塞翁之馬' 라고 한 말처럼, 아Q는 불행히도 한 번 돈을 땄으나 오히려 실패한 거나 다름없었다.」 박운석(2008), 86쪽, 우인호(2007), 52쪽, 정노영(1994), 21쪽, 이가원(1989), 10쪽, 이민수(1990), 88쪽, 장기근·이석호(1988), 78쪽/「그러나 인간만사는 참으로 새옹지마(塞翁之馬)다. 불행하게도 아큐는 한 번 딴 적이 있었다. 그런데 그에게는 거의 실패나 다름이 없었다.」 윤화중(1994),

전달하고자 하였다.

하지만 '不幸'을 누락하여 중요한 의미를 전달하지 못하는 번역사례도 보이고 있다. 엄영욱(2012), 이철준(1991)의 경우를 보면 아래와 같다.

> 그런데 이른바 "복이 화가 될는지 화가 복이 될는지를 어찌 알리요."라는 옛말이 있듯이, 아Q는 투전에 한 번 이기기는 했는데 오히려 더 낭패를 보았다.[32]

노신은 돈을 딴 것이 새옹지마 철학에 의해 불행한 일이라고 표현한 것인데 위의 번역문은 이러한 의미가 잘 전달되지 않는다. 그 외에도 이철준(1991), 노신문학회(2003), 북트랜스(2015), 권순만(1990), 신여준(2011), 윤수천(2007), 장수철(2006), 정석원(2004), 조성하(2000) 등[33]의 번역 역시 '不幸'을 누락한 채 번역하였다. 새옹지마의 원리에

25쪽/「그러나 참으로 인간만사(人間萬事)는 새옹지마(塞翁之馬)다. 阿Q는 불행히 한 번 이겼다. 그러나 그는 거의 실패한 것이다.」이가원(1980), 33쪽, 김하중(1981), 68쪽/「그러나 정말 '인간지사 새옹지마'라는 것일까. 아Q는 불행히도 한번 이긴 적이 있지만, 그것은 그에게 있어서 거의 패배나 다름 없었다.」성원경(1983), 17쪽, 김진욱(1992), 18쪽, 김범수(2003), 19쪽/「하지만 인생만사 새옹지마라더니, 아Q는 불행하게도 한 번 따는 바람에 오히려 패배에 젖어야 했다.」문현선(2018), 39쪽/「그러나 정말 인간만사는 새옹지마(塞翁之馬)이다. 아큐는 불행히도 한 번인가 투전에서 돈을 딴 적이 있었다. 그런데 그에게는 실패나 다름없었다.」허세욱(1983), 45쪽/「'인간만사 새옹지마'라 했던가. 불행히도 아Q는 한 판 대박을 터뜨리고도 도리어 낭패를 보고 말았다」루쉰전집번역위원회(2010), 114쪽/「그러나 인간만사는 참으로 새옹지마다. 불행하게도 아Q가 한번 이긴 적이 있다. 그러나 그에게는 실패한 거나 다름없었다.」안영신(2001), 109쪽/「그러나 참으로 '인간 만사는 새옹지마'인 것인지, 아Q는 불행히도 딱 한번 이기기는 했는데 도리어 낭패를 보았다.」전형준(1996), 73쪽

32) 엄영욱(2012), 20쪽, 이철준(1991), 99쪽

의해 '돈을 잃는 일=행운=성공', '돈을 따는 일=불행=실패'이라는 작가의 풍자정신이 전달되지 못하고 있다. 이 문장의 뜻을 제일 잘 옮긴 번역문은 김욱(1988)의 경우를 들 수 있다.

> 그런데 인간지사는 새옹지마(塞翁之馬)이다. 아큐우는 **불행하게도 한 번 이겼고**, 이겼기 때문에 아무래도 실패한 것이다.34)

예문에서는 '不幸'을 강조하여 '불행하게도 한 번 이겼고'라 번역하였는데 원작의 의도를 잘 살린 번역이라 할 수 있다.

다음은 '又'라는 부사어를 누락한 경우를 살펴보자.

---

33) 「그런데 '새옹지마(塞翁之馬)'라는 말이 있듯이 아Q도 투전판에서 어쩌다가 한 번 크게 돈을 땄다가 도리어 낭패를 보게 되었다.」 노신문학회(2003), 110쪽/ 「그런데 인간사 새옹지마(塞翁之馬)라고, 아Q도 딱 한 번 노름판에서 돈을 딴 적이 있기는 했지만 결국은 다 잃고 말았다.」 북트랜스(2015), 24쪽/ 「그렇지만 '인간만사 새옹지마(塞翁之馬)'라고 하는 것처럼 아Q도 한 번 돈을 크게 딴 적이 있었는데 오히려 그것 때문에 더욱 큰 낭패를 당할 뻔했다.」 권순만(1990), 64쪽/ 「그러나 정말 '세상만사 새옹지마'라는 말처럼, 아Q도 한번 돈을 딴 적이 있다. 허나 결국은 금세 쫄딱 망한 꼴이 되고 말았다.」 신여준(2011), 129쪽/ 「하지만 인간만사 새옹지마(길흉은 꼬아진 새끼줄과 같아서 무엇이 행인지, 무엇이 불행인지 사람으로서는 알 수 없다는 뜻)다. 다행히 아큐도 딱 한 번 이긴 적이 있지만, 사실 그에게는 거의 패배나 다름없었다.」 윤수천(2007), 28쪽/ 「그런데 '인간사 새옹지마'라는 옛말이 있듯이 아Q는 투전에 한 번 이긴 것 말고는 거의 낭패를 보았다.」 장수철(2006), 31쪽/ 「그러나 '인간만사 새옹지마라고 하지 않았는가! 운이 좋게도 도박에서 아Q가 한 번 이긴 적이 있는데, 그것도 사실은 진 것이나 다름없었다.」 정석원(2004), 19쪽/ 「그러나 참으로 '인간만사 새옹지마(人間萬事塞翁之馬)'인 것일까. 아Q가 딱 한 번 노름에서 이긴 적이 있었는데, 그러나 그것은 거의 실패나 다름없었다.」 조성하(2000), 19쪽

34) 김욱(1988), 19쪽

(99)

这时候，他又觉得赵太爷高人一等了。[35]

아Q는 자오 나리에게 따귀를 맞은 뒤 '세상이 참 혼란스럽구나, 아들이 아버지를 때리다니…'라고 정신승리법으로 자신을 위로한다. 그렇게 생각하다 보니 자오 나리가 아Q의 아들이 되어버린 것이다. 그래서 아Q는 다시 자오 나리가 이제는 자기 아들이 되었으니 자신이 다른 사람보다 더 돋보인다고 생각을 한다. 여기에서 노신은 '又'라는 부사어를 사용하여 아Q의 전과 후의 생각의 차이를 분명히 밝혔다. 당연히 많은 번역에서 이에 대응되는 한국어 부사 '또'로 옮겼다. 김진욱(1992)의 번역문을 예를 들면 다음과 같다.

> 그는 **또** 조 영감이 다른 사람들보다 한층 높은 사람이라는 생각이 들었다.[36]

그 외에도 성원경(1983), 정노영(1994), 이가원(1989), 이민수(1990), 김정화(1985), 이가원(1980), 김하중(1981), 엄영욱(2012), 김태성(2011), 문현선(2018), 허세욱(1983), 루쉰전집번역위원회(2010), 윤수천(2007), 장수철(2006), 정석원(2004), 김범수(2003), 안영신(2001) 등[37] 번역문에서도 부사어 '又'를 빠뜨리지 않고 그 뜻을 살렸다.

---

35) 『鲁迅全集』(第一卷), 人民文学出版社, 1991, 494쪽

36) 김진욱(1992), 20쪽

37) 「그때 그는 또 조 영감이 다른 사람들보다 한층 높은 사람이라는 생각이 들었다.」 성원경(1983), 19쪽/「이때 그는 또 조영감이 남들보다 한 등급 고상한 인물로 여겨졌다.」 정노영(1994), 23쪽, 이가원(1989), 11쪽, 이민수(1990), 89쪽, 김정화(1985), 78쪽, 이가원(1980), 35쪽, 김하중(1981), 70쪽/

하지만 노신문학회(2003), 이욱연(2011), 조관희(2018), 김시준(2008), 이철준(1991) 등은 '又'를 누락하고 번역하였다.

> 이때 아Q는 조영감이 다른 사람들보다 더 돋보인다고 생각했다.[38)]

예문을 보면 이러한 번역문은 아Q의 전후 생각 차이를 정확히 독자들에게 전달하지 못하고 있다. 이런 번역문은 또 북트랜스(2015), 박운석(2008), 장기근·이석호(1988), 우인호(2007), 이문희(1978), 신여준(2011), 윤수천(2007), 장수철(2006), 정석원(2004), 김범수(2003), 안영신(2001), 조성하(2000), 전형준(1996), 윤화중(1994), 권순만(1990), 신여준(2011) 등[39)]에서도 보이고 있다.

「이때 그는 또 자오 영감이 다른 사람들보다 훨씬 고상한 사람으로 느껴졌다.」 엄영욱(2012), 22쪽, 김태성(2011), 114쪽/「술집에 가는 동안 자오 어른이 남들보다 좀 더 훌륭한 사람이라는 생각이 들었다.」 문현선(2018), 41쪽/「이때 그에게는 또 조 영감이 고상한 사람 같아 보이기도 했다.」 허세욱(1983), 49쪽/「그때 그는 자오 나리가 남보다 훨씬 더 고상한 사람으로 느껴졌던 것이다.」 루쉰전집번역위원회(2010), 116쪽/「이때, 아큐는 또 조 영감이 남들보다 한층 높은 사람이라는 생각을 했다.」 윤수천(2007), 31쪽/「이때 그는 또 자오영감이 다른 사람들보다 한층 높게 보였다.」 장수철(2006), 33쪽/「그는 이때야 비로소 짜오타이예가 역시 한 수 높은 훌륭한 사람이라는 것을 다시 한 번 느꼈다.」 정석원(2004), 21쪽/「그때 그는 또 조 영감이 다른 사람들보다 한층 높은 사람이라는 생각이 들었다.」 김범수(2003), 21쪽 /「이때 그는 또 조 나리가 남들보다 한결 품위 있는 인물로 생각되었다.」 안영신(2001), 110쪽

38) 「이때 아Q는 조영감이 다른 사람들보다 더 돋보인다고 생각했다.」 노신문학회(2003), 111쪽, 이욱연(2011), 28쪽, 조관희(2018), 76쪽, 김시준(2008), 127쪽, 이철준(1991), 101쪽

39) 「그때만큼은 자오 영감이 다른 사람들보다 훨씬 더 고귀한 사람이라는 생각

다음은 원문의 '仿佛'를 누락하여 전달한 의미가 완전히 달라진 경우이다.

(100)

但他既然错，为什么大家又仿佛格外尊敬他呢?[40)]

자오 나리가 아Q의 따귀를 때린 후, 사람들은 무조건 아Q가 틀렸다고 생각을 하면서도 자오 나리에게 맞았다 하여 함부로 대하지 못하는 주

이 들었다.」 북트랜스(2015), 26쪽/「이때 그는 짜오 대감이 남보다 한 등급 높다고 생각되었다.」 박운석(2008), 89쪽, 장기근·이석호(1988), 79쪽/「이때 아Q는 조 나리가 남들보다 한결 품위 있는 인물로 생각되었다.」 우인호(2007), 54쪽/「차오 대감이 누구보다도 훌륭한 人物(인물)처럼 대견스럽게 여겨지는 것이였다.」 이문희(1978), 28쪽/「이때 그는 자오 대감을 남들보다 한 등급 높은 사람으로 생각하였다.」 신여준(2011), 132쪽/「이때, 아큐는 또 조 영감이 남들보다 한층 높은 사람이라는 생각을 했다.」 윤수천(2007), 31쪽/「이때 그는 또 자오영감이 다른 사람들보다 한층 높게 보였다.」 장수철(2006), 33쪽/「그는 이때야 비로소 짜오타이예가 역시 한 수 높은 훌륭한 사람이라는 것을 다시 한 번 느꼈다.」 정석원(2004), 21쪽/「그때 그는 또 조 영감이 다른 사람들보다 한층 높은 사람이라는 생각이 들었다.」 김범수(2003), 21쪽/「이때 그는 또 조 나리가 남들보다 한결 품위 있는 인물로 생각되었다.」 안영신(2001), 110쪽/「기묘하게도 그후부터는 과연 사람들이 뭔가 특별히 존경하는 눈으로 자신을 대하는 것만 같이 느껴졌다.」 조성하(2000), 21쪽/「그때 그는 짜오 노어른은 다른 사람들보다 한층 고상한 사람이라는 느낌이 들었다.」 전형준(1996), 74쪽/「이때 그에게는 자오 나리가 남보다 한결 고상한 사람으로 생각되었다.」 윤화중(1994), 27쪽/「그때 그는 조 나리를 한층 뛰어난 사람인 것처럼 생각했다.」 권순만(1990), 65쪽/「이때 그는 자오 대감을 남들보다 한 등급 높은 사람으로 생각하였다.」 신여준(2011), 132쪽

40)『鲁迅全集』(第一卷), 人民文学出版社, 1991, 494쪽

위 사람들의 반응이다. 원래 사람들은 잘못을 하여 자오 나리에게 따귀까지 맞아야 하는 아Q를 존경할 이유는 없다. 그런데 웨이좡에서 자오 나리가 신분이 남다르니 그에게 맞은 아Q도 따라서 유명해졌으며, 또 따귀를 맞긴 했지만 자오 씨 집안과 친척 관계라는 말을 듣고 무시할 수도 없게 되었다는 것이다. 이러한 분위기를 전달하기 위하여 노신은 '마치 …인듯하다', '마치 …같다'는 뜻의 '仿佛'로 전체 소설의 분위기를 전달하려고 하였다. 이 '仿佛格外尊敬'을 박운석(2008)[41]은 아래와 같이 옮겼다.

> 그러나 그가 잘못했는데도 어째서 사람들은 그를 **각별히 존경하는 것 같은가**?

실제로 존경하는 것도 아니고 그렇다고 이전처럼 무시하는 것도 아닌 애매하게 변해버린 사람들의 태도를 제대로 표현하고 있다. 장기근·이석호(1988)[42]도 '각별히 그를 존경하는 것같이 보일까?'로 번역하여 모두 작가의 의도를 살리고자 하였다. 또 문현선(2018), 허세욱(1983), 신여준(2011), 장수철(2006), 전형준(1996), 권순만(1990) 등[43]도 비슷

---

41) 박운석(2008), 90쪽

42) 「그런데, 阿Q가 잘못했는데도 왜 모든 사람들이 각별히 그를 존경하는 것 같이 보일까?」 장기근·이석호(1988), 80쪽

43) 「그렇다면 아Q의 잘못이 확실한 상황에서 사람들은 왜 또 아Q를 각별히 존경하듯 대했을까?」 문현선(2018), 41쪽/ 「아큐가 틀렸다면, 사람들이 어째서 그를 존경하는 것 같을까?」 허세욱(1983), 49쪽/ 「그럼 그가 잘못했는데도 사람들이 왜 그를 특별히 존경하는 것처럼 대할까?」 신여준(2011), 132쪽 / 「그렇다면 아Q에게 잘못이 있는데도 어째서 모두 그를 각별히 존경하는 것만 같을까?」 장수철(2006), 33쪽/ 「그가 잘못을 했는데도 왜 사람들은 그를 각별히 존경하는 것 같을까?」 전형준(1996), 75쪽/ 「그렇다면 잘못이 아Q

한 번역문을 제시해 정확하게 번역을 하였다.

이에 비해 '仿佛'를 누락함으로써 의미를 충분히 전달하지 못하는 경우가 있다. 이욱연(2011), 노신문학회(2003), 김태성(2011), 우인호(2007), 정노영(1994), 이철준(1991), 이가원(1989), 이민수(1990), 김정화(1985), 이가원(1980), 김하중(1981) 등은 '仿佛'를 누락하여 번역하였다.

> 그런데 아Q가 잘못한 게 분명한데도 왜 다들 **그를 특별히 존경하는 것일까**?[44)]

이 예문을 보면 주위 사람들이 정말 아Q를 존경한다는 뜻이 된다. 원문은 유명한 사람에게 따귀를 맞는 일조차 특별한 일로 생각하는 중국 민중들의 무지몽매함에 대한 풍자를 담고 있다. 하지만 예문은 사람들의 이러한 심리를 표현하고자 한 저자의 의도를 살리지 못하고 있다. 또 조관희(2018)는 '왜 사람들이 그를 깍듯이 존경하는 것일까?'[45)]라고 번역을 하였고, 북트랜스(2015)는 '왜 사람들은 갑자기 그를 존경하게 되었는지 이해할 수 없었다'[46)]라고 번역하였으며, 이문희(1978), 루쉰전집번역위원회(2010), 윤수천(2007), 정석원(2004), 김범수(2003), 안영신(2001), 조성하(2000), 윤화중(1994) 등[47)]도 위와 마찬가지로 '仿佛'를

에게 있는데도 어째서 사람들은 특별히 그를 존경하기 시작한 것처럼 보이는 것일까.」 권순만(1990), 66쪽

44) 이욱연(2011), 29쪽, 노신문학회(2003), 112쪽, 김태성(2011), 114쪽, 우인호(2007), 55쪽, 정노영(1994), 23-24쪽, 이철준(1991), 101쪽, 이가원(1989), 12쪽, 이민수(1990), 90쪽, 김정화(1985), 78쪽, 이가원(1980), 36쪽, 김하중(1981), 70쪽

45) 조관희(2018), 76쪽

46) 북트랜스(2015), 27쪽

누락하여 원문의 분위기 전달에 실패하고 있다.

다음은 '要'를 누락하여 일어난 오류에 대해 살펴보기로 하자.

(101)

只一拉, 阿Q跄跄踉踉的跌进去, 立刻又被王胡扭住了辫子, 要拉到墙上照例去碰头.[48)]

아Q가 왕털보와 같이 앉아 옷에 있는 이를 잡다가 왕털보보다 이도 작고 씹으면 소리도 크지 않자 화가 나서 싸움을 거는 장면이다. 아Q는 욕설을 퍼붓다가 결국 먼저 왕털보에게 주먹을 날린다. 그러자 왕털보가 날렵하게 그의 날아오는 손을 잡고 급기야 변발까지 움켜쥐고 담장에 찧으려 한다. 원문에는 이것을 '要拉到墙上照例去碰头'으로 표현했는데 여기에서 '要'는 '…할 것이다. …하려고 한다'라는 뜻으로 행동이 아직 진행되지 않았음을 의미한다. 김하중(1981)은 이것을 아래와 같이

---

47) 「그렇다면 잘못이 있는데도 왜 사람들은 그를 각별히 존경할까?」 이문희(1978), 28쪽/ 「그렇다면 잘못이 있는데도 왜 사람들은 그를 각별히 존경할까?」 루쉰전집번역위원회(2010), 116쪽/ 「이처럼 아큐에게 잘못이 있는데 어째서 사람들은 그를 각별히 존경하는 것일까?」 윤수천(2007), 32쪽/ 「그럼 잘못을 저지른 아Q에게 다들 존경심을 표하는 이유는 무엇이란 말인가?」 정석원(2004), 22쪽/ 「그런데 아Q가 잘못을 저질렀는데도 왜 또 여러 사람들은 특별히 그를 존경하게 되었을까?」 김범수(2003), 22쪽/ 「그런데 아Q에게 잘못이 있는데도 어째서 사람들은 그를 존경하는가?」 안영신(2001), 110쪽/ 「그런데 분명 아Q가 잘못했음에도 불구하고 어째서 사람들은 그를 특별히 존경하게 되었을까?」 조성하(2000), 22쪽/ 「그러나 아큐에게 잘못이 있음에도 어째서 사람들은 각별히 그를 존경하는 것일까?」 윤화중(1994), 27쪽

48) 『鲁迅全集』(第一卷), 人民文学出版社, 1991, 496쪽

옮겼다.

> 그 주먹이 상대의 몸에 닿기도 전에 상대의 손에 잡혔다. 주먹이 잡히자마자 阿Q는 비틀비틀 끌려갔다. **그리고 곧장 왕털보가 阿Q의 변발을 휘어잡고 담에다가 머리를 처박으려 한다.**[49]

또 이철준(1991), 장수철(2006) 등은 '텁석부리왕가는 아Q를 담벽으로 끌고 가서 이전처럼 머리를 짓쪼으려 했다'[50]로, 성원경(1983), 김진욱(1992), 김범수(2003) 등은 '언제나 그렇듯이 벽에 끌려가 부딪칠 지경이 되었다'[51]라고 옮겼다. '要'의 의미를 살린 적절한 번역이라 할 수 있다.

그런데 다수의 번역에서는 모두 '要'를 누락함으로써 의미 전달에 손상이 일어나고 있다. 예를 들어 이욱연(2011), 김시준(2008), 조관희(2018) 등은 아래와 같이 옮겼다.

> 그리고 잡아채자 아큐는 비틀거렸다. 그리고는 왕털보에게 변발을 잡히고 **담장으로 끌려가서 으레 하던 대로 머리를 짓찧었다.**[52]

이렇게 되면 아래에 이어지는 문맥과 맞물리지 않게 된다. 왕 털보가 아Q의 머리를 찧으려고 할 때 아Q는 급기야 '군자는 말로 해야지 손을 쓰지 않는다'라고 소리를 지른다. 하지만 왕 털보는 군자가 아니었던지

49) 김하중(1981), 71쪽
50) 이철준(1991), 103쪽, 장수철(2006), 35쪽
51) 성원경(1983), 22쪽, 김진욱(1992), 22쪽, 김범수(2003), 24쪽
52) 「이내 왕 털보가 아Q의 변발을 움켜쥐고 담장으로 끌고 가 머리를 찧었다.」 이욱연(2011), 33쪽, 김시준(2008), 129쪽, 조관희(2018), 78쪽

아Q의 소리를 귀 등으로 흘려보내며 여러 번 담벽에 아Q의 머리를 박았던 것이다. 때문에 이 문맥에서 '要'를 누락하면 전체 의미가 다르게 전달될 수밖에 없다. 북트랜스(2015), 김태성(2011), 우인호(2007), 이가원(1989), 이가원(1980), 정노영(1994), 김정화(1985), 박운석(2008), 이민수(1990), 장기근·이석호(1988), 이문희(1978), 김욱(1988), 문현선(2018), 허세욱(1983), 신여준(2011), 루쉰전집번역위원회(2010), 윤수천(2007), 안영신(2001), 조성하(2000), 전형준(1996), 윤화중(1994), 권순만(1990) 등[53]의 번역가들도 모두 '要'를 생략하여 미래형인 문장을

---

53) 「왕 털보가 주먹을 잡고 당겼을 뿐인데도 아Q는 비실비실 끌려갔다. 급기야 왕 털보가 아Q의 변발을 움켜쥐고 담벼락에 머리를 박았다.」 북트랜스(2015), 30쪽/ 「그러고는 상대가 손을 잡아끌자 비실비실 끌려갔다. 이어서 그는 왕후에게 변발을 휘어잡힌 채 담장으로 끌려가 전처럼 머리를 부딪쳤다.」 김태성(2011), 116쪽/ 「왕털보가 잡아채는 바람에 아Q는 비틀비틀 거꾸러져 즉각 왕털보에게 머리채를 잡혀 담으로 끌려가 그전처럼 머리를 박게 되었다.」 우인호(2007), 57쪽/ 「끌어당기는 힘에 아Q는 비틀비틀 거꾸러져 즉각 왕털보에게 변발을 붙잡혀 담으로 끌려가 그전처럼 머리를 부딪치게 되었다.」 이가원(1989), 13쪽, 이가원(1980), 38쪽/ 「그가 잡아끄는 바람에 아Q는 비틀거리며 왕털보에게 변발을 잡혀 담으로 끌려갔다. 그리고 언제나처럼 머리를 부딪치게 되었다.」 정노영(1994), 27쪽/ 「왈칵 잡아채는 바람에 阿Q는 비틀거렸다. 즉각 변발을 왕털보한테 붙들려 벽으로 끌려가서 그 전처럼 머리를 찧게 되었다.」 김정화(1985), 80쪽/ 「한번 잡아채자 아Q가 비틀거리며 쓰러져 이내 왕털보에게 또 변발을 움켜잡히고, 담장 쪽으로 끌려가 전처럼 머리가 담벽에 부딪히려고 하였다.」 박운석(2008), 92쪽/ 「끄는 힘에 아Q는 비틀비틀 거꾸러져 즉각 왕 털보에게 머리채를 잡혀 담으로 끌려가 그전처럼 머리를 부딪히게 되었다.」 이민수(1990), 91쪽/ 「그가 왈칵 앞으로 잡아채자, 阿Q는 비틀비틀 쓰러질 듯 앞으로 쏠려 이내 왕털보에게 변발을 움켜잡혀, 예나 다름없이 담장에 끌려가 머리통을 부닥뜨렸다.」 장기근·이석호(1988), 81쪽/ 「그런데 그 주먹이 상대에게 채 닿기도 전에 아Q는 팔이 비틀리어 상대에게 그만 머리끄덩이를 붙잡히고 말았다. 털보는 아Q를 근처의 담장으로 끌고 가서 언제나 하듯 그의 머리통을 벽에 부딪혔

과거형으로 번역하고 있다. 누락으로 인한 오역에 속한다.

다음은 '大可'의 누락으로 인해 오류가 일어난 경우이다.

(102)

然而也偶有大可佩服的地方.[54]

다.」이문희(1978), 31쪽/「잡아끌리는 통에 아큐우는 비틀거렸고, 머리카락을 잡혀 울타리로 끌려가 여느 때처럼 마구 부딪쳐졌다.」김욱(1988), 23쪽/「왕수염이 홱 잡아당기자 아Q가 비틀거리며 쓰러졌다. 왕수염은 아Q의 변발을 붙든 채 늘 그렇듯이 벽에 아Q의 머리를 박았다.」문현선(2018), 44쪽/「왈칵 당기자, 아큐가 비틀거렸다. 금세 왕털보에게 변발을 잡혀, 담장으로 끌려가 옛날처럼 머리를 박혔다.」허세욱(1983), 55쪽/「그 손에 낚아채져서 아Q는 비틀거리며 쓰러졌다. 그리고 바로 왕 털보에게 변발을 틀어 잡힌 후 관례대로 담장으로 끌려가 몇 번 쿵쿵 머리를 박히게 되었다.」신여준(2011), 135쪽/「휙 하니 그가 잡아채자 아Q는 비틀거렸다. 그리고는 이내 왕 털보에게 변발을 낚여 늘 그래온대로 벽에 머리를 찧기고 말았다.」루쉰전집번역위원회(2010), 118쪽/「아큐는 비틀비틀 몸의 중심을 잃다가 이내 왕털보에게 변발을 잡힌 채 담벼락으로 끌려가 머리를 짓찧게 되었다.」윤수천(2007), 35쪽/「왕털보가 잡아제끼는 바람에 아Q는 비틀비틀 거꾸러져 즉각 왕털보에게 머리채를 잡혀 담으로 끌려가 그전처럼 머리를 박게 되었다.」안영신(2001), 113쪽/「그리고 그가 우악스럽게 잡아끄는 바람에 아Q는 비틀거리며 왕털보에게 변발을 움켜잡힌 채 담으로 끌려갔다. 그리고 언제나처럼 벽에 머리를 부딪히게 되었다.」조성하(2000), 24쪽/「그가 잡아당기자 아Q는 비틀비틀 끌려가 즉시 왕 털보에게 변발을 휘어잡혔고 담벼락으로 끌려가 전례대로 머리를 짓찧였다.」전형준(1996), 77쪽/「한바탕 잡아당기자 아큐는 비틀비틀 거꾸러졌고, 금방 왕털보에게 변발을 잡힌 채 담장으로 끌려가 옛날처럼 머리를 부딪치게 되었다.」윤화중(1994), 29쪽/「아Q는 비실비실 비틀거렸으며, 순식간에 수염의 왕에게 변발을 붙잡혀서 담까지 끌려갔다. 그리고 여느 때처럼 머리를 담에 부딪치게 되었다.」권순만(1990), 68쪽

54)『鲁迅全集』(第一卷), 人民文学出版社, 1991, 509쪽

아Q가 거인 나리 집에서 일을 돕지 않고 웨이좡으로 돌아온 이유를 말하면서 성안에는 못마땅한 것들이 아주 많지만 한 가지 일만은 크게 탄복할 것이 있다고 말하는 장면이다. 아Q가 거인 나리도, 성안 여자들의 걸음걸이도, 음식도 모두 못마땅하게 여겼지만 어린애들까지도 모두 마작을 할 줄 아는 것에 대해서는 크게 인정하였다. 아Q는 이들을 대하면서 성안 사람들을 내려다보는 우월한 입장에서 그 한 가지를 인정해주는 자세를 갖고 있다. 작자는 '佩服'라는 단어 앞에 '大可'라는 수식어를 써서 아Q가 용상에 앉아 공을 세운 신하를 인정해주는 황제와 같은 마음으로 성안 사람들을 대하고 있다는 점을 드러내고자 하였다.

김욱(1988), 장기근·이석호(1988), 권순만(1990), 전형준(1996), 장수철(2006), 박운석(2008), 최은정(2009), 신여준(2011), 엄영욱(2012) 등은 '대단히', '크게', '실로', '아주' 등[55] 수식어를 붙여 원문의 뜻을 잘 전달하였다. 그중 루쉰전집번역위원회(2010)도 비슷한 번역을 했다.

> 그러나 어쩌다가 **크게 탄복할 만한 점도 없진 않았다.**[56]

하지만 더 많은 번역문에서는 수식어 '大可'를 누락하여 작자의 의도

---

55) 「그렇기는 하지만 대단히 감탄할 만한 것도 없지는 않았다.」 김욱(1988), 42쪽/ 「그러나 역시 어쩌다가는 크게 감탄할 만한 구석도 있다는 것이었다.」 장기근·이석호(1988), 95쪽/ 「그렇지만 매우 탄복할 만한 점도 없지는 않았다.」 권순만(1990), 86쪽/ 「그러나 크게 감복할만한 점도 있었다.」 전형준(1996), 97쪽/ 「그러나 실로 탄복할 만한 것도 있었다.」 장수철(2006), 55쪽/ 「그러나 더러는 크게 감탄할 만한 점도 있는데…」 박운석(2008), 116쪽/ 「하지만 가끔 아주 탄복할 만한 점도 있었는데…」 최은정(2009), 85쪽/ 「그러나 또 아주 탄복할 만한 점도 있다고 했다.」 신여준(2011), 164쪽/ 「그러나 그중에는 실로 탄복할 것도 있었다.」 엄영욱(2012), 42쪽

56) 루쉰전집번역위원회(2010), 134-135쪽

를 살리지 못하고 있다. 예를 들면 이가원(1980), 정노영(1994), 조성하(2000), 안영신(2001), 윤수천(2007), 우인호(2007) 등은 다음과 같이 옮겼다.

그러나 또 더러는 **감복할만한** 점도 있었다.57)

이철준(1991), 노신문학회(2003) 등도 '大可'를 누락하여 옮겼다.

그렇지만 **탄복할만한** 것도 더러 있다고 하였다.58)

그 외에도 이문희(1978), 김하중(1981), 성원경(1983), 김정화(1985), 이가원(1989), 이민수(1990), 김진욱(1992), 윤화중(1994), 김시준(2008), 김범수(2003), 정석원(2004), 김태성(2011), 이욱연(2011), 북트랜스(2015), 허세욱(1983), 조관희(2018), 문현선(2018) 등 많은 번역문59)에서도 '大可'를 누락하고 있다. 전체 맥락으로 볼 때 문제가 없지

---

57) 「그러나 또 더러는 감복할만한 점도 있었다.」 이가원(1980), 62쪽, 정노영(1994), 46쪽, 조성하(2000), 44-45쪽, 안영신(2001), 130쪽, 윤수천(2007), 70쪽, 우인호(2007), 79쪽

58) 이철준(1991), 122쪽, 노신문학회(2003), 132쪽

59) 「하지만 성내의 사람들은 역시 알아줄만 했다. 웨이좡의 주민들과는 달리 아Q의 감탄을 살 만한 점도 있었다.」 이문희(1978), 65쪽/「그러나 때로는 감복할 점도 간혹 있었다.」 김하중(1981), 82쪽/「하지만 때론 저쪽에도 탄복할 만한 것은 있다.」 성원경(1983), 43쪽, 김진욱(1992), 44쪽, 김범수(2003), 49쪽/「그러나 또 이따금 感服할 만한 점도 없지는 않았다.」 김정화(1985), 92쪽/「그러나 더러는 감탄할만한 점도 있었다.」 이가원(1989), 25쪽, 이민수(1990), 105쪽/「그래도 더러는 탄복할 만한 것이 있었다.」 윤화중(1994), 48쪽, 김시준(2008), 150쪽/「하지만 가끔 부러운 면도 있었다고 했다.」 정석원(2004), 45쪽/「하지만 더러는 탄복할 만한 것들도 있다고 했다.」 김태성

만 아Q의 근거 없는 자존감을 표현하고자 한 작자의 뜻을 전달함에 있어서 부족하였다고 할 수 있다.

다음은 수식어 '较为'를 누락하여 아Q의 두려운 마음을 전달하는 데 실패한 경우이다.

(103)

他急急拾了几块断砖，再上去较为用力的打.[60)]

아Q는 스스로 혁명당에 투항한 후 이튿날 생각을 굴리다가 홀로 정수암으로 '혁명'을 하러 떠났다. 문 앞에 도착했을 때 정수암의 개 짓는 소리가 들려왔다. 봄에 여기에 도둑질하러 왔을 때 개에게 쫓기던 일이 생각나 급히 벽돌 조각을 집어 들고 다시 용기를 내어 문을 두드리는 장면이다. 노신은 옛날 기억 때문에 무서워서 너무 무리하게 두드리지 못하고 좀 더 힘을 주어 두드려보는 아Q의 동작을 '较为用力'라는 수식어로 생동하게 표현하였다. 한국어로는 '좀 더 세게', '좀 더 힘껏' 정도로 번역을 해야 한다.

> 그는 재빨리 벽돌 조각을 몇 개 집어 들고 다시 문으로 다가가서 이번에는 **좀 더 힘들여** 두드렸다.[61)]

(2011), 137쪽/「그렇지만 경탄해 마지않을 것도 있으니…」 이욱연(2011), 67쪽/「하지만 성내 사람들에게도 감탄할 만한 점이 있었는데…」 북트랜스(2015), 59쪽/「그래도 꽤 탄복할 만한 것은 있다는 것이다.」 허세욱(1983), 99쪽/「그런데 더러 탄복할 만한 점도 없지 않은데…」 조관희(2018), 100쪽/「하지만 감탄스러운 부분도 있다고 했다.」 문현선(2018), 67쪽

60) 『鲁迅全集』(第一卷), 人民文学出版社, 1991, 516쪽

번역문을 보면 성원경(1983), 김진욱(1992), 김범수(2003) 등은 '较为用力'를 '좀 더 힘들여'라고 옮겨 그 의미를 정확히 옮겼다. 그밖에 장기근·이석호(1988), 이철준(1991), 노신문학회(2003), 전형준(1996), 조성하(2000), 장수철(2006), 박운석(2008), 최은정(2009), 신여준(2011), 엄영욱(2012) 등에서도 '한층 더 세차게', '좀 더 힘껏', '한층 더 힘 있게', '좀 더 힘을 주어' 등62)으로 비슷한 번역 양상을 보이고 있다. 모두 아Q의 심리를 잘 전달한 번역문이라 하겠다. 반면에 이가원(1980)은 '较为'를 누락하였다.

> 그는 급히 벽돌 쪼각을 몇 개 집어 들고 다시 가서 이번에는 **힘을 들여** 두드렸다.63)

---

61) 「그는 재빨리 벽돌 조각을 몇 개 집어 들고 다시 문으로 다가가서 이번에는 좀 더 힘들여 두드렸다.」 성원경(1983), 54쪽, 김진욱(1992), 55쪽, 김범수(2003), 62쪽

62) 「그는 다급히 벽돌조각을 여러 개 집어 들고, 다시 다가가 한층 더 세차게 두드렸다.」 장기근·이석호(1988), 103쪽/ 「그는 얼른 벽돌 조각을 몇 개 주어가지고 다시 문에 다가가서 좀 더 힘주어 두드렸다.」 이철준(1991), 131쪽, 노신문학회(2003), 142쪽/ 「그는 급히 벽돌 조각을 몇 개 집어 들고서 다시 좀 더 힘껏 두드렸다.」 전형준(1996), 108쪽/ 「그는 급히 벽돌 조각을 몇 개 집어 들고 다시 가서 이번에는 한층 더 힘 있게 두드렸다.」 조성하(2000), 56쪽/ 「그는 얼른 벽돌 조각을 몇 개 집어 들고는 좀 더 힘을 주어 문을 두드렸다.」 장수철(2006), 66쪽/ 「그는 급히 벽돌 조각을 몇 개 주워들고 다시 다가가 좀 더 세차게 두드렸는데…」 박운석(2008), 129쪽/ 「그는 황급히 벽돌 몇 조각을 주워 들고는 다시 가서 좀 더 힘껏 두드렸다.」 최은정(2009), 95쪽/ 「그는 서둘러 벽돌 조각 몇 개를 주워들고 다시 다가가서 좀 세게 대문을 두드렸다.」 신여준(2011), 179-180쪽/ 「그는 얼른 벽돌 조각을 몇 개 주워가지고 다시 문 앞에 다가가서 좀 더 힘을 주어 두드렸다.」 엄영욱(2012), 52-53쪽

63) 「그는 급히 벽돌 쪼각을 몇 개 집어 들고 다시 가서 이번에는 힘을 들여

김정화(1985)도 '그는 황급히 벽돌 조각을 주워들었다. 그리고는 다시 한 번 힘껏 두드렸다'64)로 옮겼다. 모두 수식어 '较为'를 누락하고 번역한 예문이다. 이렇게 번역하면 옛날에 당한 봉변 때문에 조심하는 아Q의 심리상태를 전달할 수 없으므로 원문의 뜻에 손상이 일어나게 된다. 이런 번역은 또 이문희(1978), 이가원(1989), 이민수(1990), 권순만(1990), 윤화중(1994), 정노영(1994), 안영신(2001), 정석원(2004), 윤수천(2007), 우인호(2007), 김시준(2008), 루쉰전집번역위원회(2010), 김태성(2011), 허세욱(1983), 조관희(2018), 문현선(2018) 등65) 많은 번역

두드렸다.」이가원(1980), 76쪽

64) 「그는 황급히 벽돌 조각을 주워들었다. 그리고는 다시 한 번 힘껏 두드렸다.」 김정화(1985), 99쪽

65) 「아Q는 움찔 놀라 벽돌 조각을 집어 들었다. 그리고 다시 한 번 힘을 주어 문을 두드렸다.」 이문희(1978), 82쪽/ 「그는 급히 벽돌 조각을 몇 개 집어 들고 다시 가서 이번에는 힘껏 두드렸다.」 이가원(1989), 31쪽, 이민수(1990), 113-114쪽/ 「그는 황급히 기와 조각을 몇 개 줍고, 한 번 더 전보다도 힘을 주어서 두드렸다.」 권순만(1990), 96쪽/ 「그는 황급히 벽돌 조각을 몇 개 집어 들었다. 다시 힘껏 두드렸다.」 윤화중(1994), 57쪽/ 「그는 급히 벽돌 조각을 몇 개 집어 들고 다시 가서 이번에는 힘 있게 두드렸다.」 정노영(1994), 57쪽/ 「그는 재빨리 벽돌 조각을 몇 개 집어 들고는 힘들여 문을 두드렸다.」 안영신(2001), 140쪽/ 「얼른 깨진 벽돌을 주워서 힘껏 두드렸다.」 정석원(2004), 57쪽/ 「아큐는 재빨리 벽돌 조각을 몇 개 집어 들고 이번에는 힘껏 문을 두드렸다.」 윤수천(2007), 88쪽/ 「그는 급히 벽돌 조각을 몇 개 집어 들고 힘들여 문을 두드렸다.」 우인호(2007), 91쪽/ 「그는 얼른 기와 조각 몇 개를 주워들었다. 그리고 다시 한번 힘차게 문을 두드렸다.」 김시준(2008), 162쪽/ 「그는 얼른 벽돌 조각을 주워들고는 다시 한번 힘차게 문을 두드렸다.」 루쉰전집번역위원회(2010), 144쪽/ 「그는 얼른 기와 조각 몇 개를 주어 들었다. 그리고 다시 한번 세게 문을 두드렸다.」 김태성(2011), 149쪽/ 「얼른 벽돌 조각을 몇 개 집어 들었다. 다시 힘껏 두드렸다.」 허세욱(1983), 123쪽/ 「그는 급히 벽돌 조각을 집어 들었다. 그러고는 다시 한번 힘껏 문을 두드렸다.」 조관희(2018), 113쪽/ 「얼른 부서진 벽돌 몇 개를 주워

문에서도 나타나고 있다. 모두 전체 문맥상으로는 문제가 없지만 노신이 표현하려는 아Q의 비루한 형상을 전달하는 데 문제가 있으므로 더 세심하게 번역할 필요가 있다고 생각한다.

들고 문을 다시 힘껏 두드렸다.」 문현선(2018), 80쪽

VII. 불완전번역과 과잉번역

번역에서 의역은 피할 수 없는 번역방법 중의 하나이다. 하지만 원문에 충실해야 한다는 것은 번역의 기본원칙이기 때문에 번역 과정에서 설사 의역을 하더라도 원문에 담겨진 정보만 옮겨와야지 그 의미를 과잉 번역하거나 축소하여 번역하는 것은 모두 바람직한 방법이 아니다. 원문의 의미를 번역문에 전달함에 있어서 문장의 흐름을 잃지 않는 선에서 어느 정도의 첨가나 축소는 불가피하지만 그 적절한 선을 지킬 필요가 있다. 그러니까 이런 지나친 의역이나 축소, 혹은 과잉된 번역은 문장의 흐름을 잃게 하고, 원문에서 전달하려는 의미를 상실하게 할 수 있다. 대체로 과잉번역은 번역자의 상상력이나 개인감정이 지나치게 개입되는 경우에 발생하고, 불완전번역은 문화적 지식의 부족으로 인해 발생하는 경우가 많은 것으로 보인다. 「아Q정전」의 번역에서도 이러한 문제들이 적잖이 나타나고 있는데 번역문에서 나타난 불완전번역, 과잉번역, 축소번역의 사례들을 살펴보기로 하자.

다음은 '国粹'라는 단어를 불완전하게 번역하여 일어난 오류이다.

(104)

但据结论说，是因为陈独秀办了《新青年》提倡洋字，所以国粹沦

亡，无可查考了.[1)]

아Q의 이름이 무엇인지에 대해 작중 서사자인 '나'가 자오 수재에게 질문을 하자 신청년 운동으로 국가의 정수가 쇠망하여 그 한자 이름을 알 길이 없다고 대답하는 장면이다. 여기에서 '国粹'라는 단어가 문제가 된다. 국수는 한국어 사전에 '한 나라나 민족이 지닌 고유한 정신적·물질적인 장점'이라고 설명되어 있다. 사전적 의미에 의하면 그대로 옮겨도 문제가 없는 단어이다. 다만 그것이 한국인에게 널리 통용되거나 쉽게 이해되는 단어가 아니라는 점은 분명하다.

이 점을 고려하여 김시준(2008) 등 대부분의 번역자[2)]들은 '국수(国粹)'와 같이 한자를 병기하여 그 의미 전달의 정확성을 높이고자 하였다. 그중 조성하(1996)의 번역은 다음과 같다.

> 다만 결론에 따르면, 천뚜슈(陳獨秀)가 『신청년(新靑年)』을 만들어 서양 글자를 제창한 탓에 **국수(國粹)가 멸망해버려** 조사할 길이 없다는 것이었다.[3)]

그러나 이렇게 한자를 병기했다 하여 한국의 독자들이 그 의미를 쉽게 이해할 수 있는 것은 아니다. 그러므로 '国粹'를 '국수(國粹)'로 옮기는 것은 오역은 아니지만 만족스러운 번역이라 할 수는 없다. 더구

---

1) 『鲁迅全集』(第一卷), 人民文学出版社, 1991, 489쪽

2) 김시준(2008), 118쪽, 윤화중(1994), 19쪽, 박운석(2008), 79-80쪽, 이가원(1980), 26쪽, 이가원(1989), 5쪽, 김진욱(1992), 10쪽, 우인호(2007), 45쪽, 이민수(1990), 84쪽, 허세욱(1983), 27-28쪽, 김하중(1981), 65쪽, 성원경(1983), 8쪽, 권순만(1990), 57-58쪽, 안영신(2001), 103쪽 등이 이 경우에 속한다.

3) 조성하(1996), 66쪽

나 한국어의 맥락에서 '国粹'는 자기의 것만 고집하고 외국의 것을 배척하는 부정적 의미로 쓰이는 단어이다.

이에 비해 중국의 근대화 운동에서 이 단어는 긍정적인 의미로 사용된 경우가 대부분이었다. 그래서 그 뜻을 이해되는 단어로 옮기는 번역 시도들이 있게 되는데, 조관희(2018)는 아래와 같이 번역하였다.

> 그의 결론으로는, 천두슈陳獨秀가 《신청년》 잡지를 창간하고 서양문자를 제창했던 까닭에 **나라의 정수가 쇠망해** 조사할 수 없게 되었다는 것이다.[4]

그 외 조성하(2000), 정노영(1994) 등은 '민족 고유의 정신'[5], 김태성(2011)은 '나라의 순수성'[6]으로 번역했다. 또한 장수철(2006)은 아예 '고유한 정신적·물질적 장점'과 같이 사전의 의미 풀이를 그대로 가져다 쓰고 있다. 번역의 경제성을 고려하면 문제가 없지 않으나 뜻을 바르게 전달하기 위한 노력이 읽혀진다. 루쉰전집번역위원회(2010), 신여준(2011) 등의 경우, '국혼'[7]으로 번역하였고, 이욱연(2011)과 북트랜스

---

4) 조관희(2018), 67쪽

5) 「다만 그는 진독수(陳獨秀)가 잡지 『신청년(新靑年)』을 발행하고 서양 문자를 제창했던 까닭에 민족 고유의 정신이 파괴되었으므로 조사할 수가 없다고 결론 내릴 뿐이었다.」 조성하(2000), 13쪽/ 「그의 결론에 의하면 진독수(陳獨秀)가 잡지 《신청년(新靑年)》을 발행하고 서양 문자를 제창했던 까닭에 민족 고유의 정신이 파괴되었으므로 조사할 수가 없다는 것이었다.」 정노영(1994), 15쪽

6) 「그의 결론에 따르면 천두슈가 『신청년』을 발간하면서 서양 글을 제창한 탓에 나라의 순수성이 사라지고 고증이 어렵게 되었다는 것이다.」 김태성(2011), 104쪽

7) 신여준(2011), 120쪽, 루쉰전집번역위원회(2010), 109쪽

(2015), 문현선(2018) 등은 '전통문화'[8]로 번역했는데 뜻을 효과적으로 전달하면서 한국어에 잘 어울리는 번역어를 택했다는 점에서 높이 평가될 만하다.

다음은 중국의 평범한 이 사람, 저 사람을 가리키는 이름인 '阿七, 阿八', '李四, 张三'에 대한 번역에서 나타난 불완전번역의 경우이다.

(105)

未庄通例, 倘如阿七打阿八, 或者李四打张三, 向来本不算口碑.[9]

예문에서 말하려고 한 '阿七打阿八', '李四打张三'은 구체적으로 웨이좡의 누구를 예로 들려고 한 것이 아니라 아주 평범하고 이름 없는 대다수의 사람들이라는 것을 강조하기 위한 것이다. 중국에서 '阿七', '阿八', '张三', '李四'가 가리키는 것은 특정한 이름을 따로 제시할 필요가 없는 평범한 이 사람, 저 사람을 가리킨다. 만약 인격적 신분을 갖는다면 '赵太爷'와 같이 성과 신분을 밝히거나 성과 이름을 모두 밝히는 방식을 취했을 것이다. 그러나 노신이 보기에 중국의 많은 이들은 모두 아Q처럼 인격적 존재가 아니라 여러 다수 중의 하나로서 굳이 이름으로 구분될 필요가 없는 삶을 살고 있었다. 그래서 누구나 다 불릴 수 있는 흔한 이름을 선택한 것이다. 한국에서는 이것을 '아무개', '김서방', '이서방' 등으로 표현하는 것이 관례이다. 전체적으로 볼 때 '阿七', '阿八'는 '이집 남자', '저집 남자' 혹은 '김서방', '이서방' 정도의 뜻으로 이해

---

8) 이욱연(2011), 15쪽, 북트랜스(2015), 14쪽, 문현선(2018), 31쪽

9) 『鲁迅全集』(第一卷), 人民文学出版社, 1991, 494쪽

될 필요가 있고, '张三', '李四'는 '장아무개', '이아무개' 정도로 번역되면 적절할 것이다. 조관희(2018)는 노신의 이런 점을 충분히 고려하여 아래와 같이 옮겼다.

> 웨이좡의 통례로는 **아무개가 아무개를 때리고, 평범한 사람들끼리 치고 박고 싸우는** 일쯤은 본래 사건 축에도 끼지 못했다.[10)]

'阿七', '阿八', '张三', '李四' 등 이름 없는 불특정 보통사람을 가리키는 관용어를 사용한 노신의 의도를 잘 반영하고 있다고 할 수 있다.

또 문현선(2018)은 '일반적으로 웨이좡에서는 누가 누구를 때렸다거나 아무개가 아무개를 때렸다는 식의 일은 입에 오르내리지도 않았다'[11)]로, 신여준(2011)은 '웨이좡 마을의 관례에 의하면 어중이가 떠중이를 팬다든가 갑돌이가 순돌이를 패는 건 무슨 대수로 여겨지지도 않았다'[12)]로, 루쉰전집번역위원회(2010)는 '웨이좡에선 칠성이가 용팔이를 쥐어박았다거나 삼돌이가 삼식이를 주워 팬 정도는 무슨 일축에도 끼지 못했다'[13)]로, 윤화중(1994)은 '웨이좡의 통례로는, 어중이가 떠중이를 때리거나 혹은 쇠똥이가 개똥이를 때린다 해도 그런 것은 사건으로 치지 않았다'[14)]로 옮겼다. 위의 번역문에서는 '어중이, 떠중이', '갑돌이, 순돌이', '쇠똥이, 개똥이' 등 한국 민간에서 평범한 사람을 가리키는 여러 가지 이름들을 사용하여 원문을 적절하게 번역하였다. 그런데 윤

---

10) 조관희(2018), 76쪽
11) 문현선(2018), 41쪽
12) 신여준(2011), 132쪽
13) 루쉰전집번역위원회(2010), 116쪽
14) 윤화중(1994), 27쪽

수천(2007)은 다음과 같이 번역했다.

> 미장에서는 보통 아칠이 아팔을 때렸다든가, 이사가 장삼을 때렸다든가 하는 것은 본시 큰 이야깃거리가 되지 않았다(아칠, 아팔, 이사, 장삼은 모두 흔히 볼 수 있는 사람이라는 뜻).[15]

윤수천은 '阿七', '阿八', '张三', '李四' 등을 그대로 한국어 발음으로 음역하면서 협주의 방식으로 평범한 사람들을 나타내는 이름이라는 뜻을 표현하였다. 김태성(2011), 박운석(2008) 등[16]도 같은 방식으로 그 이름들이 갖은 특별한 의미를 독자들에게 전달하고자 하였다. 이에 비해 엄영욱(2012)은 다음과 같이 번역하였다.

> 웨이좡의 통례로는 아치(阿七)나 아빠(阿八)를 때리거나 이아무개가 장아무개를 때리는 이런 것들은 별로 문제가 되지 않는다.[17]

예문에서 '张三', '李四'의 중국 관용어를 '이아무개', '장아무개'의 한국 관용어로 번역하여 적절한 대응이 이루어지게 한 점은 앞에서 살펴본 번역의 예들과 궤를 같이한다. 다만 보통 사람을 가리키는 또 다른 관용어인 '阿七', '阿八'를 '아치(阿七)나 아빠(阿八)'로 번역하여 독자들

---

15) 윤수천(2007), 32쪽

16) 「웨이좡에서는 아치(阿七)가 아빠(阿八)를 때렸다든가 혹은 리쓰(李四)가 장싼(張三)을 때렸다든가 하는 일은 아예 사건으로 치지도 않는다.」 김태성(2011), 114쪽/「웨이쫭의 통례로 설사 아치阿七가 아빠阿八를 때렸다든가 리쓰李四가 짱싼張三을 때린 것은 이제까지 문제가 되지 않았으며…」 박운석(2008), 89쪽

17) 엄영욱(2012), 22쪽

이 그것을 어떤 구체적 사람의 이름이나 별명으로 이해할 수 있도록 했다는 점에서 문제가 없지 않다. 그 외 이욱연(2011), 북트랜스(2015)는 중국어 발음으로 번역하였다.

> 웨이좡 마을에서는 **아치(阿七)나 아빠(阿八)를 때렸거나 장싼**(张三)**이 리쓰(李四)를 때렸다거나** 하는 일은 원래가 사건이랄 것이 없었고...[18)]

장수철(2006), 정석원(2004), 전형준(1996) 등[19)]도 이와 같은 번역을 하였다. 중국어의 언어관습을 모르는 독자들이 이것을 개인의 이름으로 이해할 위험성이 있다. 김욱(1988), 이가원(1980), 김하중(1981), 김시준(2008), 이문희(1978) 등[20)]도 비슷한 번역을 하고 있다.

---

18) 이욱연(2011), 28쪽, 북트랜스(2015), 27쪽

19) 「웨이주앙의 관례로 보면 아치阿七가 아바阿八를 때리거나 이 아무개가 장 아무개를 때리건 그런 것은 본래 별 문젯거리가 되지 않는다.」 장수철(2006), 33쪽/「평소 웨이짱 지방의 통례에 따르면 아치(阿七)가 아빠(阿八)를 때렸다거나 아니면 리쓰(李四)가 짱싼(張三)을 때렸다고 하는 것은 그다지 중요한 사건이 못 되었다.」 정석원(2004), 22쪽/「웨이주앙의 통례로는, 아치(阿七)가 아빠(阿八)를 때렸다거나 리쓰(李四)가 짱싼(張三)을 때렸다고 한다면 본래 무슨 사건이라 할 수 없었다.」 전형준(1996), 74

20) 미장(未莊)에서는 통상 아찌이(阿七)가 아빠아(阿八)(흔해빠진 인간의 이름)를 때렸다든가, 리이쓰(李四)가 쟝산(張三)을 때렸다하는 것은 하나도 신기할 것이 없다.」 김욱(1988), 21쪽/「웨이쯔왕의 통례로는 아—치(阿七)가 아—빠(阿八)를 때렸던가 리—쓰(李四)가 짱—싼(張三)을 때렸다 하는 것은 종래 별로 문제가 되지 않았으며…」 이가원(1980), 35-36쪽/「웨이좡에선 흔히 아치(阿七)가 아빠(阿八)를 때렸다든가 리쓰(李四)가 짱싼(張三)을 때렸다는 것이 하나의 사건이 될 수가 없는 것이었다.」 김하중(1981), 70쪽/「미장의 통례로는 아치(阿七)나 아빠(阿八)를 때렸다든가, 혹은 리쓰(李四)가 장싼(張三)을 때렸다든가 하는 것은 본시 사건으로 치지도 않는다.」 김

또 한국어 발음으로 번역한 경우도 많이 보인다. 예를 들면 우인호(2007), 정노영(1994), 이가원(1989), 이민수(1990), 장기근·이석호(1988) 등[21]은 아래와 같이 옮겼다.

미장의 통례로는 **아칠(阿七)이 아팔(阿八)을 때렸다든가, 이사(李四)가 장삼(張三)을 때렸다든가** 하는 것은 아무런 문제가 되지 않았다.

또 노신문학회, 이철준(1991), 성원경(1983), 김진욱(1992), 허세욱(1983), 김범수(2003), 안영신(2001), 조성하(2000) 등[22]도 이와 유사한

시준(2008), 127쪽/「평소 웨이추앙에서는 아치(阿七)가 아파(阿八)를 때렸다든지 리스(李四)가 장산(張三)을 때렸다든지 하는 일은 결코 드문 일이 아니어서 그런 일이 특히 사람들의 관심을 끄는 일은 별로 없었다.」 이문희(1978), 28쪽

21) 우인호(2007), 54쪽, 장기근·이석호(1988), 79-80쪽, 정노영(1994), 23쪽, 이가원(1989), 11쪽, 이민수(1990), 90쪽

22) 「미장에서는 아칠(阿七)이 아팔(阿八)을 때렸다거나 이사(李四)가 장삼(張三)을 때렸다거나 하는 일들은 흔히 있는 일이어서 별로 사람들의 입에 오르지도 못했다.」 노신문학회(2003), 112쪽/「미장에서는 아칠이가 아팔이를 때렸다거나 리사가 장삼을 때렸다거나 하는 일들은 흔히 있는 일이여서 별로 사람들의 입에 오르지도 않았다.」 이철준(1991), 100쪽/「미장의 관례(慣例)로서 아칠(阿七)이 아팔(阿八)을 때렸다거나, 이사(李四)가 장삼(張三)을 때렸다거나 하는 일은 종래 별로 문제가 되지 않았다.」 성원경(1983), 20쪽, 김진욱(1992), 20쪽/「미장에서는 보통 아칠(阿七)이 아팔(阿八)을 때리거나, 이사(李四)가 장심(張三)을 때려도 사건으로 치지 않았다.」 허세욱(1983), 49쪽/「미장의 관례로서 아칠이 아팔을 때렸다거나, 이사가 장삼을 때렸거나 하는 일은 종래 별로 문제가 되지 않았다.」 김범수(2003), 22쪽/「미장의 통례로는 아칠(阿七)이 아팔(阿八)을 때렸다든가, 이사(李四)가 장삼(張三)을 때렸다 하는 것은 아무런 문제가 되지 않았다.」 안영신(2001), 111쪽/「미장의 관례상, 아칠(阿七)이 아팔(阿八)을 때렸다든가 이사(李四)가 장삼(張三)을 때렸다든가 하는 것은 본래 별문제가 되지 않았다.」 조성

번역문을 제시하고 있다. 중국어 발음으로 번역하였든, 한국어 발음으로 번역을 하였든, 모두 이름을 특정할 수 없는 보통 사람을 가리키는 원문의 뜻을 제대로 전달하지 못하고 있다. '아치(阿七), 아빠(阿八)', '아칠(阿七), 아팔(阿八)' 혹은 '장싼(張三), 리쓰(李四)', '이사(李四), 장삼(張三)'이란 번역을 보면 한국 독자들은 개인의 이름으로 이해할 수밖에 없다. 그러므로 모두 언어적 관습과 문화적 차이를 반영하지 못한 불완전한 번역에 속한다.

다음은 '中兴史'라는 풍자의 의미가 담긴 단어를 옮기면서 나타난 부적절한 사례이다.

(106)[23]

人人都愿意知道现钱和新夹袄的阿Q的中兴史.[24]

'中兴史'는 아Q라는 빈민에게 正传을 지어주겠다는 작가의 풍자적 의도가 담긴 언어이다. 그러므로 汉高祖나 韩信과 같은 역사적 인물을 묘사하는 이 표현법을 살릴 필요가 있다. 특히 역사라는 말을 빼서는 곤란한 번역이 될 것으로 보인다. 엄영욱(2012)은 '中兴史'를 다음과 같이 옮겼다.

> 그렇게 돈을 벌게 되고 새 겹저고리를 입게 된 아Q의 **중흥사(中興史)**를 사람들은 모두 알고 싶어 했다.[25]

하(2000), 21쪽

23) 인용문(3)과 동일함

24) 『鲁迅全集』(第一卷), 人民文学出版社, 1991, 508쪽

이가원(1980), 성원경(1983), 김욱(1988), 장기근·이석호(1988), 이가원(1989), 이민수(1990), 김진욱(1992), 윤화중(1994), 정노영(1994), 전형준(1996), 안영신(2001), 정석원(2004), 장수철(2006), 우인호(2007), 박운석(2008), 김시준(2008), 허세욱(1983), 조관희(2018) 등[26]을 비롯한 많은 번역가들도 이 점을 고려하여 중흥사(中興史)라는 말을 그대로

---

25) 엄영욱(2012), 41-42쪽

26) 「사람들은 모두 현금과 새 겹옷의 阿Q의 중흥사(中興史)를 알고 싶어 했다.」 이가원(1980), 61쪽/ 「사람들은 모두 현금과 새 겹옷을 지닌 아Q의 중흥사(中與史)를 알고 싶어 했다.」 김진욱(1992), 43, 성원경(1983), 42쪽/ 「사람들은 현금과 새 옷의 아큐우의 중흥사(中興史)를 알고 싶어했다.」 김욱(1988), 41쪽/ 「사람들은 모두 현금과 새 겹옷의 阿Q 중흥사(中興史)를 알고 싶어했다.」 장기근·이석호(1988), 95쪽/ 「사람들은 모두 현금을 갖고 새 겹옷을 입은 아Q의 중흥사(中興史)를 알고 싶어했다.」 이가원(1989), 25쪽/ 「사람들은 새 겹옷을 입고 현금을 지닌 아Q의 중흥사(中興史)를 알고 싶어 했다.」이민수(1990), 105쪽/ 「사람마다 모두들, 많은 현금을 갖고 있고 또 새 옷을 입은 아큐의 중흥사(中興史)를 알기를 원했다.」 윤화중(1994), 47쪽/ 「사람들은 모두 현금을 갖고 새 겹옷을 입은 아Q의 중흥사(中興史)를 알고 싶어했다.」 정노영(1994), 45쪽/ 「사람들은 모두들 현금과 새 겹저고리의 아Q의 중흥사(中興史)를 알고 싶어했다.」 전형준(1996), 96쪽/ 「사람들은 모두 현금을 갖고 새 옷을 입은 아Q의 중흥사(中興史)에 궁금해했다.」 안영신(2001), 130쪽/ 「다들 아Q가 어디서 그렇게 많은 돈이 생겼는지, 또 그의 중흥사(中興史)에 관한 신비를 알고 싶어 했다.」 정석원(2004), 44-45쪽/ 「사람들은 아Q가 그렇게 돈을 만지고 새 겹저고리를 입게 된 중흥사中興史를 알고 싶어 했다.」 장수철(2006), 53-54쪽/ 「사람들은 모두 현금을 두둑이 갖고 새 옷까지 입은 아Q의 중흥사(中興史)를 알고 싶어했다.」 우인호(2007), 78쪽/ 「사람마다 현금과 새 겹옷을 입은 아Q의 중흥사中興史를 알고 싶어서…」 박운석(2008), 115쪽/ 「사람들은 모두가 현금과 새 겹옷을 갖게 된 아큐의 중흥사(中興史)를 알고 싶어 했고…」 김시준(2008), 149쪽/ 「사람마다 현금을 가지고 또 새 옷을 입고 있는 아큐의 중흥사(中興史)를 알고 싶어했다.」 허세욱(1983), 97쪽/ 「사람들은 현금과 새 겹옷을 입은 아큐의 중흥사中興史를 알고 싶어 했다.」 조관희(2018), 99쪽

썼다. 한문을 병용하여 그 뜻을 전달하고자 하였지만 '중흥사'라는 말의 뜻이 한국어 환경에서 제대로 전달될 것 같지는 않다. 더욱이 김하중(1981)은 직접 '中興史'로, 또 김범수(2003), 최은정(2009), 김태성(2011), 신여준(2011) 등[27]은 한문도 없이 직접 '중흥사'로 옮겼는데, 이런 번역은 정확한 뜻 전달이 더 어려울 것 같다. 그래서 권순만(1990)은 이것을 아래와 같이 옮겼다.

> 사람들은 모두 현금을 모으고 새 겹옷을 입은 아Q의 **중흥(中興)의 역사**를 알고 싶어했다.[28]

윤수천(2007)도 '중흥(쇠퇴하다 다시 일어남)의 역사'[29]로 번역하였다. 여러 가능한 번역 중 여러모로 가장 합당해 보인다.

이에 비해 전체 맥락을 고려하여 '성공담' 혹은 '성공했는지', '일어섰는지', '잘나가게 된 경위' 등[30]으로 의역을 한 경우가 자주 보인다. 루쉰

---

27) 「사람들은 현금과 새 옷을 입은 阿Q의 中興史를 알고자 했다.」 김하중(1981), 82쪽/ 「사람들은 모두 현금과 새 겹옷을 지닌 아Q의 중흥사를 알고 싶어 했다.」 김범수(2003), 48쪽/ 「사람들은 다들 현금을 지니고 새 겹저고리를 입은 아Q의 중흥사를 알고 싶어 했다.」 최은정(2009), 85쪽/ 「사람들마다 적지 않은 현금과 새 겹옷을 갖게 된 아Q의 중흥사를 알고 싶어했다.」 김태성(2011), 136쪽/ 「사람들은 모두 두둑한 현금에 새 옷을 입은 아Q의 중흥사를 알고 싶어 했다.」 신여준(2011), 163쪽

28) 권순만(1990), 85쪽

29) 「사람들은 모두 은화와 동전을 잔뜩 지니고 새 겹옷을 입고 나타난 아큐의 중흥(쇠퇴하다 다시 일어남)의 역사를 알고 싶어 했다.」 윤수천(2007), 69

30) 「사람들은 현찰과 진솔 겹옷을 갖춘 阿Q가 어떻게 성공하였는가를 알고 싶어 하였다.」 김정화(1985), 92쪽/ 「사람들은 저마다 아Q가 다시 흥하여 돈을 벌고 새 겹저고리를 입게 된 사정을 알고 싶어 하였다.」 이철준(1991), 121쪽/ 「사람들은 모두 현금을 갖고 새 겹옷을 입은 아Q의 성공담을 궁금해

전집번역위원회(2010)의 경우는 다음과 같다.

> 사람들은 현찰과 번듯한 옷을 걸친 아Q가 어떻게 성공했는지를 알고 싶어 했다.[31]

문장의 뜻을 전달하는 데 있어서 효과적인 번역임에는 틀림없다. 다만 이것이 노신의 풍자 의도를 전혀 전달하지 못한다는 점에서 적절한 번역인지에 대해서는 다시 고려해볼 필요가 있다.

다음은 '麻将'이란 단어에 대한 불완전번역의 경우이다.

(107)

只有假洋鬼子能够叉"麻酱", 城里却连小乌龟子都叉得精熟的.[32]

아Q가 성에 가서 거인나리 집에서 일을 하다가 돌아온 다음, 웨이좡 사람들에게 성안에서는 아이들까지도 麻将이란 놀음을 잘한다는 것을 말하는 장면이다. 노신은 아Q가 麻将을 발음만 듣고 참깨장으로 잘못

했다.」 조성하(2000), 44쪽/「사람들은 저마다 아Q가 다시 흥하여 돈을 벌고 새 겹저고리를 입게 된 사정을 알고 싶어 했다.」 노신문학회(2003), 131쪽/「사람들은 저마다 현금과 새 저고리와 함께 나타난 아Q가 잘나가게 된 경위를 궁금해했고…」 이욱연(2011), 66쪽/「사람들 모두 새 옷차림으로 현금을 두둑이 들고 돌아온 아Q가 어떻게 해서 일어서게 되었는지 궁금해 했다.」 북트랜스(2015), 58쪽/「모두들 현금과 새 옷으로 대변되는 아Q의 성공담이 궁금해…」 문현선(2018), 66쪽

31) 루쉰전집번역위원회(2010), 134쪽

32)『鲁迅全集』(第一卷), 人民文学出版社, 1991, 509쪽

이해하고 있다는 점을 강조하기 위해 '麻酱'에 따옴표를 붙여 강조하였다. 아Q는 자신의 유식함에 근거하여 우월감을 표현하려 하였으나 그런 우월감이 근거없는 무식함에서 비롯되고 있다는 것을 표현하기 위한 장치이다. 그러니까 작가의 뜻은 아Q가 '麻将'을 '麻酱', 즉 참깨장으로 잘못 알고 있는 입장에서 다른 이들을 무시하고 있다는 점을 드러내는 데 있다. 그러므로 이것을 단순하게 '마작'으로 번역해서는 안 된다. 다만 한국 독자들은 중국에 '마작'이라는 놀이법이 있다는 것을 알고는 있지만 그것을 '麻将'이라 한다는 것, '麻将'과 '麻酱'이 쌍성첩운의 관계에 있다는 점을 이해할 수 없다는 사실을 고려할 필요가 있다. 그러면 별수 없이 역주를 추가하는 방법을 택할 수밖에 없다. 이러한 고민을 한 번역으로 김하중(1981)의 경우를 들 수 있다.

> 가짜 양놈만이 **마장(麻醬: 麻雀와 同音으로서 참깨된장이라는 뜻이다.)**을 할 수 있으나, 성내에서는 애놈들이라도 그런 것은 환히 알고 있다.[33]

협주를 사용하여 그것이 중국어로는 참깨장으로도 들린다는 점을 설명하고 있다. 다만 그것이 '麻雀'와 同音인 것은 아니다. 중국인들이 '麻雀'를 '麻将'이라고도 한다는 점을 몰랐기 때문에 일어난 오류일 수 있다.

또 이민수(1990), 권순만(1990), 정석원(2004), 박운석(2008), 루쉰전집번역위원회(2010) 등도 협주 또는 각주, 미주 등 방식[34]으로 독자들의

33) 김하중(1981), 82

34) 「오직 '가짜 양놈'만이 마장(麻醬: 마작을 말함)을 할 줄 아는데, 성내에서는 조무래기도 모두 익숙하다.」 이민수(1990), 105-106쪽/ 「가짜 코쟁이만이

이해를 쉽게 할 수 있도록 노력하였다.

반면에 조관희(2018)는 원문의 '痲醬'이란 단어를 버리고 직접 한국 사람들이 익숙히 알고 있는 단어 '마작'으로 대체하였다.

> **'마작'**을 할 줄 아는 것도 가짜 양놈밖에 없지만, 성안에서는 조무래기들도 그런 정도는 능숙하게 한다는 것이었다.[35)]

문현선(2018)도 '마작은 가짜 양놈만 할 줄 알았는데, 성안에서는 어린 잡놈들까지 누구나 능수능란했다'[36)]로 옮겼다. 위 번역문들에서는 '痲酱'이란 단어로 작가가 특별히 표현하려는 숨겨진 뜻에 대한 번역을 포기하고 직접 한국 사람들이 알고 있는 중국의 전통 놀음인 '마작'으로 옮겼다. 그 외에도 이문희(1978), 성원경(1983), 이가원(1989), 이철준(1991), 김진욱, 윤화중(1994), 정노영(1994), 조성하(1996), 조성하(2000), 안영신(2001), 노신문학회(2003), 김범수(2003), 장수철(2006), 윤수천(2007), 우인호(2007), 김시준(2008), 최은정(2009), 김태성(2011), 이욱연(2011), 신여준(2011), 엄영욱(2012), 북트랜스(2015), 허세욱(1983) 등 많은 번역문에서도 직접 '마작'[37)]이라고 옮겼다. 전체 맥락으

'마장(痲醬)'(참깨된장이란 뜻이지만 아Q는 '마작'이란 뜻으로 쓰고 있다)을 할 줄 알 뿐이지만 도시에서는 애송이 심부름꾼도 잘했다.」 권순만(1990), 86쪽/「가짜 양귀신만이 마장(痲醬)을 칠 수 있는 데 비해 그곳 사람들은 조무래기들까지도 정통해 있다는 것이다.」 정석원(2004), 46쪽/「가짜 양놈만이 '마장痲醬'을 할 줄 알지만 성안에는 조무래기들까지도 아주 익숙하게 한다는 것이다.」 박운석(2008), 116쪽/「'마장(痲醬)'을 할 줄 아는 것도 가짜 양놈밖에 없는데, 대처에선 열댓 살 조무래기들까지도 그 정돈 예사라는 거였다.」 루쉰전집번역위원회(2010), 135쪽

35) 조관희(2018), 100-101쪽

36) 문현선(2018), 67쪽

로 볼 때 문제가 없지만 무식한 아Q가 그 무식에 근거하여 우월감을

37) 「진짜 마작을 할 줄 아는 이는 가짜 양놈 한 사람뿐이지만, 아Q의 이야기에 의하면 조무래기 건달들도 그런 놀이에는 능수능란하여…」 이문희(1978), 65쪽/ 「〈가짜 양놈〉만이 겨우 마작(麻雀)을 할 줄 아는데, 성안에서는 어린 아이들까지도 능숙하게 잘한다.」 성원경(1983), 43쪽, 김진욱(1992), 44쪽, 김범수(2003), 49쪽/ 「오직 가짜 양놈만이 마작(麻雀)을 할 줄 아는데, 성안에서는 조무래기도 그런 정도는 예사로 했다.」 이가원(1989), 25쪽/ 「마작을 놀 줄 아는 사람은 가짜 외국놈 밖에 없지만 성시에서는 조무래기들까지도 마작을 제법 잘 논다는 것이다.」 이철준(1991), 122쪽/ 「마작은 가짜 양놈만이 할 줄 알지만, 문안에서는 조무래기도 모두 익숙하다.」 윤화중(1994), 48쪽/ 「오직 '가짜 양놈'만이 마작을 할 줄 아는데, 성안에서는 어린 아이들까지도 모두 이것에 익숙하다.」 정노영(1994), 46쪽/ 「오직 가짜 양놈만이 '마작'을 할 줄 아는데, 성내에서는 조무래기들까지도 능숙하게 한다는 것이었다.」 조성하(1996), 97쪽/ 「오직 가짜 양놈만이 마작을 할 줄 아는데, 성안에서는 어린 아이들까지도 모두 이것에 익숙하다.」 조성하(2000), 45쪽/ 「오직 '가짜 양놈'만이 마작을 할 줄 아는데, 성안에서는 어린애들조차도 마작에 익숙하다는 것이다.」 안영신(2001), 130쪽/ 「마작을 할 줄 아는 사람은 가짜 양놈밖에 없지만, 성에서는 꼬마들까지도 마작을 제법 잘한다는 것이다.」 노신문학회(2003), 132쪽/ 「기껏 가짜 양놈이 마작을 할 수 있는 정도인데, 성안에서는 선머슴들까지 모두 마작을 제법 멋지게 한다는 것이었다.」 장수철(2006), 55쪽/ 「오직 '가짜 양놈'만이 마작을 할 줄 아는데, 성안에서는 조무래기들도 모두 마작 놀이를 아주 잘한다는 것이었다.」 윤수천(2007), 70쪽/ 「오직 가짜양놈만이 마작을 할 줄 아는데, 성 안에서는 조무래기들도 모두 마작에 익숙하다는 것이었다.」 우인호(2007), 79-80쪽/ 「가짜 양놈만이 마작을 할 줄 아는데, 성안에서는 조무래기 얼간이들도 모두 아주 능숙하게 마작을 한다는 것이다.」 김시준(2008), p150-151쪽/ 「오직 가짜 양놈만이 마작을 할 줄 아는데, 성안 사람들은 조무래기들까지도 익숙하다는 것이었다.」 최은정(2009), 85-86쪽/ 「〈가짜 양놈〉들만이 마작을 할 줄 아는데, 성내에서는 별 볼 일 없는 조무래기들도 아주 능숙하게 마작을 했다.」 김태성(2011), 137쪽/ 「가짜 양놈만 겨우 마작을 할 줄 아는데 성안에서는 쥐방울만 한 아이들도 기가 막히게 마작을 잘하더라고 떠들어댔다.」 이욱연(2011), 67쪽/ 「가짜양놈만 유일하게 마작을 칠 줄 알지만, 읍내에서는 개망나니 조무래기들까지 마작에 정통한다는 점이었다.」 신여준(2011), 164쪽/ 「기껏해

느끼고 있다는 사실을 풍자하고자 한 작자의 깊은 뜻을 전달함에 있어서 부족하였다고 할 수 있다.

또 이가원(1980)은 직접 '마장(麻醬)'[38]으로, 김욱(1988)은 '마장'[39]으로, 장기근·이석호(1988)는 '마장(麻醬)—麻雀'[40]으로 옮겼다. 위의 번역문들은 원문의 중국어 음을 그대로 옮기고 그 뜻을 해석하지 않았으므로 독자들은 '마쟝(麻酱)' 혹은 '마장'이 무엇인지 알 수 없을 뿐만 아니라 노신이 전달하고자 하는 풍자적 뜻은 더욱 표현하지 못한다.

다음은 명사 '柿油党'에 대한 불완전번역으로 인한 오역이다.

(108)

未庄人都惊服, 说这是柿油党的顶子, 抵得一个翰林.[41]

자오 수재의 부탁을 들은 가짜 양놈은 성안에 갔다 오면서 자유당의 배지를 하나 가져와 자오 수재에게 팔았다. 미장 사람들은 이 배지를

야 가짜 양놈이 마작을 놀릴 수 있는 정도인데, 성안에서는 조무래기들까지도 모두 마작을 제법 능숙하게 한다는 것이다.」 엄영욱(2012), 42쪽/「'가짜 양놈' 정도나 마작을 할 줄 아는데, 성내 사람들은 어린아이까지 마작에 능숙하다는 것이었다.」 북트랜스(2015), 59쪽/「마작은 가짜 양놈밖에 할 줄 모르지만, 문 안에서는 조무라기들까지도 익숙하게 해낸다는 것이었다.」 허세욱(1983), 99쪽

38)「오직「가짜 양놈」만이 마쟝(麻醬)을 할 줄 아는데, 성내에서는 조무래기도 모두 익숙하다.」 이가원(1980), 63쪽

39)「가짜 서양 놈만이 오직 하나 마장을 할 줄 아는데 비해 성 안에서는 꼬마들도 기막히게 잘한다.」 김욱(1988), 42쪽

40)「오직〈가짜 양귀신〉만이〈마장(麻醬—麻雀)〉을 할 줄 알지만, 성안에서는 조무래기들까지 모두 익숙했다.」 장기근·이석호(1988), 95쪽

41)『鲁迅全集』(第一卷), 人民文学出版社, 1991, 518쪽

보고 탄복하면서 배지가 翰林에 상당한 것이라고 부러워하였다. 원문에서 '柿油党'이란 자유당과 발음이 유사하여 무식한 농민들이 '柿油党'으로 불렀다는 사실을 전달하기 위한 의도적 오류이다. 이 사실을 통해 이들이 개혁이 무엇인지, 자유당이 무엇인지조차 전혀 모르고 있다는 사실을 풍자하고자 한 것이다. 때문에 번역할 때 각주, 협주, 미주 등 주석의 방식을 취할 수밖에 없다. 이 점에 착안하여 정노영(1994)은 아래와 같이 번역을 하였다.

> 미장 사람들은 모두 감탄했고 이것은 **시유당(柿油黨: 무식한 농민들은 자유당의 뜻을 몰라서 그저 그와 음이 비슷한 시유당으로 알고 있었다)**의 휘장으로 한림(翰林)과 대등한 것이라고들 말했다.[42]

협주의 방식으로 '柿油党'이란 말이 나타나게 된 이유를 밝혔으며 농민들의 무식함도 같이 드러내고 있다. 또 이문희(1978), 이가원(1980), 김하중(1981), 김정화(1985), 장기근·이석호(1988), 이민수(1990), 권순만(1990), 윤화중(1994), 전형준(1996), 장수철(2006), 윤수천(2007), 북트랜스(2015), 문현선(2018), 안영신(2001) 등 번역에서도 모두 협주의 방식[43]을 취하여 독자들에게 '柿油党'에 대해 정확히 설명하고 있다.

---

42) 정노영(1994), 61쪽

43) 「웨이좡의 주민들은 모두 탄복했다. 저것은 柿油黨시유당(시골 사람의 말투로서 자유당을 뜻함)의 배지이며 한림(가장 어려운 문관시험에 합격한 자에게 주어지는 자격)과 동격으로 치는 어마어마한 것이라고 서로 수군거렸다.」 이문희(1978), 90쪽/ 「웨이쯔왕 사람들은 모두 놀래어 감복하고, 이것은 스유땅(柿油黨=무식한 농민들은 쯔유땅(自由黨)의 뜻을 알지 못하여 그저 그와 음이 비슷한 스유땅(柿油黨)으로 알고 있었던 것이다.)의 휘장으로 한림(翰林)에 상당하는 것이라고들 말했다.」 이가원(1980), 81쪽/ 「웨이좡 사람들은 감복했고, 저것은 쯔유땅(柿油黨: 시골 사람들이 하는 말로 自由

협주뿐만 아니라 미주, 각주 등 방식을 취한 번역문도 많이 보인다.

黨을 뜻함)의 훈장으로서 한림(進仕중에서 성적이 우수한 자에게 주는 호칭)에 해당한다고들 했다.」 김하중(1981), 91쪽/「미장 사람들은 감복하여 그것은 柿油黨(自由黨〈쓰유당〉과 柿油黨〈스유당〉은 음이 비슷하여, 시골 사람들이 혼동한 것임)의 훈장이며 翰林에 해당한다고 수군거렸다.」 김정화(1985), 102쪽/「미장 사람들은 누구나 놀라고 탄복하며 말했다. 그것을 시유당(柿油黨·자유당을 무식한 촌사람들이 시유당이라 했다)의 휘장이며, 한림(翰林)에 맞먹는 것이다.」 장기근·이석호(1988), 106쪽/「미장 사람들은 모두 놀라 감복하고, 이것은 시유당(柿油黨: 무식한 농민들은 자유당의 뜻을 몰라 그저 그와 음이 비슷한 시유당으로 알고 있었던 것이다)의 휘장으로 한림(翰林)에 상당하는 것이라고들 말했다.」 이민수(1990), 117쪽/「미장 사람들은 모두 놀라고 존경하여 저것은 시유당(柿油黨)(자유당과 음이 같음)의 계급장으로 한림(翰林)(소칙(詔勅)의 초안을 관장하는 벼슬)에 해당되는 것이라고 이야기했다.」 권순만(1990), 99-100쪽/「웨이좡 사람들은 모두 놀라 감복하였다. 이것은 시유당(柿油黨, 자유당을 해학적으로 표현함. 무식한 시골 사람들은 자유당의 뜻을 몰라서 '자유당'과 발음이 똑같은 '시유당'으로 표현함—주)의 휘장으로 한림(翰林)에 상당하는 것이라고 했다.」 윤화중(1994), 61쪽/「웨이주앙 사람들은 모두 감복하면서, 이것은 스요우당(柿油黨: 쯔요우自由와 스요우柿油는 남방음으로는 발음이 비슷하다. 실제로 소홍 지방에서는 민중들이 자유당을, 자유라는 말의 뜻을 몰라서 스요우당이라고 바꾸어 불렀다고 루쉰은 다른 글에서 밝히고 있다—역주)의 계급장인데 한림(翰林)에 해당하는 것이라고 했다.」 조성하(1996), 112쪽/「웨이주앙 사람들은 모두 감복했고, 그것은 시유당柿油黨('시유柿油'는 '자유自由'와 그 음이 비슷하다. 그래서 당시 일부 민중은 자유라는 말의 뜻을 몰라서 시유당이라고 불렀다고 한다)의 휘장으로 한림에 해당한다고 했다.」 장수철(2006), 71-72쪽/「미장 사람들은 저것이 바로 시유당(무식한 농민들은 자유당의 뜻을 잘 몰라 음이 비슷한 시유당으로 알고 있었다)의 휘장이라며 다들 놀라 감탄했다.」 윤수천(2007), 96쪽/「이것을 보고 웨이좡 사람들은 깜짝 놀라면서 존경을 표했다. 그것은 시유당(柿油黨 무지한 시골 사람들이 들리는 대로 표현한 것을 풍자했다. —옮긴이)의 훈장이며, 한림학사와 다름없다고 생각했던 것이다.」 북트랜스(2015), 81쪽/「웨이장 사람들은 깜짝 놀라 탄복하며, 그것은 한림에 필적하는 시유당(자유당. 발음이 비슷해 시골 사람들이 헷갈리는 상황을 표현한 것)의 상징물이라고 말했다.」

성원경(1983), 이가원(1989), 이철준(1991), 김진욱(1992), 노신문학회(2003), 정석원(2004), 박운석(2008), 김시준(2008), 루쉰전집번역위원회(2010), 이욱연(2011) 등 번역문에서는 모두 각주, 혹은 미주의 방식[44]으로 노신이 풍자하고자 하는 농민들의 무지를 잘 드러내 보였다. 그중에서 허세욱(1983)은 다음과 같이 옮겼다.

문현선(2018), 85쪽/「미장 사람들은 모두 깜짝 놀라 감복했다. 그리고 이것은 시유당(枾油黨, 무식한 농민들은 자유당의 뜻을 몰라서 음이 비슷한 시유당으로 잘못 표현)의 휘장으로 한림(翰林)에 상당하는 것이라고들 했다.」 안영신(2001), 144쪽

44) 「미장 사람들은 탄복하고 존경하며, 저것은 시유당(枾油黨)의 휘장(徵章)으로 한림(翰林)과 대등한 것이라고 말했다.」 성원경(1983), 59쪽/「미장 사람들은 모두 놀라 감복했고, 이것은 시유당(枾油黨)의 훈장으로 한림(翰林)에 해당하는 것이라고들 말했다.」 이가원(1989), 34쪽/「미장사람들은 누구나 놀라움과 존경을 금치 못하였다. 그것은 스유당의 모자꼭지인데 그것을 달게 되면 한림이 된 것이나 다름없다고 하였다.」 이철준(1991), 135쪽/「미장 사람들은 탄복하고 존경하며, 저것은 시유당(枾油黨)의 휘장(徵章)으로 한림(翰林)과 대등한 것이라고 말했다.」 김진욱(1992), 60쪽/「사람들은 누구나 놀라움과 존경을 금치 못했다. 그것은 쓰유당[枾油黨]의 모자꼭지인데 그것을 달게 되면 한림(翰林)이 된 것이나 다름없다고 했다.」 노신문학회(2003), 146쪽/「웨이좡 사람들은 깜짝 놀랐다. 그것은 시유당(枾油黨)의 휘장으로서 한림(翰林)과 맞먹는 것이기 때문이었다.」 정석원(2004), 62쪽/「웨이쫭 사람들은 다 놀라 탄복하며 이것은 자유당枾油黨 배지로 한림翰林에 해당한다고들 했다.」 박운석(2008), 134쪽/「미장 사람들은 모두 놀라 탄복하며, 이것은 시유당(枾油黨)의 휘장으로 한림(翰林)에 해당하는 것이라고들 했다.」 김시준(2008), 167쪽/「웨이좡 사람들은 감복하여 그건 시유당枾油黨의 휘장으로 그건 한림翰林에 해당하는 것이라고 수군댔다.」 루쉰전집번역위원회(2010), 147 -148쪽/「웨이장 사람들은 놀라고 존경스러워했다. 다들 이것이 스여우당(枾油黨) 훈장이라고 했고, 이것을 달면 최고 학자인 한림원 학자가 된 것이나 마찬가지라고 했다.」 이욱연(2011), 96쪽

미장 사람들은 모두 탄복하였다. 이것은 **시유당(柿油黨)**의 휘장으로, 한림이나 같다는 것이다.[45)]

허세욱(1983)은 '자유당(自由黨)과 음이 같다. 자유당이라 해도 시골 사람들에겐 무슨 말인지 모른다. 그래서 자기들이 아는 시유당(柿油黨)이라 한 것이다. 풍자다'라고 미주를 달아서 독자들의 이해를 돕고자 하였다. 하지만 노신의 풍자의 색채를 저버리고 쉬운 길을 택한 번역문도 볼 수 있다. 김범수(2003), 최은정(2009), 신여준(2011), 엄영욱(2012) 등은 '柿油黨'을 원문의 주석 내용에 따라 직접 '자유당'[46)]이라고 의역을 하였고, 김욱(1988)은 뒤에 한자를 덧붙여 '자유당(柿油黨)'이라고 옮겼다. 김욱(1988)의 번역을 예로 들어보자.

그러자 미장 사람들은 모두들 감동하여 저것은 **자유당(柿油黨)**의 훈장이며, 한림(문관시험 급제자의 자격)에 상당한다고들 떠들어댔다.[47)]

이러한 번역은 문제가 많아 보인다. 독자들은 '자유당'과 '柿油黨'을

45) 허세욱(1983), 133쪽

46) 「미장 사람들은 탄복하고 존경하며, 저것은 자유당의 휘장으로 한림과 대등한 것이라고 말했다.」 김범수(2003), 68쪽/ 「웨이주앙 사람들은 모두 탄복해 마지 않으면서 이것이 자유당의 휘장인데 한림(翰林)에 해당한다고 수군거렸다.」 최은정(2009), 99쪽/ 「웨이좡 사람들은 모두 탄복하면서 그건 자유당의 상징이고 한림 벼슬과 맞먹는다고들 하였다.」 신여준(2011), 186쪽/ 「웨이좡 사람들은 모두 놀라는 눈치로 존경을 금치 못하였다. 그것은 자유당의 계급장인데 이 휘장을 달게 되면 한림(翰林)과 비슷하다고 하였다.」 엄영욱(2012), 57쪽

47) 김욱(1988), 56쪽

같은 단어로 인식할 가능성이 높다. 설혹 그것이 다른 한자임을 알아차리는 독자가 있다 해도 십중팔구 한자의 오류로 이해할 가능성이 높다.

한편 '柿油党'을 직접 '시유당'이라고 번역한 사례도 있다. 조성하(2000)는 다음과 같이 옮겼다.

> 이를 본 미장 사람들은 모두 감탄했고 이것은 **시유당**의 휘장으로 한림(翰林)과 대등한 지위라고들 말했다.[48]

조관희(2018)도 '柿油黨'을 '시유당柿油黨'[49]이라고 한자만 덧붙여 직역을 하였다. 한국 독자들이 '柿油黨'을 직접 '자유당', '시유당' 혹은 뒤에 한자를 덧붙인 '자유당(柿油黨)', '시유당(柿油黨)'이란 단어를 보았을 때 그 뜻을 이해할 수 있을까? 이런 번역은 노신의 풍자의 의미를 전달할 수 없을뿐더러 그 뜻조차도 이해하기 어렵다. 불완전한 번역이며 오역에 가깝다고 할 수 있다.

다음은 명사 '翰林'에 대한 오역 사례이다.

> 未庄人都惊服，说这是柿油党的顶子，抵得一个**翰林**.[50]

자오 수재의 부탁을 들은 가짜 양놈은 성안에 갔다 오면서 자유당의 배지를 하나 가져와 자오 수재에게 팔았다. 미장 사람들은 이 배지를 보고 탄복하면서 그 배지는 翰林에 상당한 것이라고 부러워하였다. 원

48) 조성하(2000), 60쪽

49) 「웨이장 사람들은 모두 놀라 탄복했다. 그건 시유당柿油黨의 휘장으로 한림翰林에 해당한다는 것이었다.」 조관희(2018), 118쪽

50) 『鲁迅全集』(第一卷), 人民文学出版社, 1991, 518쪽

문에서 '翰林'이란 단어에 미주[51])를 달아 그 뜻을 설명하였다. 그것은 進仕 중에서 어려운 문과 시험에 합격한 자에게 주는 호칭을 가리킨다. 번역문에서 이런 설명을 가하지 않는다면 독자들은 '翰林'이란 무엇인지 스스로 알 수 없는 것이다. 노신이 '翰林'이라는 단어를 쓴 것은 민중들이 시대가 변하고, 사회가 변했다는 것을 인지하지 못하고 있는 상황을 풍자하기 위한 것이다. 이들은 자유당이 개혁을 추진하는 시대를 살면서도 그것이 과거 봉건 왕조시대와 어떤 차별성을 갖는지 전혀 구분하지 못하고 있다. 때문에 번역할 때 각주, 협주, 미주 등 주석의 방식을 취할 수밖에 없다. 이 점에 착안하여 김하중(1981)은 아래와 같이 번역을 하였다.

> 웨이좡 사람들은 감복했고, 저것은 쯔유땅(柿油黨: 시골 사람들이 하는 말로 自由黨을 뜻함)의 훈장으로서 **한림(進仕 중에서 성적이 우수한 자에게 주는 호칭)**에 해당한다고들 했다.[52])

협주의 방식으로 '翰林'이라는 단어의 뜻을 밝혔으며 봉건시대의 관리를 아직도 높이 평가하는 농민들의 무식함도 같이 드러내고 있다. 또 이문희(1978), 권순만(1990), 김욱(1988) 등 번역에서도 모두 협주의 방식[53])을 취하여 독자들에게 '翰林'에 대해 정확하게 설명을 하고 있다.

---

51) 翰林: 唐代以来皇帝的文学侍从的名称. 明, 清时代凡进士选入翰林院供职者通称翰林, 担任编修国史, 起草文件等工作. 是一种名望较高的文职官衔. 『鲁迅全集』(第一卷), 人民文学出版社, 1991, 532쪽

52) 김하중(1981), 91쪽

53) 「웨이좡의 주민들은 모두 탄복했다. 저것은 柿油黨시유당(시골 사람의 말투로서 자유당을 뜻함)의 배지이며 한림(가장 어려운 문관 시험에 합격한 자에게 주어지는 자격)과 동격으로 치는 어마어마한 것이라고 서로 수군거

협주뿐만 아니라 미주, 각주 등 방식으로 뜻을 전달하는 것도 적절한 번역에 속한다. 김정화(1985), 이가원(1989), 이철준(1991), 김진욱(1992), 박운석(2008), 엄영욱(2012) 등 번역문에서는 모두 각주, 혹은 미주의 방식[54]으로 노신이 풍자하고자 하는 농민들의 무지를 잘 드러내 보였다. 그중에서 엄영욱(2012)은 다음과 같이 옮겼다.

> 웨이좡 사람들은 모두 놀라는 눈치로 존경을 금치 못하였다. 그것은 자유당의 계급장인데 이 휘장을 달게 되면 **한림(翰林)**과 비슷하다고 하였다.[55]

예문에서 엄영욱(2012)은 '예문관 벼슬, 혹은 유학자'라고 각주를 붙

렸다.」 이문희(1978), 90쪽/「미장 사람들은 모두 놀라고 존경하여 저것은 시유당(杮油黨)(자유당과 음이 같음)의 계급장으로 한림(翰林)(소칙(詔勅)의 초안을 관장하는 벼슬)에 해당되는 것이라고 이야기했다.」 권순만(1990), 99-100쪽/「그리자 미장 사람들은 모두들 감동하여 저것은 자유당(杮油黨)의 훈장이며, 한림(문관시험 급제자의 자격)에 상당한다고들 떠들어댔다.」 김욱(1988), 56쪽

54) 「미장 사람들은 감복하여 그것은 杮油黨(自由黨〈쓰유당〉과 杮油黨〈스유당〉은 음이 비슷하여, 시골 사람들이 혼동한 것임)의 훈장이며 翰林에 해당한다고 수군거렸다.」 김정화(1985), 102쪽/「미장 사람들은 모두 놀라 감복했고, 이것은 시유당(杮油黨)의 훈장으로 한림(翰林)에 해당하는 것이라고들 말했다.」 이가원(1989), 34쪽/「미장 사람들은 누구나 놀라움과 존경을 금치 못하였다. 그것은 스유당의 모자꼭지인데 그것을 달게 되면 한림이 된 것이나 다름없다고 하였다.」 이철준(1991), 135쪽/「미장 사람들은 탄복하고 존경하며, 저것은 시유당(杮油黨)의 휘장(徽章)으로 한림(翰林)과 대등한 것이라고 말했다.」 김진욱(1992), 60쪽/「웨이쫭 사람들은 다 놀라 탄복하며 이것은 자유당杮油黨 배지로 한림翰林에 해당한다고들 했다.」 박운석(2008), 134쪽

55) 엄영욱(2012), 57쪽

여 독자들의 이해를 도왔다.

하지만 노신의 풍자의 색채를 저버리고 쉬운 길을 택한 번역문도 보인다. 특히 대부분의 번역문이 '翰林'을 '한림翰林'이라고 그대로 옮기고 설명을 포기하고 있다. 이가원(1980), 성원경(1983), 장기근·이석호(1988), 이민수(1990), 윤화중(1994), 정노영(1994), 조성하(1996), 조성하(2000), 안영신(2001), 정석원(2004), 김시준(2008), 최은정(2009), 루쉰전집번역위원회(2010), 조관희(2018) 등[56]이 이렇게 번역을 하였는

---

56) 「웨이쯔왕 사람들은 모두 놀래어 감복하고, 이것은 스유땅(柿油黨=무식한 농민들은 쓰유땅(自由黨)의 뜻을 알지 못하여 그저 그와 음이 비슷한 스유땅(柿油黨)으로 알고 있었던 것이다.)의 휘장으로 한림(翰林)에 상당하는 것이라고들 말했다.」 이가원(1980), 81쪽/「미장 사람들은 탄복하고 존경하며, 저것은 시유당(柿油黨)의 휘장(微章)으로 한림(翰林)과 대등한 것이라고 말했다.」 성원경(1983), 59쪽/「미장 사람들은 누구나 놀라고 탄복하며 말했다. 그것을 시유당(柿油黨: 자유당을 무식한 촌사람들이 시유당이라 했다)의 휘장이며, 한림(翰林)에 맞먹는 것이다.」 장기근·이석호(1988), 106쪽/「미장 사람들은 모두 놀라 감복하고, 이것은 시유당(柿油黨: 무식한 농민들은 자유당의 뜻을 몰라 그저 그와 음이 비슷한 시유당으로 알고 있었던 것이다)의 휘장으로 한림(翰林)에 상당하는 것이라고들 말했다.」 이민수(1990), 117쪽/「웨이좡 사람들은 모두 놀라 감복하였다. 이것은 시유당(柿油黨, 자유당을 해학적으로 표현함. 무식한 시골 사람들은 자유당의 뜻을 몰라서 '자유당'과 발음이 똑같은 '시유당'으로 표현함—주)의 휘장으로 한림(翰林)에 상당하는 것이라고 했다.」 윤화중(1994), 61쪽/「미장 사람들은 모두 감탄했고 이것은 시유당(柿油黨: 무식한 농민들은 자유당의 뜻을 몰라서 그저 그와 음이 비슷한 시유당으로 알고 있었다)의 휘장으로 한림(翰林)과 대등한 것이라고들 말했다.」 정노영(1994), 61쪽/「웨이주앙 사람들은 모두 감복하면서, 이것은 스요우당(柿油黨: 쯔요우自由와 스요우柿油는 남방음으로는 발음이 비슷하다. 실제로 소흥 지방에서는 민중들이 자유당을, 자유라는 말의 뜻을 몰라서 스요우당이라고 바꾸어 불렀다고 루쉰은 다른 글에서 밝히고 있다—역주)의 계급장인데 한림(翰林)에 해당하는 것이라고 했다.」 조성하(1996), 112쪽/「이를 본 미장 사람들은 모두 감탄했고 이것은

데 그중 노신문학회(2003)의 번역을 예로 들어보자.

> 사람들은 누구나 놀라움과 존경을 금치 못했다. 그것은 쓰유당(柿油黨)의 모자꼭지인데 그것을 달게 되면 **한림(翰林)**이 된 것이나 다름없다고 했다.[57]

또 '翰林'을 직접 '한림'이라고 번역한 사례도 있다. 허세욱(1983)는 다음과 같이 옮겼다.

> 미장 사람들은 모두 탄복하였다. 이것은 시유당(柿油黨)의 휘장으로, **한림**이나 같다는 것이다.[58]

김범수(2003), 장수철(2006)도 '한림'[59]이라고 직역을 하였다. 또 이

시유당의 휘장으로 한림(翰林)과 대등한 지위라고들 말했다.」 조성하(2000), 60쪽/「미장 사람들은 모두 깜짝 놀라 감복했다. 그리고 이것은 시유당(柿油黨, 무식한 농민들은 자유당의 뜻을 몰라서 음이 비슷한 시유당으로 잘못 표현)의 휘장으로 한림(翰林)에 상당하는 것이라고들 했다.」 안영신(2001), 144쪽/「웨이좡 사람들은 깜짝 놀랐다. 그것은 시유당(柿油黨)의 휘장으로서 한림(翰林)과 맞먹는 것이기 때문이었다.」 정석원(2004), 62쪽/「미장 사람들은 모두 놀라 탄복하며, 이것은 시유당(柿油黨)의 휘장으로 한림(翰林)에 해당하는 것이라고들 했다.」 김시준(2008), 167쪽/「웨이주앙 사람들은 모두 탄복해마지 않으면서 이것이 자유당의 휘장인데 한림(翰林)에 해당한다고 수군거렸다.」 최은정(2009), 99쪽/「웨이좡 사람들은 감복하여 그건 시유당柿油黨의 휘장으로 그건 한림翰林에 해당하는 것이라고 수군댔다.」 루쉰전집번역위원회(2010), 147-148쪽/「웨이장 사람들은 모두 놀라 탄복했다. 그건 시유당柿油黨의 휘장으로 한림翰林에 해당한다는 것이었다.」 조관희(2018), 118쪽

57) 노신문학회(2003), 146쪽

58) 허세욱(1983), 133쪽

욱연(2011), 신여준(2011), 북트랜스(2015) 등은 '한림학자'[60]라고 옮겼다. 한국 독자들이 '翰林'을 '한림(翰林)'이라고 옮기든 아니면 '한림'이라고 옮기든, '한림학자'라고 옮기든 협주, 미주, 각주 등 방식으로 뜻 해석을 하지 않는다면 독자들은 무슨 말인지 이해가 불가능하다. 때문에 불완전번역의 범주에 속한다.

다음은 '来不朽之笔, 需传不朽之人'에 대한 번역에서 과잉번역, 불완전번역을 한 경우를 살펴보자.

(109)

因为从来不朽之笔, 需传不朽之人.[61]

번역은 원문에 상응하는 단어와 문장을 찾는 일이어야 한다. 그것은 严复가 제시하여 보편적으로 수용되고 있는 번역원칙인 '정확성〔信〕',

---

59) 「미장 사람들은 탄복하고 존경하며, 저것은 자유당의 휘장으로 한림과 대등한 것이라고 말했다.」 김범수(2003), 68쪽/ 「웨이주앙 사람들은 모두 감복했고, 그것은 시유당柿油黨('시유柿油'는 '자유自由'와 그 음이 비슷하다. 그래서 당시 일부 민중은 자유라는 말의 뜻을 몰라서 시유당이라고 불렀다고 한다)의 휘장으로 한림에 해당한다고 했다.」 장수철(2006), 71-72쪽

60) 「웨이장 사람들은 놀라고 존경스러워했다. 다들 이것이 스여우당(柿油黨) 훈장이라고 했고, 이것을 달면 최고 학자인 한림원 학자가 된 것이나 마찬가지라고 했다.」 이욱연(2011), 96쪽/ 「웨이좡 사람들은 모두 탄복하면서 그건 자유당의 상징이고 한림 벼슬과 맞먹는다고들 하였다.」 신여준(2011), p186쪽/ 「이것을 보고 웨이좡 사람들은 깜짝 놀라면서 존경을 표했다. 그것은 시유당(柿油黨 무지한 시골 사람들이 들리는 대로 표현한 것을 풍자했다. 옮긴이)의 훈장이며, 한림학사와 다름없다고 생각했던 것이다.」 북트랜스(2015), 81쪽

61) 『鲁迅全集』(第一卷), 人民文学出版社, 1991, 487쪽

'전달성[達]', '수식성[雅]'에 앞서는 절대적 원칙이다. 그런데 번역을 하다 보면 의미를 효과적으로 전달하기 위해 원문에 없는 단어나 문장을 추가하는 경우가 나타나게 된다. 이것이 과도할 경우 과잉번역이라 할 수 있다. 바람직한 번역으로 보기는 어렵다는 뜻이다. 예를 들어 이문희(1978)의 번역문을 살펴보면 다음과 같다.

> 왜냐하면 옛날부터 잘 알려진 사실이듯이 **불후의 문장에 의해서만 불후의 인간을 후세에 전할 수 있으니까 말이다.**[62)]

'왜냐하면 옛날부터 잘 알려진 사실이듯이'라는 문장은 원문에 없는 것을 자의로 추가한 것이다. 그렇다면 왜 원문에 전혀 없는 이 문장을 넣어 과잉번역을 하였던 것일까? 이 번역이 출간된 1978년은 중국 현대문학을 소개하던 시기에 해당한다. 그리하여 이문희(1978)는 번안하는 자세로 작품의 번역에 임했던 것으로 보인다. 그러므로 한국어로는 매끄럽지만 원문과 상당한 차이가 나타나는 이와 같은 번역을 하게 된 것이다. 또 이욱연(2011) 역시 원문에 없는 것을 추가하였다.

> 대개 **불후의 인물인 경우 정전은 불후의 문장력을 지닌 사람이 써왔다.**[63)]

원문에 없는 '정전'이라는 말을 추가하였고, 불후의 문장을 '불후의 문장력을 지닌 사람'으로 설명식 번역을 한 것이 문제가 된다. 이로 인해 '노신의 글≠불후의 문장', '아Q≠불후의 인물'이라는 노신의 문장

62) 이문희(1978), 8쪽

63) 「대개 불후의 인물인 경우 정전은 불후의 문장력을 지닌 사람이 써왔다.」 이욱연(2011), 7쪽

의도 중 어느 한 쪽도 제대로 살리지 못한 번역이 되고 말았다. 더구나 불후의 문장력을 지닌 사람이 써왔다고 번역하면서 '需传'의 '반드시', 혹은 '해야 한다'는 단어의 번역을 누락하였다. 그런 점에서 이 번역문은 과잉번역인 동시에 오역의 혐의까지 받을 수밖에 없다. 북트랜스(2015), 김태성(2011) 등에서도 '옛날부터 불후의 인물에 대한 정전은 대개 불후의 문장가가 써오지 않았던가'[64]로 번역하여 이욱연(2011)과 비슷하게 원문에 없는 '정전'이라는 단어를 추가하여 과잉번역을 하였고, 나아가 '需'를 번역하지 않았다. 이욱연(2011)과 같은 과잉, 누락, 오역의 잘못을 범하고 있다고 판단된다.

이것을 축소번역한 경우가 자주 발견된다. 이 문장은 두 의미를 동시에 전달한다. 첫째, '不朽之人'을 전하는 것이라야 '不朽之笔'이다. 둘째, '不朽之笔'라야 '不朽之人'을 전할 수 있다. 말하자면 글과 그 내용이 되는 인물 간에는 '불후의 문장 ↔ 불후의 인물'의 관계가 성립하는 것이다. 그래서 노신 스스로 뒤에 설명한 바와 같이 사람은 글 때문에 전해지고, 글은 그 기록된 사람 때문에 전해진다. 그러니까 '不朽之笔=传不朽之人的文章'인 동시에 '不朽之笔=写不朽之人'이다. 글과 사람이 상호 영향을 받는 관계에 있는 것이다. 이 문장이 이렇게 양가적이므로 하나의 의미만 전달하는 번역문은 의미를 축소하는 번역이 될 수밖에 없다. 다만 이 모순적인 의미를 한꺼번에 담는 번역을 내놓기는 어렵다. 그러므로 이 경우 축소번역이 불가피해 보인다.

먼저 불후의 문장을 강조한 조관희(2018), 루쉰번역위원회(2010) 등 축소번역의 예를 살펴보기로 하자.

---

64) 북트랜스(2015), 9쪽/「옛날부터 불후한 글은 불후한 인물들의 전기를 기록했기 때문이다.」 김태성(2011), 101쪽

불후의 문장만이 불후의 인물을 전할 수 있기에…….[65]

정노영(1994), 김정화(1985), 조성하(2000) 등[66]도 기본적으로 이것과 일맥상통한 번역을 하고 있다. 노신문학회(2003)와 이철준(1991), 김하중(1981) 등은 '불후의 글에 의해서만 불후의 인물이 전해져 왔다'[67]고 번역했고 이가원(1989)은 '불후의 문필이 불후의 인물을 전하는 걸로 되어 있다'[68]로, 이민수(1990), 정석원(2004) 등은 '예부터 불후(不朽)의 붓만이 불후의 인물을 전하는 걸로 되어 있다'[69]로 옮겼다. '불후의 문필' 혹은 '불후의 붓' 두 가지 번역을 내놓고 있는데 모두 축소된 번역문이라 하겠다.

아래는 불후의 인물이 강조된 축소번역을 살펴보기로 하자. 김시준(2008)의 경우를 보기로 하자.

왜냐하면 예로부터 불후(不朽)의 문장이란 불후의 인물을 전해야만 하거늘……[70]

65) 조관희(2018), 63쪽, 루쉰번역위원회, 106쪽

66) 「예부터 불후(不朽)의 글만이 불후의 인물을 전한다고 했다.」 정노영(1994), 11쪽, 김정화(1985), 71쪽/「예부터 불후(不朽)의 글만이 불후의 인물을 전한다는 말이 있다.」 조성하(2000), 9쪽

67) 노신문학회(2003), 99, 이철준(1991), 90쪽/「왜냐하면 예로부터 불후의 문장에 의해서만 불후의 인물이 전해지기 때문이다.」 김하중(1981), 63쪽

68) 이가원(1989), 3쪽

69) 「예부터 불후(不朽)의 붓만이 불후의 인물을 전하는 걸로 되어 있다.」 이민수(1990), 63쪽/「왜냐하면 예로부터 불후의 붓은 불후의 사람을 전한다고 했기 때문이다.」 정석원(2004), 8쪽

70) 김시준(2008), 114쪽

그밖에 박운석(2008), 장기근·이석호(1988), 김진욱(1992), 성원경(1983), 권순만(1990), 안영신(2001), 김범수(2003), 최은정(2009), 신여준(2011), 문현선(2018) 등도 기본적으로 같은 뜻[71]으로 번역하였다. 엄영욱(2012)의 경우를 보면 다음과 같다.

> 원래 불멸의 글은 불후의 인물을 전해야 하는 것이니…….[72]

이 경우 불후의 문장을 불멸의 글로 번역한 것에는 약간의 문제가 있을 수 있다. 다만 불후의 인물을 전하는 글이 불후의 문장이라는 뜻을 전달하고 있다는 점에서 앞에 제시한 김시준(2008) 등의 번역과 궤를 같이하고 있다.

다음은 번역가들이 '경외심을 일으키다[起敬]'는 구절에 주목하여 본문에 없는 문구를 자의적으로 추가하여 과잉번역한 경우이다.

---

71) 「왜냐하면 옛날부터 불후의 문장은 모름지기 불후의 인물을 전해왔고…」 박운석(2008), 74쪽, 장기근·이석호(1988), 22쪽/「옛날부터 불후의 글이라는 것은 불후의 인물을 전하는 것으로 되어 있다.」 김진욱(1992), 5쪽/「옛날부터 불후(不朽)의 글이라는 것은 불후의 인물을 전하는 것으로 되어 있다.」 성원경(1983), 5쪽/「왜냐하면 불후의 문장은 불후의 인물을 전할 수가 있으며…」 권순만(1990), 55쪽/「예부터 불후의 문장이라고 하면 반드시 불후의 인물이 전하는 걸로 알고 있다.」 안영신(2001), 100쪽/「옛날부터 불후(不朽)의 글이라는 것은 불후의 인물을 전하는 것으로 되어 있다.」 김범수(2003), 7쪽/「예로부터 불후의 문장만이 불후의 인물을 전하는 것이라고 했기 때문이다.」 최은정(2009), 55쪽/「옛날부터 불후의 문장은 모름지기 불후의 인물을 전하게 되기 때문에…」 신여준(2011), 115쪽/「더군다나 불후의 글이란 불후의 인물을 전해야 하는 게 아니던가.」 문현선(2018), 27쪽

72) 엄영욱(2012), 11쪽

(110)

其实几个旁听人倒也肃然的有些起敬了.[73]

이 문장의 '有些起敬'은 상당한 번역의 문제점이 발견되는 구절이다. 위에 살펴본 바와 같이 이가원(1980), 이가원(1989), 이민수(1990)[74] 등은 '有些'를 중시하여 이를 번역하였다. 반면에 이 단어를 지나치게 의식하다 보니 과잉번역이 일어나게 된 번역문도 많이 보인다. 예를 들어 이가원(1980)의 번역문을 살펴보면 다음과 같다.

> 그곳에서 이 이야기를 듣고 있던 사람들은 **몰래 혀를 말면서 적지 아니** 외경(畏敬)의 염(念)을 일으켰다.[75]

이가원(1980)은 '몰래 혀를 말면서 적지 아니~'로 이 문장을 옮겼는데, '몰래'는 '肃然的'를 번역한 것으로 보이고, '적지 아니'는 '有些'를 번역한 것으로 이해되는데 '혀를 말면서'는 어디에서 온 것일까? 원문 어디에도 이러한 번역을 유도할 단어가 보이지 않는다. 외경의 마음을 표현하는 장면을 강조하기 위해 과잉번역을 한 것으로 보인다. 이민수(1990), 이가원(1989) 역시 '혀를 내두르면서'[76]로 번역하여 이가원(1980)과 같은 과잉번역의 오류를 범하고 있다.

한편 성원경(1983)은 다음과 같이 번역하였다.

---

73) 『鲁迅全集』(第一卷), 人民文学出版社, 1991, 488쪽

74) 이민수(1990), 83, 이가원(1989), 4쪽

75) 이가원(1980), 24쪽

76) 이가원(1980), 이가원(1989)과 이민수(1990)는 원문을 보고 번역하지 않았을 수도 있다. '혀를 말면서', '혀를 내두르면서'라는 단어를 추가했다면 어디엔가 그러한 번역을 유도하는 텍스트가 있었던 것이 아닐까?

> 그때 그 자리에서 이 말을 듣고 있던 사람들은 **자기도 모르게 옷깃을 여미며** 아Q에 대해 다소의 경의를 표했던 것이다.[77]

예문을 보면 이 자리에 '자기도 모르게 옷깃을 여미며'라는 구절을 추가한 번역문을 제시하고 있는데 역시 '경의를 표하다'는 말에 관습적으로 따라붙은 수식구에 해당한다. 흥미로운 것은 '옷깃을 여미다'는 원문에 없는 구절을 추가한 번역가가 이 밖에도 정노영(1994), 김진욱(1992), 조성하(2000)[78] 등 다수 나타나고 있다는 점이다.

언제나 그렇듯이 이문희(1978)의 문장은 과잉번역을 초과하여 번안식으로 번역했다. 그의 번안문은 다음과 같다.

> 마침 그 자리에 있다가 이 이야기를 들은 마을 사람들은 **깜짝 놀랐다. 설마 그럴리야 하고 생각하긴 하면서도** 아무튼 阿Q에 대해 다소나마 경의를 표하게 되었던 것은 사실이다.[79]

'마침 그 자리에 있다가 이 이야기를 들은 마을 사람들은'은 원문의 '其实几个旁听人'에 대응하지만 '깜짝 놀랐다'는 말은 어디에도 없다. 또한 사람들이 '有些起敬'한 것은 혹시 만에 하나 그럴 수도 있으므로 완전히 무시하지 않았다는 뜻이지 아Q의 말을 그대로 믿은 것은 아니

---

77) 성원경(1983), 6쪽

78) 「그때 그곳에서 이 이야기를 듣고 있던 사람들은 옷깃을 여미면서 아Q에 대해 예를 표했던 것이다.」 정노영(1994), 13쪽/「그때 그 자리에서 이 말을 듣고 있던 사람들은 자기도 모르게 옷깃을 여미며 아Q에 대해 다소의 경의를 표했던 것이다.」 김진욱(1992), 8쪽/「이 말이 끝나자 그곳에서 이 이야기를 듣고 있던 사람들은 옷깃을 여미면서 아Q에 대해 예를 표하기까지 했었다. 」 조성하(2000), 11쪽

79) 이문희(1978), 12쪽

다. 그러므로 '깜짝 놀랐다'는 말은 원문의 뜻과 크게 어긋난다. 이문희(1978)도 이 점이 걸렸던지 바로 뒤에 '설마 그럴리야 하고 생각하긴 하면서도'라는 문구를 넣어 사람들의 태도를 설명하고자 하고 있다. 원문에 없는 설명이며 노신이 '有些'를 통해 전달하고자 한 함축적 의미를 손상시키는 일에 속한다.

다음은 '十分'과 '十分'에서 仿词法으로 파생된 단어 '九分'을 옮기면서 나타난 여러 가지 오류의 경우이다.

(111)[80)]
"哈哈哈!" 阿Q十分得意的笑.
"哈哈哈!" 酒店里的人也九分得意的笑.[81)]

아Q가 술집에서 술을 먹고 있는 사람들 앞에서 비구니의 금방 깎은 머리를 만지며 그녀를 놀려대자 사람들이 옆에서 재미있다고 웃어대며 큰 반응을 보이는 장면이다. 이런 반응에 아Q는 자신이 다른 사람들이 우러러보는 사람이 되었다는 자부심을 느낀다. 그리하여 자신이 한 '대단한 일'에 대해 대단한 자부심을 느끼면서 '十分' 만족하게 웃었던 것이다. '十分'의 사전적 의미는 '아주 충분히'이다. 이는 조금도 모자람이 없다는 뜻으로 아Q의 만족스러운 심정을 표현한다. 사람들은 이 아Q의 어리석은 행동을 보면서 함께 웃는데, 그것은 진정 아Q가 대단해서가 아니라 그가 하고 있는 어리석은 행위에 대한 비웃음도 섞여 있다. 때문

---

80) 인용문(7)과 동일함

81) 『鲁迅全集』(第一卷), 人民文学出版社, 1991, 498쪽

에 노신은 仿词法으로 '十分'이란 단어를 본 따 '九分'이란 단어를 만들어 아Q를 비웃는 구경꾼들의 심경을 묘사하였다. 노신은 이러한 언어유희를 통해 아Q를 희화화하고 있다. 번역을 함에 있어서 이러한 언어유희의 정확한 분위기를 전달하기는 어렵다. 그러나 이 경우 '십분'이라는 말이 한국어에도 쓰이고 있으므로 '十分'과 '九分'을 그대로 써도 독자들이 쉽게 그 의도를 이해할 수 있을 것으로 보인다. 무엇보다도 독자들이 이것이 언어유희임을 눈치챌 수 있다면 더욱 좋은 번역이 될 수 있을 것이다. 김욱(1988)은 이런 점을 고려하여 아래와 같이 번역하였다.

> 「핫핫하.」 아큐우는 **1백 프로** 자랑스럽게 웃었다.
> 「핫핫하.」 술집에 있던 사람들도 **90프로** 쯤 자랑스럽게 웃었다.[82)]

전형준(1996), 권순만(1990) 등도 위 예문과 마찬가지로 '100%[十分]', '90%[九分]'[83)]로 옮겼는데, 모두 노신의 의도를 옮기는 데 적절한 방식을 취한 것으로 보인다. 김정화(1985)도 다음과 같이 옮겼다.

> "하하하!" 阿Q는 **십분(十分)** 득의해서 웃었다.
> "하하하!" 술집에 있던 패들도 **구분(九分)** 득의해서 웃었다.[84)]

---

82) 김욱(1988), 27쪽

83) 「"하하하!" 아Q는 백프로 득의양양하게 웃었다. "하하하!" 술집 안의 사람들도 구십프로 득의양양하게 웃었다.」 전형준(1996), 80쪽/「"핫핫핫!" 아Q는 100퍼센트 득의양양하게 웃었다. "핫핫핫!" 선술집에 있던 사람들도 90퍼센트쯤 득의양양하게 웃었다.」 권순만(1990), 70쪽

84) 「"하하하!" 阿Q는 십분(十分) 득의해서 웃었다. "하하하!" 술집에 있던 패들도 구분(九分) 득의해서 웃었다.」 김정화(1985), 82쪽

위와 같이 김정화도 '십분(十分)', '구분(九分)'으로 옮겨 직역을 한 뒤에 한문을 적는 방식으로 그 뜻을 옮겼는데 역시 작가의 뜻을 적절하게 전달하고 있다고 판단된다.

이에 비해 많은 번역가들이 다양한 방식으로 의역을 하였다. 충분히 고심한 흔적이 보이기는 하지만 작가가 언어유희를 하고 있다는 점, 그리고 언어유희를 통해 아Q를 희화화시키고 있다는 점이 제대로 드러나지 않는 경우가 많다. 예컨대 성원경(1983), 김진욱(1992), 김범수(2003) 등의 번역을 보면 다음과 같다.

> "하하하!" 아Q는 **아주 만족스레** 웃었다.
> "하하하!" 술집 안에 있던 사람들도 **꽤 만족스레** 웃었다.[85)]

예문을 보면 '아주 만족스레[十分]', '꽤 만족스레[九分]'로 옮겼고, 루쉰전집번역위원회(2010)는 '득의에 가득 찬 웃음을[十分]', '적잖이 득의에 찬 웃음을[九分]'[86)]으로, 윤화중(1994)은 '아주 신이 나서[十分]', '어느 정도 신이 나서[九分]'[87)]로 옮겼는데 동일한 동사 앞에 정도 차이를 나타내는 부사를 사용함으로써 그 차이를 전달하기 위해 고심한 흔적이 보인다.

언어적 표현을 달리하여 그 차이를 전달하고자 한 번역도 보이는데 북트랜스(2015)는 다음과 같이 번역하고 있다.

---

85) 성원경(1983), 24쪽, 김진욱(1992), 26쪽, 김범수(2003), 28쪽

86) 「'하하하!' 아Q는 득의에 가득 찬 웃음을 터뜨렸다. '허허허!' 술집에 있던 사람들도 적잖이 득의에 찬 웃음을 터뜨렸다」 루쉰전집번역위원회(2010), 121쪽

87) 「"하하하!" 아큐는 아주 신이 나서 웃었다. "하하하!" 술집 안 패거리들도 어느 정도 신이 나서 웃어댔다.」 윤화중(1994), 30쪽

"하하하!" 아Q는 **아주 득의만만하게** 웃어젖혔다.

"하하하!" 술집에 있던 사람들도 **아주 재미있어하며** 웃었다.88)

이것을 '아주 득의만만하게[十分]', '아주 재미있어하며[九分]'로 옮겼는데 이는 아Q와 술집 사람들의 웃음의 본질을 잘 파악하고 그 뜻을 정확히 전달하려고 노력한 좋은 번역이다. 원문에서는 모두 '得意的笑'이지만 그 속에 내포한 의미가 다르다. 아Q는 자신의 행동이 만족스러워 우쭐거리는 웃음이므로 '아주 득의만만하게'가 어울리고 술집 사람들은 그런 아Q를 보면서 우스워하는 것이므로 '아주 재미있어하며'가 적당하기 때문이다. 다만 이 탁월한 번역 역시 '十分'과 '九分'의 묘한 어감을 살리지 못했다는 점에서는 아쉬움이 남는다.

이에 비해 표현을 달리하기 위해 노력한 흔적은 보이지만 왜 그렇게 번역해야 하는지 설득되지 않는 번역도 있다. 정노영(1994), 조성하(2000) 등은 다음과 같이 옮겼다.

"하하하 !" 아Q는 **아주 만족스레** 웃었다.

"하하하 !" 술집 안에 있던 패들도 **어느 정도 신이 나서** 웃었다.89)

예문을 보면 '아주 만족스레[十分]', 어느 정도 신이 나서[九分]'로 옮겨 그 차이를 표현하고자 하였다. 김시준(2008)은 '매우 자랑스럽게[十分]', '얼마큼은 만족한 듯이[九分]'90)로, 엄영욱(2012), 장수철

88) 북트랜스(2015), 35쪽

89) 정노영(1994), 29쪽, 조성하(2000), 27쪽

90) 「"하하하!" 아큐는 매우 자랑스럽게 웃었다. "하하하!" 술집 안에 있던 사람들도 얼마만큼은 만족한 듯이 웃었다.」 김시준(2008), 133쪽

(2006) 등은 '아주 득의양양해서[十分]', '적이 만족한 웃음[九分]'[91]으로 비슷한 번역 양상을 보이고 있다. 모두 표현을 달리하여 그 차이를 나타내려고 노력한 번역에 속한다. 그렇지만 원문의 '十分'과 '九分'에 정확하게 대응하는 것은 아니라는 점에서 일정한 아쉬움이 남는다.

한편 이가원(1989)은 '우쭐하고 신이 나서[十分]', '신이 나서[九分]'[92]로 옮기고, 조관희(2018)는 '득의에 찬 웃음을[十分]', '웃음을[九分]'[93]으로 옮겨 단어를 줄임으로써 그 차이를 표현하고자 하였다. 단어를 달리하여 '十分'과 '九分'을 구분하려고 노력을 했지만 역시 그렇게 번역되어야 할 필연성은 발견되지 않는다.

다음도 '十分'과 '九分'을 다르게 번역하였는데 그렇게 번역해야 하는 이유를 찾기 어려운 경우이다. 노신문학회(2003)의 번역을 보자.

> "하하하!" 아Q는 **어깨춤이 나서** 웃어댔다.
> "으하하!" 술집 안의 사람들도 **모두 만족한 웃음을** 터뜨렸다.[94]

예문에서는 '어깨춤이 나서[十分]', '만족한 웃음[九分]'으로 옮겼는데 원문의 '十分', '九分'의 차이를 타나내지 못하고 있다. 또 장기근·이석호(1988)는 '마냥 의기양양하게[十分]', 덩달아 제법 신난다는 듯[九分]'[95]으로, 허세욱(1983)은 '흡족하게[十分]', '신이 나서[九分]'

91) 「"하하하!" 아Q는 아주 득의양양해서 웃었다. "으하하!" 술집 안의 사람들도 적이 만족한 웃음을 터뜨렸다.」 엄영욱(2012), 27쪽, 장수철(2006), 38쪽
92) 「"하하하!" 아Q는 우쭐하고 신이 나서 웃었다. "하하하!" 술집 안에 있던 패들도 모두 신이 나서 웃었다.」 이가원(1989), 15쪽
93) 「"하하하!" 아큐는 득의에 찬 웃음을 터뜨렸다. "하하하!" 주점의 사람들도 마찬가지로 웃음을 터뜨렸다.」 조관희(2018), 82쪽
94) 노신문학회(2003), 117쪽

로[96], 윤수천(2007)은 '十分'을 '우쭐하고 홍이 나서[十分]'로 옮기고 '九分'은 누락[97]하였다. 아Q가 스스로를 뿌듯하게 생각하여 지은 웃음, 이런 아Q를 비웃는 사람들이 지은 웃음의 차이를 제대로 드러내지 못했다. 오역이라 하고 할 수는 없지만 작가의 의도를 적절하게 반영하지 못하고 있다.

한편 이욱연(2011), 문현선(2018) 등은 모두 '아주 만족스럽게'[98]로, 정석원(2004)은 모두 '득의의 웃음을'[99]으로 구별 없이 똑같이 번역하였다. '十分'과 '九分'의 차이를 옮기기 위한 번역을 포기한 셈이다. 원문의 뜻을 충실하게 전달하지 못하고 있다는 점에서 오역에 가깝다고 할 수 있다.

다음은 관청에서만 사용하는 욕인 '忘八蛋'을 번역하면서 나타난 여러 가지 오류의 경우이다.

---

95) 「"하, 하, 하!" 阿Q는 마냥 의기양양하게 웃어젖혔다. "하, 하, 하……"술집 안에 있던 사람들도 덩달아 제법 신난다는 듯 웃어댔다.」 장기근·이석호(1988), 83쪽

96) 「"하하하!" 아큐는 흡족하게 웃어 댔다. "하하하!" 선술집 안에 있던 패거리도 신이 나서 웃어 댔다.」 허세욱(1983), 62쪽

97) 「"하하하!" 아큐는 우쭐하고 흥이 나서 또 웃었다. "하하하!" 술집 안에 있던 패들도 웃어댔다.」 윤수천(2007), 41쪽

98) 「"하하하!" 아Q는 아주 만족스럽게 웃었다. "하하하!" 술집에 있던 사람들도 아주 만족스럽게 웃었다.」 이욱연(2011), 40쪽/ 「"하하하!" 아Q가 만족스럽게 웃었다. "하하하!" 술집에 있는 사람들도 대부분 만족스럽게 웃었다.」 문현선(2018), 48쪽

99) 「"으하하하!" 아Q는 개선장군이나 된 양 득의의 웃음을 터뜨렸다. "으하하하!" 주점 안에 있던 사람들도 마찬가지였다.」 정석원(2004), 28쪽

(112)

阿Q奔入舂米场，一个人站着，还觉得指头痛，还记得"忘八蛋".[100)]

아Q가 우 어멈에게 잠자리를 같이하자고 말을 했을 때 자오 나리의 큰아들이 아Q에게 한 말을 되뇌이는 장면이다. 중국어에서 '王八蛋'은 가장 속된 욕의 하나로서 '王八'는 두 가지로 해석되고 있다. 하나는 자라를 속되게 부르는 단어로 '忘八'와 쌍성첩운의 관계로 보는 경우이다. '王八'는 자기의 어미와 교배를 하는 동물로 알려져 있다. 때문에 이 말은 '어미와 교배하는 자'라는 의미의 패륜적 욕설이 된다. '王八蛋', 즉 자라〔王八〕 새끼〔蛋〕는 '개자식'이라는 말과 비슷하다.

이에 비해 스스로 '체면이 있고 수준이 높다고' 자처하는 지배계층에서는 이런 상스러운 말을 입에 담을 수 없다고 생각해서 '王八'를 '忘八'로 표기하여 '도덕을 버린 놈, 짐승 같은 놈'이라는 뜻으로 이 단어를 사용했다. 이 중 망각했다〔忘〕는 것은 효(孝), 제(悌), 충(忠), 신(信), 예(礼), 의(义), 염(廉), 치(耻) 등 여덟 가지 덕목을 망각한 놈이라는 의미이다. 그러므로 '忘八蛋'은 윤리도덕, 예의염치를 망각한 사람을 가리키는 말이 된다. 여기에서 작자는 일부러 '王八蛋'이 아니라 '忘八蛋'을 사용하여 '자라새끼, 개자식'보다는 '도덕을 버린 놈, 짐승 같은 놈'이라 표현하여 체통을 유지하고자 하는 지배계층의 입장을 풍자하고자 한다. 삼강오륜은 사회를 안정적으로 지배하는 강력한 지배이데올로기로 작용하였다. 이 삼강오륜은 부모 자식이 없고 심지어 배우자조차 없는 아Q에게는 아무런 소용도 없다. 그럼에도 불구하고 이것은 아Q를 구속하는 강력한 힘을 발휘하고 있다. 아Q가 자신을 옥죄는 지배이데올

100) 『鲁迅全集』(第一卷), 人民文学出版社, 1991, 501쪽

로기를 내재화하고 있기 때문이다. 작가는 이러한 점을 풍자하고자 '王八' 대신 '忘八'이라는 단어를 썼고, 또 그 의도를 드러내기 위해 따옴표를 붙여 강조하였다. 이러한 작가의 의도를 살린 번역은 김시준(2008), 엄영욱(2012) 등의 번역이다.

> 아큐는 방앗간으로 뛰어들어가 혼자 서 있었다. 아직도 손가락이 아팠다. **'짐승 같은 놈'**이란 말이 아직도 귀에 쟁쟁하다.[101]

그리고 장수철(2006), 조성하(2000), 김범수(2003), 김진욱(1992), 성원경(1983) 등은 '「개 같은 놈」이란 말이 아직도 귀에 쟁쟁했다'[102]라고 위 예문과 비슷한 번역을 하였다.

또 정도가 약하기는 하지만 도덕적으로 부족하다는 의미를 표현하고 있는 '파렴치하다'도 비교적 적절하다고 볼 수 있다. 이문희(1978), 이가원(1980), 이민수(1990), 우인호(2007), 윤수천(2007), 안영신(2001), 윤화중(1994) 등은 '「파렴치한」이란 말'[103]로 번역했다. 위의 세 가지 번역

---

101) 김시준(2008), 138쪽, 엄영욱(2012), 32쪽

102) 「아Q는 방앗간으로 뛰어들어 멍하니 서 있었다. 손가락이 쑤셨고 "이 개 같은 놈!"이라는 말이 귀에 쟁쟁했다.」 장수철(2006), 43쪽/ 「아Q는 방앗간으로 뛰어 들어가 혼자 멍하니 서 있었다, 손가락이 아직도 욱신거렸다. '개 같은 놈'이란 말이 아직도 귀에 쟁쟁했다.」 조성하(2000), 33쪽/ 「아Q는 쌀 찧는 데로 달아나 우두커니 서 있었다. 손가락이 아직도 아팠다. 〈이 개 같은 놈〉이라는 말은 아직 머리에 남아 있었다.」 김범수(2003), 34쪽, 김진욱(1992), 32쪽, 성원경(1983), 30쪽

103) 「阿아Q는 방아가 있는 곳으로 도망쳐서는 혼자 서 있었다. 조금 前전에 얻어맞은 손가락이 욱신욱신 쑤셨다. 파렴치한이란 말이 아직도 귀에 쟁쟁했다. 阿아Q는 이제껏 그런 욕을 들어본 적이 없다.」 이문희(1978), 45쪽 / 「阿Q는 쌀 찧는 곳으로 뛰어 들어가 혼자서 있었다. 손가락은 또 아파왔다. 파렴치한이란 말이 아직도 귀에 쟁쟁했다.」 이가원(1980), 49쪽/ 「아Q

은 모두 작자의 의도를 살린 적절한 번역이다. 반면에 이욱연(2011)은 아래와 같이 번역을 하였다.

> 아Q는 방앗간으로 뛰어 들어가 멍하니 서 있었는데 손가락이 아직도 아팠고, **'개자식'**이란 말이 귀에 맴돌았다.[104]

'개자식'이란 번역은 '忘八蛋'이 나온 어원인 '王八蛋'을 고려하면 문제가 없는 번역이지만 노신이 변형된 단어에 따옴표까지 붙이면서 표현한 의도를 적절하게 나타내지 못하였다. 이가원(1989), 김태성(2011), 이철준(1991), 허세욱(1983), 최은정(2009) 등[105]도 모두 비슷하게 번역

는 쌀 찧는 곳으로 뛰어들어가 혼자 서 있었다. 손가락은 아직도 아팠다. '파렴치한'이란 말이 아직도 귀에 쟁쟁했다.」 이민수(1990), 97-98쪽/ 「아Q는 쌀 찧는 곳으로 피해 들어가 혼자 서 있었다. 아직도 손가락이 얼얼했다. '파렴치한'이란 말이 귀에 쟁쟁했다.」 우인호(2007), 67쪽/ 「아큐는 쌀 찧는 곳으로 뛰어 들어가 꼼짝 않고 서 있었다. 손가락은 여전히 욱신욱신 아팠다. '파렴치한' 이란 말이 아직도 귀에 쟁쟁했다.」 윤수천(2007), 50쪽/ 「아Q는 쌀 찧는 곳으로 뛰어 들어가 혼자 서 있었다, 아직도 손가락이 얼얼했다. '파렴치한'이란 말이 귀에 쟁쟁했다.」 안영신(2001), 120쪽/ 「아큐는 쌀 찧는 곳으로 뛰어 들어가 혼자 서 있었다. 아직도 손가락이 아팠다, '파렴치한'이란 말이 여전히 귀에 쟁쟁했다.」 윤화중(1994), 37쪽

104) 이욱연(2011), 49쪽

105) 「아Q는 쌀 찧는 곳으로 뛰어 들어가 혼자 서 있었다. 엄지손가락이 아직도 아팠다. "이 개 같은 놈"이란 말이 아직도 귀에 쟁쟁했다.」 이가원(1989), 18쪽/ 「아Q는 방앗간으로 뛰어 들어가 혼자 서 있었다. 여전히 손가락이 얼얼했다. 개자식 같다는 말이 아직도 귀에 쟁쟁했다.」 김태성(2011), 125-126쪽/ 「아Q는 방앗간에 뛰어들어가 멍하니 서있었다. 얻어맞은 손가락이 쑤셔났고 《개자식》이라고 욕하던 말이 귀에 쟁쟁했다.」 이철준(1991), 111쪽/ 「아큐는 방앗간으로 들어갔다. 혼자 서 있으려니 아직도 손가락이 아팠다. 또 '개새끼'라는 말이 생각났다.」 허세욱(1983), 75쪽/ 「아Q는 쌀 찧는 데로 달려 들어가 혼자 서 있었다. 손가락이 여전히 아팠

을 하였다. 또 문현선(2018)은 '잡놈'[106]으로, 정석원(2004), 루쉰전집번역위원회(2010), 신여준(2011) 등은 '육시랄 놈!'[107]으로 옮겼다.

'개자식'이든, '잡놈'이든, '육시랄 놈'이든 모두 상스러운 말로서 원문에서 말했듯이 젊잖음을 자처하는 사람들은 이런 상스러운 말을 입에 담으려고 하지 않았다. 때문에 틀린 번역은 아니지만 작자가 표현하려는 의도를 손상시키는 번역에 속한다.

또 김하중(1981)은 '「은혜를 모르는 놈」이라는 말이 아직도 귀에 쟁쟁했다'[108]로, 김정화(1985), 박운석(2008), 노신문학회(2003) 등은 '「배은망덕한 놈」이라고 욕하던 말이 귀에 쟁쟁했다'[109]로, 김욱(1988)은 '「괘씸한 놈」이라는 말도 아직 귀에 남아있었다'[110]로 옮겼다. '忘八'의 여덟

고, '개자식'이란 말도 귀에 쟁쟁했다.」 최은정(2009), 75쪽

106) 「아Q는 방앗간으로 뛰어 들어가 혼자 가만히 섰다. 손가락이 쑤시고 잡놈이라는 욕이 떠올랐다.」 문현선(2018), 54쪽

107) 「아Q는 방앗간으로 쫓겨 들어가 우두커니 서 있었다. 손가락은 계속 욱신거렸고 '육시랄 놈'이란 욕설도 머리에 떠올랐다.」 신여준(2011), 147쪽/「아Q는 방앗간으로 뛰어 들어가 우두커니 섰다. 손가락은 아직도 얼얼했고 '육시랄 놈!'이란 말이 아직도 귀를 쟁쟁거렸다.」 루쉰전집번역위원회(2010), 125쪽

108) 「阿Q는 방앗간으로 뛰어 들어갔다. 혼자서 우두커니 서 있으니 손가락이 몹시 아팠다. 『은혜를 모르는 놈』이라는 말이 아직도 귀에 쟁쟁했다.」 김하중(1981), 76

109) 「阿Q는 방아 찧는 곳으로 뛰어들어 혼자 서 있었다. 손가락이 다시 아팠다. "배은망덕"이라는 말이 아직도 귀에 쟁쟁하였다.」 김정화(1985), 85쪽/「아Q는 방앗간으로 뛰어 들어가 혼자서 있자니 여전히 손가락이 아프고 '배은망덕한 녀석'이라고 한 말이 떠올랐다.」 박운석(2008), 103쪽/「아Q는 방아 찧는 헛간에 뛰어 들어가 멍하니 서 있었다. 얻어맞은 손가락이 쑤셔왔고 '배은망덕한 놈'이라고 욕하던 말이 귀에 쟁쟁했다.」 노신문학회(2003), 122쪽

110) 「아큐우는 쌀을 찧는 곳으로 도망쳐 들어가 서 있었다. 손가락이 여전히

가지에 봉건적 덕목이 포함될 수는 있겠지만 전체적으로 인륜을 저버린 짐승 같은 놈이라는 의미의 극히 일부만을 전달한다. 또한 이들과 아Q 사이에 은원관계가 없으므로 문맥의 연결이 부자연스럽다는 문제도 있다. 그런 점에서 의미가 축소된 번역이라 할 수 있다.

다음은 '求食'을 번역함에 있어서 그 범위에 대한 선택이 문제가 되는 경우이다.

(113)

于是他决计出门求食去了.[111)]

아Q가 우 어멈한테 자자는 말을 한 뒤 웨이좡 사람들은 다시는 그를 찾아 일을 시키지 않았다. 하루하루 일을 하고 먹고 살아가는 아Q는 할 일이 없게 되자 배를 굶게 되었다. 배는 고프고, 팔아서 돈이 될 만한 물건은 없다. 그래서 아Q는 밖에 나가서 먹을 것을 구해보기로 하였다. '求食'에서의 '求'의 의미는 '구하다', '찾다'는 뜻이다. 그러니까 '求食'은 먹을 것을 구한다는 뜻이다. 실제로 작품에서 아Q는 거리에 음식을 구하러 갔지만 도리어 아무것도 구하지 못하고 무를 도둑질한다. 그러니까 '求食'에는 구걸의 행위도 포함되지만 보다 넓게 먹을 것을 구하는 행위로 번역될 필요가 있다. 이러한 맥락에 고려하여 김하중(1981)은 다음과 같이 옮겼다.

욱신거렸다. 〈괘씸한 놈〉이라는 말도 아직 귀에 남아 있었다.」 김욱(1988), 31쪽

111) 『鲁迅全集』(第一卷), 人民文学出版社, 1991, 505쪽

이리하여 그는 **먹을 것을 얻기 위하여** 밖으로 나가기로 결심했다.[112]

비슷한 번역으로 이욱연(2011), 노신문학회(2003), 이문희(1978), 박운석(2008), 허세욱(1983) 등은 '먹을 것을 구하러 가기로 했다'[113]로, 이가원(1980), 신여준(2011) 등은 '그래서 그는 밖으로 나가서 먹을거리를 구하기로 했다'[114]로, 이철준(1991), 조성하(2000), 김범수(2003) 등은 '그래서 마침내 그는 밖에 나가 먹을 것을 찾아보기로 하였다'[115]로 번역하였다. 적절한 번역이라 할 수 있다.

이에 비해 적지 않은 번역문에서는 '밖에 나가 구걸을 하다'는 뜻으로 옮겼다. 장기근·이석호(1988)의 경우를 보면 다음과 같다.

결국 그는 밖으로 나가서 **걸식을 하기로** 결정을 내리고 말았다.[116]

그 외에도 김정화(1985), 김시준(2008), 조관희(2018), 엄영욱(2012), 이가원(1989), 이민수(1990), 우인호(2007), 김태성(2011), 정노영(1994), 안영신(2001), 정석원(2004), 윤수천(2007), 루쉰전집번역위원회(2010)는 '밥을 빌러 밖으로 나가기로 작정하였다', '구걸을 하기로 결심했다' 등[117]으로 번역을 하여 아Q의 먹을 것을 구하는 상황을 바로

---

112) 김하중(1981), 79쪽

113) 이욱연(2011), 59쪽, 노신문학회(2003), 128쪽, 이문희(1978), 55쪽, 박운석(2008), 110쪽, 허세욱(1983), 89쪽

114) 이가원(1980), 57, 신여준(2011), 157쪽

115) 이철준(1991), 117, 조성하(2000), 40쪽, 김범수(2003), 43쪽

116) 장기근·이석호(1988), 92쪽

전달하지 못하였음은 물론 뒤의 상황과 제대로 연결하지 못하고 있다. '求食'의 의미에 걸식이 포함될 수는 있지만 보편적으로 먹을 것을 구하러 가는 일을 가리킨다는 점을 파악하지 못하여 일어난 오역 내지 축소 번역이라 할 수 있다.

117) 김시준(2008), 145쪽, 조관희(2018), 95쪽, 엄영욱(2012), 38쪽, 이가원(1989), 22쪽, 이민수(1990), 102쪽, 우인호(2007), 74쪽, 김태성(2011), 132쪽, 정노영(1994), 41쪽, 안영신(2001), 126쪽, 정석원(2004), 40쪽, 윤수천(2007), 61쪽, 루쉰전집번역위원회(2010), 130-131쪽

VIII. 결론

이상으로 노신의 「아Q정전」 번역의 시대적 특징 및 35종의 번역문에서 나타난 번역상의 문제점들을 살펴보았다.

서론에서는 번역에 나타난 전체적 흐름을 짚어보았다. 이를 위해 「아Q정전」의 번역이 본격적으로 나타나기 시작한 1970년대, 1980년대, 1990년대, 2000년대, 2010년대로 10년을 단위로 번역 작품을 분류하여 그 특징을 살펴보았다. 특히 인명과 지명, 관용어, 주석 등 시대별 특징들로부터 시대적 흐름을 개관해 보았다. 인명과 지명은 대체적으로 '한국어 발음표기 → 중국어 발음표기'의 추세변화가 발견되었다. 그리고 출전이 있는 문장이나 관용어의 경우, 2000년대 전까지는 한자를 병기하는 방식이 나타나다가 이후에는 한자 병기 없이 완전한 한국어로 번역되는 방식이 주류를 점하였다. 주석방식에서도 시대별 특징이 두드러지게 나타났는데 협주, 미주로부터 각주가 많아지는 추세가 발견된다. 컴퓨터 편집이 주를 이루게 된 시대적 상황의 반영으로 이해된다.

2장에서는 1970년대, 1980년대, 1990년대, 2000년대, 2010년대로 나누어서 각 시대별 특징들을 구체적으로 살펴보았다. 시대별 특징을 총괄해 보면 1970년대는 작품을 번역하면서 원문의 뜻보다 한국어의 미려함과 독자들의 이해도를 높이는 일을 더 중시하는 번안에 가까운 번역이 보인다. 1980년대는 아직 한·중 수교가 이루어지지 않은 때였으므로 주로 일본어 번역본을 중역하였다는 것이 그 특징의 하나로 파악되며, 또 글쓰기의 권력을 점하고 있던 명사들이나 문인들이 번역을 이끌던 시대라고 할 수 있다. 1990년 초에는 상업적 목적에 의한 번역의 시대였다고 할 수 있다. 무엇보다 출판사의 기획에 의한 번역이 다수 발견되는 시대이다. 2000년대는 한국 문단에서 노신에 대한 열풍이 높아진 시대였다. 이 시기 번역자들은 대부분 대학의 교수들이었다. 이들은 중국 현대문학을 연구하면서 대학교 교단에서 현대문학을 교육해온 학자들이었다. 그런 점에서 2000년대는 교수 번역의 시대라 할 수 있다. 2010년대 주된 특징은 노신 연구 전문가, 현대문학 연구자나 전문번역가들이 번역에 적극 임하였다는 것이다. 이 시기 루쉰전집번역위원회(2010)의 활동이 가장 주목된다. 이들이 노신 연구자들의 역량을 총결집하여 『루쉰전집』(전권 20권)의 번역을 기획했다는 점은 기념비적이다. 이런저런 상황을 고려할 때 이 시기는 노신전문가 번역의 시대라고 규정짓기에 충분하다.

이상과 같이 시대별 특징을 개관하고 또 각 시대별 특징을 구체적으로 살펴보았지만 이러한 특징이 절대적인 것은 아니다. 각 시대별 특징이 서로 부분적으로 겹치는 부분이 나타나기 때문이다. 그럼에도 전체적으로 「아Q정전」의 번역에는 이와 같은 시대적 특징과 발전의 궤적이 발견된다는 점은 분명해 보인다.

제3장에서는 중국과 한국의 문화적 차이로 인해 나타난 오역의 경우를 중심으로 살펴보았다. 두 나라는 비록 동일한 문화권에 속하지만 역사적, 지역적, 언어적, 풍속적 차이로 인해 자기만의 독특한 특징을 구유하고 있다. 그러므로 번역을 함에 있어서 역자가 원문의 문화에 대한 파악이 부족하면 필연적으로 문화적 차이를 제대로 반영하지 못하는 번역이 나오게 된다.

상대방 문화에 대한 이해의 부족으로 생긴 오류의 경우로는 다음과 같은 것들이 있었다. 가족 관계 속의 호칭 '吴妈'[1])를 한국의 가족 관계로 환치하면 '오 어멈', '오 아줌마', '우 아주머니', '우 아줌마' 등[2])으로 옮겨야 한다. 하지만 중국 문화에 대한 이해 부족으로 한 사람의 이름인 '우마', '오마' 등[3])로 옮겨 마치 그것이 인명인 것처럼 처리한 경우이다. 한편 '两碗黄酒'[4])의 양사 '碗'에 대한 번역에도 문화적 차별성과 동일성을 고려할 필요가 있다. 대체적으로 이것은 '사발'[5])로 번역하는 것이 합당하다. 하지만 대부분의 번역에서는 일반적인 습관에 따라 양사 '~잔'[6])으로 옮겼다. 이 역시 중국문화에 대한 이해 부족, 본문의 문맥에 대한 이해 부족으로 인한 오류이다.

---

1) 『鲁迅全集』(第一卷), 人民文学出版社, 1991, 501쪽
2) 김태성(2011), 125쪽, 이욱연(2011), 4쪽, 엄영욱(2012), 31쪽, 북트랜스(2015), 42, 문현선(2018), 53쪽, 루쉰전집번역위원회(2010), 124쪽, 최은정(2009), 74쪽, 장수철(2006), 42쪽, 윤화중(1994), 36쪽, 노신문학회(2003), 121쪽, 이철준(1991), 110쪽, 김범수(2003), 34쪽, 김진욱(1992), 31쪽, 성원경(1983), 30쪽, 조성하(2000), 32쪽 등
3) 이가원(1980), 48쪽, 이문희(1978), 44쪽, 김하중(1981), 75쪽, 정석원(2004), 32쪽, 전형준(1996), 85쪽, 정노영(1994), 33쪽, 우인호(2007), 66쪽, 김정화(1985), 85쪽, 허세욱(1983), 73쪽, 윤수천(2007), 49쪽, 권순만(1990), 75쪽, 안영신(2001), 120쪽 등
4) 『鲁迅全集』(第一卷), 人民文学出版社, 1991, 488쪽
5) 이욱연(2011), 10쪽, 박운석(2008), 76쪽, 이철준(1991), 91쪽, 장기근·이석호(1988), 73, 신여준(2011), 117쪽, 문현선(2018), 29쪽, 노신문학회(2003), 102쪽 등
6) 권순만(1990), 57쪽, 안영신(2001), 102쪽, 최은정(2009), 56쪽, 김시준(2008), 116쪽, 북트랜스(2015), 12쪽, 정노영(1994), 13쪽, 이가원(1989), 4쪽, 이가원(1980), 24쪽, 이민수(1990), 82쪽, 우인호(2007), 4쪽, 김하중(1981), 6쪽, 엄영욱(2012), 13쪽, 조관희(2018), 65쪽, 김정화(1985), 72쪽, 성원경(1983), 6쪽, 김진욱(1992), 8, 김범수(2003), 9, 이문희(1978), 12쪽, 윤화중(1994), 17쪽, 전형준(1996), 64쪽, 조성하(2000), 11쪽, 장수철(2006), 22쪽 등

중국에만 있고 한국에는 없는 물건을 옮기면서 나타난 오류도 살펴보았다. 예컨대 중국의 '馒头'[7]라는 음식은 내용물이 없이 밀가루를 빚어 찐 밀가루 떡이고 한국의 '만두'는 내용물이 있는 음식이다. 때문에 '밀가루 떡', '밀가루 빵', '만터우(馒头)' 등[8]으로 옮기는 것이 합당하지만 대부분의 번역문에서 '만두'[9]로 옮겼다.

또 중국에서 호박씨, 수박씨, 해바라기씨 등에 대한 총칭으로 사용되는 '瓜子'[10]의 번역 역시 문제가 된다. 대부분의 번역에서는 이것을 '호박씨', '수박씨' 등[11]으로 옮겼다. 틀린 번역은 아니지만 여전히 고민이 필요한 경우에 속한다. 현재의 瓜子는 대량생산의 요구에 따라 해바라기씨를 내용물로 하는 경향이 있으므로 이것을 '해바라기씨'로 옮기는 것도 고려해볼 만하다.

---

7) 『鲁迅全集』(第一卷), 人民文学出版社, 1991, 506쪽

8) 이철준(1991), 117쪽, 루쉰전집번역위원회(2010), 131쪽, 김태성(2011), 132쪽 등

9) 이욱연(2011), 59쪽, 조관희(2018), 95쪽, 김시준(2008), 145쪽, 노신문학회(2003), 128쪽, 엄영욱(2012), 38쪽, 이문희(1978), 55쪽, 이가원(1980), 57쪽, 김하중(1981), 80쪽, 김정화(1985), 89쪽, 장기근·이석호(1988), 92쪽, 이가원(1989), 22쪽, 우인호(2007), 74쪽, 박운석(2008), 110쪽, 정노영(1994), 41쪽, 북트랜스(2015), 52쪽 등

10) 『鲁迅全集』(第一卷), 人民文学出版社, 1991, 524쪽

11) 이문희(1978), 103쪽, 김하중(1981), 95쪽, 김정화(1985), 107쪽, 김욱(1988), 64쪽, 전형준(1996), 121쪽, 노신문학회(2003), 154, 정석원(2004), 71쪽, 박운석(2008), p144-145, 최은정(2009), 107, 루쉰전집번역위원회(2010), 154쪽, 이욱연(2011), 109쪽, 신여준(2011), 199쪽, 북트랜스(2015), 92쪽, 이가원(1980), 92쪽, 장기근·이석호(1988), p111-112쪽, 이가원(1989), 39쪽, 이민수(1990), 123쪽, 이철준(1991), 143, 김진욱(1992), 68, 윤화중(1994), 67-68쪽, 정노영(1994), 69-70쪽, 조성하(2000), 68쪽, 안영신(2001), 152쪽, 김범수(2003), 78쪽, 장수철(2006), 80쪽, 윤수천(2007), 112쪽, 김시준(2008), 175쪽, 엄영욱(2012), 64쪽, 허세욱(1983), 151쪽

다음으로 한국과 중국에서 내포하고 있는 의미 차이, 표현 방식 차이로 인한 오류도 살펴보았다. 예컨대 중국어에서 '孙子'는 타인을 멸시하고 모욕하는 언어로 쓰인다. 한국어로 옮기면 '아무짝에도 쓸모없는 놈', 혹은 '멍청한 놈' 정도가 될 것이다. 하지만 한국어에는 이런 의미가 없기 때문에 번역문에서 직접 '손자', '손자의 대(代)가 되면', '애들이나', '어린애들이나' 등[12]으로 옮겨서 그 의미를 충분히 전달하지 못하고 있음을 살펴보았다.

4장에서는 따옴표를 사용한 관용어, 출전이 있는 단어 혹은 문장을 옮기면서 나타난 오역, 누락, 불완전번역 등을 살펴보았다. 노신은 작품에 인용부호를 사용하여 그 의미를 중층화하고 풍자의 분위기를 전달하고자 하였다. 때문에 인용부호가 있는 단어나 문장은 그 중층적, 풍자적 분위기를 전달하는 번역이 되어야 한다.

'斯亦不足畏也矣'[13]에 대한 분석을 정리해보자. 이것은 『论语·子罕』에 나오는 구절로서 후배세대에 대한 평가와 기대의 원칙을 표명한 말이다. 이것을 주인공의 저열한 행태에 대한 주변 사람들의 반응을 표현함으로써 의미의 삐걱거림을 만들고자 한 것이 작가의 의도이다. 여기에서 따옴표는 대단히 중요하다. 그런데 많은 번역문에서 따옴표를 누락[14]하여 작가가 전달하려는 의도를 살리지 못하고 있음을 살펴보았다.

---

12) 이철준(1991), 143쪽, 노신문학회(2003), 15쪽, 장기근·이석호(1988), 112쪽, 허세욱(1983), 152쪽, 최은정(2009), 107-108쪽, 장수철(2006), 80쪽, 박운석(2008), 145쪽, 문현선(2018), 96쪽, 정석원(2004), 71쪽, 엄영욱(2012), 65쪽, 북트랜스(2015), 93쪽 등

13) 『鲁迅全集』(第一卷), 人民文学出版社, 1991, 512쪽

14) 이민수(1990), 109쪽, 정노영(1994), 51쪽, 안영신(2001), 135쪽, 이문희(1978), 74쪽, 이민수(1990), 109쪽, 정노영(1994), 51쪽, 안영신(2001), 135쪽, 정석원(2004), 51쪽, 장수철(2006), 61쪽, 윤수천(2007), 78쪽, 우인호(2007),

또한 『서유기』에서 나오는 고유어 '秋行夏令'[15]을 옮기면서 마찬가지로 따옴표를 누락[16]하여 노신의 중층적 의미를 정확히 전달하지 못한 경우도 있었다.

중국어 관용어 '仇人相见分外眼明'[17]에 대한 번역에는 오역이 많이 발견된다. 이것은 '원수를 보면 바로 눈에 들어온다'는 뜻이 담긴 중국어 속담이다. 그렇지만 많은 번역문에서는 중국어에서 널리 사용되는 '원수는 외나무다리에서 만난다(冤家路窄)'[18]라고 번역하였다.

한편 『좌전』에 나오는 '若敖之鬼馁而'[19]의 번역에도 많은 문제가 발견되었다. 원래 이 문장은 '약오若敖 씨의 귀신이 굶주린다'로 옮길 수 있는데 '죽은 후의 영혼은 굶고는 견디지 못한다' 등[20]으로 옮겨 원문의 뜻이 바르게 전달되지 못하는 경우도 있음을 살펴보았다.

구시대의 지식인들이 사용한 편지 형식인 '黄伞格'의 번역과 관련하여 문제 있는 번역이 다수 발견되었다. 이것은 노신이 풍자하고자 한 봉건 가치관과 관련되어 있는 문화적 형식이다. 더구나 한국의 독자들에게 이것이 어떤 편지 형식인지 알게 해주어야 하는 의무도 있다. 그런

85쪽, 신여준(2011), 171쪽, 문현선(2018), 73쪽 등

15) 『鲁迅全集』(第一卷), 人民文学出版社, 1991, 517쪽

16) 루쉰전집번역위원회(2010), 146쪽, 이가원(1989), 33쪽, 엄영욱(2012), 55쪽, 북트랜스(2015), 79쪽, 노신문학회(2003), 145쪽, 장수철(2006), 69쪽

17) 『鲁迅全集』(第一卷), 人民文学出版社, 1991, 504쪽

18) 김정화(1985), 88쪽, 노신문학회(2003), 126쪽, 김시준(2008), 143쪽, 조관희(2018), 93쪽, 엄영욱(2012), 36쪽, 우인호(2007), 72쪽, 조성하(2000), 38쪽, 안영신(2001), 124쪽, 김범수(2003), 40쪽, 정석원(2004), 38쪽, 허세욱(1983), 84쪽, 문현선(2018), 59쪽, 윤수천(2007), 57-58쪽 등

19) 『鲁迅全集』(第一卷), 人民文学出版社, 1991, 499쪽

20) 정노영(1994), 30쪽, 이가원(1980), 44-45쪽, 이가원(1989), 16쪽, 이민수(1990), 95쪽, 윤수천(2007), 44쪽, 안영신(2001), 117쪽, 조성하(2000), 29쪽

데 아무런 해석도 없이 '〈황산격〉의 편지'[21]로만 옮기면 노신이 표현하려는 풍자성과 전달력이 사라지므로 불완전한 번역의 경우에 속한다.

『논어』에 나오는 말 '而立'에 대한 번역에도 유사한 문제점이 발견된다. 이것은 '학문에서 스스로 반듯하게 설 수 있는 나이'라는 뜻이다. 하지만 역시 이것을 아무런 해석도 없이 단지 '이립(而立)'의 나이'[22]로 옮긴 경우가 보이는데 역시 독자를 고려하지 않은 불완전한 번역에 가까운 경우이다.

5장에서는 문맥 파악을 잘못하여 나타난 오역, 단어의 의미를 잘못 이해하여 나타난 오역, 문법적 구조를 잘못 파악한 오역, 소홀함에서 비롯된 오역 등의 경우를 살펴보았다.

문맥 파악을 잘못한 경우에 대한 분석을 다시 정리해보자. 여기 '原来就因为见了你'[23]라는 문장이 있다. 이것은 문장 자체로만 보면 과거형이지만 전체 문맥을 고려할 때 미래형으로 옮겨야 한다. 그런데 많은 경우 문맥에 대한 고려 없이 단순히 과거형[24]으로 옮긴 경우가 많이 있었다.

'谁愿意在这小县城里做事情'[25]의 '这小县城里'에 대한 번역을 보자. 작품에서 이것이 가리키는 곳은 웨이좡이다. 하지만 대부분의 번역문에

---

21) 김범수(2003), 67-68쪽, 장기근·이석호(1988), 106쪽, 조성하(2000), 60쪽

22) 이욱연(2011), 44쪽, 김하중(1981), 74쪽, 허세욱(1983), 67쪽, 루쉰전집번역위원회(2010), 123쪽

23) 『鲁迅全集』(第一卷), 人民文学出版社, 1991, 497쪽

24) 「내가 오늘 왜 이리 일진이 사나운가 했더니, 과연 네 낯짝을 본 탓이로구나라고 생각하였다.」 김정화(1985), 81쪽/ 「'내가 오늘 왜 이렇게 재수가 없나 했더니, 바로 너를 만났기 때문이었구나!'」 김시준(2008), 132쪽/ 「"오늘은 왜 이렇게 재수가 없는가 했더니 원래 너를 만났기 때문이구나!"라고 그는 생각했다.」 전형준(1996), 79쪽

25) 『鲁迅全集』(第一卷), 人民文学出版社, 1991, 519쪽

서는 '누가 그런 조그마한 고장에 가서 일하겠나', '누가 그런 조그만 현에서 일하기를 바라겠소', '그렇게 작은 동네에서 누가 일하고 싶겠어' 등[26]으로 옮겼다. 문맥 파악에 실패하였기 때문에 일어난 오역이다.

단어의 의미를 잘못 이해한 경우를 보자. 작품의 배경이 된 '土谷祠'에 대한 번역을 보면 이곳에는 '土地公公'과 '土地婆婆'가 모셔져 있기 때문에 '토곡사', '토지묘' 등으로 옮겨야 한다. 그렇지만 실제 번역문에서는 '土谷祠'를 '서낭당', '성황당', '사당' 등[27]으로 오역한 경우가 많이 보인다. '토곡사'와 '서낭당'은 기능이 다르다.

'角回'라는 도박용어에 대한 번역에도 문제가 나타난다. 이것은 판돈을 건 곳이 판의 가장자리임을 밝히는 押宝도박의 용어이다. 하지만 장수철(2006)을 제외한 모든 번역문에서는 '角回'가 명사라는 것을 모르고 '각(角)은 비켜갔네요', '각(角)은 돌아섰고', '각(角)은 트이고', '모서리는 비겼고' 등[28]으로 다양한 오역을 보이고 있다.

---

26) 장기근·이석호(1988), 107쪽, 권순만(1990), 101쪽, 이철준(1991), 137쪽, 노신문학회(2003), 147쪽, 전형준(1996), 114쪽, 안영신(2001), 145쪽, 김범수(2003), 69쪽, 장수철(2006), 73쪽, 엄영욱(2012), 58쪽, 윤수천(2007), 99쪽, 박운석(2008), 136쪽, 김시준(2008), 167쪽, 최은정(2009), 100-101쪽, 루쉰전집번역위원회(2010), 149쪽, 조관희(2018), 119쪽, 문현선(2018), 87쪽

27) 엄영욱(2012), 16쪽, 우인호(2007), 47쪽, 정노영(1994), 17쪽, 이민수(1990), 8쪽, 김욱(1988), 15쪽, 이문희(1978), 16쪽, 최은정(2009), 59쪽, 루쉰전집번역위원회(2010), 110쪽, 윤수천(2007), 21쪽, 안영신(2001), 105쪽, 전형준(1996), 68쪽, 조성하(2000), 15쪽, 김시준(2008), 120쪽, 신여준(2011), 122쪽, 권순만(1990), 60쪽

28) 김욱(1988), 19쪽, 장기근·이석호(1988), 78쪽, 박운석(2008), 86쪽, 김하중(1981), 68쪽, 김진욱(1992), 17쪽, 성원경(1983), 17쪽, 엄영욱(2012), 20쪽, 윤화중(1994), 25쪽, 권순만(1990), 63쪽, 조관희(2018), 74쪽, 김시준(2008), 124쪽, 김태성(2011), 111쪽, 최은정(2009), 63쪽, 북트랜스(2015), 23쪽, 우인호(2007), 52쪽, 정노영(1994), 21쪽, 이가원(1989), 10쪽, 이문희(1978), 24쪽,

문법적 구조를 잘못 파악한 경우를 보자. '他也或住在临时主人的家里'29)라는 문장이 있다. 여기에서 '临时'는 '主人'의 수식어이다. 그런데 많은 번역문에서는 수식 관계를 잘못 이해하여 '임시로 주인집에 머무르기도 했지만' 등30)으로 오역하였다.

'几个圆形的活动的黑点'31)에 대한 번역에도 문법적 오해로 인한 오역이 발견된다. 이 구절의 수식 관계를 따져보면 '几个', '圆形的', '活动的', '黑'는 모두 '点'이라는 명사를 수식한다. 이 수식 관계를 잘못 파악하여 '그 사이에 끼여 원형으로 움직이고 있는 검은 점들은 논을 매고 있는 농부들이었다', '군데군데 끼어 둥글게 움직이고 있는 검은 논을 매는 농부들이었다', '그 사이에 점점이 둥그런 모양으로 움직이고 있는 검은 점들은 밭을 가는 농부들이었다', '그 사이에 둥근 모양으로 움직이는 검은 점은 논갈이를 하는 농부들이었다', '둥그스름하니 꿈틀대는 흑점이 몇 개 끼어 있는 것은 밭갈이하는 농부들이었다' 등32)과 같이 원문의 뜻을 정확하게 전달하지 못한 경우가 많이 보인다.

원문을 소홀히 다루어 나타난 오역도 있다. '这时他猛然间看见赵大爷向他奔来'33)라는 문장을 예로 들 수 있겠다. 여기에서 '大'와 '太'는

장기근·이석호(1988), 78쪽

29) 『鲁迅全集』(第一卷), 人民文学出版社, 1991, 490쪽

30) 윤화중(1994), 21쪽, 장기근·이석호(1988), 75쪽, 정노영(1994), 17쪽, 우인호(2007), 47쪽, 김시준(2008), 120쪽, 김태성(2011), 107쪽, 엄영욱(2012), 16쪽, 조관희(2018), 69쪽, 최은정(2009), 60쪽, 문현선(2018), 33쪽, 허세욱(1983), 33쪽, 루쉰전집번역위원회(2010), 111쪽, 윤수천(2007), 21쪽, 장수철(2006), 26쪽, 안영신(2001), 105쪽, 전형준(1996), 68쪽, 조성하(2000), 15쪽

31) 『鲁迅全集』(第一卷), 人民文学出版社, 1991, 506쪽

32) 이가원(1989), 22쪽, 우인호(2007), 74쪽, 안영신(2001), 126쪽, 김범수(2003), 43쪽, 박운석(2008), 110, 이민수(1990), 102, 루쉰전집번역위원회(2010), 131, 김정화(1985), 89쪽, 윤수천(2007), 62쪽, 장기근·이석호(1988), 92쪽

글자 모양이 비슷하여 얼핏 보면 '赵大爷'를 '赵太爷'라고도 착각할 수 있다. 이로 인해 많은 번역문에서도 '자오 나리', '자오 영감님'[34]으로 오역을 하고 있다.

6장에서는 반드시 번역되어야 하는 인용부호, 단어, 문장이 누락되어 오역이 일어나는 경우를 살펴보았다.

누락으로 인한 오역의 경우를 보자. '为什么大家又仿佛格外尊敬他呢'[35]라는 문장이 있다. 여기에서 '仿佛'는 사람들이 아Q를 존경하지 않으면서도 혹시 자오 나리 친척일까 봐 아예 무시할 수 없는 사람들의 감정을 전달하는 중요한 단어이다. 그런데 이 '仿佛'를 누락함으로써 사람들이 진정으로 아Q를 존경하는 것으로 오역한 경우[36]가 많다.

'其时几个旁听人倒也肃然的有些起敬了'[37]라는 문장에도 비슷한 경우가 발견된다. 아Q가 자오 나리와 친척이라고 말하자 사람들이 그의 말을 믿을 수도 없고, 무시할 수도 없는 입장이 된다. 이것을 '약간', '얼마간', '다소'의 뜻을 갖는 '有些'로 표현하고자 하였다. 그런데 많은 번역문에서 '有些'를 누락하여 사람들이 진정으로 아Q에게 존경하는

---

33) 『鲁迅全集』(第一卷), 人民文学出版社, 1991, 502쪽

34) 김시준(2008), 139쪽, 이가원(1980), 50쪽, 이민수(1990), 98쪽, 김태성(2011), 126-127쪽, 김하중(1981), 76쪽, 장기근·이석호(1988), 88쪽, 정노영(1994), 35쪽, 북트랜스(2015), 44쪽, 윤수천(2007), 51쪽, 조성하(2000), 34쪽, 김범수(2003), 35쪽, 김진욱(1992), 33쪽, 성원경(1983), 31쪽, 허세욱(1983), 77쪽, 루쉰전집번역위원회(2010), 126쪽, 윤화중(1994), 38쪽, 안영신(2001), 121쪽

35) 『鲁迅全集』(第一卷), 人民文学出版社, 1991, 494쪽

36) 이욱연(2011), 29쪽, 노신문학회(2003), 112쪽, 김태성(2011), 114쪽, 우인호(2007), 55쪽, 정노영(1994), 23-24쪽, 이철준(1991), 101쪽, 이가원(1989), 12쪽, 이민수(1990), 90쪽, 김정화(1985), 78쪽, 이가원(1980), 36쪽, 김하중(1981), 70쪽

37) 『鲁迅全集』(第一卷), 人民文学出版社, 1991, 488쪽

마음이 있다는 식으로 오역을 한 경우[38]가 많다.

다음으로 누락으로 인해 원문의 뜻 전달이 손상이 된 경우를 보자. '倒也似乎以为不足贵的'[39]라는 구절이 있는데, 여기에서 작가는 '似乎'를 통해 아Q에 대한 풍자의 거리를 유지하고 있다. 하지만 번역문에서 '似乎'를 누락함으로써 단정적 어투가 되어 노신이 취한 관찰자 입장이 전지적 시점으로 바뀌는 오류[40]가 일어난 것이다. 또 '阿Q虽然似乎懂得'[41]의 경우도 있다. 여기에서 노신은 꿇어앉지 말라고 한 관리의 말을 이해할 듯했다는 표현을 통해 아Q가 노예근성이 무엇인지, 꿇어앉는 것이 왜 잘못인지 이해하지 못하는 상황에 있다는 것을 표현하고 있다. 그런데 여러 번역에서 이 문장을 옮기면서 '似乎'를 누락하여 사리분별에 어두운 아Q의 무지몽매에 대한 풍자를 전달하지 못한 경우[42]가 적잖이 나타났다. '再上去较为用力的打'[43]의 경우도 있다. 여기에서 노신은

---

38) 조관희(2018), 65쪽, 윤화중(1994), 17쪽, 허세욱(1983), 24쪽, 신여준(2011), 118쪽, 엄영욱(2012), 13쪽, 노신문학회(2003), 102쪽, 이철준(1991), 92쪽, 장수철(2006), 22쪽, 북트랜스(2015), 12쪽, 전형준(1996), 64쪽, 최은정(2009), 57쪽

39) 『鲁迅全集』(第一卷), 人民文学出版社, 1991, 491쪽

40) 이욱연(2011), 19쪽, 북트랜스(2015), 19쪽, 조관희(2018), 71쪽, 노신문학회(2003), 107쪽, 박운석(2008), 84쪽, 김정화(1985), 75쪽, 엄영욱(2012), 17쪽, 이철준(1991), 96쪽, 이가원(1980), 29쪽, 이가원(1989), 8쪽, 우인호(2007), 49쪽, 정노영(1994), 18쪽, 이민수(1990), 86쪽, 이문희(1978), 19-20쪽

41) 『鲁迅全集』(第一卷), 人民文学出版社, 1991, 522-523쪽

42) 이문희(1978), 101쪽, 이가원(1989), 38쪽, 이민수(1990), 121쪽, 정노영(1994), 67-68쪽, 윤화중(1994), 66쪽, 조성하(2000), 67쪽, 안영신(2001), 150쪽, 윤수천(2007), 109쪽, 정석원(2004), 69쪽, 신여준(2011), 196쪽, 조관희(2018), 124쪽, 성원경(1983), 65쪽, 김진욱(1992), 66쪽, 김범수(2003), 76쪽, 장기근 · 이석호(1988), 110쪽, 문현선(2018), 93쪽

43) 『鲁迅全集』(第一卷), 人民文学出版社, 1991, 516쪽

옛날 기억 때문에 무서워서 너무 무리하게 두드리지 못하고 좀 더 힘을 주어 두드려보는 아Q의 동작을 '较为'라는 수식어로 표현하였다. 하지만 일부 번역문에서 '较为'를 누락하면서 옛날에 당한 봉변 때문에 조심하는 아Q의 심리상태를 정확하게 전달하지 못하였다. 이로 인해 원문의 뜻에 손상이 일어난 경우44)가 나타났다.

7장에서는 원문에 없는 문장이나 단어를 추가하거나 의미를 지나치게 의역한 경우, 과잉번역의 경우, 또는 원래 단어의 의미를 일부분만 옮긴 불완전번역의 경우 등을 살펴보았다.

불완전번역의 경우를 보자. 작품의 초입에 '博徒'라는 단어가 있다. 이것은 로드니스톤(RodneyStone)을 옮긴 말로서 '도박꾼'이라는 뜻이다. 때문에 '博徒列传'은 '로드니스톤(RodneyStone) 열전' 혹은 '도박꾼 열전' 정도로 번역되면 합당하다. 하지만 어떤 번역문에서는 '박도별전 博徒列傳'45)으로 옮겼다. 도박꾼인 '博徒'를 인명으로 착각하도록 만든 불완전번역의 경우에 속한다. 또 평범한 사람을 가리키는 '阿七', '阿八', '张三', '李四'에 대한 번역에도 문제가 나타나는 경우가 있었다. 원래 이 단어는 특정한 이름을 따로 제시할 필요가 없는 평범한 이 사람,

44) 이가원(1980), 76쪽, 김정화(1985), 99쪽, 이문희(1978), 82쪽, 이가원(1989), 31쪽, 이민수(1990), 113-114쪽, 권순만(1990), 96쪽, 윤화중(1994), 57쪽, 정노영(1994), 57쪽, 안영신(2001), 140쪽, 정석원(2004), 57쪽, 윤수천(2007), 88쪽, 우인호(2007), 91쪽, 김시준(2008), 162쪽, 루쉰전집번역위원회(2010), 144쪽, 김태성(2011), 149쪽, 허세욱(1983), 123쪽, 조관희(2018), 113쪽, 문현선(2018), 80쪽

45) 조관희(2018), 64쪽, 우인호(2007), 42쪽, 이가원(1989), 3쪽, 정노영(1994), 12쪽, 이민수(1990), 82쪽, 루쉰전집번역위원회(2010), 106쪽, 허세욱(1983), 23쪽, 장기근·이석호(1988), 72쪽, 이가원(1980), 23쪽, 김진욱(1992), 6-7쪽, 이문희(1978), 10쪽, 조성하(2000), 10쪽, 성원경(1983), 5-6쪽, 최은정(2009), 56쪽, 정석원(2004), 9쪽

저 사람을 가리킨다. 때문에 '未庄通例, 倘如阿七打阿八, 或者李四打张三, 向来本不算口碑'[46]와 같은 문장을 옮길 때도 '이집 남자', '저집 남자' 혹은 '김서방', '이서방', '장아무개', '이아무개' 등이 적합하다. 하지만 많은 번역문에서는 '아치(阿七)나 아빠(阿八)를 때렸거나 장싼(张三)이 리쓰(李四)를 때렸다거나', '아칠(阿七)이 아팔(阿八)을 때렸다든가, 이사(李四)가 장삼(張三)을 때렸다든가' 등[47]으로 번역하였다. 한국 독자들은 개인의 이름으로 이해할 수 있으므로 모두 불완전한 번역에 속하는 경우이다.

과잉번역의 경우를 보자. '其时几个旁听人倒也肃然的有些起敬了'[48]라는 문장이 있는데 여기에서 '有些起敬'을 지나치게 의식하다 보니 '몰래 혀를 말면서', '혀를 내두르면서', '자기도 모르게 옷깃을 여미며', '설마 그럴리야 하고 생각하긴 하면서도' 등[49]으로 과잉번역한 경우가 많이 보인다. '秋行夏令'의 번역에도 과잉번역의 흔적이 보인다. 이것은 '가을에 여름의 정령(政令)을 행한다'는 뜻이 되고, 일반적인 중국어 문맥에서는 '때에 어울리지 않는 일을 한다'는 뜻이 된다. 하지만 '이

---

46) 『鲁迅全集』(第一卷), 人民文学出版社, 1991, 494쪽

47) 이욱연(2011), 28쪽, 북트랜스(2015), 27쪽, 장수철(2006), 33쪽, 정석원(2004), 22쪽, 전형준(1996), 74쪽, 김욱(1988), 21쪽, 이가원(1980), 35-36쪽, 김하중(1981), 70쪽, 김시준(2008), 127쪽, 이문희(1978), 28쪽, 우인호(2007), 54쪽, 장기근·이석호(1988), 79-80쪽, 정노영(1994), 23쪽, 이가원(1989), 11쪽, 이민수(1990), 90쪽, 노신문학회(2003), 112쪽, 이철준(1991), 100쪽, 성원경(1983), 20쪽, 허세욱(1983), 49쪽, 김범수(2003), 22쪽, 안영신(2001), 111쪽, 조성하(2000), 21쪽

48) 『鲁迅全集』(第一卷), 人民文学出版社, 1991, 488쪽

49) 이문희(1978), 12쪽, 정노영(1994), 13쪽, 김진욱(1992), 8쪽, 조성하(2000), 11쪽, 성원경(1983), 6쪽, 이가원(1980), 24쪽, 이민수(1990), 83쪽, 이가원(1989), 4쪽

가을에 여름철에 행하는 변발을 말아 올리는 광경' 등[50]과 같이 옮겼는데 역시 원문에 없는 말을 추가했으므로 과잉번역의 경우에 속한다.

이와 같은 고찰에는 분명한 한계가 남는다.

첫째, 분류의 비체계성이 문제가 될 수 있다. 이 책의 목차가 번역에 나타나는 문제점과 오류들을 유사한 카테고리로 묶기 위해 고안해낸 분류이지 그것이 번역학의 학문체계에 의한 분류라 할 수 없기 때문이다.

둘째, 한국에서 출간된 번역본을 최대한 수집하여 고찰을 진행하기는 하였지만 모든 자료를 완벽하게 수집하지 못하였다는 점에서 문제가 될 수 있다. 다만 이 점에 있어서 빠진 자료를 다시 수집하여 고찰을 진행한다 해도 전체적인 내용이 달라질 것 같지는 않으므로 큰 문제가 되지는 않을 것으로 생각된다.

셋째, 연구자가 노신의 작품에 대한 전면적 이해 없이 「아Q정전」에 대한 번역의 현황과 문제점만을 논했다는 점에서 부족하거나 정확하지 않은 견해가 일어날 수 있다는 점이다. 이에 대해서는 지속적인 연구를 통해 보완하고자 한다.

넷째, 이 책에서 번역의 문제점이 나타나게 된 이유를 화용론, 의미론, 형태론 등 언어학적 관점에서보다 구체적으로 설명을 하면 명확한 이해에 도달할 수 있겠지만 이에 대해서는 이후의 연구 과제로 남기고자 한다.

---

50) 조성하(2000), 58쪽, 윤수천(2007), 93쪽, 문현선(2018), p83-84쪽, 이문희(1978), 87쪽, 정석원(2004), 60-61쪽, 권순만(1990), 98쪽

참고문헌

『아Q정전』국내·국외 단행본

『鲁迅全集』(第一卷), 人民文学出版社, 1991

이가원, 『阿Q正傳』, 정연사, 1963

이가원, 『阿Q正傳: 魯迅小說選集』, 정연사, 1963

김광주, 『阿Q正傳 外, 生活의 智慧』, 동화출판사, 1970

김광주, 『阿Q正傳, 狂人日記, 生活의 智慧』, 동화출판공사, 1971

김광주, 『阿Q正傳 外』, 동화출판공사, 1972

김광주, 『阿Q正傳, 狂人日記, 生活의 智慧』, 동화출판공사, 1973

성원경, 『阿Q正傳』, 삼중당, 1975

이가원, 『阿Q正傳 外』, 명문당, 1975

이가원, 『阿Q正傳』, 동서문화사, 1977

장기근, 『阿Q正傳』, 범조사, 1977

하옥정, 『아Q정전』, 신아사, 1977

허세욱, 『阿Q正傳』, 범우사, 1978

이문희, 『阿Q正傳』, 金星出版社, 1978

문태구, 『阿Q正傳, 모란꽃』, 고려출판사, 1979

문태구, 『阿Q正傳 [外], 모란꽃 [外]』, 고려출판사, 1979

이가원, 『阿Q正传』, 成文印刷所, 1980

김하중, 『世界文学大全集』 23, 金星出版社, 1981

강계철·윤화중,『아큐정전, 광인 일기, 방황』, 주우, 1983
이가원,『阿Q正傳, 狂人日記』, 학원출판공사, 1983
이문희,『아큐정전』 주니어세계문학 11, 금성출판사, 1983
성원경,『아큐정전』, 마당문고, 1983
허세욱,『아큐정전』, ㈜종합출판 범우, 1983
강계철,『아큐정전』 우주세계문학 69, 학원사, 1984
이문희,『아Q정전』, 금성출판사, 1985
윤화중·강계철,『아Q정전 外』, 학원사, 1985
한무희,『노신문집』1 , 일월서각, 1985
김정화,『노신선집』1, 일월서각, 1985
김진욱,『아Q정전』, 글방문고, 1986
김석준,『아Q정전, 광인일기 外』, 범한출판사, 1986
이문희,『阿Q正傳』, 금성출판사, 1986
윤화중,『아큐정전』 한권의 책 45, 학원사, 1987
이가원,『아Q정전』, 외계몽사, 1988
이가원,『아Q정전, 봇짱, 나생문』 25, 시동서문화사, 1988
김욱,『阿Q正傳』, 豊林出版社, 1988
장기근·이석호,『세계문학대전집』 25, ㈜태성제책사, 1988
이가원,『우리 시대의 세계문학』20 아Q정전 외, 주식회사 계몽사, 1989
김하중,『阿Q正傳, 駱駝祥子 外』, 금성출판사, 1990
장기근·이석호,『아Q정전, 욱달부 걸작 모음』, 교육문화사, 1990
이민수,『아Q정전』, 혜원출판사, 1990
권순만,『아Q정전·광인일기』, 일신서적, 1990
이민수,『아Q정전, 광인일기』 外 48편, 혜원출판사, 1991
이철준,『노신선집』(1), 여강출판사, 1991
김진욱,『아Q정전』, 글방문고, 1992
허세욱,『아큐정전, 광인일기, 타이베이사람들, 반하류 사회』, 중앙출판사, 1992

김석준, 『아Q정전, 광인일기 外』, 한국도서출판중앙회, 1992
안영신, 『아Q정전』, 청목사, 1993
윤화중, 『아Q정전』, 학원사, 1994
정노영, 『아큐정전』, 홍신문화사, 1994
김준배, 『아Q정전』, 학문사, 1995
권순만, 『아Q정전, 광인일기』, 일신서적출판사, 1995
김시준, 『루쉰(魯迅)소설전집』 아Q정전 외, 서울대학교출판부, 1996
전형준, 『아Q정전』, ㈜창비, 1996
이민수, 『아Q정전, 광인 일기』, 혜원출판사, 1997
정구창, 『아큐정전』, 교학사, 1999
정노영, 『아큐정전』, 홍신문화사, 2000
조성하, 『아Q정전』, ㈜창비, 2000
안영신, 『아Q정전』, 청목, 2001
김진욱, 『아Q정전』, 한국뉴턴, 2001
우리기획, 『아큐정전』, 계림닷컴, 2001
김태석, 『아큐정전, 고독자』, 삼성교육개발원, 2002
김진욱, 『아Q정전』, 뉴턴코리아, 2002
박정환, 『아큐정전 외』, 대일출판사, 2002
정노영, 『아큐정전』, 홍신문화사, 2003
노신문학회, 『노신선집』1, 여강출판사, 2003
김범수, 『아큐정전』, 문학창조사, 2003
정석원, 『아Q정전·광인일기』, ㈜문예출판사, 2004
홍석표, 『아큐정전』, 계수나무, 2004
와이, 『아큐정전』, 계수나무, 2004
장수철, 『아Q정전』, 서해문집, 2006
전형준, 『아Q정전: 루쉰소설선』, 창비, 2006
이진숙, 『아큐정전, 고독자』, 삼성비엔씨, 2006
장수철, 『아Q정전: 루쉰, 낡은 것을 향해 창을 던지다』, 서해문집, 2006

윤수천, 『아큐정전』, ㈜지경사, 2007
우인호, 『아Q정전』, ㈜신원문화사, 2007
박운석, 『루쉰소설집』 아Q정전 외, 영남대학교출판부, 2008
김시준, 『루쉰소설전집』, 을유문화사, 2008
이가원, 『아Q정전, 아침 꽃을 저녁에 줍다』, 동서문화사, 2008
김시준, 『루쉰소설전집』, 을유문화사, 2008
장기근, 『(빛나는 자주 정신)루쉰의 소설』, 명문당, 2009
이성희, 『아Q정전 외』, 교원, 2009
최은정, 『아Q정전』, 계명대학교출판부, 2009
루쉰전집번역위원회, 『루쉰전집』 제2권 외침, 방황, ㈜그린비출판사, 2010
김태성, 『아Q정전』, 열린책들, 2011
이욱연, 『아Q정전』, ㈜문학동네, 2011
신여준, 『아큐정전』, 글누림, 2011
엄영욱, 『중국현대중단편소설선』, 전남대학교출판부, 2012
김택규, 『아Q정전』, 푸른 숲, 2013
북트랜스, 『아Q정전』, ㈜더난콘텐츠그룹, 2015
허세욱, 『아Q정전』, 범우, 2016
이가원, 『아Q정전, 아침 꽃을 저녁에 줍다』, 동서문화사, 2016
조관희, 『아큐정전』, 마리북스, 2018
문현선, 『아Q정전』, 반니, 2018

국내·국외 단행본

김용옥, 『東洋學 어떻게 할 것인가』, 민음사, 1985
김지원·이근희, 『번역학: 이론과 실제』, 한신문화사, 2004
김재선, 『오역을 줄이기 위한 효율적인 번역전략』, 세종대학교, 2010
김욱동, 『번역인가 반역인가』, 문학서첩, 2007
김욱동, 『번역의 미로』, 글항아리, 2011

박종한, 『중국어 번역 테크닉』, 중국어문학원, 2000
박진영, 『번역과 번안의 시대』, 소명출판, 2011
박상익, 『번역은 반역인가』, 푸른역사, 2006
안정효, 『번역의 공격과 수비』, 세경, 2011
안정효, 『번역의 테크닉』, 현암사, 1997
오순방, 『중국 근대의 소설번역과 중한소설의 쌍방향 번역 연구』, 숭실대학교출판부, 2008
왕병흠, 『중국번역사상가』, 이화여자대학교출판부, 2011
유명우, 『한국의 번역과 번역학』, 한국번역학회, 2000
윤성우·이향, 『번역론』, 철학과현실사, 2006
이재호, 『문화의 오역』, 동인 도서출판, 2005
이주은·홍설영·박헌일, 『번역학 연구방법론』, 도서출판 동인, 2015
이용해, 『중한번역 이론과 기교』, 국학자료원, 2002
이철근, 『한중번역기초』, 신아사, 2016
이혜송, 『은유는 번역될 수 있는가』, ㈜한국학술정보, 2010
장의원, 『기초 중국어 번역』, 신성출판사, 1999
정영목, 『문학의 번역』, ㈜도서출판강, 2017
정연일·남원준, 『번역학 입문—이론과 적용』, 한국외국어대학교 출판부, 2006
조근태, 『번역의 테크닉』, 현암사, 1997
차상원, 『서경』, 명문당, 1984
최기천, 『중국어번역법』, 도서출판학고방, 2002
태평무, 『중국어 번역이론과 기교』, 신성출판사, 1999
한국문학번역원, 『문학 번역의 이해』, 북스토리, 2007
韩木和, 《汉韩翻译中的误译类型分析—以《狂人日记》为例》, 对外经济贸易大学, 2010
李龙海·李乘梅, 『韩中翻译教程』, 上海外语教育出版社, 2009
马祖毅, 『中国翻译简史』, 中国对外翻译出版公司, 1998

彭卓吾,『翻译学』, 北京图书馆出版社, 2000
全香兰,『韩中翻译技巧』, 北京语言大学出版社, 2005
王宁,『文化翻译与经典阐释』, 中华书局, 2006
杨自俭·刘学云,『翻译新论』, 人民文学出版社, 1994
中国实惠科学院研究所词典编辑室编,『现代汉语词典』第六版, 商务印书馆, 2012

학술지논문

강경구,「직역과 의역의 대화」,『중국인문학』 제41집, 2009
강옥,「강노향의 생애와 노신과의 관련 고찰」,『大東文化研究』, 2018
조관희,「중국의 현대소설: 아큐정전(阿Q正傳), 1920년대 중국인 전형을 묘사」,『CHINDIA Plus』, 2012
곽수경,『魯迅小說與電影』, 북경사범대학박사논문(해외), 1997
구경모,「노신(魯迅) 소설과 각색영화 비교 연구」,『조형미디어학』, 2014
김언하,「아큐의 성격체계를 논함」,『중국학』, 1993
김경석,「브레히트의 시각으로 魯迅읽기—「아큐정전」과「억척어멈과 그의 자식들」을 중심으로」,『中國文學研究』, 2012
김남이,「결속성의 등가에 기반한 루쉰의『아큐정전』번역 평가」,『통번역교육연구』, 2009
김창규,「근대 중국 지식인의 연애의 수용과 고뇌—호적(胡適)과 노신(魯迅)을 중심으로—」,『역사학연구』, 2014
김소영,「노신(魯迅, 1881—1936) 이미지와 인식의 변천」,『美術史學報』, 2019
김하림,「노신과 김대준의 소설사 연구」,『中國語文論叢』, 2002
김봉연,「노신(魯迅)과 소통 = 魯迅和疏通」,『인문학연구』, 2005
金河林,「魯迅에게 있어서 外國文學의 影響 研究」,『中國語文論叢』, 1994
김승강,『노신소설속의 폭력으로서의 시선:「狂人日記」와「阿Q正傳」을 중

심으로』, 경상대학교박사논문, 2005
김인혜, 『루쉰의 목판화운동: 예술과 정치의 양극에서』, 서울대학교대학원 박사논문, 2012
김재선, 『오역을 줄이기 위한 효율적인 번역전략』, 세종대학교박사논문, 2010
김광일, 「노신(魯迅)의 쓸데없는 일」, 『中語中文學』, 2016
김하림, 「魯迅과 金台俊의 小說史 연구」, 『中國語文論叢』, 2002
김상원, 「노신(魯迅)의 한자 개혁론과 "대중어" 기획」, 『中國文學硏究』, 2006
김홍매, 「노신과 김학철 문학 비교—노예성 탐구를 중심으로—」, 『한중인문학연구』, 2011
김월회, 「포스트휴먼과 죽음—공자, 장자, 도잠, 노신이 죽음을 대했던 태도와 현재적 쓸모」, 『中國文學』, 2017
김주현, 「시선과 응시, 창조와 참회의 변증법—과학(자)를 통해 본 이광수와 노신 소설, 『중국학』, 2009
김하림, 「노신과 근대 중국」, 『역사비평』, 1998
김종현, 「노신과 신해혁명」, 『중국학』, 1985
金英玉, 「魯迅과 玄鎭健의 同名小說「고향」에 관한 比較 硏究」, 『한국어문교육』, 2002
노영돈, 「크리스토프 하인의 『아큐정전』 연구」, 『독일어문학』, 2004
박종한, 「중국어 번역에서 부딪치는 몇 가지 문제점」, 『중국언어연구』제6집, 1998
박종한, 「중국어와 한국어의 문법적 특성 대조 연구」, 『한국외국어교육학회』, 1997
박종한, 「중·한 번역 기법의 모색」, 『중국어문학』 제32집, 영남중국어문학회, 1998
박길장, 「노신과 「화변문학」사건 고찰」, 『中國人文科學』, 1997
박민웅, 「노신(魯迅)의 민중관—초기 산문과 소설을 중심으로」, 『中國學報』,

2013
박길장, 「魯迅이 살아 있다면 論斷에 관한 考察」, 『中國人文科學』, 2010
박길장, 「毛澤東과 魯迅과의 관계 考察」, 『中國人文科學』, 2009
朴佶長, 「魯迅이 北京에서 活動한 學校소개와 內容 考察」, 『中國人文科學』, 2005
백은희, 「중한 번역에 나타나는 오역의 유형 분석」, 한국중국학회 중국학보 47권, 2003
북스토리, 「문학 번역의 이해」, 『한국문학번역원』, 2007
서광덕, 「魯迅과 近代性에 관한 試論: 초기 글을 중심으로」, 『中國現代文學』, 1996
서광덕, 「노신 문학론 형성과 관련한 몇가지 문제」, 『중국어문학논집』, 2000
성윤숙, 「노신(魯迅)일인칭소설에 투영된 풍자의의 연구(1)」, 『東方漢文學』, 1998
신홍철, 『初期魯迅의 近代的思想硏究』, 韓國外國語大學校박사논문, 2002
심원섭, 「이육사의 초기 문학평론 및 소설에 나타난 노신(魯迅) 문학 수용양상」, 『연세어문학』, 1986
심지언, 「문학 작품에서 나타나는 중한 번역 오류 분석—『살아있는 동안 꼭 해야 하는 49가지』를 대상으로」, 부산외국어대학교석사학위논문, 2007
양명모·유소홍, 「「광문자전」과 「아큐정전」의 주인공 인물형상화 비교 연구」, 『한국엔터테인먼트산업학회논문지』, 2016
嚴英旭, 「노신과 기독교」, 『中國人文科學』, 2014
엄영욱, 『魯迅文學思想硏究』, 전남대학교대학원박사논문, 1993
嚴英旭, 「노신과 종교문화: 불교, 도교, 기독교 문화를 중심으로」, 『中國人文科學』, 2003
嚴英旭, 「魯迅과 李光洙 文學의 페미니즘 比較硏究」, 『中國現代文學』, 1998
엄영욱, 「노신과 곽말약의 비극문학 비교 연구」, 『中國人文科學』, 1996

오문희, 「중·한 번역의 양상과 그 규칙의 모색: 노신의 伤逝의 번역문에 대한 분석」, 『중국언어연구』제4집, 1996
우상렬, 「김학철과 노신 비교고찰 시론」, 『한중인문학연구』, 2006
유중하, 『魯迅前期文學硏究』, 延世大學校박사논문, 1993
유병태, 「노신(魯迅)의 『야초(野草)』: 〈추야(秋夜)〉 천석(淺析)」, 『中國語文論叢』, 2009
이윤희, 『1920년대 중국 향토문학 연구』, 서울대학교대학원박사논문, 2013
이지영, 『번역과 문학정전(正典)의 시대적 수용: 『아큐정전(阿Q正傳)』 한역본(韓譯本)곁텍스트(paratext)분석을 중심으로』, 韓國外國語大學校通飜譯大學院박사논문, 2019
이미진, 『문학을 활용한 무용작품 창작 메커니즘 연구: 「피의 결혼」과 「아Q정전」 중심으로』, 한양대학교대학원박사논문, 2019
이슬이, 『루쉰(魯迅)『彷徨』 번역서의 시대별 다시쓰기 연구』, 이화여자대학교통역번역대학원석사논문, 2019
李旭淵, 「시대와 정전—루쉰의 「아큐정전」의 경우」, 『中國現代文學』, 2006
이상옥, 「노신(魯迅)과 니체—노신 전기(前期』 사상에 끼친 니체 영향을 중심으로」, 『니체연구』, 2017
이상옥, 「니체와 현대 중국 문학—노신(魯迅) 후기(後期) 문학에 끼친 니체의 영향」, 『니체연구』, 2018
이욱연, 「시대와 정전—루쉰의 "아큐정전"의 경우」, 『中國現代文學』, 2006
이호규·권혁건, 「노신과 이광수의 유학체험과 소설의 형상화 비교연구」, 『중국학』, 2009
이준식, 「패러디에 감춰진 시대적 진실—노신(魯迅)「이수(理水)」논(論)」, 『中國學報』, 2017
이보경, 「노신(魯迅)의 문명비판과 신체담론—"변발" 문제를 중심으로—」, 『중국어문학』, 2010
이상옥, 「니체와 근대 중국의 사상—왕국유와 노신에 미친 영향을 중심으로—」, 『니체연구』, 2009

이주노, 「魯迅과 周作人 형제의 失和에 관한 小考」, 『中國文學』, 2015
이주노, 「노신과 근대사상—진화론의 수용과 극복을 중심으로」, 『中語中文學』, 2003
이호규·권혁건, 「노신과 이광수의 유학체험과 소설의 형상화 비교 연구」, 『중국학』, 2009
이홍매, 「중한 번역 오류 분석—위하의 살아간다는 것을 중심으로」, 부산외국어대교 석사학위논문, 2007
이주노, 「루쉰의 세계에 어떻게 입문할까」, 『월간중앙』(201605호), 2016
이해연, 「노신과 한국」, 『한중인문학회 국제학술대회』, 2016
전수진·이경규, 「나쓰메 소세키『夏目漱石』와 노신『魯迅』의 근대문화 수용에 대한 의식 비교」, 『일본근대학연구』, 2017
전형준·김효진, 「노신(魯迅)의 글쓰기에서 소설 쓰기가 갖는 의미」, 『中國文學』, 2002
全炯俊, 「세 개의 「고향」: 치리코프, 노신, 현진건」, 『中國文學』, 2000
조현국, 「두 시각의 종합: 魯迅과 瞿秋白의 '共同雜文'에 대한 일고찰」, 『中國學論叢』, 2016
宋賢鎬, 「魯迅과 金東里의 小說에 나타난 風俗에 대한 硏究」, 『한중인문학연구』, 2000
주약산, 「루쉰과 김사량 소설의 인물 비교 연구—「阿Q正傳」과 「유치장에서 만난 사나이」를 중심으로—」, 『문창어문논집』, 2013
지부일, 「중국현대문학의 대가 노신, 그의 고향이자 『아큐정전』의 배경 소흥」, 『황해문화』, 1996
천진, 「魯迅을 통해 본 '시인의 소리'와 총체성의 문제: 「누구의 어떠한 소리인가?」, 『중국어문학논집』, 2000
한병곤, 「노신에게 있어서의 문학과 혁명」, 『中語中文學』, 1989
한병곤, 「魯迅)과 知識人—노신은 무엇에 저항하였는가」, 『中國現代文學』, 2002
한원석, 『阿Q典型硏究』, 檀國大學校大學院박사논문, 2000

허세욱, 「韓國人의 中文學硏究와 飜譯 意義」, 중국어문논역학회, 2000
홍석표, 「논문: 노신『魯迅』의 식민지 조선 인식에 관한 연구」, 『中國語文學誌』, 2008

인터넷사이트

http,//naver.com
https://www.kci.go.kr/kciportal/po/search/poArtiSearList.kci
https://blog.naver.com/msun0718/70002589614
Weblio辞書, https://cjjc.weblio.jp/content/%E5%BE%A1%E7%B6%AD% E6%96%B0
http://www.kyosu.net
https://news.naver.com/main/read.nhn?mode=LSD&mid=sec&sid1=103&oid=001&aid=0005111355
http://news.khan.co.kr/kh_news/khan_art_view.html?artid=201305102128395
http://news.khan.co.kr/kh_news/khan_art_view.html?artid=201305102128395

영문초록

A study on the Translation Status and characteristics of The Times of the true story of ah Q

Lu Xun's representative work, the true story of ah Q, has been published in over 90 translations since 1960. This paper studies the characteristics of The Times of 35 translated versions.

The 1970s were a era of near—rewritten translations to improve readers' understanding. The 1980s was a era when the leading scholars in the cultural circle and the literati were more involved in translation. This period is also characterized by translators finding themselves did not translating the original Chinese but retranslating the translated Japanese version again. The 1990s was an era of planned publication for commercial purposes. Therefore, plagiarism and duplication are often found. This also means that this era of translation is a time when publishers exercise more dominant power than translators. The 2000s was a time when scholars or professors specializing in modern literature were directly engaged in translation. In particular, the publication of the selected works of Lu Xun, which was selected and translated by Lu Xun literature association(2003), which is composed of Lu Xun scholars, deserves our attention. The 2010s were a time when Lu Xun scholars were actively engaged in translation. This period needs to pay particular attention to the work of Lu Xun Complete Translation Committee(2010). They gathered the strength of all Lu Xun researchers and translated the complete works of Lu Xun(20 volumes). This is enough to characterize the period.

This exposition Outlines the characteristics of each era. But the characteristics of each era are not unique to that era. For example, translation by professional translators is also a uniform phenomenon throughout the whole period. Therefore, the characteristics of the periods proposed in this argument should be understood to be relatively prominent in comparison with other eras.

Keywords: Lu Xun; the true story of Ah Q; translation; modern literature; characteristics of the tim

| 지은이 소개 |

서화

중국 연변대학교 대학원에서 석사학위를 받고, 한국 동의대학교 대학원에서 박사학위를 받았다. 동의대학교 인문학과에서 중국어 강사로 지냈고, 현재 중국광동외어외무대학교 남국상학원에서 조선어학과 강사로 재직 중이다. 주로 중한, 한중 문학 번역 영역에 대해 연구한다.

주요 논문으로 「아큐정전의 번역 현황과 시대별 특징에 대한 고찰」(2020), 「중한 문학 번역에서 문화적 차이로 인한 오역 고찰」(2022) 등이 있다.

鲁迅「아Q정전」 번역 연구

초판 인쇄 2023년 12월 15일
초판 발행 2023년 12월 31일

지 은 이 | 서화
펴 낸 이 | 하운근
펴 낸 곳 | 學古房

주 소 | 경기도 고양시 덕양구 통일로 140 삼송테크노밸리 A동 B224
전 화 | (02)353-9908 편집부(02)356-9903
팩 스 | (02)6959-8234
홈페이지 | http://hakgobang.co.kr/
전자우편 | hakgobang@naver.com, hakgobang@chol.com
등록번호 | 제311-1994-000001호

ISBN 979-11-6995-472-3 93700

값 : 38,000원